Carsten Rohlfs · Marius Harring
Christian Palentien (Hrsg.)

Kompetenz-Bildung

Carsten Rohlfs
Marius Harring
Christian Palentien (Hrsg.)

Kompetenz-Bildung

Soziale, emotionale und
kommunikative Kompetenzen
von Kindern und Jugendlichen

VS VERLAG FÜR SOZIALWISSENSCHAFTEN

Bibliografische Information Der Deutschen Nationalbibliothek
Die Deutsche Nationalbibliothek verzeichnet diese Publikation in der
Deutschen Nationalbibliografie; detaillierte bibliografische Daten sind im Internet über
<http://dnb.d-nb.de> abrufbar.

1. Auflage 2008

Alle Rechte vorbehalten
© VS Verlag für Sozialwissenschaften | GWV Fachverlage GmbH, Wiesbaden 2008

Lektorat: Stefanie Laux

Der VS Verlag für Sozialwissenschaften ist ein Unternehmen von Springer Science+Business Media.
www.vs-verlag.de

Das Werk einschließlich aller seiner Teile ist urheberrechtlich geschützt. Jede Verwertung außerhalb der engen Grenzen des Urheberrechtsgesetzes ist ohne Zustimmung des Verlags unzulässig und strafbar. Das gilt insbesondere für Vervielfältigungen, Übersetzungen, Mikroverfilmungen und die Einspeicherung und Verarbeitung in elektronischen Systemen.

Die Wiedergabe von Gebrauchsnamen, Handelsnamen, Warenbezeichnungen usw. in diesem Werk berechtigt auch ohne besondere Kennzeichnung nicht zu der Annahme, dass solche Namen im Sinne der Warenzeichen- und Markenschutz-Gesetzgebung als frei zu betrachten wären und daher von jedermann benutzt werden dürften.

Umschlaggestaltung: KünkelLopka Medienentwicklung, Heidelberg
Druck und buchbinderische Verarbeitung: Krips b.v., Meppel
Gedruckt auf säurefreiem und chlorfrei gebleichtem Papier
Printed in the Netherlands

ISBN 978-3-531-15404-6

Inhalt

Einführung

Carsten Rohlfs, Marius Harring und Christian Palentien
Bildung, Kompetenz, Kompetenz-Bildung –
eine Einführung in die Thematik 9

Begriffe, Möglichkeiten und Grenzen

Heike de Boer
Bildung sozialer, emotionaler und kommunikativer Kompetenzen:
ein komplexer Prozess 19

Roland Reichenbach
Soft Skills: destruktive Potentiale des Kompetenzdenkens 35

Wandel und Entwicklung

Klaus Hurrelmann
Veränderte Bedingungen des Aufwachsens 53

Werner Thole und Davina Höblich
„Freizeit" und „Kultur" als Bildungsorte – Kompetenzerwerb über
non-formale und informelle Praxen von Kindern und Jugendlichen 69

Anna Brake
Der Wandel familialen Zusammenlebens und seine Bedeutung für die
(schulischen) Bildungsbiographien der Kinder 95

Ursula Carle und Diana Wenzel
Facetten Frühkindlicher Bildung in Familie und Kindergarten 127

Hans-Günter Rolff
Vom Lehren zum Lernen, von Stoffen zu Kompetenzen –
Unterrichtsentwicklung als Schulentwicklung 145

Annette Franke
Arbeitsmarktkompetenzen im sozialen Wandel 169

Perspektiven für Schule und Unterricht

Susanne Thurn
Emotionale, soziale und kommunikative Bildung durch Teilhabe an
Verantwortung 191

Susanne Miller
Umgang mit Heterogenität –
Stärkung der Selbst- und Sozialkompetenz von Kindern in Risikolagen 209

Falko Peschel
Soziale, emotionale und kommunikative Kompetenzen zulassen –
ein konsequentes Modell der Öffnung von Unterricht 225

Ulrich Trautwein und Oliver Lüdtke
Die Förderung der Selbstregulation durch Hausaufgaben:
Herausforderungen und Chancen 239

Marius Harring
(Des-)Integration jugendlicher Migrantinnen und Migranten –
Schule und Jugendverbände als Vermittler sozialer Kompetenzen 253

Falk Radisch, Ludwig Stecher, Natalie Fischer und Eckhard Klieme
Was wissen wir über die Kompetenzentwicklung in Ganztagsschulen? 275

Projekte zur Förderung

Carsten Rohlfs
Kompetenzentwicklung – zur Förderung sozialer, emotionaler und
kommunikativer Kompetenzen von Kindern und Jugendlichen
durch Mentoring 289

Ariane Garlichs
Persönlichkeits- und Kompetenzentwicklung im Kasseler
Schülerhilfeprojekt 307

Ute Geiling und Ada Sasse
Das Haller Schülerhilfeprojekt als Ort des sozialen Lernens 327

Gisela Steins und Michael Maas
Zur Förderung sozialer Kompetenzen –
eine bindungstheoretische Reflexion des Essener Schülerhilfeprojektes 341

Brigitte Kottmann
"Schule für alle" –
ein Projekt zur Förderung fachlicher und überfachlicher Kompetenzen 353

Autorinnen und Autoren 363

Bildung, Kompetenz, Kompetenz-Bildung – eine Einführung in die Thematik

Carsten Rohlfs, Marius Harring und Christian Palentien

> „Die letzte Aufgabe unseres Daseyns:
> dem Begriff der Menschheit in unsrer Person
> sowohl während der Zeit unsres Lebens,
> als auch noch über dasselbe hinaus,
> durch die Spuren des lebendigen Wirkens,
> die wir zurücklassen,
> einen so grossen Inhalt als möglich zu verschaffen.
> Diese Aufgabe löst sich allein
> durch die Verknüpfung unsres Ichs mit der Welt
> zu der allgemeinsten, regesten
> und freiesten Wechselwirkung."
>
> (Wilhelm von Humboldt)

1 Bildungsfragen

Im Brennpunkt des von Wilhelm von Humboldt formulierten Bildungsideals steht das Individuum, die Entwicklung der Persönlichkeit des Einzelnen. Diese jedoch wird notwendig in die soziale Allgemeinheit eines neuhumanistischen Bildungsbegriffs einbettet: „Was dem Wesen des Menschen gemäß ist, darf rechtens keinem Menschen vorenthalten bleiben. Das ist – aus heutiger Sicht formuliert – der emanzipatorische Gehalt des Humboldtschen Begriffs von (allgemeiner) Bildung" (Heymann 1996, 39). Bisweilen scheint es, als sei die emanzipatorische Kraft der Bildung lange erloschen. So ist in der „pädagogischen Diskussion der letzten Jahrzehnte von verschiedenen Positionen aus in Zweifel gezogen worden, ob der Bildungsbegriff noch oder wieder als zentrale Ziel- und Orientierungskategorie pädagogischer Bemühungen verwendet werden könne" (Klafki 1985, 43), dass Bildung also heutzutage überhaupt noch ein tragfähiger Leitbegriff sei, wenn es gilt, über Ziele und Wege auch schulischen Lernens nachzudenken. Ende des 18. Jahrhunderts war die orientierende Kraft des Bildungsbegriffs für dieses Nachdenken überaus stark, und der Bildungsbegriff in seiner Auslegung als allgemeine Bildung wurde zu einem Zentralbegriff pädagogischer Reflexion. „Die Pädagogik der Aufklärung löste den Begriff aus überkommenen theologischen und mystischen Zusammenhängen und machte ihn zu einem Schlüsselwort für den bürgerlichen Emanzipationsprozess" (Klemm/Rolff/Tillmann 1985, 161). Bildung sollte Bildung für alle sein, nicht nur für die geistige Elite und insofern allgemeine Bildung. Im Laufe des 19. Jahrhunderts aber verfiel der Begriff zu einem „Vehikel der sozialen Abschließung des erstarkten Bürgertums gegenüber den ‚niederen Volksklassen'" (ebd., 162). Entwickelt mit dem Ziel der Befreiung, stand er nun im Dienst der Herrschenden. Insbesondere aus diesem Grunde geriet der Bildungsbegriff in den 1960er Jahren unter Ideologieverdacht, galt als überholt, da er Vorrechte elitärer Gruppen legitimiere und dabei eine abgehobene Gesellschaftsferne, eben einen elitären Anstrich aufweise (vgl. ebd.). Primäres Ziel der Bildungsreformen dieser Zeit war entsprechend die kognitive Mobilisierung breiter Bevölkerungsschichten (vgl. Becker et al. 2006). Der nach dem Sputnikschock ausgerufene Bildungsnotstand (vgl. Picht 1964) führte – paradoxerweise bei einer gleichzeitigen Distanzierung vom Begriff der Bildung – zu einer Bildungsexpansion, die Chancengleichheit realisieren sollte und bis heute nicht realisieren konnte.

Wie groß also ist die Kraft des Bildungsbegriffs heute noch oder wieder? Wie groß darf diese Kraft sein? Wolfgang Klafki beantwortet diese Frage eindeutig, denn seiner Ansicht nach brauchen wir notwendig die Kategorie Bildung, um den pädagogischen Bemühungen auch in der Schule einen Rahmen zu geben, sie gleichsam zu „bündeln", damit sie nicht in unverbundene Einzelaktivitäten auseinanderfallen. Wir brauchen notwendig die zentrale Leitkategorie Bildung, wenn pädagogisch gemeinte Hilfen, Maßnahmen und Handlungen begründbar und verantwortbar bleiben sollen (vgl. Klafki 1985, 13). Hartmut v. Hentigs Antwort scheint ähnlich deutlich und eindrücklich: „Die Antwort auf unsere behauptete oder tatsächliche Orientierungslosigkeit ist Bildung" (v. Hentig 1996, 13). Und für Hans Werner Heymann liefert die Idee der Allgemeinbildung, wenn sie denn hinreichend konkret, gegenwartsbezogen und schulnah ausgelegt wird, einen Orientierungsrahmen, der hilft, auch Lehrpläne und schulischen Unterricht kritisch zu beleuchten (vgl. Heymann 1996, 13ff.). Interessanterweise unterscheidet Heymann dabei zwischen persönlicher Bildung als Aufgabe des Einzelnen und Bildung als gesellschaftlicher Aufgabe und differenziert vor diesem Hintergrund die Begriffe „Bildung" und „Allgemeinbildung". Allgemeinbildung sei demnach so zu konzipieren, dass sie individuelle Bildung in großer Vielfalt möglich mache, sie sei die universalisierte Prämisse individueller Bildung (vgl. ebd.).

Eines aber haben all diese Theorien gemeinsam: Allgemeinbildung ist weit mehr als nur das oftmals synonym verwandte Allgemein*wissen*, und Bildung lässt sich nicht reduzieren auf die Entfaltung fachlicher Kompetenzen. In der aktuellen Bildungsdiskussion soll nun insbesondere eine Differenzierung formaler, informeller und non-formaler Bildung unterschiedliche Bildungsorte und Formen von Bildungsprozessen konturieren und in ihrer Interdependenz sichtbar machen (vgl. insbesondere Dohmen 2001; BMFSFJ 2002, 153ff.; BMFSFJ 2005; Otto/Rauschenbach 2004; Rauschenbach/Düx/Sass 2006; Tully 2006; Harring/Rohlfs/Palentien 2007). In dem an diese Begriffsdifferenzierung anschließenden fachöffentlichen Diskurs wird nicht selten von einem „neuen" Bildungsbegriff gesprochen, dabei jedoch Ort und Prozess zuweilen unglücklich vermischt und übersehen, dass diese Unterscheidung gewiss nicht „neu" ist. Allerdings akzentuiert sie noch einmal die zuweilen in Vergessenheit geratene Gewissheit, dass Bildung von Kindern und Jugendlichen nicht ausschließlich – und nicht einmal primär – in der „Bildungsanstalt" Schule stattfindet.

Und dennoch ist es vor allem die formale, schulisch vermittelte Bildung, die heute wieder in aller Munde ist, deren Krise ausgerufen wird – einmal mehr. Und mehr denn je klingt dieser Ruf erschrocken und empört. International wie national vergleichende Schulleistungsstudien haben den Blick auf zum Teil dramatische Defizite deutscher Schülerinnen und Schüler in ihren fachlichen Kompetenzen gelenkt – einmal mehr. Doch wird dieser Blick nun auf unterschiedlichsten Ebenen und aus unterschiedlichster Perspektive geteilt und kontrovers diskutiert – in Wissenschaft, Praxis, Politik und Öffentlichkeit. „Endlich" könnte man sagen, denn die breite Wahrnehmung der Ergebnisse von Studien wie etwa PISA, IGLU und TIMSS erscheint mehr als notwendig – ebenso wie die Diskussion bildungspolitischer Konsequenzen. „Endlich" könnte man sagen, wenn dies zu einer Mentalität der bewussteren Wertschätzung von Leistung sowie zu einer Entwicklung elaborierter Förderkonzepte führt – sowohl für die sog. „Bildungsverlierer", wie es zurzeit so unschön heißt, bis hin zu den Leistungsstärksten. Auch eine ausgeprägte und faire Wettbewerbskultur unter Schülerinnen und Schülern steht nicht im Widerspruch zu reformpädagogischen Konzepten, wie erfolgreich innovativ arbeitende Schulen zeigen – wie etwa die Robert-Bosch-Gesamtschule in Hildesheim, die für ihre bemerkenswerte Entwicklung im Jahr 2007 mit dem Deutschen Schulpreis ausgezeichnet wurde. Eine übersteigerte Leistungsfixierung aber, ein destruktiver Effizienzdruck auf Schule und Unterricht gepaart mit einem zuweilen schon übertriebenen „Post-PISA-Aktionismus" – geprägt vor allem durch den Blick auf das „PISA-Gewinner-Ausland" – als Ausdruck einer kritiklosen Übernahme der viel reziperten Vergleichsstudienergebnisse sollte nicht das künftige Paradigma für die Gestaltung der deutschen Bildungslandschaft darstellen. So konstatiert Hans Brügelmann treffend: „Nicht PISA, sondern die Fixierung auf PISA und der

Umgang mit den Daten ist das Problem. (...) PISA ist eben nur ein Blick auf Schule" (Brügelmann 2008, 9). PISA ist nur ein Blick auf Bildung.

2 Kompetenzdiskurs

Das eingangs beschriebene Humboldtsche Bildungsideal findet sich in der skizzierten Diskussion kaum wieder. Bildung ist in aller Munde, ja, doch sind es vor allem die mess- und vergleichbaren fachlichen Kompetenzen, die sog. „hard skills", die im Mittelpunkt des Interesses stehen. Dies erstaunt umso mehr, als in der schulischen Praxis nicht zuletzt vor dem Hintergrund bemerkenswerter gesellschaftlicher Veränderungen den überfachlichen Kompetenzen von Schülerinnen und Schülern in zunehmendem Maße Bedeutung beigemessen wird – wie etwa die Einführung (und bisweilen kurz darauf folgende Wiederabschaffung) der umstrittenen Kopfnoten zeigt. Unter „Bildung" aber wird gegenwärtig anderes verstanden. Der Begriff scheint verengt, und pointiert formuliert stehen die überfachlichen Kompetenzen im Dienst der fachlichen, Persönlichkeitsentwicklung geschieht nicht auch um seiner Selbst willen, sondern als Mittel zum Zweck, zur Erhöhung der Effizienz schulischen Unterrichts. Und das Bedürfnis, selbst diese messen, benoten und vergleichen zu wollen, entspricht dem Zeitgeist.

Gleichermaßen werden im öffentlichen Diskurs um die Anforderungen des Arbeits- und Ausbildungsmarkts an die Schulabsolventinnen und -absolventen neben Fachkompetenzen zunehmend auch die sog. „soft skills" in den Blick genommen: Teamfähigkeit, Kompromissfähigkeit, Kooperationsfähigkeit, Flexibilität, emotionale Belastbarkeit, (interkulturelle) Kommunikationsfähigkeit – dies sind nur einige der oft als „weiche Kompetenzen" bezeichneten Fähigkeiten und Fertigkeiten, an die, so heißt es, in einer veränderten Arbeitswelt erhöhte Ansprüche gestellt werden. Hier rücken gegenwärtig vor allem Defizite – etwa von Auszubildenden – in den Blickpunkt insbesondere der medialen Berichterstattung wie bspw. mangelnde Gewissenhaftigkeit und Verantwortungsbereitschaft, nicht vorhandene Ausdrucksfähigkeit, Unpünktlichkeit, fehlende Motivation, unzureichende Teamfähigkeit etc. Die Stärken junger Berufsanfänger im Kontext ihrer überfachlichen Kompetenzen bleiben meist im Hintergrund verborgen.

Ob nun auf ihre Bedeutung für die hard skills, auf Benotung und Vergleich oder allgemein beklagte Inkompetenzen verengt, die Diskussion der soft skills ist noch immer eine Diskussion von Sekundärkompetenzen. In einer sich kontinuierlich wandelnden Gesellschaft, in der auch Fachkompetenz und allgemeines Wissen einem steten Wandel unterliegt und demgegenüber „weiche Kompetenzen" von weit beständigerem Charakter zu sein scheinen (vgl. auch Franke in diesem Band), sollte Bildung nicht reduziert werden auf fachliche Fähigkeiten und Fertigkeiten, sondern wieder Raum geben für die Entwicklung der gesamten Persönlichkeit. Hier schließt der vorliegende Band an und möchte die Diskussion um Bildung und Kompetenzen nicht verengt führen, sondern einen umfassenden, interdisziplinären und – dem Paradigma der aktuellen Bildungsdiskussion entsprechend – formale, informelle und non-formale Bildungsorte und -prozesse einbeziehenden Blick auf die überfachlichen Kompetenzen von Kindern und Jugendlichen in ihren wichtigsten Facetten eröffnen. Eine Einbindung auch des Diskurses um fachliche Kompetenzen ist sowohl strukturell notwendig als auch inhaltlich sinnvoll, ohne allerdings die soft skills allein in ihren Dienst zu stellen. Persönlichkeitsentwicklung darf und muss stets auch Selbstzweck sein.

Grundlegend für die Diskussion ist insbesondere Franz E. Weinerts Definition des Kompetenzbegriffs als „die bei Individuen verfügbaren oder durch sie erlernbaren kognitiven Fähigkeiten und Fertigkeiten, um bestimmte Probleme zu lösen, sowie die damit verbundenen motivationalen, volitionalen und sozialen Fähigkeiten, um die Problemlösungen in variablen Situationen erfolgreich und verantwortungsvoll nutzen zu können" (Weinert zit. nach Klieme 2004). Allerdings ist zu berücksichtigen, dass der Kompetenzbegriff „außerhalb der Linguistik (Kompetenz vs. Performanz) in den Sozialwissenschaften gegenwärtig nicht im Konsens definiert" ist (Lexikon Pädagogik 2007, 413). Oftmals begrifflich unscharf und bisweilen allzu alltagssprachlich verwandt verliert sich der Terminus in der Vielfalt darauf rekurrierender Themen und Forschungskontexte. „Die einige Zeit in der Erziehungswissenschaft dominierenden Figuren (die Unterscheidung z.B. von Fach-, Sozial- und Methodenkompetenz) haben keine allseitige Anerkennung gefunden" (ebd., 414). Konsens besteht lediglich darin, dass der Begriff, der das von Mertens in den 1970er Jahren geprägte und vorwiegend auf (zukünftige) berufliche Erfordernisse begrenzte Konzept der Schlüsselqualifikationen zu einem ganzheitlicheren und stärker individuumsbezogenen Ansatz erweitern sollte, sowohl fachbezogene als auch überfachliche Fähigkeiten und Fertigkeiten in den Fokus stellen muss. Um die Begriffsunschärfe zu reduzieren, werden zunehmend bildungstheoretisch begründete Typologien verwendet, die zwischen Fachkompetenzen, methodischen, instrumentellen, personalen, sozialen und kommunikativen Kompetenzen sowie inhaltlichem Grundwissen zu differenzieren versuchen (vgl. ebd., 413f.).

Auch in der theoretischen Rahmung des vorliegenden Bandes wird eine Typologienbildung dieser Art vorgenommen. So werden die überfachlichen Fähigkeiten und Fertigkeiten von Kindern und Jugendlichen in soziale, emotionale und kommunikative Kompetenzen unterschieden, um einen differenzierteren Zugang zu dem doch recht konturlosen Feld der soft skills zu eröffnen. Dies bedeutet jedoch nicht, dass die Termini nicht eng miteinander verbunden sind, Schnittmengen aufweisen und je nach Verwendungszusammenhang und Bedeutungsmoment eine Subkategorie des oder der jeweils anderen darstellen können. Es ist also insbesondere eine Frage der Perspektive, der Fokussierung, ob nun primär soziale, emotionale oder kommunikative Dimensionen des soft skills-Begriffs in den Blick genommen werden.

Was aber ist nun konkret zu verstehen unter den sozialen, emotionalen und kommunikativen Kompetenzen von Kindern und Jugendlichen? In welchen Lebenskontexten werden sie erworben und geprägt? In welchen sind sie in besonderer Ausprägung gefordert? Wie lassen sie sich vermitteln und fördern? Und wo liegen hier die Grenzen pädagogischen Arbeitens? In welchem Verhältnis stehen sie zu den fachlichen Kompetenzen? Und ist Schule hier ein Ort, in dem ihnen zurzeit in ausreichendem Maße Raum eröffnet wird? Wie also gestaltet es sich und wie sollte es gestaltet werden – das weite und komplexe Feld der überfachlichen Kompetenz-Bildung? Der vorliegende Band findet Antworten auf diese Fragen, deren unterschiedliche Facetten im Rahmen der einzelnen Beiträge mit jeweils fokussiertem Blick ausgeleuchtet werden.

3 Die Beiträge

Der Band gliedert sich in vier Hauptkapitel: Im ersten Teil „Begriffe, Möglichkeiten und Grenzen" betrachtet zunächst *Heike de Boer* im Rahmen einer Klärung der grundlegenden Begriffe den komplexen Prozess der Bildung sozialer, emotionaler und kommunikativer Kompetenzen, bevor *Roland Reichenbach* kritisch die destruktiven Potentiale des Kompetenzdenkens aufzeigt.

Das zweite Kapitel „Wandel und Entwicklung" beleuchtet Veränderungen in unterschiedlichen Lebenskontexten von Kindern und Jugendlichen in ihren zentralen Dimensionen und konkretisiert an sinnvoller Stelle mögliche Auswirkungen auf bzw. Anforderungen an die sozialen, emotionalen und kommunikativen Kompetenzen der Heranwachsenden. Zunächst gibt *Klaus Hurrelmann* einen umfassenden Überblick über die veränderten Bedingungen des Aufwachsens, worauf *Werner Thole* und *Davina Höblich* den Kompetenzerwerb über non-formale und informelle Praxen an den Bildungsorten „Freizeit" und „Kultur" in den Blick nehmen. Im Anschluss daran betrachtet *Anna Brake* den Wandel des familialen Zusammenlebens und seine Bedeutung für die (schulischen) Bildungsbiographien von Kindern, und *Ursula Carle* und *Diana Wenzel* zeigen – in den Kontext der überfachlichen Kompetenzen eingebettet – die Facetten Frühkindlicher Bildung in Familie und Kindergarten auf. *Hans-Günter Rolff* fokussiert darauf folgend auf die Unterrichtsentwicklung als Schulentwicklung und zeichnet einen Paradigmenwechsel vom Lehren zum Lernen und von Stoffen zu Kompetenzen nach, bevor zum Abschluss dieses Kapitels *Annette Franke* die Auswirkungen des sozialen Wandels auf die Arbeitsmarktkompetenzen Jugendlicher diskutiert.

Im dritten Teil werden vor dem Hintergrund der zuvor aufgezeigten Wandlungstendenzen und Entwicklungslinien „Perspektiven für Schule und Unterricht" entfaltet. *Susanne Thurn* stellt zunächst die Bedeutung der Teilhabe an Verantwortung für die emotionale, soziale und kommunikative Bildung am Beispiel der Bielefelder Laborschule dar, während *Susanne Miller* im Kontext der Diskussion um den Umgang mit Heterogenität Möglichkeiten der Stärkung der Selbst- und Sozialkompetenz von Kindern in Risikolagen in den Mittelpunkt der Betrachtung stellt. Im Anschluss daran expliziert *Falko Peschel* ein konsequentes Modell der Öffnung von Unterricht, für welches die Wertschätzung überfachlicher Kompetenzen konstitutiv ist. Darauf betrachten *Ulrich Trautwein* und *Oliver Lüdtke* Herausforderungen und Chancen einer Förderung der Selbstregulation durch Hausaufgaben, bevor *Marius Harring* die (Des-)Integration jugendlicher Migrantinnen und Migranten und in diesem Zusammenhang die Potentiale einer Kooperation von Schule und Jugendverbänden zur Vermittlung auch sozialer Kompetenzen in den Blick nimmt. Den dritten Teil beschließend fragen *Falk Radisch, Ludwig Stecher, Natalie Fischer* und *Eckhard Klieme* nach dem aktuellen Stand der Forschung zur Kompetenzentwicklung in Ganztagsschulen.

Im Mittelpunkt des vierten Kapitels schließlich stehen ausgewählte „Projekte zur Förderung" sozialer, emotionaler und kommunikativer, aber auch fachlicher Kompetenzen von Kindern und Jugendlichen. Diese insbesondere außerschulisch initiierten Mentoring-Projekte – auch Patenschafts- oder Schülerhilfe-Projekte genannt – eröffnen einen interessanten und zunehmend an Bedeutung gewinnenden Zugang zur Kompetenz-Bildung. In die Thematik einführend diskutiert zunächst *Carsten Rohlfs* das Konzept des Mentoring, um dieses anschließend anhand der Darstellung der Bremer Initiative „Diagnose, Förderung, Ausbildung" (DINA) zu konkretisieren. Im Anschluss daran erörtert *Ariane Garlichs* die Chancen der Persönlichkeits- und Kompetenzentwicklung im „Kasseler Schülerhilfeprojekt", bevor *Ute Geiling* und *Ada Sasse* das „Haller Schülerhilfeprojekt" als Ort des sozialen Lernens in die Diskussion führen. *Gisela Steins* und *Michael Maas* betrachten die Möglichkeiten der Förderung sozialer Kompetenzen im „Essener Schülerhilfeprojekte" vor dem Hintergrund einer bindungstheoretischen Reflexion, und *Brigitte Kottmann* nimmt zum Abschluss die Entwicklung fachlicher und überfachlicher Fähigkeiten und Fertigkeiten im Rahmen der Bielefelder Initiative "Schule für alle" in den Blick.

Für all diese – hier nur kurz skizzierten – Beiträge zu der im vorliegenden Band geführten Diskussion um die sozialen, emotionalen und kommunikativen Kompetenzen von Kindern und Jugendlichen, für die vielfältigen, differenzierten und stets die Materie in ihrer Komplexität erhellenden und ihrer Tiefe durchdringenden Perspektiven auf die Kompetenz-Bildung in diesem Kontext möchten wir uns bei den Autorinnen und Autoren sehr herzlichen bedanken. Sie sind es, die die Veröffentlichung dieses Bandes ermöglicht und den Diskurs um Bildung, Kompetenz und Kompetenz-Bildung durch ihre Expertise bereichert haben. Wir hoffen, mit dem vorliegenden Band auf diese Weise einen Beitrag zur aktuellen Bildungsdiskussion leisten zu können – einer Bildung, die der Entwicklung der Persönlichkeit von Kindern und Jugendlichen Raum und Nährboden gibt, wie es Wilhelm von Humboldt bereits im 18. Jahrhundert als Bildungsideal formuliert hat.

Bremen im Februar 2008
Carsten Rohlfs, Marius Harring und Christian Palentien

Literatur

Becker, M. et al. (2006): Bildungsexpansion und kognitive Mobilisierung. In: Hadjar, A./Becker, R. (Hrsg.): Die Bildungsexpansion. Erwartete und unerwartete Folgen. Wiesbaden: VS Verlag für Sozialwissenschaften, 63-89.

Brügelmann, H. (2008): Nicht PISA, sondern die Fixierung auf PISA und der Umgang mit den Daten ist das Problem. In: Grundschule aktuell. Zeitschrift des Grundschulverbandes. H. 101, 9-11.

Bundesministerium für Familie, Senioren, Frauen und Jugend (BMFSFJ) (Hrsg.) (2002): Elfter Kinder- und Jugendbericht. Bericht über die Lebenssituation junger Menschen und die Leistungen der Kinder- und Jugendhilfe in Deutschland. Bildung, Betreuung und Erziehung vor und neben der Schule. Berlin.

Bundesministerium für Familie, Senioren, Frauen und Jugend (BMFSFJ) (Hrsg.) (2005): Zwölfter Kinder- und Jugendbericht. Bericht über die Lebenssituation junger Menschen und die Leistungen der Kinder- und Jugendhilfe in Deutschland. Bildung, Betreuung und Erziehung vor und neben der Schule. Berlin.

Dohmen, G. (2001): Das informelle Lernen. Die internationale Erschließung einer bisher vernachlässigten Grundform menschlichen Lernens für das lebenslange Lernen aller. Hrsg. vom Bundesministerium für Bildung und Forschung. Bonn.

Harring, M./Rohlfs, C./Palentien, C. (2007): Perspektiven der Bildung. Kinder und Jugendliche in formellen, nicht-formellen und informellen Bildungsprozessen. Wiesbaden: VS Verlag für Sozialwissenschaften.

Hentig, H. v. (2004): Bildung. Ein Essay. 5. Aufl. Weinheim; Basel: Beltz.

Heymann, H. W. (1996): Allgemeinbildung und Mathematik. Bildungstheoretische Reflexionen zum Mathematikunterricht an allgemeinbildenden Schulen. Weinheim; Basel: Beltz.

Humboldt, W. v. (1986, Orig. ca. 1790): Theorie der Bildung des Menschen. Bruchstück. In: Tenorth, H.-E. (Hrsg.): Allgemeine Bildung. Weinheim; München: Juventa, 32-38.

Klafki, W. (1991): Neue Studien zur Bildungstheorie und Didaktik. Zeitgemäße Allgemeinbildung und kritisch-konstruktive Didaktik. 2. Aufl. Weinheim; Basel: Beltz.

Klemm, K./Rolff, H.-G./Tillmann, K.-J. (1985): Bildung für das Jahr 2000. Bilanz der Reform, Zukunft der Schule. Reinbek b.H.: Rowohlt.
Klieme, E. (2004): Was sind Kompetenzen und wie lassen sie sich messen? In: Pädagogik 56. Jg., H. 6, 10-13.
Otto, H.-U./Rauschenbach, T. (Hrsg.) (2004): Die andere Seite der Bildung. Zum Verhältnis von formellen und informellen Bildungsprozessen. Wiesbaden: Verlag für Sozialwissenschaften.
Picht, G. (1964): Die deutsche Bildungskatastrophe. Analyse und Dokumentation. Freiburg: Herder.
Rauschenbach, T./Düx, W./Sass, E. (Hrsg.) (2006): Informelles Lernen im Jugendalter. Vernachlässigte Dimensionen der Bildungsdebatte. Weinheim und München: Juventa.
Tenorth, H.-E (1994): „Alle alles zu lehren". Möglichkeiten und Perspektiven allgemeiner Bildung. Darmstadt: Wissenschaftliche Buchgesellschaft.
Tenorth, H.-E/Tippelt, R. (Hrsg.) (2007): Lexikon Pädagogik. Weinheim, Basel: Beltz.

Bildung sozialer, emotionaler und kommunikativer Kompetenzen: ein komplexer Prozess

Heike de Boer

1 Individuelle oder kollektive Fähigkeiten?

Angesichts der wieder eingeführten Kopfnoten für das Arbeits- und Sozialverhalten in einigen Bundesländern wird die Auseinandersetzung damit, was als sozial, emotional und kommunikativ kompetent zu beurteilen ist, in mehrfacher Weise virulent. Zum einen verweist der Begriff „Kompetenz" seit der Debatte um Bildungsstandards und Kompetenzen auf klare Erwartungen: Kompetenzen sollen messbar sein und mit entsprechenden Testinstrumenten erfasst werden können. Hier geht es einerseits um die Verbindung von Wissen und Können im Sinne der Befähigung zur Bewältigung unterschiedlicher Situationen (vgl. Klieme 2004), z. B. Probleme erfolgreich in der Gruppe zu lösen. Zum anderen geht es um die Vergleichbarkeit, die Effizienz und Qualität der Fähigkeiten. Kompetenzmodelle, Teildimensionen und Kompetenzniveaus werden unterschieden und sollen dazu beitragen, die Bewältigung verschiedener Aufgaben in der Schule nach hohen, mittleren und niedrigen Niveaus beurteilen zu können (vgl. ebd.). Klieme verweist in diesem Zusammenhang auf die Kompetenzdefinition nach Weinert als „die bei Individuen verfügbaren oder durch sie erlernbaren kognitiven Fähigkeiten und Fertigkeiten, um bestimmte Probleme zu lösen, sowie die damit verbundenen motivationalen, volitionalen und sozialen Fähigkeiten, um die Problemlösungen in variablen Situationen erfolgreich und verantwortungsvoll nutzen zu können" (Weinert zit. nach Klieme 2004). Soziale, emotionale und kommunikative Kompetenzen werden in diesem Sinne zu individuellen Fähigkeiten, die einzelnen Individuum zugeschrieben werden; Aspekte interaktiver und kollektiver Lernprozesse finden nur wenig Beachtung. Im Folgenden werden deswegen zunächst am Beispiel des Begriffs der sozialen Kompetenz verschiedene Erklärungsansätze vorgestellt und hinsichtlich ihrer Auseinandersetzung mit individuellen *und* kollektiven Lernprozessfaktoren reflektiert. Anschließend folgt eine Ausdifferenzierung der Begriffstrias soziale, emotionale und kommunikative Kompetenz und eine Reflexion im Hinblick auf Chancen und Grenzen schulischer Bildungsprozesse.

Heinrich Roth formulierte 1971 mit seinem Handlungskompetenzmodell die drei überfachlichen Kompetenzbereiche, „Selbstkompetenz", „Sozialkompetenz" und „Sachkompetenz", mit deren Relevanz er deutlich machte, dass Mündigkeit nicht über das rein fachliche Lernen zu erzielen ist und die gezielte Förderung sozialer Prozesse neben kognitiven in der Schule zu leisten sei. Seit Roth gab es verschiedenste Kompetenzmodelle, die Aspekte des sozialen, des persönlichen, des emotionalen und kommunikativen Lernens aufgegriffen und zugleich sichtbar gemacht haben, dass hier keine trennscharfen Begriffe verwendet werden.

Grob und Maag Merki treffen in ihren Überlegungen zu überfachlichen Kompetenzen (2001) vermutlich aus diesem Grund die Unterscheidung in Komponenten sozialer Kompetenz, die einen konkreten Verhaltensbezug aufweisen und solchen, denen eine erklärende Funktion für sozial kompetentes Verhalten zukommt (vgl. 2001, 369). Zur ersten Gruppe zählen sie die Aspekte Kommunikationsfähigkeit, Kooperations- und Koordinationsfähigkeit, Konfliktfähigkeit und Teamfähigkeit, zur zweiten Empathie, Sensibilität, interpersonale Flexibilität und Durchsetzungsfähigkeit. Letztere, so räumen sie ein, seien allerdings stark situationsabhängig (ebd.). Die soziale Kompetenz wird damit zu einem Sammelbegriff, der verschiedene Aspekte bündelt. Grob und Maag Merki begegnen der begrifflichen Vielfalt im Diskurs, indem sie nicht von *der* „sozialen Kompetenz", sondern von sozial*en* Kompetenz*en* sprechen und damit deutlich machen, dass es nicht die eine allgemeingültige Begriffserklärung gibt.

Auch Oerter kommt in seinen Reflexionen zur Entwicklung sozialer Kompetenzen im Schulalter zu der Feststellung, dass es sich um eine Vielzahl von Einzelleistungen handle, die affektive, kognitive und Handlungskomponenten enthalten (vgl. Oerter 1994, 27). Er zeigt den Zusammenhang der Entwicklung von Perspektivenübernahme und Peerinteraktionen auf und weist auf die Bedeutung eines gemeinsamen Gegenstandbezugs unter Kindern und Jugendlichen, z.B. Spielregeln aushandeln, als Grundlage reifen Sozialverhaltens hin. Oerter konstatiert, dass höhere kognitive Niveaus wohl auch höhere Stufen sozialer Kompetenz erreichen könnten, doch die Entwicklung des prosozialen Verhaltens im besonderen Maße von Situations- und Persönlichkeitsfaktoren mitbestimmt würden (vgl. ebd.).

Wolfgang Roth entwickelte jüngst ein Modell sozialer Kompetenz (vgl. Roth 2006, 34), welches situative Faktoren beachtet. In Anlehnung an Petillon und Lerchenmüller kommt er zu fünf verschiedenen Komponenten, die er jeweils auf die individuelle Person, auf das Gegenüber und auf Interaktions- und Kooperationssituationen bezieht. Wie Oerter berücksichtigt auch Roth die Eigendynamik interaktiver Situationen unter Kindern und Jugendlichen und differenziert folgende Aspekte aus:

- Im Mittelpunkt seiner Überlegungen steht das Individuum, welches Situationen individuell wahrnimmt, konstruiert, als individuelle Erfahrung speichert und damit als eigenständiges und von den anderen sich unterscheidendes Subjekt auftritt.
- Die zweite Komponente liegt in der Wahrnehmungsfähigkeit nach innen und außen als Grundlage für jede Interaktion mit anderen. Sensibilität, Empathie und Perspektivenübernahme werden dieser Rubrik zugeordnet und bilden damit die emotionalen Kompetenzen ab.
- Als Pendant zum Wahrnehmen liegt in der Mitteilungs- und Ausdrucksfähigkeit der eigenen Person die kommunikative Kompetenz. Ihre Anwendung findet sie in verbalen und nonverbalen Äußerungen, im Feedbackgeben sowie im Formulieren von Wünschen, Bedürfnissen und Gefühlen.
- Die Wahrnehmungs- und Ausdrucksfähigkeit findet ihre Ausgestaltung im sozial kompetenten Handeln und zeigt sich z. B. in der Fähigkeit, Konflikte konstruktiv lösen, Kooperationen durchführen und auch eigene Interessen vertreten zu können.

Roth hebt hervor, dass alle aufgeführten Fähigkeiten einerseits als allgemeine zu verstehen und andererseits situationsspezifisch ausgeprägt sind. Damit wird z.B. eine gescheiterte Kooperation nicht auf grundsätzlich mangelnde soziale Kompetenz zurückgeführt, sondern ist in Abhängigkeit von der Situation und den beteiligten Personen zu erklären. Auch wenn für die Entwicklung sozialer Kompetenz entscheidend sei, so Roth (ebd., 35), dass eine Schulung stets an der Wahrnehmungsfähigkeit der einzelnen Person ansetzen müsse, reflektiert er die Bedeutung individueller und kollektiver Anteile am Prozess des Sozialkompetent-Werdens. Die Wahrnehmung der eigenen Gefühle, Gedanken und Handlungskompetenzen ist Voraussetzung für Kommunikation und Interaktion mit anderen, doch ohne kollektive Aushandlungsprozesse gibt es keine individuelle Weiterentwicklung der sozialen Kompetenz.

Das konsequente Zusammenführen individueller und interaktiver, kollektiver Prozesse im Sozialkompetent-Werden findet in Millers Explikationen zu kollektiven Lernprozessen statt. Seine aus den 1980er Jahren stammenden empirischen Arbeiten fokussieren die soziale Konstitution individueller Entwicklungs- und Bildungsprozesse. Miller reflektiert, dass eine soziale Gruppe zwar nur lernen könne, wenn der Einzelne dazu in der Lage sei, doch die einzelne Person nur Neues lernen könne, wenn ihre Lernprozesse eine „integrative Komponente eines sozialen Interaktionsprozesses darstellen" (Miller 1986, 5). Er begegnet psychologisch dominierten und auf das Individuum konzentrierten Entwicklungstheorien mit einer soziologischen Lerntheorie, die er in der Tradition des genetischen Interaktionismus in Anlehnung an Durkheim, Mead, dem frühen Piaget und Wygotsky sieht. Millers Grundannahme zeichnet sich dadurch aus, dass er davon ausgeht, dass die kollektive und symbolisch vermittelte Anwendung von auf das einzelne Individuum begrenzten mentalen Fähigkeiten für die beteiligten Individuen zu einem Prozess der Erfahrungskonstitution auf der Ebene des faktischen Vollzuges führen kann, mit dessen Hilfe das einzelne Subjekt potentiell die Probleme einer Dialektik von Wissen und Erfahrung auflösen kann (vgl. Miller 1996, 21). Mit seinen qualitativ empirischen Analysen von Gesprächen unter Kindern kann er sichtbar machen, dass die Partizipation an der sozialen Gruppe und die Interaktion an sozialen Prozessen zu fundamentalen Lernschritten für das Individuum führen. Miller fokussiert das moralische Lernen in Aushandlungsprozessen unter Gleichaltrigen und spricht vom „Lernen im Kollektiv und Lernen eines Kollektivs" (ebd., 32), das nicht im gesellschaftlichen oder soziokulturellen Vakuum stattfindet, sondern immer an vorausgegangene Lernprozesse eines Kollektivs anschließt.

Auch jüngere Erhebungen heben die Bedeutung der sozialen Interaktion hervor. Gerade der durch die Kindheitsforschung etablierte Blick, Kinder als eigenständige Subjekte wahrzunehmen, führt zum Begreifen sozialer Prozesse nicht in erster Linie als individuelle Konstruktion kognitiver Konzepte, sondern als soziale Aufgabe, die in der Interaktion zwischen Schülern und Schülerinnen stattfindet und zur interaktiven Aushandlung von Bedeutungen führt. So konnte eine mehrjährige qualitativ empirische Untersuchung zum Klassenrat sichtbar machen, dass soziales Lernen im Klassenrat z. B. zu kommunikativen Auseinandersetzungen führte, in denen sich die Teilnehmenden gegenseitig vermitteln, als was und wie sie die wahrgenommenen und zu besprechenden Handlungen und Probleme deuten und zu welchen Ko-Konstruktionen sie gelangen (vgl. de Boer 2006). Gerade die Versprachlichung komplexer Zusammenhänge und die Kommunikation über kontroverse Fragen im ritualisierten und geregelten Setting führten zu wesentlichen Erkenntnisprozessen und kommunikativen Kompetenzen. Der Austausch unter den Gleichaltrigen über unterschiedliche Sichtweisen wahrgenommener Realitäten zurückliegender sozial konstituierter Interaktionen mit Mitschülerinnen und Mitschülern führte zu neuartigen Deutungen und Erkenntnissen. Durch gemeinsame Aushandlungen fanden kognitive Umstrukturierungen individueller Konzepte statt. Auch wenn die Bedeutung kooperativer Prozesse im Unterricht für schulisches Lernen seit längerem beforscht wird und bekannt ist, wird sie erst in jüngster Zeit betont (vgl. z. B. Lipowsky 2007; Fink/Tscherkan/Hilbig 2006). So ist heute unumstritten, dass nachhaltiges Lernen durch Lernen im sozialen Kontext befördert wird und die Kommunikation unter- und miteinander bedeutende Verstehensprozesse nach sich zieht.

In ihrer Untersuchung zu Lernformen von Kindern an einer freien Schule mit altersheterogenen Gruppen konnte Wiesemann (2000) verschiedene Formen des Lernens und Lehrens der Kinder explizieren. Sie rekonstruierte die beobachteten Kindergespräche systematisch aus der Perspektive der Akteure und zeigte, dass im sorgfältigen Zuhören und Zuschauen, im schrittweisen Aufarbeiten von Konfliktsituationen, das Lernen von Spielregeln des sozialen Miteinanders geschieht. Wiesemann macht sichtbar, wie anstelle von Belehrungen und Ermahnungen, die regelmäßig schulische Disziplinierungsmaßnahmen begleiten, Verständigungsprozesse, bei denen das soziale Miteinander zum schulischen Lernthema wird, soziales Lernen befördern (Wiesemann 1999, 227f.). So weist sie Gesprächssituationen, in denen es um die Ordnung des Sozialen und deren Störung geht, als entscheidende Lernsituation aus. Die Interaktion unter den Schülerinnen und Schülern in Form „kommunikativer Versprachlichung spezifischer Handlungen und Operationen" (ebd., 242) erhalten eine zentrale Bedeutung als spezifische Lernsituation. Wie im Folgenden aufgezeigt wird, ist die Bedeutung Gleichaltriger für den Prozess des Sozial-, Emotional- und Kommunikativ-Kompetent-Werdens immens und zugleich nicht spannungsfrei.

2 Soziale Kompetenz im Spannungsfeld von Gleichaltrigenkultur und schulischer Ordnung

Mitte der 1980er Jahre machten Krappmann und Oswald mit ihren Studien zum Alltag von Schulkindern auf die Bedeutung der Peer-Interaktionen für schulische Lernprozesse aufmerksam. Sie beobachteten Berliner Grundschüler in ihren Interaktionen, Beziehungen und Aushandlungsprozessen. In Anlehnung an Youniss (1994) und Piaget (1983) kommen sie in ihren Analysen zu dem Fazit, dass die Interaktionen der Peers, die auf relativ gleichem Entwicklungsstand stehen und über ähnliche Interessen verfügen, besonders gute Voraussetzungen bieten, um ko-konstruktive Leistungen zu vollbringen (vgl. Krappmann/Oswald 1995, 21). Youniss weist in diesem Kontext auf die Notwendigkeit von Beziehungen unter den Peers für soziale Konstruktionsprozesse hin und macht deutlich, dass erst innerhalb symmetrischer kommunikativer Beziehungen eine soziale Konstruktion von Wissen entstehe. Beziehungen zwischen Erwachsenen und Kindern sind grundsätzlich asymmetrisch und durch ein Ungleichgewicht von Erfahrung, Wissen und Macht gekennzeichnet. Zinnecker ordnete bereits 1978 in seinen Unterrichtsbeobachtungen Peergespräche im Unterricht der Hinterbühne zu. Auf der vorderen Bühne, so Zinnecker, spiele sich das offizielle Geschehen ab und auf der hinteren Bühne agierten die Schüler/innen und verarbeiteten in heimlich gehaltenen Gesprächen das offizielle Geschehen. Scholz stellt in diesem Zusammenhang fest, dass für die Gestaltung von Unterricht entscheidend sei, ob das, was in den 1970er Jahren als „Unterleben" der Schüler/innen auf der Hinterbühne galt, als Störung betrachtet wird oder als Erziehungsaufgabe der Schule (vgl. Diehm/Scholz 2003, 47). Die Antwort auf diese Frage ist relevant – weist sie doch darauf hin, ob auch nicht intendierte oder von Kindern eigensinnig modifizierte Kooperationsprozesse von der Lehrperson ermöglicht und unterstützt werden.

Kinder verfügen über kindspezifische Problemlösungen und über kindspezifische Bewertungen der Zulässigkeit von Argumentationsmustern bzw. Deutungsmustern. Die Psychologin Stern konstatiert in diesem Kontext, dass ein entscheidender Grund für eine suboptimale Kommunikation zwischen Kindern und Erwachsenen darin liegt, dass sie zwar die gleichen Begriffe verwenden, aber mit unterschiedlichen Bedeutungen ausfüllen (vgl. Stern 2006, 48). Diehm und Scholz (2003) stellen dazu fest, dass Grundschulkinder in einer Beziehungswelt leben. Sie verbänden Sachfragen und Sachauseinandersetzungen grundsätzlich mit Beziehungsfragen. „Was man spielt, ist abhängig davon, mit wem man spielt. Was man tut, ist abhängig davon, wer es tut usw. Beziehungen spielen sicher auch in der Welt der Erwachsenen eine Rolle. Aber in einer Kinderkultur sind sie konstitutives Moment der Kultur" (ebd., 49). So liegt ein wesentlicher Vorteil des Aushandelns in der Gruppe der Gleichaltrigen darin, dass die Vielfalt der begrifflichen Konzepte, die dort zusammengetragen werden, größer ist und die Nähe der Konzepte der unterschiedlichen Schüler/innen zueinander größer ist als zu den Konzepten der Erwachsenen. Die jeweilige Konfrontation mit der „Zone der nächsten Entwicklung" (vgl. Wygotsky 2002) ist in der alltäglichen Interaktion der Schulklasse gegeben und kann sich förderlich auf die Entwicklung sozialer Kompetenz auswirken.

Studierende, die Grundschulkinder über ein halbes Jahr in der Schule beobachtet, begleitet, unterstützt und dabei Protokolle teilnehmender Beobachtung angelegt haben (vgl. de Boer 2008) machen sichtbar, dass schulischer Unterricht aus der Perspektive der Schüler/innen eben deutlich mehr umfasst als Lesen, Schreiben und Rechnen. Das häufigste und möglicherweise auch bedeutendste Thema, das die Studierenden in ihren Beobachtungen beschreiben, betraf die Kontaktaufnahme unter den Gleichaltrigen. Die in den Studien beobachteten Versuche der Schüler/innen, Partner oder Partnerinnen für die Pause zum Spielen zu finden, für gemeinsame Übungen im Sportunterricht, für Gruppenarbeitsprozesse, für gemeinsame Versuche im Sachunterricht oder Ähnliches, sind zahlreich. Auch die Themen Zusammenarbeiten, Helfen und Abgrenzen spielen eine enorme Rolle im schulischen Alltag. „Dürfen wir zusammen arbeiten?" oder –„Können wir das draußen auf dem Flur gemeinsam lösen?" sind häufig gestellte Fragen, die zeigen, dass Kinder gerne zusammenarbeiten. Doch genauso regelmäßig treten Situationen auf, in denen es heißt „Nee, mit Anna will ich nicht arbeiten." Oder „Der Dominik soll nicht zu uns in die Gruppe, der nervt." Nicht selten lässt sich beobachten, dass Kinder übrig bleiben, die von keinem gefragt werden und selbst nicht auf andere Kinder zugehen können. Die Auseinandersetzung mit dem schulischen Alltag aus der Perspektive der Schüler/innen macht sichtbar, dass nicht nur das Schüler/innensein, sondern auch das Mitschüler/innensein mit bedeutenden Schwierigkeiten und Lernprozessen verbunden sein kann. In diesem Kontext verweist das Kinderpanel des Deutschen Jugendinstituts auf den wichtigen Zusammenhang von Peerbeziehungen und positivem Selbstbild. Enge Kinderfreundschaften können sich positiv auf das Selbstbild von Kindern auswirken (vgl. Traub 2006, 9). So erstaunt nicht, dass vor allem die Zugehörigkeit zu funktionierenden Klassengemeinschaften und Freundschaften als positivste Schulerfahrungen im 8. Kinder- und Jugendbericht in NRW (vgl. Behnken u.a. 2005, 19) genannt werden. Auf die Frage, was ihr Lieblingsort in der Schule sei, antwortete jede zweite Schülerin und jeder zweite Schüler, dies sei der Pausenhof. Auf die Frage danach, was ihnen besonders gut an der Schule gefalle, wiesen 71% der Befragten darauf hin, dass sie in der Schule ihre Freunde träfen. Schulalltag aus der Sicht der Akteure hat damit sozialen Ereignischarakter.

Die Aushandlungen der Gleichaltrigen und die Erwartungen der Institution Schule an die Kinder und Jugendlichen als Schüler und Schülerinnen führen allerdings im Schulalltag zu Spannungen, die sich nicht ohne Weiteres auflösen lassen. Am Beispiel der bereits aufgeführten Untersuchung des schulischen Gremiums „Klassenrat" wurde sichtbar, dass die Interventionen der Kinder im Klassenrat neben kooperativen Aushandlungsprozessen auch zeigen, wie sie sich wechselseitig klar machten, dass sie in der Schule waren und die Aufgabe bearbeiteten, regelgeleitet Konflikte zu besprechen. Sowohl die Handlungen der den Klassenrat leitenden als auch der zuhörenden Schüler/innen machten deutlich, dass hier nicht „einfach so" unter Kindern verhandelt wurde, sondern dass die Kinder als Schülerinnen und Schüler Teil eines Verfahrens waren, dem eine schulische Ordnung zugrunde lag. An den Aussagen der Schülerinnen und Schüler wurde erkennbar, dass es ein geteiltes Wissen darüber gab, welche Verhaltensweisen in der Schule gewünscht wurden und welche nicht. Gleichzeitig war erkennbar, dass in der Schule nicht geduldete Vorgehensweisen, z.B. „Spaßärgern", durchaus geduldete implizite Handlungsmuster der Gleichaltrigen-Kultur sein konnten (vgl. de Boer 2006, 212). Im Klassenrat zeigte sich ein Nebeneinander von offiziellen, schulisch erwarteten Argumentationen und inoffiziellen, mimisch und gestisch nur angedeuteten Aussagen. Die analysierten Klassenratsgespräche verwiesen darauf, dass die Schüler und Schülerinnen kein Interesse daran hatten, die Differenz zwischen den Erwartungen der Gleichaltrigen und denen der Schule aufzuheben und den Klassenrat zum Ort ‚persönlicher Eingeständnisse' zu machen. Schülerinnen und Schüler, auch jene z. B. im Anfangsunterricht der Grundschule, haben bereits gelernt, sich im schulischen Rahmen zu bewegen. Sie haben Praktiken entwickelt, mit den an sie gestellten schulischen Anforderungen umzugehen und sich als Person zugleich abzugrenzen.

Krappmann stellt hierzu fest, dass allen Jungen und Mädchen in Kindergruppen und im Klassenzimmer das soziale Interesse gemeinsam ist, vor den Augen der anderen nicht ausgelacht, beschämt oder erniedrigt zu werden (vgl. Krappmann 2002). Soziales Lernen wird in der Regel vom Ergebnis her beurteilt: sind Schülerinnen und Schüler friedlich und gesprächsbereit, wird festgestellt, sie haben sozial gelernt (vgl. ebd., 96). Soziales Lernen heißt in diesem Sinne auch, den Anforderungen der Erwachsenen zu entsprechen. Krappmann konnte in seinen zahlreichen Beobachtungen von Schulkindern feststellen, dass Kinder und Jugendliche häufig aus guten Gründen den Anforderungen der Lehrenden oder Eltern nicht einfach Folge leisten, sondern die spezifische Situation analysieren, die Beziehungen von Hilfesuchendem und Helfer berücksichtigen, die Relevanz der Normen einschätzen und zukünftige Interaktionen bedenken, bevor sie ein Urteil fällen und eine Handlung planen (vgl. ebd., 97). Hier gibt es viele Beweggründe, die Schüler/innen für ihr Handeln miteinander ins Verhältnis setzen müssen und die Lehrenden verborgen wie manchmal auch unverständlich bleiben. So führt der Prozess des Sozialkompetent-Werdens für Kinder und Jugendliche auch zu der Notwendigkeit, zwischen den Ansprüchen der Institution und denen der Peers unterscheiden zu lernen. Krappmann spricht in seiner frühen Untersuchung zu soziologischen Dimensionen von Identität von Ambiguitätstoleranz (1972) und macht darauf aufmerksam, dass „widersprüchliche Rollenbeteiligungen und einander widerstrebende Motivationsstrukturen interpretierend nebeneinander" (ebd., 155) geduldet werden müssen. Das bedeutet, dass sozial kompetent erscheinendes Verhalten situativ different sein muss und von den beteiligten Personen im Prozess hergestellt wird. Die Komplexität dieses Lernprozesses wird sichtbar und zeigt, dass es kein endgültiges Wissen über sozialkompetentes Verhalten geben kann, sondern nur ein auf Situationen und Menschen ausgerichtetes.

3 Familiäre und schulische Einflüsse

Die Entwicklung sozialen Verhaltens hängt wie aufgezeigt im besonderen Maße von den Möglichkeiten, sich mit Gleichaltrigen verständigen zu können, ab. Damit ist auch entscheidend, ob Kinder und Jugendliche z. B. mit oder ohne

Geschwister aufwachsen. Dunn (Dunn/Hughes 1998) macht in ihren Forschungen darauf aufmerksam, dass sich Geschwister und ähnlich alte Kinder gegenseitig abverlangen, die Verschiedenheit der Gefühle wahrzunehmen sowie Vorstellungen über die Gedanken des anderen zu entwickeln. Krappmann (2002) betont, dass Schüler/innen mit intensiven Sozialerfahrungen in vielen Entwicklungsdimensionen einen deutlichen Vorsprung gegenüber Kindern und Jugendlichen aufweisen, die weniger solchen Erfahrungen ausgesetzt sind. Angesichts der wachsenden Zahl von geschwisterlos aufwachsenden Kindern, im Jahr 2002 immerhin 19% (vgl. Alt 2005), kann angenommen werden, dass etliche im Kindergarten und in der Grundschule diese Erfahrungen nachholen und einigen Lernbedarf haben. Sozialkompetent-Werden bedeutet, Anerkennung bei den Gleichaltrigen zu erfahren, Freunde zu finden und ein soziales Netz aufbauen zu können. Zwar zeigt eine aktuelle Befragung des Deutschen Kinder- und Jugendinstituts, dass nur jedes zehnte Kind äußert, keine Freunde zu haben. Doch jedem dritten Kind mangelt es an Freunden, die als verlässlich eingeschätzt werden (vgl. Traub 2006, 9). Kinder brauchen Kinder und die Auseinandersetzungen auf Augenhöhe, um sich selbst zu erfahren. In diesem Sinne wollen Kinder „sozial" sein, Gemeinschaften gründen und daran teilhaben, auch wenn dies nicht immer reibungslos gelingt und zeigt, dass das „Sozialwerden" gelernt werden muss.

Doch auch der im Elternhaus erfahrene Erziehungsstil spielt in diesem Zusammenhang eine Rolle. Zwei Drittel aller Kinder wachsen heute in sogenannten „Verhandlungshaushalten" auf (vgl. Grunert/Krüger 2006, 81ff.). Bei Grenzverletzungen durch die Kinder oder Jugendlichen wird nach einer passenden Lösung für beide Seiten gesucht. Sie werden als Partner/innen ernst genommen und lernen, ihre Ansichten darzustellen und ihre Interessen zu vertreten. Andere Erfahrungen macht circa ein Drittel aller Schüler/innen, das in sogenannten „Befehlshaushalten" aufwächst. Dort werden Lösungen weniger ausgehandelt als von den Erwachsenen bestimmt, kontrolliert und sanktioniert (ebd.). Die unterschiedlichen Bedingungen des Aufwachsens führen zu unterschiedlichen Ausgangssituationen in der Schule und beeinflussen die Fähigkeiten von Schülern und Schülerinnen, miteinander zu kommunizieren, Regeln auszuhandeln, zu kooperieren, die eigenen Interessen zu vertreten und Empathie zu zeigen.

Dass Schüler/innen in der Klasse miteinander sprechen, sich artikulieren lernen, ausreden lassen und zugleich einander zuhören, hängt sicherlich mit den Bedingungen ihres Aufwachsens zusammen. Miteinander kommunizieren zu können ist jedoch keine Begabung, sondern ein Lernprozess, der angeregt und gesteuert werden kann. Das Miteinander-Sprechen-Lernen kann geübt und die Erarbeitung von Regeln für Gespräche und Feedback in der Klasse angeleitet werden. Ist ein Regelgerüst erarbeitet und in der Klasse bekannt, können die Lehrenden Verantwortung abgeben und sich zunehmend aus der Moderation ritualisierter Gespräche, z. B. Morgenkreis, Klassenrat oder ähnlichem, zurückziehen und Schüler/innen die Gelegenheit geben, Gespräche selbstständig zu führen. Doch damit dieses gelingt, ist die Lehrperson herausgefordert:

- mit der Klasse gemeinsam eine positive Gesprächsatmosphäre aufzubauen,
- Ordnungen, Strukturen und transparente Regeln zu entwickeln,
- die Schüler/innen in ihren Kompetenzen zu kennen und aufeinander zu verweisen,
- als sichernde und unterstützende Instanz präsent zu sein und dennoch das eigene Lehrbedürfnis zurückzustellen.

Nur so können die Schüler/innen ihre soziale Kompetenz selbst entwickeln. Welches Handwerkszeug und welche Gelegenheiten sie dafür bekommen, hängt jedoch u. a. von den unterrichtenden Lehrpersonen ab.

4 Bildung sozialer, emotionaler und kommunikativer Kompetenzen: ein komplexer Prozess

In Anbetracht des aktuellen Kompetenz-Diskurses wird abschließend betont, dass der Begriff Sozialkompetenz an ein komplexes Bedingungsnetz gebunden ist, das weit mehr umfasst als die individuellen Fähigkeiten einer einzelnen Person. So bilden die eingangs aufgeführten Konzepte jeweils Facetten des Begriffkonstruktes „Soziale Kompetenz" ab, ohne die hier aufgezeigte Komplexität mit ins Begriffsverständnis aufzunehmen. Die Auffächerung des Begriffs nach Grob und Maag Merki leistet vor allem eine Dimensionierung in Komponenten konkreter Verhaltensbezüge und erklärender Komponenten, kollektive Lernprozesse der Gleichaltrigen spielen hier eine untergeordnete Rolle. Auch Oerter sieht die Einflüsse verschiedener Einzelleistungen und Persönlichkeitsfaktoren im Prozess der Entwicklung prosozialen Verhaltens. Er bezieht die Auseinandersetzungen mit den Gleichaltrigen in seine Analysen ein und reflektiert den Begriff dennoch nur im Hinblick auf Situations- und Persönlichkeitsfaktoren. Wolfgang Roth sieht das Wechselverhältnis individueller und kollektiver Prozesse, doch bildet das Individuum weiterhin das Zentrum seines Begriffkonzeptes. Miller hingegen macht das „lernende Kollektiv" zum Ausgangspunkt seiner Überlegungen und spricht nicht von Sozialer Kompetenz, sondern von kollektiven Lernprozessen und einer „soziologischen Grundlegung" seines Ansatzes. Auch Krappmann und Oswald sprechen nicht von Sozialkompetenz, sondern fokussieren die Gleichaltrigenbeziehungen in ihrer Qualität für symmetrische und ko-konstruktive soziale Bedeutungsaushandlungen. Den Blick auf Interaktionen und Situationen richtet Wiesemann und weist der Ordnung des Sozialen und deren Störungen die Bedeutung entscheidender Lernsituation zu. Sie spricht in Anlehnung an Goffman von Situationen und ihren Menschen und nicht von Menschen und ihren Situationen. Hier tritt die Betrachtung des Individuums explizit in den Hintergrund. Ko-konstruktive Bedeutungsaushandlungen der Gleichaltrigen in der sozialen Situation des Klassenrats stehen im Mittelpunkt meiner eigenen Untersuchung und stellen neben die Bedeutung der Gleichaltrigen und deren Interaktion die Rahmung der Situation durch den schulischen Kontext. Die schulisch institutionellen Erwartungen erhalten hier einen weiteren Einflussfaktor auf den Prozess des Sozial-Kompetent-Werdens.

Deswegen plädiere ich dafür den Begriff soziale Kompetenz in seiner Komplexität zu betrachten: Der Begriff soziale Kompetenz ist aus dieser Perspektive in ein Bedingungsgefüge eingebettet, das individuelle Voraussetzungen und Fähigkeiten umfasst, von den gesetzten Zielen der beteiligten Personen abhängt, ein Produkt interaktiv und situativ konstruierter Bedeutungen der Beteiligten, besonders der Gleichaltrigen ist und durch die Rahmung des schulischen Settings eine eigene Dynamik erhält, die zugleich Grenzen der Einflussnahme markiert.

Die exemplarische Betrachtung der sozialen Kompetenz hat gezeigt, dass emotionale und kommunikative Kompetenzen in der Regel als Teildimensionen sozialer Kompetenz gefasst werden und dazu beitragen, soziales Verhalten im Umgang mit Menschen und Situationen zu zeigen. Eine Ausdifferenzierung dieser Teilaspekte bietet sich je nach Verwendungskontext und Bedeutungsmoment an und ist insbesondere eine Frage der Perspektive. So lassen sich am Beispiel des oben aufgeführten Klassenrates die explizierten sozialen Interaktionen auch auf kommunikativ- und emotionalkompetentes Verhalten hin befragen. Angesichts der oben ausdifferenzierten Komplexität dieser Prozesse entwickelte sich in dieser Situation Gesprächskompetenz, indem die Schüler/innen zunehmend in der Lage waren, Aufgaben und Anforderungen, die das Klassenratsgespräch an sie stellte, miteinander zu bewältigen. Der Gesprächsforscher Hartung definiert Gesprächskompetenz vor dem Hintergrund der hier aufgefächerten Komplexität und der elementaren Merkmale von Gesprächen als, „zu einem beliebigen Zeitpunkt in einem Gespräch zu einer angemessenen Einschätzung der aktuellen Situation und der lokalen Erwartungen der Gesprächspartner zu kommen, auf dem Hintergrund dieser Einschätzung eine den eigenen Interessen und den eigenen Ausdrucksmöglichkeiten angemessene Reaktion mit hoher Erfolgswahrscheinlichkeit zu finden und diese Reaktion der eigenen Absicht entsprechend körperlich, stimmlich und sprachlich zum Ausdruck zu bringen" (Hartung 2004, 50). Hartungs Definition macht deutlich, dass sich Gesprächskompetenz eben in Kenntnis der eigenen Rolle und den daran geknüpften Erwartungen in der jeweiligen lokalen Situation zeigt und niemals endgültig ist. Auch hier wird die Relationalität des Begriffes sichtbar. Auf den Klassenrat bezogen zeigte das Verhalten der Kinder, dass sie den institutionellen Rahmen einschätzen und die eigene Rolle im Verfahren vor diesem Hintergrund reflektieren konnten. Einerseits hatte dies dazu geführt, dass sich die Kinder entsprechend der geltenden Regeln zuhören konnten, einander ausreden ließen, sich unmittelbar in Form von Ich-Botschaften ansprachen und aufeinander Bezug nahmen. Zum anderen wussten sie, dass am Ende eine einvernehmliche Klärung stehen sollte und es sinnvoll war, irgendwann einzulenken, um aus dem Prozedere keine unendliche Geschichte zu machen. Ihre Gesprächkompetenz drückte sich somit einerseits in der Kenntnis des institutionellen Rahmens und den damit zusammenhängenden Verfahrensschritten aus, sowie andererseits in ihrer Fähigkeit, kooperativ kommunizieren zu können und eine differenzierte Begründungspraxis entwickelt zu haben.

Auch die emotionale Kompetenz ist in diesem Sinne nicht als ein vorher zu bestimmendes richtiges oder falsches Verhalten zu fassen, sondern im Hinblick auf die beteiligten Personen, die Situation und ihre Rahmung relativ. Der sozialkonstruktivistisch orientierte Ansatz Saarnis verortet das Lernen emotionaler Kompetenzen in Beziehungen. Sie spricht von emotionaler Kompetenz, „wenn eine Person auf eine emotionsauslösende soziale Transaktion reagiert und sich erfolgreich ihren Weg durch den interpersonalen Austausch bahnt und dabei gleichzeitig die eigenen emotionalen Reaktionen wirksam reguliert, dann hat diese Person ihr Wissen über Emotionen, Ausdrucksverhalten und emotionale Kommunikation in strategischer Weise angewandt (Saarni 2002, 10). In diesem Sinne hat das strategische Verhalten der Schüler/innen im Klassenrat, zwischen den Erwartungen der Institution Schule und der Gleichaltrigen zu unterscheiden, durchaus auch emotional kompetente Verhaltensanteile. In der Klassenratsöffentlichkeit etwas nicht zu sagen, um ein anderes Kind nicht zu beschämen zeigt zugleich, dass die Emotionen anderer einbezogen werden und Empathie besteht. Den eigenen Ärger über eine zurückliegende Konfliktsituation auszudrücken zu können, macht sichtbar, dass eine Bewusstheit über den eigenen emotionalen Zustand besteht, und ein Wissen um die Differenz zwischen erlebten und ausgedrückten Gefühlen.

Soziale, emotionale und kommunikative Kompetenzen in ihrem Bedingungsgefüge von Zielen, Situation, Beteiligten und situativer Rahmung zu sehen, hilft, die Komplexität und Relationalität dieser Lernprozesse anzuerkennen. Bildungsprozesse erfordern in diesem Kontext deswegen zum einen, die Bedeutung positiver Gleichaltrigenbeziehungen für die Entwicklung sozialer, emotionaler und kommunikativer Kompetenzen anzuerkennen und Räume und Gestaltungsmöglichkeiten für Gleichaltrigenbeziehungen zur Verfügung zu stellen. Offene Unterrichtsphasen, Gruppen-, Projektarbeit und Freie Arbeit bieten hier wichtige Gelegenheiten für Schüler/innen, innerhalb des Unterrichts Kontakte aufzunehmen und sich im Miteinander zu erproben. Dass Schüler/innen manchmal eigenen Regeln folgen und durchaus gute Gründe dafür haben können, anders zu entscheiden als erwartet, ist ein wichtiger Lernprozess, den Erwachsene in diesem Kontext durchlaufen können. Dennoch kann dies zum anderen nicht bedeuten, dass der Verweis der Gleichaltrigen aufeinander und auf das selbstständige Lösen frei zu wählender Aufgaben oder Konflikte schon ausreicht, um prosoziales Verhalten zu entwickeln – auch destruktive, verletzende und beschämende Peerinteraktionen sind Teil des Unterrichtsalltags und erfordern entsprechende Beachtung. Soziale, emotionale und kommunikative Kompetenzen zu bilden, bedeutet damit für Lehrende, eine Gratwanderung zwischen Lenken, Intervenieren, Aufeinanderbeziehen, Strukturieren und Regeln einerseits und Abwarten, die eigenen Bewertungen zurückhalten, Zuhören und Zeitgeben andererseits. Die soziale Kompetenzbildung in der Klasse wird damit zu einem gemeinsamen Entwicklungsweg aller Beteiligten und ist ohne Brüche und Rückschritte nicht denkbar. Ein Ergebnis dieses Prozesses zeigt sich z. B. in einer konstruktiven Kommunikation im Klassenzimmer, an der Fähigkeit, miteinander zu arbeiten, Konflikte zu besprechen, Einzel- und Gemeinschaftsinteressen miteinander auszutauschen und abzuwägen, Grenzen einzelner anzuerkennen, Beschämungen zu verhindern und Widersprüche auszuhalten.

Gleichzeitig werden diese Prozesse in ihren Möglichkeiten durch den ‚besonderen Ort' Schule begrenzt. Die Schule bietet zwar Möglichkeiten, Freunde zu finden und Gleichaltrigenkontakte zu knüpfen, doch bringt sie zugleich die Situation mit sich, dass die Beteiligten tagtäglich um Unterricht ihr Peersein- und Schüler/innensein ausloten müssen, was zu Dilemmasituationen führt. Schulklassen sind administrativ gebildete Zweck- und keine Wahlgemeinschaften. Schüler/innen und Lehrer/innen müssen in diesen auf institutionellem Wege gebildeten Klassenzusammenhängen zusammenarbeiten. Diese zwangsförmig organisierte Rahmung (vgl. Helsper u. a. 2001, 60) ist außerdem durch den an Schule herangetragenen doppelten Anspruch von Fördern und Selektieren gekennzeichnet. Die an diese schulischen Bedingungen geknüpften Forderungen von Anwesenheitspflicht und Erfüllung der normativen, sozialen und inhaltlichen Ziele werden mit disziplinarischen Mitteln kontrolliert. Schüler und Schülerinnen, selbst jene im Anfangsunterricht der Grundschule, haben bereits gelernt, sich in diesem schulischen Rahmen zu bewegen. Sie haben Praktiken entwickelt, mit den an sie gestellten schulischen Anforderungen umzugehen und sich als Person zugleich abzugrenzen. Dies zeigt sich z. B. in Situationen, in denen Lehrende fordern, die Schüler/innen mögen persönliche Erfahrungen und Betroffenheiten äußern. Der eingangs zitierte Klassenrat stellt hier ein beliebtes Gremium dar, in dem verletzte Gefühle, Wünsche und Hoffnungen ausgesprochen werden sollen um daraus soziale Lernsituationen zu gestalten. Gefühle der Schüler/innen bleiben deswegen ‚Privatsache' der Schüler/innen - öffentliche Bekenntnisse können und sollten nicht erzwungen werden. Hier sind häufig Abgrenzungen zu beobachten, die zeigen, dass es ein Interesse der Schüler/innen gibt, die Integrität der eigenen Person im Unterricht schützen und bewahren zu wollen und zwischen schulischem Lernen und persönlichen Themen zu unterscheiden. Die Funktionalisierung „privater" Konflikte für soziale Lernprozesse scheint unter diesen Bedingungen wenig sinnvoll zu sein. Hier liegt eine wichtige Lernchance für Lehrende: Wird die Deutung strategischer oder taktischer Verhaltensweisen der Schüler/innen als Grenzziehung respektiert, kann die Anerkennung dieser Grenzen dazu führen, dass Beschämungssituationen abgebaut werden und Vertrauen im Gegenzug aufgebaut wird, eine wichtige Grundlage für die Bildung sozialer, emotionaler und kommunikativer Kompetenzen in der Schule.

Literatur

Alt, C. (Hrsg.) (2005): Kinderleben – Aufwachsen zwischen Familie, Freunden und Institutionen. 2 Bde., Wiesbaden.
Bartnitzky, J./Bosse, U./Gravelaar, G. (2007): Selbst-, Sach- und Sozialkompetenz. Pädagogische Leistungskultur: Ästhetik, Sport, Englisch, Arbeits- und Sozialverhalten. Grundschulverband e.V., Frankfurt a. M.
Behnken, I. u. a. (2005): Lehren, Bildung, Partizipation. Die Perspektive der Kinder und Jugendlichen. Expertise zum 8. Kinder- und Jugendbericht der Landesregierung NRW. Siegen
Benett, B./Ernst-Hecht, M.(2006): Wie bunt ist kooperatives Lernen? Was kooperatives Lernen leisten kann und was nicht. In: Lernende Schule, H. 33, 10-13.
de Boer, H. (2006): Klassenrat als interaktive Praxis. Auseinandersetzungen – Kooperation – Imagepflege. Wiesbaden.
de Boer, H. (2008) (in Arbeit): Auseinandersetzungen Studierender mit der kindlichen Perspektive. In: de Boer, H./Deckert-Peaceman, H. (Hrsg.): Kinder in der Schule. Zwischen Gleichaltrigenkultur und schulischer Ordnung, Wiesbaden.
Dewey, J. (1993): Demokratie und Erziehung. Eine Einleitung in die philosophische Pädagogik. Neuausgabe mit einem Nachwort von Jürgen Oelkers. Weinheim; Basel (deutsche Erstausgabe 1964).
Diehm, I./Scholz, G. (2003): Vom Lernen der Kinder – ein Paradigmenwechsel in Kindergarten und Schule. In: Laging, R. (Hrsg.): Altersgemischtes Lernen in der Schule. Hohengehren, 39-54.
Dunn, J./Hughes, C. (1998): Young children's understanding of emotions within close relationships. In: Cognition and Emotion 12, 171-190.

Fink, M./Tschekan, K./Hilbig, I. (2006): Schüler aktivieren – kooperativ arbeiten In: Lernende Schule, H. 33, 4-10.
Grob, U./Maag Merki, K. (2001): Überfachliche Kompetenzen. Theoretische Grundlegung und empirische Erprobung eines Indikatorensystems. Bern.
Grunert, C./Krüger, H.-H. (2006): Kindheit und Kindheitsforschung in Deutschland. Forschungszugänge und Lebenslagen. Opladen.
Hartung, M. (2004): Wie lässt sich Gesprächskompetenz wirksam und nachhaltig vermitteln? Ein Erfahrungsbericht aus der Praxis. In: Analyse und Vermittlung von Gesprächskompetenz. Frankfurt am Main, 47-66.
Helsper, W./Böhme, J./Kramer, R.-T./Lingkost, A. (2001): Schulkultur und Schulmythos. Rekonstruktionen zur Schulkultur I. Opladen.
Klieme, E. (2004): Was sind Kompetenzen und wie lassen sie sich messen? In: Pädagogik 56. Jg., H. 6, 10-13.
Krappmann, L. (2002): Untersuchungen zum Lernen. In: Pettilon, H (Hrsg.): Individuelles und soziales Lernen in der Grundschule – Kinderperspektive und pädagogische Konzepte. Jahrbuch Grundschulforschung 5, Opladen.
Krappmann, L./Oswald, H. (1995): Alltag der Schulkinder. Beobachtungen und Analysen von Interaktionen und Sozialbeziehungen. Weinheim.
Krappmann, L. (1972): Soziologische Dimensionen von Identität. Stuttgart.
Lipowsky, F. (2007): Was wissen wir über guten Unterricht? Im Fokus: die fachliche Entwicklung. In: Friederich Jahresheft, 26-31.
Miller, M (1986): Kollektive Lernprozesse. Studien zur Grundlegung einer soziologischen Lerntheorie. Frankfurt a. M.
Oerter, R. (1994): Die Entwicklung sozialer Kompetenz im Schulalter. In: Schäfer, G. E. (Hrsg.): Soziale Erziehung in der Grundschule. Weinheim; München, 27-49.
Roth, H. (1971): Pädagogische Anthropologie. Band 2: Entwicklung und Erziehung. Grundlagen einer Entwicklungspädagogik. Hannover.
Roth, W. M. (2006): Sozialkompetenz fördern – In Grund- und Sekundarschulen auf humanistisch-psychologischer Basis. Bad Heilbrunn.
Piaget, J. (1983): Das moralische Urteil beim Kinde. München.
Saarni, M. (2002): Die Entwicklung von emotionaler Kompetenz in Beziehungen. In: Salisch, M.v.: Emotionale Kompetenz entwickeln. Stuttgart.
Scholz, G. (1996): Kinder lernen von Kindern. Grundlagen der Schulpädagogik. Band 19, Hohengehren.
Stern, E. (2006): Lernen. Was wissen wir über erfolgreiches Lernen in der Schule? In: Pädagogik, 58. Jg, H. 1, 45-50
Traub, A (2006): Freunde und Freundinnen – wichtig zum Wohlfühlen und Lernen. In: Deutsches Jungendinstitut Bullitin 77, 9
Wiesemann, Jutta (1999): „Stooopp!" – „Die hört nicht auf die Stoppregel!" – Die Erfindung von Handlungsregeln als soziales Lernen. In: Combe, A/Helsper, W/Stelmaszyk, B (Hrsg.). Weinheim/Basel, 221-244.
Wiesemann, J. (2000): Lernen als Alltagspraxis. Lernformen von Kindern an einer Freien Schule. Bad Heilbrunn.
Wygotsky, L. S. (2002): Denken und Sprechen. Frankfurt (Original 1934).
Youniss, J. (1994): Soziale Konstruktion und psychische Entwicklung. Herausgegeben von Lothar Krappmann und Hans Oswald. Frankfurt a. M.
Zinnecker, J. (1978): Die Schule als Hinterbühne oder Nachrichten aus dem Unterleben der Schüler. In: Reinert, G.-B./Zinnecker, J. (Hrsg.): 29-11.

Soft skills: destruktive Potentiale des Kompetenzdenkens

Roland Reichenbach

„Was an dir Berg war
Haben sie geschleift
Und dein Tal
Schüttete man zu
Über dich führt
Ein bequemer Weg."

(Bertolt Brecht)

1 Einleitend[1]

Es fällt nicht schwer, sich aus der bildungstheoretischen Perspektive über den soft skills-talk in seiner Repetitionsvielfalt und „Untiefe", die man auch „internationale Geschmeidigkeit" nennen könnte, zu mokieren. Es ist auch leicht, die tausendfach vorgestellten „Konzepte" – meist Auflistungen von etwas beliebig erscheinenden, aber nicht unplausiblen Fertigkeiten und Kompetenzen – zu kritisieren und beispielsweise als ein Amalgam von politischer Korrektheit, froher Botschaft und Markttauglichkeit zu verstehen. Noch leichter kritisierbar scheinen zunächst die teilweise grotesken empirischen Behauptungen, in denen die „weichen Fähigkeiten" und der Erfolg in Berufs- und Privatleben maximal positiv korrelieren. Der *soft skills-talk* ist dem Bildungsdenken vielleicht deshalb ein Ärgernis, weil er ganz ohne tiefschürfende Analysen auskommt, ohne jede intellektuelle Lust auf Ambivalenz, Widerspruch oder Paradoxie, er ist, mit anderen Worten, radikal optimistisch, und das ist natürlich schwer zu ertragen.

Doch auch wer solch simple Strukturiertheit belächelt oder sich darüber aufregt, wird eines akzeptieren müssen: der soft skills-talk hat sich durchgesetzt:

---

[1] Der Beitrag ist 2006 bereits erschienen als Online-Publikation der Kommission Bildungs- und Erziehungsphilosophie der Deutschen Gesellschaft für Erziehungswissenschaft (http://duepublico. uni-duisburg-essen.de/servlets/DerivateServlet/Derivate-16159/sammelband2006v1e.pdf) und 2007 in: Pongratz, L./Reichenbach, R./Wimmer, M. (Hrsg.): Bildung – Wissen – Kompetenz. Bildungsphilosophie in der Wissensgesellschaft. Bielefeld: Janus, 64-81.

international, global, interdisziplinär, cross-curricular und auf allen Ebenen der Abstraktion und Konkretheit. Die soft skills haben die perfekte Form, sie sind modularisierbar, polyvalent, multifunktional, attraktiv für nahezu jeden und jede, kommen dem Wunsch nach persönlichem und beruflichem Erfolg entgegen und sie sind fähig, sich mit *jedem* kulturellen Restbestand zu verbinden. Ihre Anbändelungswut ist sprichwörtlich: denken wir beispielsweise an einen Kurs wie „Socratic Selling Skills", der von Shanghai über Hong Kong bis in die USA besucht werden kann (am Training von sokratischen Verkaufsstrategien mag sich die Bildungsphilosophie allerdings nur wenig freuen). Philosophisch problemloser ist im Vergleich dazu vielleicht die angeleitete Steigerung der „dating skills", die so wichtig sind, wenn man einen sympathischen Menschen – z.B. einen Erziehungsphilosophen oder eine Bildungsphilosophin – näher kennen lernen möchte. Oder denken wir an nur scheinbar weniger bedeutsame Fertigkeiten wie das gewandte Auftreten im Restaurant (vgl. Bonneau 1998) oder das stilvolle Feiern zu Hause (vgl. Bonneau 1999). Es gibt Hunderte von Beispielen und für viele trifft zu, dass soft skills als positiv konnotierte „*strategies for successful interpersonal interactions*" verstanden werden können. Und weil erfolgreiche interpersonale Interaktionsstrategien schon immer sinnvoll und wünschenswert waren, paaren sich die soft skills ohne Skrupel auch mit Sokrates und Konfuzius, besonders Konfuzius, und zwinkern auch bei weniger gravierenden Figuren wie z.B. Klafki oder von Hentig kaum mit der Wimper. Die soft skills paaren sich mit sämtlichen Tugendlehren und lassen sich von deren Katalogisierungstrieb anstacheln: Politik? Ethik? Religion? Kein Problem für die soft skills, sie sind immer dann einsatz- und paarungsbereit, wenn es irgendwie um das Persönliche, das Interpersonale und/oder Soziale geht (und das ist häufig der Fall). Dieser Bereich wird seit Daniel Goleman – man erinnert sich, dass Goleman von Fragen, um die es wirklich geht, im Leben und überhaupt, schon seit den 1980er Jahren mehr als alle anderen versteht – das „Emotionale" genannt. Sind also Emotionen im Spiel, stehen die soft skills sofort zur Seite oder sollten es zumindest. Die soft skills haben etwas Schutzengel- und Schaumgummihaftes, etwas Fürsorglich-Behütendes, sie sind weich, angenehm und drücken Verständnis für menschliche Schwächen aus. Im Grunde genommen sind soft skills spätkapitalistisch inkarnierte Weiblich- und Mütterlichkeit. Gehörten die Fähigkeiten zum zwischenmenschlichen Brückenbau nicht schon immer zum Weiblichen und Mütterlichen? Entspricht die Transformation der weiblichen Tugenden in emotionale Kompetenz nicht einer an manchen privaten und öffentlichen Orten schon vollzogenen Feminisierung der Verhaltens- und Interaktionsformen? Ja, ist es beispielsweise nicht besser, seine Probleme rechtzeitig zu kommunizieren und nicht erst nachdem man den Büronachbarn auch in der Wirklichkeit umgebracht hat? Soft skills sind die Ventile, die verhindern könnten, dass der (meist männliche) Dampfkessel explodiert. Explodieren ist wenig selbst- und sozialkompetent. Dampfkessel sind primitiv, aber sie haben etwas Leidenschaftliches und Dramatisches – das wiederum geht den soft skills völlig ab. Wenn ein Dampfkessel explodiert, dann hat das etwas Tragisches und Peinliches zugleich – die ganze unkontrollierte Destruktion wäre nicht nötig gewesen, das weiß man dann immer, die kühlende, heilende, deeskalierende Wirkung der soft skills hätte geholfen und das Unglück wäre verhindert worden. Dampfkessel stammen aus der emotionalen Frühzeit, damals gab es ja noch keine sozialen Kompetenzen, nur Stammhirne, alles war primitiv und angriffig. Trifft ein Dampfkessel auf die soziale Kompetenz, so erinnert dies an die Begegnung des Neandertalers mit dem homo sapiens. Zur aussterbenden Art gehören zu müssen und dabei noch – als sei dies nicht schon genug – Bekanntschaft mit der neuen und höheren Zivilisationsstufe zu machen, ist unfair, aber nicht immer vermeidbar.

Jedenfalls setzen sich die soft skills durch, denn der soft skills-talk ist weniger primitiv als vielmehr Antwort auf das Primitive, nicht auf Macht oder Gewalt, sondern auf deren *primitiven* Gebrauch. Ganz abgesehen davon scheint man sich einfach nur allzu einig darüber zu sein, dass die Bedeutung der weichen Fähigkeiten und überfachlichen Qualifikationen in einer sich ständig wandelnden Arbeitswelt stetig ansteigt (vgl. Schmidt/Dworschak 2004).

Nach diesen Auslassungen möchte ich mich der Frage nach der Attraktivität des soft skills-talks und seiner destruktiven Potentiale in fünf Schritten nähern. *Erstens* muss ich ja kurz darauf eingehen, was unter „soft skills" eigentlich verstanden wird – eine peinliche, aber notwendige Aufgabe. *Zweitens* möchte ich einige Bemerkungen zur Beziehung zwischen „soft skills" und „hard skills" anbringen, *drittens* Gründe für die offensichtliche Attraktivität von Kompetenzmodellen erörtern und *viertens* ein paar Bemerkungen zur Ideologie des Kompetenzdenkens anbringen. *Fünftens* und abschließend werde ich mich unter dem Motto „Replace the Negative with the Positive" zur Moral des soft skills-talks und dem damit verbundenen Konzept des „emotionalen Kapitals" äußern.

2 Was sind soft skills?

Mit „soft skills" werden meist die sogenannten „sozialen" und/oder „emotionalen" Kompetenzen gemeint, die ihrerseits manchmal – begrifflich übrigens deviant – auch als sogenannte „Persönlichkeits-Faktoren" bezeichnet werden. Zu den sozialen, emotionalen und persönlichen Kompetenzen werden teilweise auch die sogenannten Methodenkompetenzen hinzugerechnet. Manchmal werden die soft skills auch „überfachliche Kompetenzen" bzw. „überfachliche Qualifikationen" (Bullinger/Mytzek 2004) genannt, während die fachlichen Kompetenzen eben den „hard skills" entsprechen. Grob und Maag Merki (2001), die sich auf vergleichsweise überzeugende Weise der Theorie und Empirie der überfachlichen Kompetenzen gewidmet haben, unterscheiden zwischen:

Selbstakzeptanz, Selbstreflexion, Positiver Lebensbezug, Differenziertes Denken, Wahrnehmungsfähigkeit, Relative Autonomie, Problemlösefähigkeit, Respektvoller Umgang mit der Vergangenheit, Lernbereitschaft, Lernkompetenz, Handlungsfähigkeit, Selbständigkeit, Kreativität, Leistung, Klassische Arbeitstugenden, Gesundheit, Balancefähigkeit, Ambiguitätstoleranz, Copingstrategien, Verantwortung allgemein, Verantwortung Subjekt, Verantwortung Mitmenschen, Verantwortung Umwelt, Umweltkompetenz, Gemeinschaftsfähigkeit, Kooperationsfähigkeit, Konfliktbewältigung, Kritikfähigkeit, Toleranz, Wertschätzung, Dialogfähigkeit, Politische Bildung, Wertbezogene Grundhaltungen, Persönlichkeitsentwicklung, Gemütsfähigkeit (Grob/Maag Merki ebd.).

Andere soft skills-Kataloge unterscheiden beispielweise zwischen

Persönlichkeit (Charisma), Vertrauenswürdigkeit, Urteilsvermögen, Analytisches und logisches Denken, Empathie (Mitgefühl), Einfühlungsvermögen, Menschenkenntnis, Durchsetzungsvermögen, Selbstbewusstsein, Kreativität, Kampfgeist, Teamfähigkeit, Integrationsbereitschaft, Neugier, Kommunikationsverhalten, (psychische) Belastbarkeit, Umgangsstil bzw. Höflichkeit, Rhetorik bzw. Redegewandtheit, Motivation, Fleiß, Ehrgeiz, Verhandlungsführung, Kritikfähigkeit, Koordinationsgabe/Prioritäten setzen, Stressresistenz, Selbstbeherrschung, Selbstdarstellung (bei wichtigen Terminen oder öffentlichen Auftritten), Konflikt- und Misserfolgsbewältigung, Eigenverantwortung, Zeitmanagement, Organisationstalent, Informationskompetenz[2].

Ein weiterer Katalog unterteilt die soft skills in

1. *Aktivität*, worunter subsumiert werden: Belastbarkeit, Kontaktstärke, Kreativität und Innovationsfähigkeit, Leistungsbereitschaft, Risikobereitschaft, unternehmerisches Denken; 2. soft skills der *Kommunikation*, wozu gehören: Kommunikationsfähigkeit, Konfliktlösungsfähigkeit, Kooperationsfähigkeit, Kritikfähigkeit, Teamfähigkeit, soziale Sensibilität, Offenheit; 3. soft skills der persönlichen *Entwicklung*, darunter werden gezählt: ganzheitliches Denkvermögen, Lernbereitschaft, Selbstreflexionsbereitschaft; schließlich 4. der *Struktur und Organisation* mit den Subkategorien: Analytisches Denken, Konzeptionelle Fähigkeiten, Strukturierendes Denken, Organisatorische Fähigkeiten[3].

Wenn man lieber will, kann man sich auch an folgenden, doch recht schlichten soft skills-Katalog halten:

Kreativität, Flexibilität, Konzentration, Organisation, Disziplin, Mut, Motivation, Enthusiasmus, Optimismus, Selbstvertrauen, Teamgeist, Kommunikation, Humor[4].

---

[2] www.infoquelle.de/Job_Karriere/Wissensmanagement/Soft_skills.cfm
[3] www.jobpilot.at/content/journal/soft-skills/index.html
[4] www.studserv.de/karriere/softskills.php

Diese und viele andere Auflistungen von weichen Fähigkeiten lassen erahnen, dass insbesondere zwischen Fertigkeiten, Fähigkeiten oder Kompetenzen, Persönlichkeitseigenschaften, Verhaltensdispositionen und Tugenden weder analytisch noch überhaupt irgendwie unterschieden wird. Offenbar spielen diese Unterscheidungen keine große Rolle, ganz nach dem pragmatischen Motto, wonach Unterschiede, die keine Unterschiede machen, keine Unterschiede sind. Bedeutsam ist allenfalls allein die Differenz zwischen Qualifikation und Kompetenz[5].

3 „Soft skills", „hard skills" und die viel missbrauchte Eisbergmetapher

Ein Herr Rudolf Vogler (Qualification Network GmbH) erklärt uns:

„Beziehungen zwischen Menschen in Firmen spielen sich stets auf zwei Ebenen ab. Der Ansatz der zwei Ebenen lässt sich als ein Eisberg symbolisieren. Die Sachebene, die den Hard Skills entspricht, ist die Spitze des Eisbergs, sie ragt immer aus dem Wasser heraus. / Die persönliche Ebene ist die weitaus größere und befindet sich unter dem Wasser, ist also nicht sofort sichtbar. Hier geht es darum, wie wir miteinander umgehen, fühlen und denken und welche Wertvorstellungen, Motive und Bedürfnisse wir haben. Diese Ebene betrifft den Bereich der Soft Skills. Der nicht sichtbare, unter Wasser liegende Teil eines Eisberges war der Grund für das Sinken der Titanic. / Analog zu diesem Bild ist auch die Beziehungsebene die häufigste Ursache für Schwierigkeiten innerhalb von Teams. Das ist die schlechte Nachricht. Die gute Nachricht: Wenn man diese Ebene erkennt und hier den Umgang miteinander vereinbart, kann die Beziehung und die Zusammenarbeit zwischen zwei oder mehreren Menschen gut funktionieren. Mit anderen Worten: Soft Skills lassen sich trainieren[6]."

Diese Karrikatur – wiewohl sie nicht als solche gemeint ist – macht deutlich, wie um die Bedeutung der weichen Fähigkeiten geworben wird: gerade in ihrem Zusammenhang mit den „harten" Fähigkeiten, welche allein gelassen offenbar nicht erfolgversprechend sind. Ein anderes Motiv für den soft skills-talk scheint aber auch das pädagogisch-didaktische Bedürfnis nach Ganzheitlichkeit zu sein, welche ja ein pädagogisches Leitmotiv darstellt – hatte doch schon Pestalozzi darauf hingewiesen, dass es nicht nur auf den *head* ankomme, sondern auch auf das *heart* und die beiden *hands*. Tatsächlich hat Heinrich Roth (1971) mit seinem Handlungskompetenzmodell und dem Trias von Selbst-, Sach- und Sozialkompetenz diesen quasi-pestalozzianischen Diskurs weitergeführt und populari-

---

[5] Der Kompetenzbegriff ist „subjektzentriert", auf das „Handlungspotential einer Person" gerichtet, während der Qualifikationsbegriff „sachverhaltsorientiert" ist, „das heißt auf aktuelle Fähigkeiten und Fertigkeiten, die zur Durchführung definierter Arbeitsschritte notwendig sind" (Mytzek 2004, 19).
[6] www.infoquelle.de/Job_Karriere/Wissensmanagement/Soft_Skills_Unternehmen.cfm

siert, in dessen Vollzug sich die Bildung über die Zwischenstationen Qualifikation und Schlüsselqualifikation in Kompetenz transformiert hat, wiewohl Roth im Grunde bloß „Mündigkeit" operationalisieren wollte – also ganz in der Linie der wirklich verantwortlichen „Kompetenztheoretiker" à la Piaget, Chomsky, Habermas u.a. (vgl. Bauer 1997). Seither wurden etliche Kompetenzmodelle und Kompetenzkataloge entworfen und vorgestellt[7]; Modelle, die ja alle etwas Einleuchtendes, wiewohl meist nicht gerade Schockierendes haben, aber – und das doch bemerkenswert – insbesondere eine „Renaissance" der so genannten „Persönlichkeitsbildung" (Huang in Vorb., 26f.) mitbewirkten. Und wenn von der Bedeutung der *Persönlichkeit* die Rede ist, hat man ja im Grunde schon die halbe Weiter- und Erwachsenenbildungswelt hinter sich, insbesondere in den doch harten Zeiten des „lebenslangen Lernens" und Umlernens, in denen man auch noch „persönlich wachsen" möchte.

Das Konstrukt „Kompetenz" steht also für eine Verbindung von – um es nochmals mit Pestalozzi zu sagen – knowledge, skills und dispositions, wobei es immer gut ist, wenn der Kopf weiß, was die Hände tun, und das Herz nicht nur für sich alleine schlägt. Diese so genannte „Komplexität" erteilt dem soft skills-talk offenbar eine eklektizistische „licence to kill": alle haben immer irgendwie recht und man kann die Dinge immer von allen Seiten betrachten. Doch diese synästhetische Saturiertheit, wo die Ganzheitlichkeit schon zu triefen beginnt, haben wir natürlich nicht allein dem „teacher of the unteachable", „father of the fatherless" und „lover of the unloved" – wie Pestalozzi in einem Gedicht von Morris A. Shirts umschrieben wird – zu verdanken...

Es bleibt, dass Kompetenzen zunächst sozusagen alles beanspruchen. So werden sie beispielsweise im „Gemeinsamen europäischen Referenzrahmen für Sprachen" (GER) des Europarats als *Verbindung von harten und weichen Fähigkeiten* definiert, nämlich als „Summe des (deklarativen) Wissens, der (prozeduralen) Fertigkeiten und der persönlichkeitsbezogenen Kompetenzen und allgemeinen kognitiven Fähigkeiten, die es einem Menschen erlauben, Handlungen auszuführen" (GER, Europarat 2001, 21). Zum (1) deklarativen Wissen („savoir"), den (2) Fertigkeiten und dem prozeduralen Wissen („savoir-faire") gesellen sich aber nicht nur die (3) persönlichkeitsbezogenen Kompetenzen („savoir-être"), sondern auch die (4) Lernfähigkeit („savoir-apprendre") überhaupt (vgl. Schneider 2005, 16).

Im Unterschied dazu werden Kompetenzen im Rahmen der heutigen Evaluationsbestrebungen bezüglich schulischer Leistungen wesentlich enger begrif-

---

[7] Beispielsweise von Johannes Weinberg, von John Erpenbeck, von Rolf Arnold, von Peter Faulstich, von Horst Siebert, aber auch von Dieter-Jürgen Löwisch oder von Oskar Negt (vgl. Huang in Vorb.)

fen (das erhöht einerseits die Kohärenz des Diskurses, aber schafft andererseits nicht unbedeutende andere Probleme). So schreibt Klieme: „Von Kompetenzen kann nur dann gesprochen werden, wenn man grundlegende Zieldimensionen innerhalb eines Faches benennt, in denen systematisch, über Jahre hinweg Fähigkeiten aufgebaut werden" (Klieme 2004, 12). Statt dem „Weichen-Ganzen" ist hier also das „Kontrolliert-und-systematisch-Aufbauende" gefragt. Kompetenz*modelle* umfassen in dieser Sicht idealerweise klar unterscheidbare Kompetenz*teil*dimensionen, die in Bezug auf klar unterscheidbare Kompetenz*niveaus* untersucht werden können (ebd.). Im Hinblick auf dieses „Ideal" wird auch verständlich, warum „ausgearbeitete, empirisch gestützte Kompetenzmodelle" bisher nur „für einzelne Lernbereiche, Altersgruppen und Schülerpopulationen" vorliegen (ebd.) und die Beschreibungen der Niveaus oft („noch") zu abstrakt ausfallen (ebd.).

Was nun die Entwicklung und Messung der soft skills betrifft, sieht die Lage natürlich verdrießlicher aus: „Vor allem in Kompetenzbereichen, die affektive Aspekte und Einstellungen einschließen, wie der sozialen Kompetenz oder interkulturellen Kompetenz", so nochmals Klieme, „gibt es möglicherweise keine klar abgrenzbaren und auf einer Skala von ‚niedrig' bis ‚hoch' bewertbaren Niveaus, sondern eher unterschiedliche Muster oder Typen" (ebd.). Wenn es unklar wird, bildet man am besten Typen...

Unabhängig davon wird „Kompetenz" auch in diesem Verständnis „als Befähigung zur Bewältigung unterschiedlicher Situationen" (ebd., 13) gesehen, d.h. die Aspekte der *Anwendbarkeit* bzw. *Transferierbarkeit*, die in einer zunehmend pragmatischen Kultur große Attraktivität besitzen, stehen in engem Zusammenhang mit der Popularität der „weichen Fähigkeiten", wiewohl natürlich auch für Klieme und andere Kompetenztheoretiker und -empiriker klar ist, dass die „Vorstellung, bereichsspezifische Kompetenzen könnten durch einen generischen Satz von hoch transferierbaren Schlüsselkompetenzen ersetzt werden, (...) nach Befunden vor allem aus der Expertiseforschung illusionär" ist (ebd., 12).

Kompetenzmodelle sind jedoch nicht primär von den Motiven der Anwendbarkeit und Transferierbarkeit geprägt, sondern zu allererst vom Motiv der *Messbarkeit*. Sie haben in Bezug auf Bildungsstandards zwei Zwecke zu erfüllen: erstens sollen sie das Gefüge der Anforderungen beschreiben, deren Bewältigung von Schülerinnen und Schülern erwartet wird (Komponentenmodell), und zweitens sollen sie wissenschaftlich begründete Vorstellungen darüber liefern, „welche Abstufungen eine Kompetenz annehmen kann bzw. welche Grade oder Niveaustufen sich bei den einzelnen Schülerinnen und Schülern feststellen lassen (Stufenmodell)" (Klieme et al. 2003, 74).

Dass zentrale Aspekte von Bildungsstandards messbar sein können müssen, scheint außer Frage zu stehen. Effizienz- und Effektivitäts*diagnosen* bzw. -evaluationen können im Bildungsbereich wie anderswo auch nur so gut sein, wie sich das, worauf sie sich beziehen, mit akzeptablen Gütekriterien *messen* oder zumindest bestimmen lässt. Nun ist die Messbarkeit von „Bildung" auf der einen Seite eine strittige Sache. Das ist auch kaum verwunderlich, denn erstens sind gesellschaftlich bedeutsame und dadurch konnotativ stark aufgeladene Konzepte fast immer strittig und zweitens ist die Messbarkeit von Strittigem eben selber strittig. Auf der anderen Seite *gibt* es natürlich Indikatoren und Maße für spezifische Kompetenzen, die wir der Bildung subsumieren.

Wer die Messbarkeit der Bildung und der Bildungssysteme kritisiert, mag monieren, relevante Bildungsdimensionen würden in die Operationalisierungen der grossen Vergleichsstudien keinen oder nur schwer Eingang finden. Es können aber auch die Operationalisierungen selbst kritisiert werden mit dem Verweis, dass bestimmte Kompetenzen oder Dimensionen der Bildung in Wahrheit viel komplexer seien und sich *so* oder *so* ganz sicher nicht messen lassen würden. Einige Diskussionen scheinen sich zumindest implizit um die Fragen zu drehen,

- wie sich das Messbare der Bildung zu den *nicht-messbaren* Komponenten der Bildung verhält,
- ob und welche bedeutsamen Bildungsdimensionen es denn gäbe, die sich nicht oder kaum oder nicht auf effiziente Weise messen lassen,
- ob und welche zentrale Bildungsdimensionen es gäbe, die sich zwar nicht messen, aber auf vernünftige Weise *beschreiben* lassen, und
- ob es allenfalls auch *nicht* oder *kaum wissenschaftlich beschreibbare* Bildungsdimensionen gäbe, die trotz diesem Defizit bedeutsam sein könnten[8].

---

[8] Es wird auch mit gutem Grund kritisiert, dass die Messungen nicht primär normorientiert (z.B. als Ländervergleich), sondern kriteriumorientiert sein, also Aussagen über den Stand der erworbenen Kompetenzen ermöglichen sollten. Sicher ist nur: das Nicht-Gemessene – sei es ungemessen, weil es nicht messbar ist oder einfach nicht gemessen wird – und das Nicht-Beschriebene haben es schwer, im politischen und fachlichen Diskurs überhaupt als gewichtig oder auch nur irgendwie bedeutsam zu erscheinen! Was nicht als „Rohwert" aus den Fragebögen auftauchen kann, darf ruhig verborgen bleiben, scheint es. Dieser Datenzentrismus kann man kognitionspsychologisch mit dem sogenannten *information availability bias* in Verbindung bringen: Man macht sich eben jeweils ein Bild nur aufgrund der Informationen, die einem aktuell zur Verfügung stehen und fragt sich kaum, wie dieses Bild durch nicht unmittelbar zur Verfügung stehende Informationen tangiert, relativiert, demontiert würde. Jedenfalls darf man aber annehmen, dass auch eine Welt ausserhalb der Fragebogedaten tatsächlich existiert, und dass dieselbe ein Universum darstellt, in welcher ganz unterschiedliche Aspekte der Bildung in Erscheinung treten können, während die Welt der Daten im Vergleich

Mit anderen Worten: Auch wenn die Begriffe so nicht gebraucht werden, so richtet sich die Evaluationskritik doch implizit auch auf den mangelnden Einbezug oder die mangelnde Messbarkeit jener Bildungsdimensionen, die – ob man dies gut heißt oder nicht – „soft skills" genannt werden. Neben der Anwendbarkeit und der Transferierbarkeit muss nichtsdestotrotz auch die *Messbarkeit* von „soft skills" im Kompetenzdiskurs zumindest suggeriert werden. Doch jeder, der über einschlägiges Wissen darüber verfügt, was es bedeutet, bestimmte soziale Kompetenzen, etwa die Fähigkeit zur sozialen Perspektivenübernahme oder zum moralischen Urteilen oder die Verhandlungskompetenz einer Person zu messen, weiß wie gutgläubig sich hier der soft skills-talk geben muss. Diese Gutgläubigkeit betrifft jedoch nicht nur die Messung, sondern insbesondere auch die Lehre der soft skills. So schreiben beispielsweise Johnson und Johnson in Bezug auf das sogenannte „kooperative Lernen", welches ja einen soft skill-Liebling mancher Didaktiker darstellt: "Persons must be taught the social skills for high quality cooperation and be motivated to use them. Leadership, decision-making, trust-building, communication, and conflict-management skills have to be taught just as purposefully and precisely as academic skills" – "... social skills are required for interacting effectively with peers from other cultures and ethnic groups" (Johnson/Johnson 2000, 21). Insbesondere das Multikulturthema – diversity among students – verführt zu prekären, aber immer edel motivierten Varianten des soft skills-„Denkens"[9].

4 Die Attraktivität von Kompetenzmodellen: Kompetenzidealismus

Nach Basil Bernstein (1996) ist das Konzept der Kompetenz in diversen Sozialwissenschaften in den 60er und 70er Jahren des letzten Jahrhunderts aufgetaucht: als Sprachkompetenz (sensu Chomsky) in der Linguistik, als kommunikative Kompetenz (sensu Dell Hymes) in der Soziolinguistik, als kognitive Kompetenz (sensu Piaget) in der Psychologie oder als kulturelle Kompetenz

---

dazu eher Bereichs- als Universumscharakter aufweist und ohne Aussenperspektive überhaupt bedeutungslos ist.

[9] So meinen die gleichen Autoren, dass es drei Arten des impliziten Lehr-Lern-Ethos in den Schulzimmern gebe – als „part of the hidden curriculum", namentlich das kooperative (teaches the values committing oneself to the common good, etc...), das kompetitive (teaches the values of beating and getting more than other people) und das individualistische (teaches the values of viewing success as dependent on one's own efforts...), in der Tat eine interessante Unterteilung, nur: "While competitive, individualistic, and cooperative efforts should all three be part of schooling, cooperation is by far the most necessary if diversity is to result in positive outcomes. Cooperative learning is the instructional use of small groups so that students work together to maximize their own and each other's learning" (Johnson/Johnson 2000, 27).

(sensu Lévi-Strauss) in der Ethnologie (vgl. ebd., 55). Wiewohl es vielleicht nur wenige einigende Elemente dieser Verwendungen des Kompetenzbegriffes gibt, bestand doch die damalige Attraktivität u.a. im anti-behavioristischen Selbstverständnis dieser Ansätze: Welt wird hier in Interaktion mit der Umwelt konstruiert, als Leistung individueller und sozialer Aktivität. „The concept [Kompetenz] refers to procedures for engaging with, and constructing, the world. Competencies are intrinsically creative and tacitly acquired in informal interactions. They are practical accomplishments" (ebd.). Bernstein interessiert sich insbesondere für die „soziale Logik" des Kompetenzbegriffes bzw. -diskurses, d.h. für das mit dem Kompetenzbegriff einhergehende *implizite Modell* des Sozialen, der Kommunikation, der Interaktion und des Subjekts. Seine Analyse eröffnet nun fünf Aspekte, die man als *Kompetenzidealismus* auffassen könnte und welche die Attraktivität von Kompetenzmodellen erklären helfen, die sich heute – vielleicht ganz im Gegenteil zu den 70er Jahren – als sehr ambivalent entpuppt (ich gebe die fünf Aspekte hier kommentierend wieder):

1. Die Auffassung des Kompetenzerwerbs drückt eine *universelle Demokratie* aus: „All are inherently competent and all possess common procedures" (S. 56). Wir können sozusagen alle und wir sind alle gleich bzw. wir könnten alle und wären alle gleich... das ist schon mal eine frohe Botschaft, selbst wenn sie im Konjunktiv formuliert ist.
2. Das Subjekt ist *aktiver* und *kreativer Konstrukteur* einer bedeutungsvollen Welt (z.B. Sprachproduktion bei Chomsky, Akkommodationsprozesse bei Piaget); Kompetenzentwicklungstheorien sind also weniger interaktionistisch als wofür sie gemeinhin gehalten werden, als vielmehr selbstgestalterisch bzw. Selbstgestaltungstheorien. Jedenfalls sind „aktiv" und „kreativ" schon immer gute Wörter gewesen – Wörter, die den pädagogischen Diskurs noch in der heruntergekommensten Form und entlegendsten Diskurswinkeln veredeln.
3. Die Entwicklung der Subjekte bzw. der Kompetenzen verläuft *selbstreguliert*, und es handelt sich hierbei immer um eine Ausdifferenzierung. Bedeutsamer noch: Entwicklung kann nicht durch formale Lehre vorangetrieben werden. In den Worten von Bernstein: „Official socializers are suspect, for acquisition of these procedures is a tacit, invisible act not subject to public regulation" (ebd., 56). Die Behauptung, bloße Sozialisation erkläre und bestimme alles oder doch das meiste, darf so mit einer humanistischen Geste vom Tisch gewiesen werden.
4. Soziale Hierarchien werden kritisch betrachtet, Kompetenz und Kompetenzerwerb hingegen mit *Emanzipationsprozessen* und -bemühungen in Zusammenhang gebracht. Intentionale Sozialisation in Form von Er-

ziehung und Unterricht, da es ja ganze ohne nicht zu gehen scheint, werden deshalb eher als „facilitation" (of learning and development) verstanden. Didaktisch, pädagogisch und psychologisch würden deshalb vor allem die Gestaltung der *Ermöglichungsbedingungen* von Lernen und Entwicklung interessieren.
5. Ein fünfter Aspekt ist nach Bernstein die Tendenz zur Gegenwartszentrierung: die relevante Zeit ist die Realisation der Kompetenz, „for it is this point which reveals the past and adumbrates the future" (ebd.).

Nun wird nicht jeder Kompetenzdiskurs gleichermaßen von diesen Aspekten tangiert, aber, wie Bernstein meint, doch die meisten (vgl. ebd.). Es ist nicht leicht, *gegen* Demokratie, Kreativität und Selbstregulation und das ganze Steigerungsethos zu argumentieren, welches mit Kompetenztheorien und -modellen verbunden ist. Ob edel oder unedel motiviert, ob unter gerechten oder ungerechten Bedingungen, ob frei gewählt oder erzwungen, jedenfalls erhöht sich mit dem anti-behavioristischen, anti-positivistischen Demokratie-Kreativitäts-Selbstregu-lations-Denken der Druck auf das Individuum, sich selbst als Kompetenzsteigerungszentrum zu sehen. Und die wichtigste Kompetenz jedes Kompetenzsteigerungszentrums ist die Kompetenzsteigerungskompetenz. Dieselbe können wir auch mit dem Begriff der *„Trainability"* belegen. Sertl definiert sie als die Fähigkeit, *sich ausbilden zu lassen*, die „Fähigkeit erfolgreich auf die ständigen, kontinuierlich oder mit Unterbrechungen aufeinander folgenden Pädagogiken zu reagieren" (Sertl 2004, 21). Man könnte Trainability einfach nur als Komponente von *Employability* verstehen, aber das wäre m.E. verkürzt, Trainability heißt auch nicht nur, sich den Diktaten nach vermehrter Flexibilität, Lernbereitschaft und Disponibilität einfach unterzuordnen, sondern es handelt sich um die soziale Fähigkeit, *situationskluge Strategien des Sich-führen-Lassens* zu entwickeln und einzusetzen. Ja, es scheint, dass die subtilen Strategien des Sich-führen-Lassens um so wichtiger werden, je diffuser – wenn man will: je „offener" und je „demokratischer" – die pädagogischen und nicht-pädagogischen Führungsstrategien werden[10]. Man kann diese weiche Fähigkeit mit Theorien des sozialen Austausches und der interpersonalen Täuschung, aber auch der Selbsttäuschung, die ja eine wirksame *soziale* Kompetenz darstellt (vgl. Reichenbach in Vorb.), zu rekonstruieren und verstehen suchen; und man kann sich dann fragen, wie sich sozial kompetente Schlitzohren, die keine Schlitze in den Ohren haben, noch als Schlitzohren erkennen können und wa-

---

[10] Niggli und Kersten (1999) haben beispielsweise gezeigt, welche ungünstigen Wirkungen sogenannt "offene" Lehr- und Lernformen (wie der Wochenplanunterricht) insbesondere für die mittelleistungsstarken und schwachen Schüler/innen haben können.

rum sie sich als solche überhaupt erkennen sollten? Verschwindet nicht hinter den sozialen Kompetenzen, je raffinierter und subtiler sie entwickelt sind, überhaupt die Frage der Identität? Menschen mit Macken, Fehlern, Schwächen und Problemen, mit Sehnsüchten und Träumen ausgestattet, die sich fast sicher nicht erfüllen werden, peinliche Dilettanten eben, können wir gerade an ihrem Unvermögen, ihrer Inkompetenz und ihrem „lack of skills" erkennen, obwohl wir sie deshalb noch lange nicht schätzen müssen. Aber was könnten wir über Zeitgenossen sagen, die über sämtliche der vorher genannten „successful interpersonal interaction strategies" in einem ausgereiften Sinn verfügen würden? Wahrscheinlich am letzten, dass sie menschlich sind. Wer sich mit dem „krummen Holz der Humanität" (ein Ausdruck Kants, vgl. Berlin 1995) nicht abfinden kann, fühlt sich wohl von einem Kompetenz- und Steigerungsethos angezogen und bringt in einer anti-tragisch zuversichtlichen Kompetenz-, Leistungs- und Wettbewerbsgesellschaft eine scheinbar vernünftige, scheinbar transparente, pragmatische und entheiligte Pädagogik hervor. Vielleicht hat Bernstein den entzündeten Nerv der Zeit getroffen, als er schrieb: „Ich denke, was wir gerade erleben, ist eine pädagogische Panik, die die moralische Panik maskiert, eine tiefe Panik in unserer Gesellschaft, die nicht weiß, was ist und wohin es geht. Und das ist eine Periode der pädagogischen Panik. Und es ist das erste Mal, dass pädagogische Panik die moralische Panik maskiert bzw. verschleiert" (Bernstein zit. nach Sertl 2004, 26). Der Kompetenzdiskurs und insbesondere der ganze soft skills-talk füllt offenbar die Leerstelle, die mit dem Verschwinden von politischen und moralischen Gewissheiten oder zumindest deren Schwächung entstanden ist. Eine Leerstelle, die zunächst eine Befreiung dargestellt hat: eine Befreiung von biederen Varianten der Aufklärung und allzu disziplinierter Altbackenheit. Doch eine solche Stelle *konnte* nur mit seichten, leichten und geschmeidigen Konzepten ausgefüllt werden, die „irgendwie gut" und begrüßenswert sind, irgendwie international, „irgendwie offen" für alles („anschlussfähig") und vor allem überhaupt „nicht autoritär", schon irgendwie idealistisch, aber ohne schnöde Verpflichtungen, sondern irgendwie rein „optional". Pongratz (2005) schrieb kürzlich: „Der Erfolg des modernen Weiterbildungssystems ist seine Substanzlosigkeit" (13).

5 Zur Ideologie des Kompetenzdenkens

Der pädagogische Preis für den pseudo-demokratischen und pseudo-egalitären Kompetenzidealismus ist die Isolierung des Individuums von Fragen der Macht und Kontrolle. Die Entwicklungsaufgaben des Individuums und die Kontrollprinzipien, welche den Erwerb von Kompetenzen selektiv modulieren, sind nun diskursiv von einander getrennt. Kontrolle hat nach Bernstein die Funktion, *innerhalb* bestimmter Interaktionsformen (Kategorien, Sprachspiele, sozialen Settings) legitime Kommunikationen zu etablieren und sicherzustellen, während Macht darin besteht, legitime Beziehungen *zwischen* den Interaktionsformen zu etablieren und sicherzustellen[11]. Da wir kompetenztheoretisch alle gleich sind und unsere „aktive", „kreative" und „partizipative" Entwicklung immer dem Sozialen dient, werden Differenzen zwischen den Individuen sozusagen als „kulturell" verstanden. So gesehen verhalten sich Kompetenztheorien nach Bernstein auch als Mittel der Kritik, nämlich als Kritik an der Differenz zwischen dem, was wir (eigentlich) sind und was aus uns geworden ist bzw. zwischen dem, wozu wir fähig sind (wären) und unserer konkreten Leistung[12]. Die Analyse müsste sich demzufolge – und das tut sie in manchen Bereichen etwa der psychologischen und pädagogischen Entwicklungsforschung auch – den jeweils kompetenzspezifischen Performanzfaktoren widmen, also der Untersuchung der Bedingungen, welche für Performanzen *unterhalb* des Kompetenzniveaus verantwortlich sind. Dennoch bleibt der Preis für solche Kompetenztheorien für Bernstein bestehen: die Vernachlässigung der Beziehungen zwischen Macht, Kultur und Kompetenz, zwischen Bedeutung und den Strukturen, die Bedeutung möglich machen. Die „Demokratie der Kompetenztheorien" sei deshalb eine Demokratie ohne Gesellschaft[13], anders formuliert: solche Kompetenztheorien sind politisch zahnlos.

Dennoch wurden Kompetenzmodelle gerade in liberalen, progressiven und auch radikalen Erziehungs- und Bildungsdiskursen und -ideologien in den 1960er und 1970er Jahren und später gerne aufgenommen, und es interessierte nicht oder kaum, dass Fragen der Erziehung und Bildung im Entstehungszusammenhang dieser Theorien ignoriert worden sind (vgl. Bernstein 1996, 56f.). Dies ist vielleicht mit ein Grund für die etwas verwunderliche Tatsache, dass das Kompetenzparadigma, auch wenn es nicht ohne jede emanzipative Kraft ist, unfreiwillig einen Transformationsprozess der Erziehungs- und Bildungssysteme unterstützt, den Hyland als Prozess der „McDonaldisierung" bezeichnet hat (Hartley 1995, 414ff.; Hyland 2000b, 164).

---

[11] „Thus, power constructs relations *between*, and control relations *within* given forms of interaction" (Bernstein 1996, 19)
[12] „From this point of view competence theories may be regarded as critiques showing the disparity between what we are and what we have become, between what we are capable of and our performance" (ebd.).
[13] „The democracy of competence theories is a democracy removed from society" (Bernstein 2003, 90).

Damit ist

- erstens die Fokussierung auf *Effizienzkriterien* gemeint und damit verbunden die Bewertung der Ausbildungs- und Erziehungsziele nach Input-Output-Vergleichen;
- zweitens – und mit dem ersten Punkt verbunden – der Wunsch nach *Quantifizierung* und *Berechenbarkeit*: denn um dem Effizienzmodell zu genügen, müssen Ausbildungs- und Erziehungsziele *gemessen* werden können;
- so soll drittens *Vorhersagbarkeit* und *Kontrolle* ermöglicht werden, was man auch mit Hinweis auf moralische Gründe rechtfertigen kann und nota bene auch rechtfertigen *können* muss,
- und schließlich und viertens sollen die damit verbundenen Freiheitseinschränkungen minimiert werden oder zumindest als minimal oder minimiert erscheinen. Hierzu leistet die Idee oder Ideologie der Selbstregulation ihre besondere Rechtfertigungshilfe: „in order to make the new dehumanised and deterministic system acceptable to consumers, students and teachers need to be persuaded that they have more control over their own learning" (Hyland ebd.).

Der soft skills-talk erscheint so als subtile und vielleicht auch wirksame Schützenhilfe der Individualisierung und Psychologisierung sozialer Probleme. Subtil: Denn eine Welt, in welcher gilt „You can get it, if you really want, but you must try" ist *keine* Welt der Rücksichtslosigkeit, der bloßen Ellenbogenmentalität und Einschüchterung, sondern vielmehr eine Welt der sozialen Geschmeidigkeit, der angenehmen Kommunikationsschmiere und des PanAm-Smiles, eine Welt, in welcher die persönlichen Niederlagen, auch wenn sie sozial bedingt sind, sozial kompetent eingesteckt werden, in welcher man durchaus auch sieht, was aus einen hätte werden oder was man hätte erreichen können und dass man die Chancen gehabt, aber leider nicht genutzt hat oder besser hätte nutzen sollen, eine sportliche Welt also, die man kritisieren kann, wiewohl deren realistischen Alternativen auch nicht gerade attraktiv erscheinen mögen.

6 „Replace the Negative with the Positive" – zur Moral der soft skills

Soft skills werden mit einem technologischen Anspruch verbunden, dies kann als eine „moralische Verarmung"[14] betrachtet werden und man möchte für den

---

[14] als „morally impoverished" (vgl. Fish 1993)

pädagogischen Bereich vielleicht Hyland (2000a) zustimmen, wenn er mit David Carr (1994) behauptet, „that most problems in professional spheres such as teaching call for a 'moral rather than a technical response' and that practice needs to be characterized in terms of 'virtues rather than skills'" (225)[15]. Doch es ist natürlich nicht so einfach, den soft skills das Tugendhafte ganz abzuschreiben, und es ist auch nicht korrekt, sie „bloß" technisch-strategisch zu verstehen. Freilich ist zutreffend, dass es immer auf den konkreten *Gebrauch* der Kompetenz ankommt: Kompetenzen sind nicht an sich gut, sie lassen sich natürlich auch für fragwürdige Zwecke einsetzen. Allerdings dies trifft zumindest für die sogenannten Sekundärtugenden auch zu. Die Tugend bezeichnet wie die Kompetenz ein (lebenspraktisches) *Können*, aber darüber hinaus verstärkt ein Wollen und verlangt vom Subjekt gewissermaßen in direkter Unbedingtheit, gemäß seiner Einsichten zu handeln, was bei „bloßen" Kompetenzen nicht der Fall ist. Obwohl der Tugendbegriff inhaltlich nicht rigide fixiert ist, ist er doch weniger formal als der Begriff der Kompetenz und stärker mit dem verbunden, was früher „Charakter" genannt worden ist[16]. Nun ist „Charakter" zwar ebenfalls ein Begriff, der in den von aufklärerischen Vokabularien geprägten Erziehungs- und Bildungsdiskursen fast ausschließlich noch im „aristotelischen Lager" benützt wird, aber eben dennoch ein Begriff, der in bestimmten Situationen als der treffende erscheint[17]. Wir können in bezug auf unsere Kompetenz „Heilige im Urteilen" und „Halunken im Handeln" sein (vgl. Althof/Garz/Zutavern 1988) – in Bezug auf die Tugenden macht eine solche Rede jedoch wenig Sinn. Zu sagen, „Hans ist ein ehrlicher Kerl, aber in letzter Zeit lügt er ein bisschen viel", stellt natürlich gerade in Frage, ob Hans tatsächlich ein ehrlicher Kerl ist. Doch mit diesem Argument wird die Kompetenz von der Tugend nicht ausgebootet. Denn wenn Hans nicht auch über die soziale Kompetenz des Lügens (!) verfügt, dann stellt seine tugendhafte Ehrlichkeit wiederum in mancher Situation ein Problem dar – und zwar ein moralisches Problem –, es kommt, mit anderen Worten, natürlich auch in bezug auf Tugend immer auf deren konkreten Gebrauch oder Einsatz an. Aus diesem Grunde sind auch neuere Tugendkataloge bzw. -diskussionen (vgl. z.B. Comte-Sponville 1998; Seligman 2003) nicht unbedingt überzeugender als der soft skills-talk aus Arbeitswelt und Weiterbil-

---

[15] Ganz ähnlich argumentieren Blake, Smeyers, Smith und Standish (2000).
[16] vgl. Herbart (1983/1806). In Kants *Metaphysik der Sitten* steht treffend: „Tugend bedeutet eine moralische Stärke des Willens" (1797/1990, 283)
[17] Wir sagen von jemandem, dass er oder sie „Charakter" (umgangssprachlich auch: „Format", „Stärke" etc.) habe, und meinen damit, dass diese Person die Fähigkeit oder vielmehr die Kraft gezeigt habe, ihren Prinzipien *gegen äußere* oder *innere Widerstände* bzw. unter widerwärtigen Bedingungen treu zu bleiben. Der so benützte Begriff des Charakters wird als Geste der Achtung geäußert, als Respekt vor dem Willen, den die betreffende Person aufbringen kann.

dung, sie sind aber immerhin raffinierter und befriedigen deshalb vor allem akademische Bedürfnisse.

Der soft skills-talk hebt die Dichotomie zwischen Strategie und Moral vielleicht nicht gerade auf, aber schwächt sie doch sehr ab, während das Überleben des Tugenddiskurses von dieser Dichotomie geradezu abhängt. Man kann den soft skills-talk als moralisch und politisch naiv bezeichnen, man kann aber auch argumentieren, dass hier die Verzahnung von Strategie und Moral affirmiert wird. Erfolgsversprechende interpersonale Interaktionsstrategien verhelfen nicht nur den partiellen oder partikulären Interessen sich zu verwirklichen, sondern können auch den gemeinsamen Interessen dienen. Im soft skills-talk gibt es so auch keine Gegensätze zwischen ethischen und moralischen Fragen, also Fragen nach dem Guten und nach dem Richtigen bzw. Gerechten, es gibt weiter keinen prinzipiellen Gegensatz zwischen individuellem und kollektivem Nutzen. Die Entwicklung der soft skills ist weder moralisch-imperativisch gefordert, noch erfolgt sie aus freiwilliger Selbstlosigkeit. Die soft skills helfen nicht nur, das soziale Kapital zu erhöhen, sondern, damit eng verbunden, das sogenannte *emotionale* Kapital. Mit der ökonomischen Metapher des „Kapitals" wird gerade die Doppeldeutigkeit des Wertes und der Werterhöhung angezeigt. Emotionales Kapital definieren McGrath und Van Buskirk (1996) als einen errungenen Sinn für Vertrauen, Sicherheit und Wechselseitigkeit, damit verbunden als ein erhöhtes interpersonales Engagement bzw. Verpflichtungsgefühl. Dieses Kapital ermöglicht und stimuliert, was manche „positive self-talk" nennen, positive Narrative des Selbst, welche der Bewältigung von diversen Schwierigkeiten und Aufgaben dienen und damit das Wohlbefinden erhöhen. Eine der wichtigsten self management skills ist freilich der dadurch gestützte Selbstwirksamkeitsglaube („self efficacy belief", Bandura 1977) und in der Tat ist die empirische Evidenz für die günstigen Effekte des Selbstwirksamkeitsglaubens erschlagend (vgl. Seligman 2003) und nimmt jedem anständigen Pessimisten die Freude am Leben: wer unter positivem Denken leidet und der Illusion unterliegt, die Dinge kontrollieren, verändern und bewältigen zu können, dem geht es ganz offensichtlich besser und er wird dadurch – wahrscheinlich einfach um die deutschen Bildungstheoretiker zu demütigen – vielleicht noch ein besserer Mensch. In der soft skills-Welt wird es knapp für Pessimisten, Tragiker und Tiefschürfer, deren gesellschaftlicher Blick nun etwas bieder wirkt. Die Glücksforschung, auf der anderen Seite – die sogenannte „happiology" und „positive Psychologie" (ebd.) –, gibt uns Auskunft über den letzten Stand der neo-aristotelischen soft skills-Moral, die im Kern besagt: tu Gutes, jammere nicht und denk an dich!

Literatur

Althof, W./Garz, D./Zutavern, M. (1988): Heilige im Urteilen, Halunken im Handeln? Lebensbereiche, Brographie und Alltagsmoral. In: Zeitschrift für Sozialisationsforschung und Erziehungssoziologie, 8, 162-181.
Bandura, A. (1977): Self-efficacy. Toward a unifying theory of behavioral change. In: Psychological Review, 84, 191-215.
Bauer, W. (1997): Subjektgenese und frühes Erwachsenenalter. Entwicklungs- und biographietheoretische Zugänge. Weinheim: Deutscher Studien Verlag.
Berlin, I. (1995): Das krumme Holz der Humantität. Frankfurt a.M.: Fischer (engl. Original: 1959).
Bernstein, B. (1996): Pedagogy, Symbolic Control and Identity. London a.o.: Taylor & Francis.
Bernstein, B. (2003): Class, Codes and Control, Vol. IV, The Structuring of Pedagogic Discourse. London; New York: Routledge & Farmer (first published 1990).
Blake, N./Smeyers, P./Smith, R./Standish, P. (2000): Education in an Age of Nihilism. London; New York: Routledge & Farmer.
Bonneau, E. (1998): In aller Form. Gewandtes Auftreten im Restaurant. Mering: Hampp Verlag.
Bonneau, E. (1999): Stilvoll feiern zu Hause. Mering: Hampp Verlag.
Bridges, D. (2000): Education, Autonomy and Democratic Citizenship. London; New York: Routledge & Farmer (first published 1997).
Bullinger, H.-J./Mytzek, R. (Hrsg.) (2004): Soft Skills. Überfachliche Qualifikationen für betriebliche Arbeitsprozesse. Bielefeld: Bertelsmann.
Carr, D. (1994): Educational enquiry and professional knowledge: towards a Coperincan revolution. In: Educational Studies, 20(1), 33-52.
Clarke, L./Winch, Ch. (2004): Apprenticeship and Applied Theoretical Knowledge. In: Educational Philosophy and Theory, Vol. 36, No. 5, 509-521.
Comte-Sponville, A. (1998): Petit traité des grandes vertus. Paris: Presses Universitaires de France.
Europarat (2001): Gemeinsamer europäischer Referenzrahmen für Sprachen: Lernen, lehren, beurteilen. Berlin u.a.: Langenscheidt. (http//www.goethe.de/referenzrahmen)
Fish, D. (1993): Uncertainty in a Certain World: Values, Competency-based Training and the Reflective Practitioner. In: Journal for the National Association for Values in Education and Training, 8, 7-12.
Grob, U./Maag Merki, K. (2001): Überfachliche Kompetenzen. Theoretische Grundlegung und empirische Erprobung eines Indikatorensystems. Bern: Peter Lang.
Hartley, D. (1995): The McDonaldisation of Higher Education: Food for Thought? In: Oxford Review of Education, 21(4), 409-23.
Herbart, J.F. (1983): Allgemeine Pädagogik – aus dem Zweck der Erziehung abgeleitet. Herausgeben von H. Holstein. Bochum: Fredinand Kamp (Original: 1806).
Huang, N. (in Vorb.): Dissertationsvorhaben zum Thema: Menschenbild, Kompetenz und Lernkultur. Ein Vergleich des Kompetenzdiskurses in Deutschland und Taiwan (Republik China).
Hyland, T. (2000a): Ethics, National Education Policy and the Teaching Profession. In: Leicester, V/Modgil, C./Modgil, S. (Eds.): Education, Culture and Values, Vol. I, Systems of Education. Theories, Policies and Implicit Values, 217-228.
Hyland, T. (2000b): Values and Studentship in Post-compulsory Education and Training. In: Leicester, V/Modgil, C./Modgil, S. (Eds.): Education, Culture and Values, Vol. IV, Moral Education and Pluralism, 161-170.
Johnson, D. W./Johnson, R. T. (2000): Cooperative Learning, Values, and Culturally Plural Classrooms. In: Leicester, V/Modgil, C./Modgil, S. (Eds.): Education, Culture and Values, Vol. III, Classroom Issues, 15-28.
Kant, I. (1990): Die Metaphysik der Sitten. Stuttgart: Reclam (Original, 1797).
Klieme, E. (2004): Was sind Kompetenzen und wie lassen sie sich messen. Pädagogik, 56(6), 10-13.

Klieme, E. et al. (2003): Zur Entwicklung nationaler Bildungsstandards. Eine Expertise. Bonn: BMBF (Bundesministerium für Bildung und Forschung).

Lang, P. (2000a): Parents, School and Values. In: Leicester, V/Modgil, C./Modgil, S. (Eds.): Education, Culture and Values, Vol. II, Institutional Issues. Pupils. Schools and Teacher Education, 72-79.

McGrath, D./Buskirk, B. v. (1996): Social and Emotional Capital in Education: Cultures of Support for At Risk Students. In: Journal of Developmental Education, 1(1), February 1996 (online-publication).

Mytzek, R. (2004): Überfachliche Qualifikationen – Konzepte und internationale Trends. In: Bullinger, H.-J./Mytzek; R. (Hrsg.): Soft Skills. Überfachliche Qualifikationen für betriebliche Arbeitsprozesse. Bielefeld: Bertelsmann, 17-41.

Niggli, A./Kersten, B. (1999): Wochenplanunterricht und das Unterrichtsverhalten der Lehrkräfte im Kontext von Mathematikleistungen und psychologischen Variablen der Lernenden. In: Bildungsforschung und Bildungspraxis, 3, 272-291.

Pongratz, L. (2005): Untiefen im Mainstream. Zur Kritik konstruktivistisch-systemtheoretischer Pädagogik. Wetzlar: Büchse der Pandora.

Roth, H. (1971): Pädagogische Anthropologie. Band 2: Entwicklung und Erziehung. Grundlagen einer Entwicklungspädagogik. Hannover: Schroedel.

Schmidt, S. L./Dworschak, B. (2004): Früherkennung überfachlicher Qualifikationen in einer sich wandelnden Arbeitswelt. In: Bullinger, H.-J./Mytzek, R. (Hrsg.): Soft Skills. Überfachliche Qualifikationen für betriebliche Arbeitsprozesse. Bielefeld: Bertelsmann, 7-16.

Schneider, G. (2005): Der „Gemeinsame europäische Referenzrahmen für Sprachen" als Grundlage von Bildungsstandards für die Fremdsprachen – Methodologische Probleme der Entwicklung und Adaptierung von Kompetenzbeschreibungen. In: Schweizerische Zeitschrift für Bildungswissenschaften, 27(1), 13-34.

Seligman, M. (2003): Der Glücks-Faktor. Bergisch Gladbach: Lübbe, Ehrenwirth.

Sertl, M. (2004): A Totally Pedagogised Society. Basil Bernstein zum Thema. In: Schulheft, H. 116 (Thema: Pädagogisierung). Innsbruck u.a.: Studienverlag, 17-29.

Winch, Ch./Clarke, L. (2003): 'Front-loaded' Vocational Education versus Lifelong Learning. A Critique of Current UK Government Policy. In: Oxford Review of Education, Vol. 29, No. 2, 239-252.

Veränderte Bedingungen des Aufwachsens

Klaus Hurrelmann

Die Bedingungen des Aufwachsens von Kindern und Jugendlichen haben sich in den letzten Jahrzehnten gravierend verändert. So besitzen die Heranwachsenden heute zahlreiche Freiheiten und Freiräume: Es existieren hohe Freiheitsgrade bei der Wahl von Freunden und Bekannten, Kleidung und „Stil", der Lebensführung, aber auch bei der räumlichen, zeitlichen und medialen Organisation außerschulischer und -beruflicher Tätigkeiten. Hinzu kommen die Wahl des Bildungs- und Ausbildungsweges, des Berufes, der religiösen Zugehörigkeit etc. Im historischen Vergleich können diese hohen Freiheitsgrade sowohl quantitativ wie auch qualitativ als neu bezeichnet werden. Jedoch sind es gleichzeitig gerade diese Freiheiten, die auch die Anforderungen an eine selbständige Lebensführung erhöhen – es gilt, sich zu orientieren, einzuschätzen und abzuwägen, also letztlich zu handeln.

Dieser Prozess der Verselbstständigung verläuft indes zeitlich asynchron. So ist es heute typisch für die Lebenssituation von Kindern und Jugendlichen, dass diese sowohl im Bereich des Freizeit- und Medienverhaltens wie auch hinsichtlich ihrer Teilnahme am Konsumwarenmarkt schon sehr früh in die Rolle Erwachsener einrücken können. Gemessen am Zeitpunkt der Familiengründung und Aufnahme einer Erwerbstätigkeit erreichen sie diesen Status aber erst sehr spät. Es gehört also zu den Merkmalen dieses Lebensabschnittes, mit widersprüchlichen sozialen Erwartungen umzugehen.

Im Mittelpunkt des folgenden Beitrags steht dieser Entwicklungsprozess: das Einrücken der 12- bis 18-Jährigen in zentrale gesellschaftliche Mitgliedsrollen, die schrittweise Übernahme verantwortlicher sozialer Positionen sowie die mit der frühen soziokulturellen und späten sozioökonomischen Selbständigkeit unvermeidlich verbundenen Spannungen und Problembelastungen, die den Prozess der Ablösung vom Elternhaus begleiten und von jedem Jugendlichen persönlich bewältigt werden müssen. Nicht nur in diesem Kontext, sondern in zahlreichen Welten des Aufwachsens erscheint die Ausprägung überfachlicher, also sozialer, emotionaler und kommunikativer Kompetenzen von entscheidender Bedeutung.

1 Die „Doppelrolle" der Familie

Obwohl die Jugendphase nicht nur aus entwicklungspsychologischer, sondern auch aus pädagogischer und soziologischer Perspektive betrachtet einen eigenständigen Lebensabschnitt darstellt, bestehen heute hinsichtlich ihrer altersmäßigen Eingrenzung noch immer große Schwierigkeiten. Während der Eintritt in die Lebensphase Jugend meist auf den Zeitpunkt der einsetzenden Geschlechtsreife datiert wird, ist der Austritt undefiniert und nur schwerlich an ein Alter zu binden. Er ist von den jeweiligen gesellschaftlichen Bedingungen abhängig und variiert zwischen dem 18. Lebensjahr (dem Zeitpunkt der Volljährigkeit) und dem 30. Lebensjahr (dem i.d.R. endgültigen Zeitpunkt des Studienabschlusses).

Dementsprechend wird die Phase bis zum 18. Lebensjahr heute als frühe, die bis zum 21. Lebensjahr als mittlere und die anschließende Phase als späte Jugendphase bezeichnet (vgl. Hurrelmann 2005).

Charakteristisch für das Jugendalter in westlichen Industriegesellschaften ist die Ablösung vom Elternhaus. Ist eine Ablösung vollzogen, dann ist ein wichtiger Schritt in Richtung Erwachsenenalter erfolgt. Dieser Prozess findet auf psychologischer, kultureller räumlicher und materieller Ebene statt und beinhaltet unterschiedliche Dimensionen:

- auf der psychologischen Ebene, indem sich die eigene Orientierung von Gefühlen und Handlungen nicht mehr vorrangig an den Eltern, sondern an anderen, meist gleichaltrigen Bezugspersonen, ausrichtet;
- auf der kulturellen Ebene, indem ein persönlicher Lebensstil entwickelt wird, der sich von dem der Eltern unterscheiden kann;
- auf der räumlichen Ebene, indem der Wohnstandort aus dem Elternhaus hinaus verlagert wird;
- auf der materiellen Ebene, indem die finanzielle und wirtschaftliche Selbständigkeit erreicht und damit die finanzielle Abhängigkeit vom Elternhaus beendet wird.

Ausgehend vom jeweiligen Bereich finden Ablösungsprozesse zu unterschiedlichen Zeitpunkten statt. Die psychologische Ablösung erfolgt dabei meist zuerst. Sie hat sich in den vergangenen drei Jahrzehnten weiter vorverlagert und findet heute schon zwischen dem 12. und 13. Lebensjahr statt. Zeitlich vorverlagert hat sich in den letzten Jahren auch die räumliche Ablösung vom Elternhaus, die nicht mehr abrupt, sondern in verschiedenen Schritten erfolgt: Der Anteil derjenigen Jugendlichen, die aus dem Elternhaus ausziehen, vergrößert sich bis zum Ende des 3. Lebensjahrzehnts auf durchschnittlich 90% (vgl. Jugendwerk 2000). Zurückverlagert hingegen hat sich die materielle Selbständigkeit. Sie wird teilweise erst am Ende des 3. Lebensjahrzehnts vollzogen, so z.b. von Jugendlichen, die eine Hochschulausbildung durchlaufen (vgl. Bundesministerium für Bildung, Wissenschaft, Forschung und Technologie 1998).

Diesen unterschiedlichen Zeitpunkten entsprechend doppeldeutig ist die Stellung der Familie als Sozialisationsinstanz für Jugendliche. Zwar trennen sich viele Jugendliche psychologisch und kulturell schon nach Abschluss der Kindheitsphase von ihren Eltern. Räumlich und finanziell kommt den Eltern aber bei einem wachsenden Anteil Jugendlicher noch bis weit über die Jugendzeit hinaus ein bedeutender Einfluss zu – bedingt durch eine zunehmende Verschulung der Lebensphase Jugend (vgl. Palentien 2004).

2 Der wachsende Stellenwert der Schule

In den letzten drei Jahrzehnten hat sich in allen Industrieländern der Zeitpunkt des Eintritts in das Beschäftigungssystem für junge Menschen in höhere Altersstufen verschoben. Vor allem ein seit Mitte der 1970er Jahren einsetzendes Ungleichgewicht von Ausbildungsplatzangebot und -nachfrage hat dazu geführt, dass die Erwerbsquote der 15- bis 20-Jährigen stark gesunken ist. Parallel zu dieser Entwicklung setzte eine generelle Umwertung von Bildungsabschlüssen ein: Das seit Mitte der 1970er Jahre bestehende Überangebot an Bewerbern hatte eine stärkere Selektion von Auszubildenden durch die Arbeitgeber und eine Begünstigung vor allem höher qualifizierter Auszubildender zur Folge. Eine Entwicklung, die sich seit ihrem Beginn kontinuierlich fortgesetzt hat.

Die zunehmende Verschulung der Lebensphase Jugend hat also zur Folge, dass die Erfahrung von Erwerbsarbeit und Berufstätigkeit erst sehr spät im Lebenslauf erfolgt. Hiermit verbunden ist ein Aufschieben des Erfahrens unmittelbarer gesellschaftlicher Nützlichkeit durch eine produktive Tätigkeit, ein Aufschieben des Erlebens betrieblicher Normen, ökonomischer Zweckrationalität und der Zuständigkeit für die eigene materielle Existenzsicherung. Zwar bietet die traditionelle Schule viele intellektuelle und soziale Anregungen. Gleichzeitig ist sie aber ein Verhaltensbereich, der nur wenige Verantwortungserlebnisse gestattet, wenige Solidaritätserfahrungen ermöglicht, eine stark individualistische Leistungsmoral forciert, überwiegend abstrakte Lernprozesse bevorzugt und zugleich einen hohen Grad an Fremdbestimmung aufrechterhält (vgl. Baacke 1999).

3 Freizeit als Konsumzeit

Mit der Veränderung von Schule ist auch eine Veränderung des Freizeitbereichs einhergegangen: Im Durchschnitt beträgt die frei gestaltbare Zeit von Kindern und Jugendlichen heute vier bis sechs Stunden an Werktagen, über acht Stunden an Samstagen und über zehn Stunden an Sonntagen (Palentien 2004). Schüler verfügen über mehr freie Zeit als Auszubildende und Berufstätige. Geschlechtsspezifisch dominieren hierbei die Jungen: Noch immer sind es vor allem Mädchen, die im elterlichen Haushalt helfen müssen und weniger Freizeit haben (vgl. Baacke 1999).

Ein großer Stellenwert kommt in der Freizeit den finanziellen Mitteln zu; sie sind im letzten Jahrzehnt größer geworden: Eine Angleichung der Situation der neuen an die der alten Bundesländer hat bislang aber noch nicht stattgefunden. Kinder und Jugendliche in den neuen Bundesländern haben weniger Geld als ihre Altersgenossen in den alten Bundesländern. Weniger Geld haben darüber hinaus die jüngeren Jugendlichen. Und: Jungen verfügen über mehr Geld als Mädchen (vgl. Krüger/Thole 1992).

Im Vergleich zu früheren Kinder- und Jugendgenerationen können sich zwar Kinder und Jugendliche heute mehr leisten. Fast jeder besitzt ein Fahrrad oder ein anderes Fortbewegungsmittel, einen CD-Player, ein Handy oder einen DVD-Player. Die Gründung einer selbstständigen Existenz, das Mieten einer Wohnung o.Ä. erlaubt diese finanzielle Ausstattung jedoch nicht (vgl. Baacke 2003).

Die Verlagerung des Auszugsalters aus dem Elternhaus heißt allerdings nicht, dass sich für Jugendliche – trotz einer eventuellen Mietersparnis – die finanzielle Situation entspannt hat. So ist der Anteil Jugendlicher, der regelmäßig in Verschuldungslagen gerät, in den letzten Jahren kontinuierlich gestiegen. Die Ergebnisse einer Untersuchung des Instituts für Jugendforschung (IJF), die im Jahre 2003 durchgeführt wurde, zeigen, dass sich sowohl in den alten als auch in den neuen Bundesländern durchschnittlich jeder neunte Jugendliche zwischen 13 und 24 Jahren in Zahlungsschwierigkeiten befindet – in den neuen Bundesländern mit etwa 2130 Euro, in den alten mit etwa 1400 Euro verschuldet (vgl. Institut für Jugendforschung 2003).

4 Partnerschaften und Sexualität im Jugendalter

Der längeren Abhängigkeit Jugendlicher von ihren Eltern auf der materiellen Ebene steht heute eine zunehmende Selbstbestimmung im Partnerschafts- und Beziehungsbereich gegenüber: Zweierbeziehungen zu Partnern des anderen

Geschlechts – bei einem geringeren Anteil auch zu Partnern des gleichen Geschlechts – werden von Jugendlichen heute früher und häufiger eingegangen als noch vor einer Generation. Historisch betrachtet kann eine altersmäßige Vorverlagerung des Eingehens partnerschaftlicher Beziehungen von Jugendlichen nachgezeichnet werden. Die Ergebnisse aktueller Jugendbefragungen (vgl. Jugendwerk 2000; Hurrelmann 2005) zeigen jedoch, dass sich die Phasen, die Jugendliche bis zum Eingehen einer Ehe durchlaufen, zwar verschoben, grundsätzlich aber nur wenig verändert haben:

- Der erste Schritt ist der Einstieg in das jugendkulturelle Leben. Es findet bei der Mehrzahl der Jugendlichen im Zeitraum zwischen dem 14. und dem 16. Lebensjahr statt.
- Der zweite Schritt umschließt die intimen, meist gegengeschlechtlichen Freundschaften, wobei eine längere Phase des Verliebtseins ohne sexuelle Kontakte für die Altersspanne zwischen dem 15. und dem 17. Lebensjahr charakteristisch ist.
- Der nächste Schritt stellt die räumliche Trennung von den Eltern dar. Diese Stufe mündet in das Zusammenleben mit einem Partner oder einer Partnerin, eine Art „Ehe auf Probe".
- Der letzte Schritt ist die Eheschließung. Sie findet bei der Mehrheit der jungen Männer im Alter von etwa 28 Jahren und bei der Mehrheit der jungen Frauen im Alter von etwa 26 Jahren statt. Die Alterswerte in Ostdeutschland liegen bis zu vier Jahren unter denen in Westdeutschland.

Die Aufnahme von Partnerbeziehungen mit einer erotischen und sexuellen Komponente kann dabei als eine der wichtigsten Entwicklungsaufgaben im Jugendalter betrachtet werden.

Neben einer zeitlichen Vorverlagerung haben sich in den letzten Jahrzehnten die sexuellen Verhaltensmuster der Jugendlichen aus verschiedenen sozialen Lebenslagen und Schichten deutlich angeglichen: Der noch in den 1950er Jahren bestehende zeitliche Vorsprung im Hinblick auf die Aufnahme sexueller Kontakte der Jugendlichen aus den unteren sozialen Schichten besteht heute nicht mehr (vgl. Neubauer 1990).

Unabhängig von diesen Freisetzungsprozessen von sozialer Herkunft und gesellschaftlicher Kontrolle sind noch erhebliche Einflüsse der sozialen Umwelt, z.B. der Eltern und der Gleichaltrigen, auf das Sexualverhalten bestehen geblieben. Sie werden vielfach indirekt formuliert und äußern sich nicht mehr, wie noch vor wenigen Jahren, direkt in Form von Vorgaben oder Verboten.

Obwohl alle vorliegenden Studien zeigen, dass dem Beginn der Geschlechtsreife von Jugendlichen heute eine große Bedeutung beigemessen wird, hat dieses in unserem Kulturkreis bislang für beide Geschlechter aber noch zu keinerlei symbolischer Bestätigung und Hervorhebung dieses Ereignisses geführt. Noch immer werden Jugendliche mit der gravierenden Veränderung ihres Körperlebens alleingelassen, und noch immer findet sie nur wenig Berücksichtigung in der „öffentlichen Wahrnehmung". Trotz der in den letzten drei bis vier Jahrzehnten deutlich zurückgehenden Scham, über sexuelle Themen zu sprechen, gilt Sexualität nach wie vor als ein Tabuthema, dem der Charakter des Geheimnisvollen, Minderwertigen oder sogar „Schmutzigen" anhaftet. Besonders bei denjenigen, bei denen Störungen der sexuell relevanten Körperentwicklung auftreten, kann diese nicht vorhandene aktive und subjektive Bewältigung und Verarbeitung zu schweren Entwicklungsproblemen führen.

5 Problemverhalten und Entwicklungsprobleme

Jugendliche müssen in allen gesellschaftlichen Handlungssektoren psychische, soziale, motivationale und praktische Kompetenzen erwerben. Dies betrifft den familialen und partnerschaftlichen Bereich ebenso wie den schulischen und freizeitbezogenen. Probleme ergeben sich dann, wenn wegen spezifischer personaler oder sozialer Bedingungen vorübergehend oder dauerhaft in einem oder mehreren der Handlungsbereiche Jugendlicher unangemessene oder unzureichende Kompetenzen erworben und die von der sozialen Umwelt erwarteten Fertigkeiten und Fähigkeiten, Motivationen und Dispositionen nicht erbracht werden können. Die Handlungs- und Leistungskompetenzen eines Jugendlichen entsprechen in diesem Fall nicht den jeweils durch institutionelle oder Altersnormen festgelegten vorherrschenden Standards.

Wird eine „Fehl-Passung" von objektiven Anforderungen und subjektiven Kompetenzen nicht durch personale oder soziale Strategien verändert oder bewältigt, dann sind erhebliche individuelle Beanspruchungen und Belastungen bei Jugendlichen zu erwarten. Im ungünstigsten Fall kann dies in einem „Problemstau" münden – eine schwerwiegende Beeinträchtigung der Bildung von Handlungskompetenzen in einzelnen Handlungsbereichen ist die Folge (vgl. Hurrelmann 2005).

5.1 Aufbau von Bewältigungsstrategien

Jugendliche lernen im Verlauf der Lebensphase „Jugend" bestimmte Muster der Problembewältigung und erwerben Kompetenzen, die es ihnen ermöglichen, normative Entwicklungsaufgaben und lebenslaufspezifische Belastungen sowie Krisen mehr oder weniger konstruktiv zu bewältigen. In diesem Kontext sind die sozialen, emotionalen und kommunikativen Kompetenzen von Jugendlichen von großer Bedeutung, und eine wichtige grundlegende Komponente für den Aufbau von Bewältigungsstilen ist der Grad der aktiven Erschließung einer Problemkonstellation und das Ausmaß, in dem sich Jugendliche auf überlieferte Vorgaben für ihre Orientierungen und Problemlösehandlungen verlassen können.

Als günstig für eine flexible Problembewältigung erweist sich eine gut strukturierte, aber flexible und eigenaktive Wahrnehmung der sozialen Realität, die für neue Eindrücke und rasche spontane Reaktionen bei neu entstehenden Konstellationen offen ist. Als ungünstig erweisen sich ausweichende und passive Strategien der Reaktion (vgl. Moriarty/Toussieng 1980; Medrich et al. 1982; Oerter 2007).

Die unterschiedliche Ausprägung der Kompetenzen für die Bewältigung eines Problems ist ein maßgeblicher Entscheidungsfaktor dafür, ob eine Problemkonstellation in ihren Folgen und Auswirkungen zu einer Belastung wird oder nicht. Eine hohe Problembewältigungskompetenz kann dazu führen, dass ein Jugendlicher trotz einer objektiv ungünstigen Lebenslage auch in schwierigen Konstellationen keine Beeinträchtigung der psychosozialen Befindlichkeit und keine Symptome von Belastungen zeigt. Die Chancen, solche Problembewältigungskompetenzen aufzubauen, sind bei denjenigen Jugendlichen besonders hoch, die von früher Kindheit an ein aktives und aufgeschlossenes Temperament haben, in ihren Eltern gute Vorbilder haben und günstige Anregungen und Herausforderungen für die Stärkung und Stabilisierung ihrer Persönlichkeit vorfinden. Fehlen günstige Anregungen und Herausforderungen für die Stärkung und Stabilisierung der Persönlichkeit, dann kommt es häufig zu motivationalen und kognitiven Persönlichkeitsmerkmalen, die eine nur defensive oder passive Reaktion auf problematische Lebenslagen und Krisen möglich machen. Die Strategien der Problemanalyse, der Informationssuche, der Beeinflussung der belastenden Bedingungen oder der Veränderung des eigenen Verhaltens sind bei diesen Jugendlichen weniger gut entwickelt. Deshalb haben sie für die Anforderungen in verschiedenen Lebensbereichen erheblich ungünstigere „personale Ressourcen" als ihre Altersgenossen (vgl. Keupp 1982; Pearlin/Schooler 1978; Petri 1979).

So bedeutsam die individuellen Bewältigungskompetenzen sind, sie allein sind oftmals nicht ausreichend, um Problemkonstellationen zu meistern. Speziell solche Probleme, die nicht unmittelbar durch das eigene Handeln beeinflussbar und veränderbar sind (z. B. Schulversagen, Arbeitslosigkeit, Beziehungskrisen usw.), können auch bei Jugendlichen mit hohen Bewältigungskompetenzen zu Überforderungen führen (vgl. Franz 1983; Palentien/Hurrelmann 1995).

5.2 Bedingungen für Problembelastungen

Aus einem Missverhältnis zwischen situativen Anforderungen einerseits und eigenen Handlungskompetenzen andererseits entwickeln sich oftmals „untaugliche Lösungen", die in ihren Erscheinungsformen und Folgen von der sozialen Umwelt als inakzeptabel bezeichnet werden. Dissozialität und Delinquenz, psychosomatische Störungen und gesundheitsgefährdende Verhaltensweisen stellen solche sozial gemiedene oder geächtete und damit für die jeweiligen Personen prekäre Strategien der Reaktion auf Problemkonstellationen dar; in diesem Sinne handelt es sich um „fehlgeleitete" Formen der Auseinandersetzung mit der eigenen Lebenslage. Dem stehen Formen der Problemverarbeitung gegenüber, die von der sozialen Umwelt als konform bezeichnet werden.

Symptome der Problembelastung treten im Jugendalter – im Vergleich zu anderen Bevölkerungsgruppen – gehäuft auf, sind aber innerhalb der Jugendpopulation nur bei einer Minderheit von insgesamt etwa 25 bis 30% zu verzeichnen. Zu ihrer Klassifikation bieten sich analytisch zwei Dimensionen an:

1. Die „Richtung" der Problemverarbeitung. Die Problemverarbeitung kann sich nach außen, an die Bezugspersonen und Institutionen wenden, oder nach innen gerichtet sein, also eine Auseinandersetzung mit dem eigenen Selbst darstellen. Beispiele hierfür sind depressive und aggressive Verhaltensweisen.
2. Die Erscheinungsformen und Resultate der Problemverarbeitung. Sie können in gesellschaftskonformem oder deviantem Verhalten ihren Ausdruck finden. Beispiele hierfür sind Teilnahmen an politischen Demonstrationen und kriminelle Verhaltensweisen.

Vor allem das Auftreten devianten Verhaltens weist auf erhebliche Schwierigkeiten des persönlichen Entwicklungs- und des sozialen Eingliederungsprozesses im Jugendalter hin (vgl. Palentien/Hurrelmann 2006a).

5.3 Deviantes und kriminelles Verhalten

Deviante Formen der Problemverarbeitung sind dadurch gekennzeichnet, dass sie nicht nur gesellschaftlich unkonventionell und unerwünscht sind, sondern zugleich auch förmlich geächtet und sanktioniert werden, da sie gegen geschriebene und ungeschriebene Normen verstoßen. Während unter „sozialabweichendem" Verhalten sämtliche normverletzenden und sozial unerwünschten Handlungsweisen – unabhängig von ihrer rechtlichen Strafbarkeit – zusammengefasst werden, bezeichnet „kriminelles" Verhalten nur diejenigen devianten Formen, die nach gesetzlichen Festlegungen strafbar sind (Diebstahl, Körperverletzung, Konsum illegaler Drogen usw.). Die überwiegende Form devianter Problemverarbeitung im Jugendalter ist die Kriminalität, auch wenn ihre tatsächliche Verbreitung nur äußerst schwer zu erfassen ist. Insbesondere Kriminalstatistiken der Polizei haben nur einen begrenzten Wert für die Beurteilung des Ausmaßes krimineller Handlungen, da sie stark vom Anzeigeverhalten der Bevölkerung und von der Organisation, der Kapazität, den Entscheidungsstrategien, den Zählweisen und den Definitionen der staatlichen Kontrollorgane abhängen. Trotz aller Schwierigkeiten hinsichtlich der genauen Erfassung gilt es heute aber als gesichert, dass vor allem Jugendliche aus sozial problematischen Familien sowie aus Familien mit ungünstigen materiellen und wohnlichen Bedingungen bei kriminellen Verhaltensweisen überrepräsentiert sind. Überrepräsentiert ist darüber hinaus der Anteil derjenigen, der ohne Berufsausbildung und ohne Beschäftigungsverhältnis kriminell wird. Kriminalität bildet somit vielfach den Endpunkt einer langen Kette von Belastungen durch ungünstige Sozialisationsbedingungen in der Familie, geringen Schulerfolg, fehlenden Schulabschluss, mangelhafte oder fehlende Berufsausbildung und Arbeitslosigkeit.

Ein Trugschluss wäre jedoch anzunehmen, dass es sich bei denjenigen Jugendlichen, die in diesem problematischen Handlungsmuster Zuflucht suchen, auch um solche Jugendliche handelt, die sich von den Werten, die in der Gesellschaft vorherrschen, verabschiedet haben: Gerade delinquent gewordene Jugendliche zeigen einen hohen Grad der Teilung des vorherrschenden Wertesystems, für das Erfolg und Überlegenheit die Ziele darstellen. An Leistungs- und Prestigeerwartungen zu scheitern, ist nur für diejenigen Personen eine schmerzhafte und enttäuschende Erfahrung, die diese Erwartungen übernommen und das „Leistungsprinzip" als Verteilungskriterium für gesellschaftliche Privilegien akzeptiert haben.

Für Jugendliche ist es heute eine grundlegende soziale Entwicklungsaufgabe, die notwendige (wenngleich nicht hinreichende) Voraussetzung dafür zu schaffen, im Wirtschafts- bzw. Beschäftigungssystem eine möglichst günstige soziale Position zu erreichen. Ist dieses Ziel bedroht, dann bilden starke Orientierungen an der Leistungs- und Erfolgskultur eine Voraussetzung dafür, statusbezogene Ziele gegebenenfalls auch mit allgemein nicht akzeptierten, illegitimen, delinquenten, möglicherweise sogar aggressiven Mitteln zu verfolgen (vgl. Engel/Hurrelmann 1992).

Im Falle schulischen Scheiterns versuchen Jugendliche, Statusüberlegenheit auf andere Weise als durch Schulerfolg zu erreichen. Wenn alle übrigen legitimen Wege versperrt sind, bleibt die demonstrative Devianz oftmals als ein letzter Weg. Zahlreiche Studien haben auf den engen Zusammenhang zwischen leistungsbezogenem Versagen sowie der damit verbundenen Wahrnehmung ungünstiger berufs- und bildungsbezogener Zukunftschancen und dem Entstehen von Jugendkriminalität hingewiesen (vgl. Elliot/Huizinga/Menaro 1989; Jessor/Donovan/Costa 1991).

5.4 Drogenkonsum

Unter Drogen werden alle Substanzen subsumiert, die über das Zentralnervensystem die subjektive Befindlichkeit eines Konsumenten direkt oder indirekt beeinflussen. Die Genussmittel Alkohol und Tabak zählen hierzu ebenso wie die illegalen Drogen Haschisch, Halluzinogene, Amphetamine, Opiate (vor allem Heroin) und Kokain. Der Einstieg in den Drogenkonsum erfolgt bei Kindern und Jugendlichen in der Regel über die legalen Drogen Alkohol und Tabak, zunehmend aber auch über Medikamente und Arzneimittel (vgl. Nordlohne 1992).

Während kriminelles Verhalten in die Gruppe der konfliktorientierten, überwiegend nach „außen" gerichteten Problemverarbeitungsweisen fällt, gehört der Drogenkonsum zu den nach „innen" gerichteten, rückzugsorientierten Formen der Problemverarbeitung. Jugendliche versuchen, sich mit psychotropen Substanzen in bessere Stimmungslagen zu versetzen und ihrer alltäglichen Lebenswelt in künstlich geschaffene „bessere" Erlebniswelten zu entfliehen. Drogenkonsum kann rasch zu einer „problematischen Form der Lebensbewältigung" werden – dann, wenn Abhängigkeit und Sucht drohen und der Konsum beginnt, eine produktive Weiterentwicklung der Persönlichkeit zu blockieren.

Das früheste Lernfeld für das Einüben des Umgangs mit Drogen ist die Familie. Erst mit steigendem Alter orientieren sich Jugendliche an Gleichaltrigengruppen (vgl. Engel/Hurrelmann 1989, 157): Schon Kinder im Alter von sechs bis zehn Jahren entwickeln erste Vorstellungen über spezifische Charakteristika und Wirkungen von Alkohol und Tabak und über die kulturelle und soziale Wertung dieser Drogen (vgl. Dinh et al. 1995). Noch Jahre später beeinflussen gerade diese Vorstellungen die Initiierung eines Substanzkonsums.

Die Zahl der Jugendlichen, die als Droge die Substanz Tabak wählen, ist in den letzten Jahrzehnten deutlich geringer geworden, wobei die Initiierung des Rauchens wesentlich von sozialen Einflüssen geprägt wird. Hier spielen das familiale Umfeld, vor allem aber die gleichaltrigen Peers eine wichtige Rolle (vgl. Fuchs 2000; Jacksohn 1997). Ein weiterer wichtiger Einflussfaktor sind emotionale Regulationsprozesse. Auszugehen ist davon, dass der Zigarettenkonsum nicht nur von Erwachsenen, sondern bereits von Jugendlichen als Mittel zur Entspannung und Befindlichkeitsverbesserung eingesetzt wird (vgl. Byrne/Byrne/Reinhart 1995; Willis/Duhamel/Vaccaro 1995) – besonders dort, wo vermehrt Stressereignisse und Belastungserleben durch die Schule oder die Familie auftreten.

Ein Rückgang der Konsumquoten lässt sich auch für den Alkohol konstatieren: Inwieweit es sich bei diesem Trend lediglich um eine Konsumverlagerung von den „traditionellen" alkoholischen Getränken, wie z.B. Bier und Wein, hin zu neuen Angebotsformen, wie z.B. Alcopops, handelt, müssen Langzeitstudien zeigen. So haben gerade neue Angebotsformen alkoholischer Getränke, wie die sog. Alcopops, in den letzten Jahren enorm an Zuspruch erfahren. Untersuchungen der Bundeszentrale für gesundheitliche Aufklärung aus dem Jahre 2003 (vgl. BzgA 2003) zeigen hierzu, dass etwa 49% der 14- bis 29-Jährigen in den letzten 30 Tagen zum Zeitpunkt der Befragung Alcopops getrunken haben. In der Gruppe der 14- bis 19-Jährigen liegt dieser Wert sogar bei 59%.

Allerdings gibt es auch unter den jugendlichen Konsumenten „traditioneller" alkoholischer Getränke nach wie vor relevante – vor allem männliche – Subgruppen, die riskante Alkoholkonsummuster zeigen. Die Ausgangssituation für die Aufnahme des Alkoholkonsums ist zumindest teilweise mit den Ursachen für Tabakkonsum vergleichbar. So gibt es Parallelen bezüglich der Bedeutung des elterlichen und vor allem des Peereinflusses.

Eine Rolle spielen darüber hinaus Belastungs- und Versagenserleben (vgl. Nordlohne 1992; Semmer et al. 1991) sowie eine genetische Komponente die hier wahrscheinlich noch bedeutsamer ist als beim Rauchen. Elterlicher Alkoholismus ist – über den Sozialisationseffekt hinaus – offensichtlich ein wichtiger ätiologischer Faktor für die Entstehung von Alkoholmissbrauch und -abhängigkeit (vgl. Prescott/Kendler 1999; Leppin 2000)

Tabak und Alkohol – so lassen sich diese Befunde zusammenfassen – sind eindeutig die verbreitetsten Drogen in unserem Kulturkreis. Obwohl sie legal sind, müssen sie daher als die gefährlichsten aller Drogen eingestuft werden: Mittel -und langfristig können sie zu Abhängigkeit führen, was vor allem im Fall des Alkoholkonsums mit psychovegetativen Störungen, Lern- und Konzentrationsproblemen und erheblichen Beeinträchtigungen und Blockierungen der weiteren Persönlichkeitsentwicklung einhergehen kann. Verantwortlich sind sie darüber hinaus langfristig – dies gilt für Rauchen und starken Alkoholkonsum – für massenhaft auftretende Gefährdungen der physischen Gesundheit wie Herz-Kreislauf-Störungen und Krebskrankheiten.

Im Gegensatz zum Tabak- und Alkoholkonsum ist der Anteil der Jugendlichen mit Drogenerfahrung wieder leicht gestiegen (vgl. BzgA 1998). Eindeutig am häufigsten ist im Jugendalter die Erfahrung mit Haschisch/Marihuana. Andere Substanzen werden in weitaus geringerem Maße konsumiert. Obwohl der größte Teil der Jugendlichen, der Haschisch konsumiert, hiermit seine „Drogenkarriere" beendet (vgl. Kandel/Kessler/Margulies 1978), setzt eine Minderheit von ihnen diese Karriere fort: Zusätzlich zum Haschisch werden von diesen Jugendlichen oftmals „harte" illegale Drogen konsumiert oder der Haschischkonsum durch diese härteren Drogen ersetzt (vgl. Bachmann/Johnston/Malley 1990).

Insgesamt kann davon ausgegangen werden, dass Erfahrungen mit einer Substanz den Konsum weiterer Substanzen begünstigen. So erhöht Rauchen die Wahrscheinlichkeit für intensiveres Alkoholtrinken, häufige Alkoholräusche wiederum machen Cannabiskonsum wahrscheinlicher (vgl. BzgA 1998; Lieb et al. 2000), der wiederum eher zum Gebrauch anderer illegaler Drogen wie Ecstasy, LSD, Kokain oder Heroin führt.

Der Konsum von Haschisch/Marihuana beginnt in vielen Fällen durch ein Probieren und Experimentieren. Ob es zu regelmäßigem Konsum und dann auch zum Transfer auf „härtere" Substanzen kommt, hängt von Persönlichkeits- und Umweltfaktoren sowie biologischen und psychologischen Rahmenbedingungen für Suchtprozesse ab (vgl. Reuband 1990). Die Ausgangskonstellationen für die Aufnahme des Konsums von Haschisch – wie auch anderer illegaler Drogen – zeigen Parallelen zu denen des Alkoholmissbrauchs: Auch hier spielt eine familiäre Belastung mit Substanzstörungen wie der Konsum in der Peergruppe eine Rolle (vgl. Lieb et al. 2000).

Unter den betroffenen Jugendlichen finden sich auch sehr häufig solche, die stark belastende Familienkonflikte mit schweren Störungen der zwischenmenschlichen Beziehungen erlebt haben.

Eine Vielzahl der Ursachen, die heute für den Drogenkonsum im Jugendalter benannt werden, zeichnen sich zumeist durch einen lang andauernden Verlauf aus und haben ihre Wurzeln oftmals in Verhaltensdispositionen, Lebensweisen und -stilen, die teilweise bis in das Kindesalter zurückgehen. Darüber hinaus erweisen sich gesellschaftliche Lebensbedingungen, gesellschaftlicher Wandel und darauf bezogene Verhaltensgewohnheiten und -optionen als zunehmend bedeutsam für die Gesundheitssituation Jugendlicher.

6 Fazit

Betrachtet man die Lebenssituation Jugendlicher zusammenfassend, so zeigt sich, dass es heute zu den Merkmalen dieses Lebensabschnittes gehört, mit widersprüchlichen sozialen Erwartungen umzugehen. Im Bereich des Freizeit- und Medienverhaltens wie auch hinsichtlich ihrer Teilnahme am Konsumwarenmarkt rücken Jugendliche schon sehr früh in die Rolle Erwachsener ein. Gemessen am Zeitpunkt einer Familiengründung und der Aufnahme einer Erwerbstätigkeit wird dieser Status, wie dargestellt, aber erst sehr spät erreicht. Oftmals wird der ohnehin schwierige Prozess des „Einrückens" von akuten oder überdauernden Belastungssituationen im Lebensalltag begleitet, wie z.b. Beziehungsproblemen und Konflikten mit den Eltern, Anerkennungsproblemen in der Gleichaltrigengruppe, moralisch-wertmäßige Orientierungsprobleme, Zukunftsunsicherheiten und schulische Leistungsschwierigkeiten. In diesem Fall stehen Jugendliche nicht nur vor der Aufgabe, Veränderungen zu bewältigen. Vielmehr kommen Störungen tradierter und gewohnter Abläufe sowie lang bestehender sozialer Beziehungen als zusätzliche Anforderungen hinzu. Zahlreiche gesundheitliche Probleme, aber auch delinquente Verhaltensweisen Jugendlicher müssen als Reaktion auf diese Herausforderungen betrachtet werden.

Vor dem Hintergrund der beschriebenen veränderten Bedingungen des Aufwachsens erscheint die Ausbildung sozialer, emotionaler und kommunikativer Kompetenzen für die Jugendlichen von zentraler Bedeutung, um den Herausforderungen, mit denen sie sich heute konfrontiert sehen, positiv begegnen und mit widersprüchlichen Erwartungen umgehen zu können. Soziale Kompetenz im Umgang mit anderen und in der Gestaltung von Beziehungen, die Fähigkeit, die eigenen Gefühle regulieren, mit den eigenen Emotionen und denen anderer umgehen zu können, sprachliche Ausdrucksfähigkeit, Teamfähigkeit, Kooperationsfähigkeit etwa sind von großer Relevanz im Kontext einer konstruktiven Bewältigung normativer Entwicklungsaufgaben und lebenslaufspezifischer Belastungen und Krisen sowie einer chancenreichen Gestaltung der neuen Freiheitsräume.

Literatur

Baacke, D. (2003): Die 13- bis 18-jährigen. Eine Einführung in die Probleme des Jugendalters. Weinheim; Basel: Beltz.
Baacke, D. (1999): Die 6- bis 12-Jährigen. Eine Einführung in die Probleme des Kindesalters. Weinheim; Basel: Beltz.

Bachmann, J. R./Johnston, L. D./O'Malley, P. (1990): Explaining the recent decline in cocaine use among young adults. In: Journal of Health and Social Behavior, vol. 31, 173-184.
Bundesministerium für Bildung, Wissenschaft, Forschung und Technologie (Hrsg.) (1998): Die wirtschaftliche und soziale Lage der Studierenden in der Bundesrepublik Deutschland, 15. Sozialerhebung des Deutschen Studentenwerks durchgeführt durch das HIS Hochschul-Informations-System. Bonn.
Bundeszentrale für gesundheitliche Aufklärung (Hrsg.) (1998): Die Drogenaffinität Jugendlicher in der Bundesrepublik Deutschland 1997. Eine Wiederholungsbefragung der Bundeszentrale für gesundheitliche Aufklärung. Köln: BzgA.
Bundeszentrale für gesundheitliche Aufklärung (Hrsg.) (2003) Bekanntheit, Kauf und Konsum von Alcopops in der Bundesrepublik Deutschland. Ergebnisse einer repräsentativen Befragung. Köln: BzgA.
Dinh, K. T. et al. (1995): Children's perceptions of smokers and nonsmokers: A longitudinal study. In: Health Psychology, H. 14, 32-40.
Elliot, D. S./Huizinga, D./Menaro, S. (1989): Multiple problem youth. New York: Springer.
Engel, U./Hurrelmann, K. (1992): Delinquency as a symptom of adolescents orientation toward status and success. In: Journal of Youth and Adolescence, vol. 21, 119-138.
Engel, U./Hurrelmann, K. (1993): Was Jugendliche wagen. Weinheim u. München: Juventa.
Fuchs, R. (2000): Entwicklungsbedingungen des Rauchverhaltens. In: Leppin, A./Hurrelmann, K., Petermann, H. (Hrsg.): Jugendliche und Alltagsdrogen. Neuwied: Luchterhand, 95-113.
Ganser, B. (2005): Kooperative Sozialformen im Unterricht. Ein unverzichtbarer Beitrag zur inneren Schulentwicklung. Dissertation. Erlangen; Nürnberg.
Hurrelmann, K. (2005): Lebensphase Jugend. Eine Einführung in die sozialwissenschaftliche Jugendforschung. Weinheim; Basel: Beltz.
Institut für Jugendforschung (2003): Konsumverhalten Jugendlicher. [online] URL: http://www.institut-fuer-jugendforschung.de/german/index/_forschung.htm.
Jackson, C. (1997): Initial and experimental stages of tobacco and alcohol use during late childhood: Relation to peer, parent, and personal risk factors. In: Addictive Behaviors, vol. 22, 685-698.
Jugendwerk der Deutschen Shell-AG (Hrsg.) (2000): Jugend 2000. 13. Shell-Jugendstudie. Opladen: Leske+Budrich.
Jugendwerk der Deutschen Shell-AG (Hrsg.) (2006): Jugend 2006. 15. Shell-Jugendstudie. Frankfurt a. M.: Fischer Taschenbuchverlag.
Kandel, D. B. et al. (1978): Antecendents of adolescence initiation into stages of drug use. In: Kandel DB (Ed.): Longitudinal research on drug use. Washington: Hemisphere, 73-99.
Keupp, H. (1982): Soziale Netzwerke. In: Keupp, H./Rerrich, O. (Hrsg.): Psychosoziale Praxis – gemeindepsychologische Perspektive. München: Piper, 43-45.
Krüger, H.-H./Thole, W. (1992): Jugend, Freizeit und Medien. In: Krüger, H.-H. (Hrsg.): Handbuch der Jugendforschung. 2. erw. u. aktual. Aufl. Opladen: Leske+Budrich, 447-472.
Leppin, A. (2001): Wem nützen schulische Gesundheitsförderungsprogramme? Zur Bedeutung personaler und sozialer Ressourcen für die Wirksamkeit eines schulischen Kompetenzförderungsprogramms. Bern: Huber.
Leppin, A. (2000): Alkoholkonsum und Alkoholmissbrauch bei Jugendlichen: Entwicklungsprozesse und Determinanten. In: Leppin, A./Hurrelmann, K./Petermann, H. (Hrsg.): Jugendliche und Alltagsdrogen. Neuwied: Luchterhand, 64-94.
Lieb, R. et al. (2000): Epidemiologie des Konsums, Missbrauchs und der Abhängigkeit von legalen und illegalen Drogen bei Jugendlichen und jungen Erwachsenen: Die prospektiv-longitudinale Verlaufsstudie EDSP. In: Sucht, H. 46, 18-31.
Mansel, J./Palentien, C. (1998): Vererbung von Statuspositionen: Eine Legende aus vergangenen Zeiten? In: Berger P. A./Vester, M. (Hrsg.): Alte Ungleichheiten – neue Spaltungen. Sozialstrukturanalyse, Bd. 11. Opladen: Leske+Budrich, 231-253.

Medrich, E. L. et al. (1982): The serious business of growing up. University of California Press, San Francisco.
Moriarty, A./Toussieng, M. D. (1980): Adolescent coping. Grune, Stratton, New York.
Neubauer, G. (1990): Jugendphase und Sexualität. Stuttgart: Enke.
Nordlohne, E. (1992): Die Kosten jugendlicher Problembewältigung. Weinheim u. München: Juventa.
Oerter, R., Montada, L. (Hrsg.) (2002): Entwicklungspsychologie. Ein Lehrbuch. Weinheim: Beltz.
Oerter, R. (2002): Kindheit. In: Oerter, R./Montada, L. (Hrsg.): Entwicklungspsychologie. Ein Lehrbuch. Weinheim: Beltz.
Oerter, R. (2007): Entwicklungspsychologische Perspektiven von Bildung. In: Harring, M./Rohlfs, C./ Palentien, C. (Hrsg.): Perspektiven der Bildung. Kinder und Jugendliche in formellen, nicht-formellen und informellen Bildungsprozessen. Wiesbaden: VS Verlag für Sozialwissenschaften.
Palentien, C. (1997): Jugend und Stress. Ursachen, Entstehung und Bewältigung. Neuwied: Luchterhand.
Palentien, C. (2004): Kinder- und Jugendarmut in Deutschland. Wiesbaden: Verlag für Sozialwissenschaften.
Palentien, C./Hurrelmann, K. (2006a): Entwicklungsanforderungen und Entwicklungsprobleme Jugendlicher. In: Stier, B./Weissenrieder, N. (Hrsg.): Neues Handbuch Jugendmedizin. Berlin/New York: Springer, 38-41.
Palentien, C./Hurrelmann, K. (2006b): Der Jugendliche in der Gesellschaft – Veränderungen der Lebensbedingungen Jugendlicher. In: Stier, B./Weissenrieder, N. (Hrsg.): Neues Handbuch Jugendmedizin. Berlin/New York: Springer, 41-45.
Petri, H. (1979): Soziale Schicht und psychische Erkrankung im Kindes- und Jugendalter. Göttingen: Vandenhoek und Ruprecht.
Prescott, C. A./Kendler, K. S. (1999): Genetic and environmental contributions of alcohol abuse and dependence in a population-based sample of male twins. In: American Journal of Psychiatry, vol. 156, 34-40.
Reuband, K. H. (1990): Vom Haschisch zum Heroin? Soziokulturelle Determinanten der Drogenwahl. In: Suchtgefahren, H. 36, 1-7.
Schwarzer, R. (Hrsg.) (1990): Gesundheitspsychologie. Göttingen: Hogrefe.
Semmer, N. et al. (1987): Adolescent smoking from a functional perspective. In: European Journal of psychology of Education, vol. 2, 387-402.
Swoboda, W. H. (1987): Jugend und Freizeit. Orientierungshilfen für Jugendpolitik und Jugendarbeit. Erkrath: Gesellschaft zur Förderung der Freizeitwissenschaften.

"Freizeit" und "Kultur" als Bildungsorte – Kompetenzerwerb über non-formale und informelle Praxen von Kindern und Jugendlichen

Werner Thole und Davina Höblich

1 Bildung ist mehr als Schule

Konsens existiert in den bildungs- und sozialwissenschaftlichen Diskussionen weitgehend darin, dass die Qualität und das Ausmaß der erworbenen Bildung und des hierin eingebundenen Wissens nicht ausschließlich nach den erworbenen Zertifikaten bewertet werden kann (vgl. u. a. Meulemann 1999; Dohmen 2001; Overwien 2005; Klieme/Leutner 2006). Zeugnisse, Dokumente, Bescheinigungen und Diplome dokumentieren und zertifizieren keineswegs die tatsächlich jeweils vorzuweisenden Fertigkeiten und Fähigkeiten, das Potential des biografisch erworbenen Wissens und des ausgebildeten Könnens. Dissens ist allerdings zu beobachten, wenn der Frage nachgespürt wird, an welchen Orten und unter welchen Bedingungen die real aktivierbaren Kompetenzen erworben wurden beziehungsweise angeeignet werden.

Dass Schule über die in den Zeugnissen dokumentierten Leistungen hinaus zum Erwerb von Wissen und Können beiträgt, ist weitgehend unstrittig. Auch den Institutionen der beruflichen und akademisch-wissenschaftlichen Qualifizierung und dem formalisierten Feld der berufsbezogenen Fort- und Weiterbildung wird eine wesentliche Rolle bezüglich des Erwerbs von Bildung zugesprochen. Im Kontrast hierzu erfahren allerdings die institutionalisierten Orte des non-formal organisierten Sozial- und Bildungssystems wie auch die informell strukturierten Orte gesellschaftlicher Praxis keine entsprechende Anerkennung in den kompetenzerwerbsbezogenen Reflexionen. In der Beschreibung des soeben neu eingerichteten Schwerpunktprogramms der Deutschen Forschungsgemeinschaft „Kompetenzmodelle zur Erfassung individueller Lernergebnisse und zur Bilanzierung von Bildungsprozessen" illustriert sich die Beobachtung beispielhaft. Zwar wird die eingeschränkte Aussagekraft von formalen Bildungszertifikaten benannt, gleichzeitig jedoch der Raum, in dem Kompetenzen erworben werden, auf die Felder der Schule, der vorschulischen Bildung und Betreuung, der beruflichen Aus- und Weiterbildung sowie der Hochschulen beschränkt (vgl. Klieme/Leutner 2006). Diese Eingrenzung würde weniger irritieren, wenn es in dem genannten Schwerpunktprogramm – explizit ausgewiesen – um die Messung und Bewertung derjenigen Kompetenzen gehen würde, die im Kontext des formellen Bildungssektors erworben werden können. Ausdrücklich soll es jedoch um die Entwicklung von validen und fairen Messinstrumenten und darüber gesteuerte Evaluationen von Lernprozessen, den hierüber erworbenen Kompetenzen und ihrer Qualität im gesamten „Bildungssystem und ihrer gesellschaftlichen Wirkungen" (Klieme/Leutner 2006, 877) gehen. Unter der explizit herausgestellten, interdisziplinären Perspektive wäre also auch der Frage nachzugehen, in welcher Form welche Kompetenzen wie und wo unter welchen Rahmenbedingungen aufgrund welcher individuellen Lernvorgänge in informellen und non-formalen Kontexten erworben werden.[1] Der Einschluss dieser Bereiche scheint vor dem Hintergrund der vorliegen Erkenntnisse zur Bedeutung von familialen, freizeit-, kultur- und freundschaftsbezogenen Sozialisationsfeldern für den Bildungserfolg, den Erwerb von Kompetenzen sowie „die sozialen Prozesse der Identitätsbildung und sozialen Verortung" (Tully/Wahler 2004, 194) unumgänglich zu sein. Eine Fokussierung der Suche nach den Formen des Erwerbs von Kompetenzen unter Ausschluss der Felder der informellen und non-formalen Bildung reduziert nicht nur die Perspektive, sondern verunmöglicht eine empirisch saubere und kluge Aufklärung über die Formen und Felder des Erwerbs von Kompetenzen, weil gerade die Interdependenzen und die sich darüber einstellenden Synergieeffekte zwischen den gesellschaftlich vorgehaltenen Handlungsfeldern in Bezug auf die Prozesse der Aufschichtung von Kompetenzen ausgeblendet blieben – mit anderen Worten: Eine moderne, die gesellschaftliche Wirklichkeit offen wahrnehmende Bildungsforschung sollte sich souveräner als bislang der schlichten – wenn auch empirisch unsicher belegten – Expertise stellen, nach der „70% aller menschlichen Lernprozesse außerhalb von Bildungsinstitutionen stattfinden" (vgl. Dohmen 2001).

---

[1] Eine Forschung, die schulische und außerschulische Bildungsbereiche aufeinander bezieht, wäre keinesfalls ohne Vorläufer. Im Auftrag des „Deutschen Instituts für Internationale Pädagogische Forschung", Frankfurt a. Main, realisierten Otto Schäfer, Eugen Lemberg und Rosemarie Klaus-Roeder Mitte der 60er Jahre eine Studie zur Soziologie der Gymnasialjugend, in der sie vom schulischen Blickwinkel ausgehend sich neben schul- und unterrichtsbezogenen Orientierungen auch nach den außerschulischen Freizeit- und Bildungsinteressen erkundigten. Dies schien angebracht, weil die „geringe Integrationskraft der Schule als Gesamtinstitution aufgefallen" war. Das „Festhalten an dem einmal konzipierten Bildungskanon" wurde „den Bildungsbedürfnissen und Bildungsinteressen der Jugend zu wenig gerecht" und Vergleiche „mit außerschulischen Bildungseinrichtungen und -veranstaltungen anderer Länder" zeigten, dass die außerschulischen Bildungsinteressen mehr Beachtung verdienen und letztendlich so „der Gymnasialreform hier ein bisher kaum ins Auge gefasstes Betätigungsfeld zuwächst" (Schäfer/Lemberg/Klaus-Roeder 1965, 11).

Der Beitrag begibt sich auf das empirisch unsicher ausgewiesene Terrain der Bildung in informellen und non-formalen Handlungsfeldern, um zu dokumentieren, dass sich der Erwerb von Kompetenzen und Bildung nicht auf das Feld formaler Bildungsinstitutionen – und noch weniger ausschließlich auf die Schule – reduziert. Dabei können nicht alle informellen und non-formalen Bildungsorte gleichermaßen Beachtung finden. Die unterschiedlichen Bildungspraxen in den Familien, Vereinen, Verbänden und Non-Profit-Organisationen, mit und in den Medien, den Arbeitsgemeinschaften und Netzwerken von Freundschaften und Gleichaltrigengruppen, in soziokulturellen Zentren, Musik- und Kunstschulen, Kinder- und Jugendverbänden, den sozialpädagogischen Handlungsfeldern der Jugendsozialarbeit, den Horten sowie schul- und ferienbezogenen Projekten sowie der außerschulischen Kinder- und Jugendarbeit mit ihren kulturellen, sozialen, sportbezogenen, ökologischen und politischen Bildungsangeboten werden lediglich exemplarisch anhand einiger Bereiche vorgestellt (3.) und abschließend bilanziert (4.). Zuvor werden einige zentrale Befunde zu den kulturellen Praxen von Kindern und Jugendlichen und zu ihrem Freizeitverhalten referiert (2.).

2 Bildung, Freizeit und kulturelle Praxen von Kindern und Jugendlichen – Hinweise und Vergewisserungen

Die Orientierungen von Kindern und Jugendlichen sowie ihre Optionen für diese oder jene Freizeitmöglichkeit und kulturelle Praxis haben sich in den zurückliegenden drei Jahrzehnten ausgeweitet und differenziert. Neben der Orientierung an starren Altersnormen suchen Heranwachsende spätestens mit dem Eintritt in das zweite Lebensjahrzehnt ihren Weg in der Balance zwischen familialen Anforderungen und Vorgaben, Schule und Clique sowie zwischen individuellen und institutionell vorgegebenen Zeitrahmungen oder aber in der Abkehr von klassischen, zeitlichen Vorstrukturierungen und in der frühen Mitgestaltung einer neuen, „familialen" – kinder- und jugendgeprägten – Szenerie (vgl. zuletzt Albrecht u. a. 2007; Grunert/Krüger 2006). Die zunehmend mobiler und undurchschaubarer werdende Gesellschaft fordert inzwischen viele Heranwachsende heraus, eine „Patchwork-Identität" zu entwickeln (vgl. Keupp u. a. 1999), mit der sie die situativ heterogenen Anforderungen zu bewältigen versuchen – ohne Garantie allerdings, dies auch zu schaffen. Der Weg durch die und die Gestaltung der Heranwachsenenbiografie ist zu einer schwierigen, holprigen Tour – für viele sogar zu einer Tortur – geworden, auch weil viele Jugendliche und zunehmend mehr auch Kinder sich mit differenten, zumeist nur schwer aufeinander abzustimmenden Sozialformen sowie sozial-kulturellen und politischen Deutungsmustern konfrontiert sehen. Den Heranwachsenden stehen kaum noch bindende und verlässliche Sicherheiten zur Verfügung, auf die sie ritualisiert zur Bewältigung von Risiken des Alltags zurückgegriffen können, auf die – quasi als Schutz bereitstellendes, soziales Korsett – bei der Herstellung und Aufrechterhaltung von sozialen Kontakten Verlass ist.

Auch bedingt durch diese Veränderungen hat für die Mehrzahl der Heranwachsenden die Involviertheit in Freizeitnetze sowie in autonom gestaltbare Gleichaltrigenpraxen und Orte der „Selbstsozialisation" gegenüber den klassischen Sozialisationskontexten an Bedeutung gewonnen. Autonome, informell und formell organisierte Gleichaltrigengruppen und Freizeitnetzwerke sind neben gleich- und andersgeschlechtlichen Beziehungen und neben Familie, Schule und Arbeitswelt die entscheidenden Sozialisationsfelder für Jugendliche. Oftmals präsentieren sie in den Biografien der Heranwachsenden die ersten, selbstständig aktivierten sozialen Netze. Inzwischen bewegen zwischen knapp 70% und 84% aller Jugendlichen sich in einer vom Wir-Gefühl geprägten Clique (vgl. Jugendwerk der Deutschen Shell 2000; IPOSpos 2003; Wetzstein 2005) – über 90% der 12- bis 24-Jährigen geben sogar an, oft oder sehr oft mit ihren FreundInnen zusammen zu sein (vgl. Nolternsting 1998; vgl. auch Fauser/Fischer/Münchmeier 2006). Qualitative Studien, die verschiedene jugendliche Handlungstypen herauszuarbeiten oder unterschiedliche jugendliche Cliquen dicht zu beschreiben suchten (vgl. u. a. Lenz 1988; Thole 1991; Bohnsack u. a. 1995; Eckert/Reis/Wetzstein 2000; Albrecht u. a. 2007), machten deutlich, dass das Kriterium soziale und ethnische Herkunft für die Konstituierung von jugendlichen Szenen und Peer-Groups keineswegs bedeutungslos geworden ist (vgl. u. a. Bohnsack u. a. 1995; Ferchhoff/Neubauer 1997; Albrecht u. a. 2007).

Insgesamt ist gegenwärtig eine Vervielfältigung kinder- und jugendkultureller Stilbildungen zu beobachten, auch wenn dieser Prozess an Dynamik verloren hat. Neu entwickelte Stile lösen die alten allerdings nicht mehr nur einfach ab, sondern platzieren sich neben diesen und reaktivieren inzwischen darüber hinaus längst verschwundene jugendkulturelle Muster. Mehr und ausgefeilter denn je wird die Bricolage in jugendkulturellen Szenen als radikalisierte Praxis auf den Ebenen der symbolischen Handlungsformen, der Sprachspiele und ästhetischen Codes, der ästhetischen Stilisierungen und Signets, der kulturellen Produktionen, der interaktiven Beziehungsformen und der Selbstinszenierungen dynamisiert und habitualisiert. Dabei widersetzen sie sich zuweilen in einer souveränen, reflexiven Art den An- und Herausforderungen der Medien-, Konsum- und Alltagswelt (vgl. Neumann-Braun/Richard 2005), die bisherige Annahmen der Manipulation und Instrumentalisierung jugendkultureller Kontexte durch die hegemoniale Kultur zynisch konterkarieren (vgl. Thole 2002). Die Einbindung in kulturelle Szenen und Freizeitformen sowie die kreative Formierung dieser ist also mehr als nur die Ausschmückung eines ansonsten langweiligen und öden Alltags, sondern nach wie vor ein an Bedeutung gewinnendes Sozialisationsfeld für Kinder und Jugendliche und somit ein entscheidendes, sozial-kulturelles Distinktions- und Identifikationsfeld (vgl. u. a. Isengard 2005), das die Ausgestaltungen des Bildungsmoratoriums wesentlich arrangiert. Einerseits wird hier die Aneignung von – insbesondere sozialem und kulturellem – Wissen und Können ermöglicht, aber und darüber hinaus zweitens jedoch auch die Positionierung zu Formen des Lernens, zu der Idee von Leistung und Karriereplanung, Erfolg und Misserfolg mitgeprägt und so grundlegende Kompetenzen ausgebildet, die für die Platzierung auf dem Arbeitsmarkt nicht unwesentlich sind (vgl. Grunert 2005, 17). In der allgemeinen Bildungsdebatte werden die so erworbenen Kompetenzen allerdings unterbewertet – auch weil es bislang nicht gelungen ist, sie als in diesem diffusen, informell wie non-formal geregelten Räumen erworbene Kompetenzen exklusiv auszuweisen.[2] In den hier genannten Bildungskontexten werden jedoch Kompetenzen erworben, „die als Persönlichkeitsmerkmale – verstanden als habitualisierte Fähigkeiten zur Erzeugung von Verhalten und damit als Persönlichkeitspotenziale – es dem Menschen erlauben, mit neuen und/oder problematischen Situationen umzugehen" (Grunert 2006, 11) und die Erkenntnis- und Handlungsmodi im Selbst- und Weltbezug determinieren.[3]

3 Kompetenzerwerb in informellen und non-formalen Praxen und Kontexten

Trotz der herausgestellten Veränderungen haben sich die Interessen, Freizeithäufigkeiten und die Strukturen der inhaltlichen und quantitativen Gestaltungen der Freizeit von Heranwachsenden in den letzten Jahrzehnten nur graduell ver-

---

[2] Ein von der Deutschen Forschungsgemeinschaft gefördertes Projekt „Peergroups und schulische Selektion" versucht diese Forschungslücke der Bedeutung außerschulischer sozialer Kontexte, insbesondere der Einbindung in Peerbeziehungen auf das Erleben und den Verlauf schulischer Bildungsbiografien mit einer auf sechs Jahre angelegten qualitativen Längsschnittstudie, begonnen in 2006, zu schließen (vgl. Krüger/Köhler/Zschach 2007).

[3] Hier liegt ein differentes Bildungsverständnis zu oben beschriebenem Schwerpunktprogramm vor, demzufolge „Kompetenzen durch Erfahrung und Lernen in relevanten Anforderungssituationen erworben sowie durch äußere Intervention beeinflusst werden können" (Klieme/Leutner 2006, 880). Dieses Verständnis schließt zwar scheinbar den Erwerb von Kompetenzen vermittels Erfahrungen und Lernprozesse in Familie, der Clique und Angeboten der Kinder- und Jugendarbeit nicht aus. Es wird jedoch wieder eng geführt mit der Definition von Kompetenzen als „kontextspezifischen kognitiven Leistungsdimensionen" (ebd., 879) die soziale Faktoren ausblendet, eine Fokussierung auf Leistung vornimmt und überdies nur bestimmte „Bildungsdomänen" in der Blick nimmt (vgl. ebd., 879f.).

ändert. Die Annahme von Viggo Graf Blücher (1956) findet sich damit nachdrücklich bestätigt, dass jugendliches Freizeitverhalten eine strukturelle Kontinuität kennzeichnet. Modifiziert zeigt sich der Umgang der Heranwachsenden mit Medien und der Konsum von medialen Angeboten, der zugenommen hat und inzwischen ein integraler Bestandteil von Freizeit darstellt (vgl. zuletzt Bofinger 2001). Zudem sind die sozial-kulturellen Praxen der Heranwachsenden nicht mehr nur „maßgeschneidert und dennoch von der Stange", sondern werden in einem jüngeren Alter und nicht mehr für den gesamten Weg durch die Phasen des Aufwachsens entworfen und angeeignet (vgl. Thole 2002).

Nachfolgend soll die Bedeutung des Freizeit- und Kulturbereiches bezüglich der Möglichkeiten des Kompetenzerwerbs von Kindern und Jugendlichen beleuchtet werden. Dazu werden erstens die vorliegenden Befunde mit Blick auf die informellen, strukturell nicht organisierten Bildungsräume, also zu den in Peerbeziehungen, wie Freundschaften und Liebesbeziehungen, Cliquen und Szenen, sowie über die ausgeübten Hobbys, die Nutzung von Medien und Jobs zu erwerbenden Kompetenzen, referiert (3.1). Zweitens werden die selbst organisierten Bildungsräume, wie Jugendverbände sie darstellen, sowie das ehrenamtliche Engagement von Kindern und Jugendlichen hinsichtlich ihrer Kompetenzerwerbsqualität betrachtet (3.2). Letztendlich geht es drittens um die Kompetenzerwerbsdimension organisierter, professionell gerahmter Bildungsräume, wie sie insbesondere die außerschulische Kinder- und Jugendarbeit verkörpert (3.3).

3.1 Lernen in informellen, nicht organisierten Bildungsräumen –
Kinder und Jugendliche zwischen Freundschaftsnetzen und Medien

Wie Kinder und Jugendliche ihre Freizeit verbringen, Kultur schaffen oder an ihr partizipieren, hängt nicht zuletzt auch von den jeweils zur Verfügung stehenden ökonomischen Ressourcen ab. Eigenes Taschengeld stellt heute zwar eine Normalität dar und spätestens nach Eintritt in die Schule verfügen die meisten bis zum Alter von 14 über feste monatliche oder unregelmäßige Geldleistungen durch ihre Eltern (vgl. Feil 2003). Die Höhe nimmt dabei mit dem Alter zu, ist aber auch abhängig von Ausbildungssituation und Möglichkeiten, eigenes Geld zu verdienen. Durchschnittswerte in der Höhe verdecken allerdings erhebliche Unterschiede nach Ost-West, ethnischer Zugehörigkeit, Geschlecht, den sozialen Status und den ökonomischen Ressourcen der Eltern sowie dem Alter (Jugendwerk der deutschen Shell 2000, 286). So sind mehr als 40% der Jugendlichen aus den unteren sozialen Milieus, aber nur 5% aus dem oberen Drittel der Gesellschaft mit ihrer finanziellen Lage zufrieden. Bei der Befragung der Shell-

Studie waren fast zwei Drittel der Jugendlichen der Auffassung, sich in etwa genauso viel leisten zu können, wie ihre Freunde (vgl. Shell Deutschland Holding 2006, 85). Die finanzielle Lage hat zudem deutlichen Einfluss auf die Zusammensetzung des Freundeskreises sowie der sozialen Netzwerke und damit auf die Möglichkeiten, soziales Kapital anzuhäufen und die Peer-Group als Raum zum Kompetenzerwerb zu nutzen. Da der Kauf von Konsumgütern auch der sozialen Anerkennung und Selbstverwirklichung dient, können für Kinder und Jugendliche, die nicht in der Lage sind, mit dem Konsumverhalten ihrer Freunde mitzuhalten, psychische und soziale Spannungen entstehen (vgl. Hurrelmann 2005). Neben dem Erhalt von finanziellen Leistungen durch die Eltern kommt der eigenen Erwerbstätigkeit eine besondere Bedeutung zu. Die Erwerbstätigkeit bietet neben der Erweiterung der finanziellen Spielräume das Sammeln von Erfahrungen der Verselbständigung und eröffnet neue Verantwortungsspielräume, in dem eigene Leistungsgrenzen und Interessen erlebt und Praxiserfahrungen in der Arbeitswelt erworben werden können. Ein Drittel aller Jugendlichen aus allen sozialen Statusgruppen gehen einem Nebenjob nach (vgl. Shell Deutschland Holding 2006, 85). Andere Studien weisen allerdings daraufhin, dass Jugendliche aus bildungsentfernten und sozial exkludierten Familien seltener Erfahrungen durch Nebenjobs sammeln und somit schlechtere Chancen haben, ihre Berufsperspektiven zu erhöhen (Tully 2004a). Diese Befunde werden durch eine Befragung im Rahmen des Forschungsschwerpunkts „Übergänge in Arbeit" des Deutschen Jugendinstituts im Hinblick auf Gender und Migrationshintergrund verifiziert. Mädchen und Jugendliche mit Migrationshintergrund haben seltener Nebenjobs von 21 Stunden und mehr; zugleich messen sie ihren Tätigkeiten eine geringere Bedeutung für eine berufliche Orientierung zu (Hofmann-Lun u. a. 2004, 24).

Deutliche Unterscheidungen der Freizeitpraxen und Mediennutzung ergeben sich über die Zugehörigkeit zu sozialen Gruppen und soziale Raumkonfigurationen. Hierüber verfestigen sich soziale Unterschiede, da der Erwerb so genannter soft skills, also sozialer, emotionaler und kommunikativer Kompetenzen, die immer wichtiger für den Qualifizierungs- und Arbeitsmarkt werden, nach sozialer Herkunft unterschiedlich verläuft (vgl. Grunert 2005, 17). So führen finanzielle Schwierigkeiten der Herkunftsfamilie zu Einschränkungen in den Peerbeziehungen (vgl. Walper 2001). Desweiteren beeinflussen sozialstrukturelle Merkmale – Geschlecht, Alter und Schicht – den Umgang mit Ärger in Freundschaft (vgl. Salisch 2005). Andererseits zeigt sich, dass konjunktive Erfahrungsräume in Form gemeinsamer Freizeitpraxen das Selektionskriterium der sozialen Herkunft außer Kraft setzen können und über gemeinsame Freizeitinteressen und Mitgliedschaften Freundschaften und Cliquen über soziale Differenzen hinweg entstehen können (Krüger/Köhler/Zschach 2007, 213). Dies ist nicht nur in Bezug auf die Bildungspotentiale im Bereich des Erwerbs sozialer Kompetenzen erheblich, sondern auch in Bezug auf die schulische Entwicklung, denn schulerfolgreiche Kinder suchen eher Kontakt zu Kindern, die die Aneignung von schulisch verwertbarem Kapital ebenfalls anstreben (vgl. Helsper/Hummrich 2005, 131). Peerinteraktionen und Freundschaften treten hier einerseits als schulförderlich in Erscheinung, insofern sie Rückhalt bei Fehlern und Misserfolgen bieten und hierüber Lernprozesse unterstützen (vgl. Wagner/Alisch 2006, 77; Krüger/Köhler/Zschach 2007). Zugleich und andererseits liegt in dieser Form der Beziehungswahl auch ein selektives Moment, da die ohnehin schon Bildungserfolgreichen ihre Freundschaftsnetzwerke weitgehend unter den ebenfalls bildungserfolgreichen Gleichaltrigen suchen.

Generell kommt Freundschaften eine wichtige Entlastungsfunktion zu, da Kinder und Jugendliche, die über verlässliche und vielförmige Freundschaften in der Schule verfügen, mit der Schule zufriedener sind, sich weniger überfordert fühlen und in ihrer sozio-kognitiven Entwicklung weiter fortgeschritten sind (vgl. Uhlendorff 2006; Stöckli 2005). Zugleich bieten Cliquen Gelegenheiten, Beziehungskompetenzen zu erlernen beziehungsweise weiter zu entwickeln (vgl. Wetzstein u. a. 2005). Dabei zeigt ein Vergleich der inter- mit den eigenethnischen Freundschaften ein interessantes Bild. Entgegen der landläufigen Vermutung wird die Zunahme interethnischer Freundschaften nicht durch eine Reduzierung der eigenethnischen Freundschaftsnetzwerke begleitet – mit anderen Worten: Interethnische Freundschaften werden nicht auf Kosten eigenethnischer Freundschaften geschlossen, sondern ergänzen diese vielmehr. Allerdings formen die Ausbildungssituation und das Wohnumfeld deutlich die ethnische Zusammensetzung – in Bezug auf Heranwachsende mit türkischem Migrationshintergrund (vgl. Kecskes 2003) – der sozialen Netzwerke mit. Insbesondere das Ende der Schul- und Ausbildungszeit und somit der Verlust eines interkulturellen Kontextes forciert allerdings den Rückgang interethnischer Freundschaften. Jugendliche mit einem Migrationshintergrund weisen hierauf explizit hin und betonten, dass ihnen interethnische Peergroups bessere Möglichkeiten zum Spracherwerb bieten als die Herkunftsfamilie (vgl. Reinders u. a. 2000; Roppelt 2003, 302). Die vorliegenden Befunde weisen zudem die Beziehungsnetzwerke unter Gleichaltrigen als ein wichtiges Lernfeld für die Ausbildung moralischer Urteilsfähigkeit und des Regelverständnisses aus (vgl. Krappmann/Oswald 1995; Uhlendorff/Oswald 2003), Hier können Identitätsentwürfe erprobt, Beziehungen zu gleich- und gegengeschlechtlichen Anderen ausprobiert und Perspektivübernahmen sowie die Fähigkeit, eigene Meinungen und Bedürfnisse mit denen des Gegenübers zu vermitteln, erlernt und experimentell realisiert werden (vgl. Wetzstein u. a. 2005). So zeigen Kinder mit einem ausgewiesenen Freundkreis ein prosozialeres Verhalten, ein höheres Selbstbewusstsein und eine höhere Empathie für den Anderen als Heranwachsende, die auf vergleichbare Kontakte nicht verweisen können (vgl. Uhlendorff 2006). Der Aufbau und die Aufrechterhaltung von Freundschaften und Mitgliedschaften, so lässt sich resümieren, erfordern einerseits ein Mindestmaß an sozialen Kompetenzen. Andererseits stellen sie jedoch auch ein bedeutsames Feld des Lernens und des Kompetenzerwerbs neben Familie, Schule und der Einbindung in Organisationen und Institutionen dar.

Medienwelten sind heute in die Lebenswelten von Kindern und Jugendlichen fest integriert. Die Medienausstattung und die Ausstattung mit Konsumgütern beeinflussen die Möglichkeiten, Kompetenzen in der Freizeit zu erwerben. Der Besitz und der Umgang mit klassischen Medien wie Radio, digitale Medien und Fernsehen gehört heute zum Alltag von Kindern und Jugendlichen dazu (vgl. Behnken u. a. 1991; Fritzsche 2000). Dabei zeigen sich Unterschiede nach Geschlecht, Alter und Migrationshintergrund. Weibliche und jüngere Jugendliche sowie Heranwachsende mit Migrationshintergrund besitzen weniger Medien und greifen folglich auch reduzierter auf diese täglich zurück. Die Verschärfung sozialer Ungleichheit ergibt sich jedoch weniger über den Besitz per se, sondern über hierüber erworbene soziale und intellektuelle Kompetenzen im qualifizierten Umgang mit medialen Ressourcen. Ob und wie die Mediennutzung als Gelegenheit zum informellen Kompetenzerwerb wahrgenommen wird, hängt von der Kontextualisierung (vgl. Tully 2004b) ab, also davon, inwieweit die Kinder und Jugendlichen die Mediennutzung interessiert und sie diese als Lerngelegenheit wahrnehmen und für sich nutzen oder hierzu angeregt werden. So variiert beispielsweise die Einschätzung von Qualitäts- und Boulevardmedien[4] nach Geschlecht, Alter, Migrationshintergrund und Bildungsaspiration. Heranwachsende mit Migrationshintergrund, Mädchen, ältere Jugendliche und GymnasiastInnen favorisieren vor allem qualitativ hochwertigere Medienangebote wie Nachrichten und Zeitungen als informelle Lernquelle. Männliche HauptschülerInnen tendieren hingegen eher zu den so genannten Boulevardformaten wie Talkshows und Fernsehserien (vgl. Stecher 2005).

Die beliebteste Freizeitbeschäftigung mit Medien ist trotz des steigenden Interesses am Internet und dem PC und neben dem Fernsehen noch immer das Musik hören (vgl. Bofinger 2001, 163ff; Shell Deutschland Holding 2006, 77ff). Gerade der Bereich der Musik zeichnet sich durch eine Vielfalt von Stilen und einem sich beschleunigenden Wandel der Musikrichtungen aus. Gleichzeitig ist mit dem „Musik hören und machen" heute kein Emanzipationspotenzial für

---

[4] Unter „Qualitätsmedien" werden überwiegend sprachlich kodierte Formate wie Fernseh- oder Radio-Nachrichten Zeitungen oder Bücher, unter Boulevardmedien überwiegend visuell kodierte Medienangebote wie Videoclips, Fernsehserien und Fernseh-Talkshows angesehen (vgl. Stecher 2005, 388)

Nonkonformismus und Provokation – von Ausnahmen abgesehen – mehr verbunden. Dennoch dient Musik Heranwachsenden als Ausdruck von Lebensstil und Geschmack und somit auch als Distinktionsmittel, das wesentlich die Identitätsbildung mit formt und so eine Orientierungs- und Definitionsfunktion erhält, insbesondere um den eigenen Gefühlen und Stimmungen Ausdruck zu verleihen. Hierüber wird, so weisen Studien aus, die Selbstkompetenz und die Fähigkeit zur Regulation und Wahrnehmung der eigenen emotionalen Zustände wesentlich mit geprägt (vgl. Wetzstein u. a. 2005, 105ff). Bei den neueren Medien wie PC und Internet verfügen die deutschen Haushalte über eine im internationalen Vergleich überdurchschnittlich hohe Ausstattung. „87% der 10- bis 24-Jährigen leben in einem Haushalt mit Internetanschluss" (Konsortium Bildungsberichterstattung 2006, 60). Insgesamt sind es ältere Jugendliche und solche mit höheren Bildungsabschlüssen, die das Internet häufiger nutzen (Wetzstein u. a. 2005, 110). Dennoch eignen sich Kinder und Jugendliche in der Bundesrepublik Deutschland im Vergleich mit den übrigen PISA-Staaten überdurchschnittlich häufig ihre PC-Kenntnisse Zuhause im Prozess des informellen Lernens an (vgl. Konsortium Bildungsberichterstattung 2006).

Unter Beachtung der schlichten Tatsache, dass insbesondere den Praxen der Lokalisierung, der Suche und Sortierung sowie des Umgangs mit Information und Wissen eine wachsende Bedeutung zufällt und das Wissen über die Formen des Kompetenzerwerbs selbst eine entscheidende Kompetenz darstellt, ist den Umgangsweisen der Heranwachsenden mit diesen Aneignungsformen vermehrte Aufmerksamkeit zu schenken, auch weil sich hier die sozialen Distinktionsprozesse der Gesellschaft und damit die Formen der Reproduktion sozialer Ungleichheit deutlich duplizieren. Belegt ist, dass eine Kohorte der Heranwachsenden Zuhause über gar keinen Internetzugang verfügt oder diesen nicht nutzt und Jugendliche aus bildungsferneren sozialen Milieus weiterhin die Schule als wichtigsten Lernort für den Erwerb von PC-bezogenen Medienkompetenzen angeben. Da die entsprechenden grundlegenden Kompetenzen in der Schule jedoch vielerorts inzwischen als bekannt vorausgesetzt werden, bleiben möglicherweise so gerade die Heranwachsenden aus den nicht bildungsnahen sozialen Lebenskontexten vom kompetenten Umgang mit den neuen Wissensorten und von den -praxen abgekoppelt. Die Schule als Lernort für den Umgang mit Medien hat demnach zwar eine gewisse Einweisungs- und Förderfunktion, kann jedoch familial nicht gegebene Lern- und Bildungsgelegenheiten und somit den Kompetenzerwerb über Formen des informelles Lernens nicht kompensieren.

3.2 Selbstbestimmte, institutionalisierte Bildungsräume: Lernmöglichkeiten in Vereinen, Jugendverbänden und über ehrenamtliches Engagement

Neben den autonom gestalteten, informellen Freizeit-, Kultur- und Freundschaftsnetzwerken kommt den non-formalen Freizeitpraxen von Heranwachsenden weiterhin eine enorme Bedeutung zu. Dabei lässt sich insgesamt eine Verschiebung von kontinuierlichen und verbindlichen Aktivitäten hin zu themengebundenen und temporär begrenzten Aktivitäten in Vereinen und vergleichbaren Organisationen feststellen. Dabei ist der institutionell geregelte Freizeitort schlechthin für Kinder und Jugendliche immer noch der Verein (40% aller jugendlichen Aktivitäten „für andere" werden in Vereinen ausgeübt (vgl. Schneekloth 2006, 126; Fischer 2000) und 54,6% der 10-15jährigen Vereinsmitglieder sind in einem Sportverein aktiv (vgl. Grunert 2005, 23). Trotz fortschreitender Mediatisierung kann also nicht von einer Entkörperlichung der Freizeitpraxen gesprochen werden. Die Mitgliedschaft und Nutzung der Angebote in Vereinen ist allerdings milieuspezifisch different. In den oberen Statusgruppen der Gesellschaft werden für etwa vierfünftel der Kinder und Jugendlichen die Aktivitätsformen in der Freizeit weiterhin durch Eltern über Vereine geregelt und terminiert (vgl. Betz 2006; vgl. auch Fuhs 1996; Jugendwerk der deutschen Shell 2000, 78). Im Hinblick auf zukunftsbezogene Lernprozesse werden die Suche nach Geselligkeit und sozialem Anschluss sowie die behauptete Verbesserung der Koordinationsfähigkeit und Ausdauer jedoch in Sportvereinen nur zum Teil erfüllt (vgl. Brettschneider/Kleine 2001).

Zwar wirkt sich, so wird explizit, eine kontinuierliche Vereinsmitgliedschaft positiv auf den Aufbau vereinsbezogener sozialer Netzwerke aus. In Bezug auf die Entwicklung des Selbstkonzeptes, der motorischen Leistungsfähigkeit und dem Umgang mit nicht gesellschaftskonformen Praxen konnten jedoch keine Entwicklungsvorteile durch die Mitgliedschaft in Vereinen festgestellt werden (vgl. Brettschneider/Kleine 2001). Auch beschattet der Alltagsdrogenkonsum von Jugendlichen in Sportvereinen, der in der Regel höher ist als bei nicht vereinsorganisierten Jugendlichen (vgl. Maschler 2001), die von Erwachsenen gewünschte Mitgliedschaft von Kindern und Jugendlichen in Vereinen. Insgesamt jedoch sind die möglichen Wirkungen und Bildungsprozesse in Vereinen als gruppenbezogene Lernarrangements bislang kaum empirisch erforscht (vgl. Grunert 2005, 26). Die Mitgliedschaft traditioneller, nicht sportorientierter Vereine ergibt sich noch immer über Milieunähe sowie Traditions- und Wertverbundenheit.

Die vorliegenden Daten zur Inanspruchnahme der verbandlichen Angebote verzeichnen einen Rückgang im verbandlichen Engagement von Heranwachsenden (vgl. Heinze/Strünk 2000). Dieser Befunde korrespondiert mit der Tatsache, dass Kinder und Jugendliche meist in mehreren Vereinen Mitglied sind, und der sich hierdurch möglicherweise einstellenden Konsumorientierung und eines Rückgangs der Identifikation mit dem „eigenen" Verein (vgl. Fuhs 2002). Die Befunde sind jedoch vor dem Hintergrund zu reflektieren, dass ehrenamtliches Engagement und hohe Einsatzbereitschaft nicht zwangsläufig mit dem Beitritt zu einen Jugendverband einhergehen und sich neue Formen selbst bestimmten, freiwilligen Engagements ohne formale Mitgliedschaft in Organisationen, Vereinen und Verbänden mit zunehmender Tendenz finden (vgl. Bruner/Dannenbeck 2003). In der Shell Studie von 2006 gaben nur 12% aller Jugendlichen gegenüber 19% in der Befragung von 2002 an, in einem Jugendverband aktiv zu sein (vgl. Schneekloth 2006, 126; vgl. auch Jugendwerk der Deutschen Shell 2000). Dem entsprechen die Befunde des Freiwilligensurveys der Bundesregierung, nach denen zwar die persönliche Bedeutung des freiwilligen Engagement von Jugendlichen insgesamt zugenommen hat, aktive Jugendliche meist mehreren Tätigkeiten nachgehen und dies häufiger tun als junge Erwachsene ab 25, sich jedoch auch ein Trend hin zum Engagement in Initiativen und Gruppen verzeichnen lässt. Damit hat eine Verschiebung von dem freiwilligen Engagement in Organisationen zu eher lockeren Strukturen statt gefunden, wobei es den vorliegenden Daten zufolge vor allem sozial integrierte Jugendliche mit höherem Bildungsniveau sind, die sich freiwillig engagieren und damit von der verbandlichen Arbeit als informellem Bildungsort profitieren (vgl. BMFSFJ 2005, 203ff; vgl. auch Düx 2000; Düx/Sass 2005).

Zur Sicht der AdressatInnen der Jugendverbandsarbeit liegen insgesamt wenig Kenntnisse vor (vgl. Rauschenbach u. a. 2004, 234; Fauser/Fischer/ Münchmeier 2006). Die wenigen vorliegenden Studien zu den Motiven, Unterstützungsbedarfen, aber auch zu den Bildungsgewinnen und Kompetenzerweiterungen im Rahmen verbandlichen Engagements (vgl. Picot 2001; Fischer 2002; Bruner/Dannenbeck 2002; Fauser/Fischer/Münchmeier 2006) zeigen, dass für dreiviertel der Jugendlichen die Möglichkeit zur Erweiterung von Kenntnissen und Erfahrungen ein zentrales Motiv für die Übernahme eines Ehrenamts ist und sie sowohl an einem Kompetenzerwerb für als auch durch das freiwillige Engagement interessiert sind (vgl. Picot 2001; Bruner/Dannenbeck 2002). Vor allem ältere Jugendliche sehen die Weiterbildungsangebote als Gelegenheit zum Kompetenzerwerb, aber auch die Anregungen durch GruppenleiterInnen in der konkreten Verbandsarbeit werden genannt (vgl. Fischer 2002). Quantitativ, so ist ausgewiesen, präsentieren die internationalen, frei- und bildungsorientierten Angebote und Maßnahmen der Jugendverbände, in denen sich diese Wünsche der Jugendlichen neben der Gruppenpraxis wesentlich realisieren, ein enormes Volumen. Im Jahr 2004 wurden – vornehmlich von den Jugendverbänden organisiert – insgesamt allein 97.267 mit öffentlichen Geldern finanzierte Veranstaltungen und Maßnahmen mit 3.667.451 jugendlichen TeilnehmerInnen durchgeführt (vgl. vgl. Thole/Pothmann 2006). Qualitative Studien dokumentieren, dass aus Perspektive der Jugendlichen eine Stärkung des Selbstbewusstseins und ein Zugewinn an Selbstständigkeit im Umgang mit Menschen und problematischen Situationen durch die Aktivität in den Verbänden angeregt wird (vgl. Bruner/Dannenbeck 2002). Im Bereich der Persönlichkeitsentwicklung berichten die Jugendlichen über den Erwerb von Kompetenzen, die sie zur Herausbildung einer eigenen Meinung und persönlicher Interessen, zum Selbstmanagement inklusive der Fähigkeit, sich abzugrenzen und mit den eigenen Kräften hauszuhalten, befähigen. Sie lernen Geduld und Frustrationstoleranz und erwerben Copingstrategien zum Umgang mit Problemen, Misserfolgen und Umweltängsten. Zudem wird der Gewinn an Partizipationsmöglichkeiten und die Entwicklung eines politischen Verantwortungsbewusstseins als bedeutsam herausgestellt.

Die Jugendlichen begründen den Erwerb der genannten Kompetenzen anhand geschilderter Erfahrungen. Neues wird über Lernen am Beispiel, Diskussionen in der Gruppe, eigenem Üben und Mitmachen bei Gruppenaktivitäten, aber auch durch Input von LeiterInnen oder explizite Weiterbildungsveranstaltungen erworben. Entscheidend für den Erwerb von Kompetenzen sind Einsatz, Gemeinschaft, Kommunikation, Verbandseinbindung und Gelegenheitsstrukturen (vgl. Fischer 2002, 328ff). Entsprechend der Diskussionen zur Relevanz informeller Bildungsprozesse finden in der Jugendverbandsarbeit demnach sowohl non-formale – im Sinne intendierter Bildungsszenarien außerhalb von Bildungseinrichtungen – wie auch informelle Bildungsanlässe – als eher beiläufige Kompetenzaneignung im Alltag – statt. Jugendliche erwerben aus ihrer Sicht im ehrenamtlichen Engagement Kompetenzen, die in der Schule so nicht erworben werden können und evaluieren ihr Engagement als spezifischen Ort des Kompetenzerwerbs.

Die Teilnahme und das Engagement verläuft auch in der Jugendverbandsarbeit entlang der Variablen Klasse, Milieu, Schicht und Bildung: „Je höher der Bildungsstand, desto entschiedener fällt das Engagement für die eigene Entwicklung, für andere, für gesellschaftliche und politische Fragen aus" (Fauser/Fischer/Münchmeier 2006, 26). Dieser Befund, der relativ großen Bedeutung des Milieucharakters des jeweiligen Jugendverbandes, hat Konsequenzen für die externe Umwelt des Verbandes, aber auch für den internen Umgang mit dem Milieucharakter (vgl. Sturzenhecker 2007). Ähnlich wie bei den Freundschaften zeigt sich auch beim verbandlichen Engagement, dass die Mitgliedschaft sich über den eigenen sozialen Background steuert und Schließungsprozessse stattfinden, wenn keine habituelle Passungen zum Milieucharakter des Verbandes und der gemeinsam geteilten Verbandskultur hergestellt werden können. Im Zusammenhang mit dem Befund, dass die Jugendverbandsarbeit aus Sicht ihrer NutzerInnen die gesetzlichen Ziele der Selbstorganisation, Mitbestimmung und Mitgestaltung auch tatsächlich realisiert (vgl. Fauser/Fischer/ Münchmeier 2006), stellt sich die Frage, inwieweit über den Milieucharakter bestimmte soziale Schichten von den spezifischen Bildungsangeboten der Jugendverbandsarbeit strukturell ausgeschlossen bleiben.

3.3 Non-formale, pädagogisch gerahmte Bildungsräume – Szenarien der einrichtungsbezogenen Kinder- und Jugendarbeit

Ebenso wie die Relevanz der autonom gestalteten Freundschafts- und Freizeitnetzwerke sowie der Kinder- und Jugendverbände für den Erwerb von sozialen, kulturellen und Lebensbewältigungskompetenzen in den Diskussionen und Reflexionen zuweilen unterschätzt wird, findet auch die bildungsorientierte Kinder- und Jugendarbeit nicht durchgängig die Beachtung, die ihr allein aufgrund ihre quantitativen Dimensionen zukommen könnte. Im Kern besteht das sozialpädagogische Handlungsfeld der Kinder- und Jugendarbeit aus den nichtkommerziellen Freizeiteinrichtungen für Heranwachsende, also den Kinder- und Jugendfreizeitheimen, Jugendhäusern, Jugendcafés, Freizeitstätten und Jugendclub, umschließt aber auch die kreativen Mal- und Kulturzentren, die Bau- und Abenteuerspielplätze und andere kulturpädagogische Orte. Des Weiteren zählen aber die zuvor schon vorgestellte Jugendverbandsarbeit, die Jugendsozialarbeit und auch die politische, naturkundlich-ökologische, kulturelle und sportliche Kinder- und Jugendbildungsarbeit mit hinzu (vgl. Thole 2000). Die Kinder- und Jugendarbeit hat sich als außerschulisches Sozialisationsfeld in den zurückliegenden Jahrzehnten etabliert und kann bis in das 20. Jahrhundert hinein – trotz wiederkehrender Krisenrhetorik – eine quantitative Expansion und qualitative Ausdifferenzierung vorweisen. Annähernd 1,4 Mrd. Euro gibt die öffentliche Hand dafür pro Jahr aus und immerhin arbeiten hier in mehr als 17.000 Einrichtungen mehr als 45.000 Personen (vgl. Thole/Pothmann 2006). Zusätzlich hat sich die einrichtungsbezogene Kinder- und Jugendarbeit in den letzten beiden Jahrzehnten in Bezug auf die Altersgruppen, an die sie sich wendet, ausgedehnt. Nicht mehr nur Jugendliche zwischen dem vierzehnten und achtzehnten Lebensjahr, sondern auch Kinder und postadoleszente Jugendliche werden durch die Angebote angesprochen.

Das pädagogische Szenario Schule ist durch gesetzlich kodifizierte Richtlinien, klare institutionelle Strukturen und Hierarchien sowie ausgerichtet auf die Initiierung von Bildungsprozessen über die Verwirklichung von Unterricht nachvollziehbar gerahmt. Auf annähernd vergleichbar klare und allgemein gültige Rahmungen kann das außerschulische Sozialisationsfeld der Kinder- und Jugendarbeit nicht verweisen. Kinder- und Jugendarbeit ist wesentlich dadurch geprägt, dass sie die Übergänge zwischen verschiedenen Sphären des Alltags begleitet und bearbeitet. Die Kinder- und Jugendarbeit konstituiert quasi eine eigenständige sozial-pädagogische Arena, die Kindern und Jugendlichen ermöglicht, Kompetenzen zu erwerben, die andernorts in dieser Spezifität nicht ausbildet werden können (vgl. u. a. Sturzenhecker 2004; Müller/Schmidt/Schulz 2005; BMFSFJ 2005). Die spezifischen Bedingungen der außerschulischen Pädagogik als Feld des Erwerbs von Kompetenzen sollen hier exemplarisch anhand der einrichtungsbezogenen Kinder- und Jugendarbeit verdeutlicht werden (vgl. Cloos/Köngeter/Müller/Thole 2007).

Eingelagert in die Modalitäten der performativen Herstellung der sozialpädagogischen Arena sind neben unterschiedlichen unterstützungs-, beratungs- und hilfeorientierten pädagogischen Szenen solche, die im Kern den Charakter der Kinder- und Jugendarbeit als Feld der Initiierung von non-formalen Bildungsprozessen ausweisen. In den Prozess der alltäglichen Konstituierung der Kinder- und Jugendarbeit als ein pädagogisches Handlungsfeld sind vielfältige Bildungsanlässe eingewoben, die, wird den jüngsten Befunden gefolgt (vgl. u. a. BMFSFJ 2005; Konsortium Bildungsberichterstattung 2006; Rauschenbach u. a. 2004; Rauschenbach/Düx/Sass 2006), von den pädagogischen Professionellen bewusst initiiert sein können und sich in den vorgehaltenen Angeboten dokumentieren, die aber auch situativ, quasi als Nebenfolge des pädagogischen Alltags, entstehen können. Diese Möglichkeiten zu identifizieren und bildungsorientiert aufzuladen, scheint die anspruchsvolle Aufgabe der PädagogInnen in der Kinder- und Jugendarbeit zu sein.

Kinder- und Jugendarbeit konstituiert sich keineswegs zufällig, sondern äußerst planvoll und strukturiert. Werden die sich situativ ergebenen Bildungsmöglichkeiten von den PädagogInnen nicht als solche intuitiv erkannt oder verletzt, werden die Möglichkeiten, Prozesse des Erwerbs von Kompetenzen zu initiieren, dezimiert. Darüber hinaus dokumentiert der pädagogische Alltag der Kinder- und Jugendarbeit exklusive Formen der Bewältigung von „Übergängen" und hieran gekoppelt beziehungsweise eingewoben spezifische „Transformationen". Im Gewand alltagskommunikativer Interaktionen illustrieren sie, wie pädagogisches Handeln sich realisiert, dabei performativ die widersprüchlichen Handlungsanforderungen in diesem institutionellen Rahmen bearbeitet und seine eigenwillige Kontur erhält.

Die besondere Kontur dieses pädagogischen Szenarios konstituiert die Eigenständigkeit der Kinder- und Jugendarbeit und den Kontrast zu anderen pädagogischen Institutionen und Handlungsfeldern, der sich schon explizit in den Modalitäten des Eintritts dokumentiert. Die Rahmenbedingungen pädagogischen Handelns in schulischen Feldern und die dort anzutreffenden Regularien der Herstellung von Zugehörigkeit sind strukturell klar und institutionell geformt. Zugehörigkeit – der Übergang vom vorschulischen, familialen Alltag und den Gleichaltrigenkontexten zum „schulischen Alltag" – wird nicht nur über gesellschaftlich und rechtlich abgesicherte Kodifikationen, sondern auch durch vorfindbare Gestaltungen der pädagogischen Handlungsstrukturen ermöglicht und gesteuert. Schule gliedert sich – jahrgangsweise und an den Leistungen der SchülerInnen orientiert – in Klassen und in Schultypen. Hier strukturieren geregelte Zeittakte den Schulalltag; das pädagogische Personal sortiert sich in unterschiedliche hierarchische Stufen und in der Regel über eine Wissens- und Generationendifferenz von den SchülerInnen, normative Regelwerke rahmen die sozialen Modalitäten und der Erwerb von Bildung verwirklicht sich über didaktisierte Lehr-Lern-Prozesse leistungsbezogen und selektiv. Hierüber wird eine sozialkulturelle Realität erzeugt, die die Formen der Zugehörigkeit nicht nur formal herstellt, sondern auch die Transformation von den Kinder- und Jugendlichenidentitäten in die des SchülerInnendasein einerseits sowie die Transformation der Nur-Erwachsenen in die der LehrerInnen andererseits steuert (vgl. Fürstenau u. a. 1972; Merkens 2006).

Die Kinder- und Jugendarbeit ist somit ein pädagogischer Ort, an dem sich die pädagogischen Intentionen – im Kontrast zur Schule – quasi versteckt auf der Hinterbühne lokalisieren: Spielen sich in den schulischen Bildungswelten die sozialen Platzierungskämpfe, Rivalitäten und Beziehungsauseinandersetzungen im Rücken des eigentlichen Lern-Lehr-Szenarios ab, so finden in den Einrichtungen und Projekten der Kinder- und Jugendarbeit diese quasi auf der Hauptbühne ihren Platz. Im Schatten dieses Alltagsszenarios und erst über dieses möglich wie darin eingewoben realisieren sich die Beratungs- und Hilfeleistungen sowie die non-formalen Bildungsanlässe – also quasi auf den Hinterbühnen – der Kinder- und Jugendarbeit (vgl. Sturzenhecker 2004; Cloos/Köngeter/Müller/Thole 2007).

4 Blick für informelle und non-formale Formen des Kompetenzerwerbs sensibilisieren – Ausblick

Die referierten Hinweise und Befunde zu den kinder- und jugendkulturellen Praxen in informellen sowie non-formal strukturierten und organisierten gesellschaftlichen Räumen illustrieren und belegen nachdrücklich die Möglichkeiten, die Kinder und Jugendliche haben, in diesen Feldern Kompetenzen zu erwerben und zu qualifizieren. Bildungsprozesse werden in diesen Bereichen in der Regel nicht im Kontext von curricular ausbuchstabierten Lehr- und Lernszenarien initiiert, sondern durch die Heranwachsenden selbstgesteuert und situationsbezogen oder aber durch die ehrenamtlich Engagierten, aber auch durch die pädagogischen Professionellen, wie in einigen Handlungsfeldern der Jugendverbandsarbeit oder der Kinder- und Jugendarbeit, initiiert. Wenn die Bildungsanregungen durch professionelle PädagogInnen im Zusammenhang von institutionalisierten Angeboten und Maßnahmen erfolgen, zeichnen auch diese sich ebenfalls und vornehmlich durch ihren situativen Charakter aus, gleichwohl sie partiell, keinesfalls jedoch durchgängig, methodisch-didaktisch gerahmt sind. Die Herausforderung besteht in den pädagogisch-professionellen Freizeit- und Bildungsräumen für die PädagogInnen insbesondere darin, sparsam mit direktiven Interventionen und Anregungen umzugehen und zugleich dennoch eine wahrnehmbare, pädagogische Präsenz zu kommunizieren. Der Habitus der pädagogische Nonchalance (Cloos/Köngeter/Müller/Thole 2007, 255ff.), der die Ausbalancierung dieser Ansprüche dokumentiert, stellt die professionell-pädagogische Antwort auf die vorliegenden Herausforderungen – insbesondere in den nonformal strukturierten Bildungsräumen – dar. Von den ehrenamtlich Engagierten, beispielsweise in der Jugendverbandsarbeit, wird dieser Habitus über die Zugehörigkeit zur selben Generationslage oder aber durch die gemeinsam geteilten Grundintentionen und Werthaltungen aufgerufen.

Kompetenzerwerbsprozesse in und über informelle und non-formal gerahmte Praxen sind strukturell in den Alltag eingelagert. Sie bieten damit Lern- und Erfahrungsfelder, die das formal strukturierte Bildungssystem nicht vorhält oder aufgrund seiner selektiven Grundstruktur nicht vorhalten kann. Die referierten Befunde belegen somit die Bedeutung informeller und non-formaler Sozialisationskontexte für die Aneignung von kulturellem und sozialem Kapital. Die Relevanz der hierüber ausgebildeten Kompetenzen für die Entwicklung von Lebensbewältigungskompetenzen, die Formierung von Lebensstilpräferenzen und von biografischen Lebenskonzepten sowie deren Nachhaltigkeit wird allerdings ebenso häufig noch immer unterschätzt wie deren Bedeutung für das erfolgreiche Absolvieren von schulischen Bildungs- und berufsbezogenen Qualifizierungskarrieren (vgl. Zinnecker 1987; Büchner/Brake 2006; Stecher 2005).

Ergänzend zu und neben den primarpädagogischen Betreuungs- und Bildungsangeboten sowie der Schule könnte vor dem Hintergrund der referierten Befunde in den informellen, insbesondere jedoch in den non-formalen Bildungsfeldern vermehrt die Chance gesehen werden, Kindern und Jugendlichen aus bildungsferneren oder -exkludierten sozialen Milieus und Herkunftsfamilien den Erwerb jener sozialen und kulturellen Ressourcen zu ermöglichen (vgl. Baier/Nauck 2006), die sie anderorts nicht erlangen können, für einen erfolgreichen und wissensabgestützten Weg durchs Leben jedoch benötigen. So konnte beispielsweise für den Bereich des PC-gestützten Umgangs mit Wissen und Information (Internet) sowie moderner Kommunikationsformate (E-mail) gezeigt werden, dass wesentliche Fähigkeiten im außerschulischen Bereich erworben werden und der formale Bildungsort Schule nur eingeschränkt fehlende außerschulische Bildungsmöglichkeiten zu kompensieren in der Lage ist. Auch die in selbstorganisierten Projekten von ehrenamtlich Engagierten erworbenen Kompetenzen in Selbstmanagement, Gruppenführung und einem erfahrungsbasierten Wissen lassen sich in schulischen Zusammenhängen nicht ohne weiteres aneignen. Ob Kinder und Jugendliche aus sozialen Milieus, in denen der Zugang zu der gesellschaftlich vorrätigen Bildung schwerer fällt oder erschwert wird, über außerschulische Szenarien Zugänge zu Kompetenzen erlangen können, die ihnen sonst verschlossen bleiben, ist jedoch keineswegs sicher. So zeigen sich auch in den hier betrachteten, außerschulischen informellen und non-formalen Bildungsorten über deren Milieucharakter moderierte Schließungstendenzen, beispielsweise bezüglich der Zusammensetzung von Freundeskreisen und der Mitgliedschaft in Vereinen und Verbänden. Eine kluge und unterstützende Verzahnung von formaler, non-formaler und informeller Bildung – die allen Heranwachsenden den Erwerb wichtiger Kompetenzen ermöglicht und hierüber ihre gesellschaftliche Teilhabe sicherstellt und wie sie der 12. Kinder- und Jugendbericht fordert (vgl. BMFSFJ 2005) – hat den Umstand, dass nicht nur die formal-institutionell gerahmten Bildungsarrangements in Deutschland wesentlich über soziale Herkunft gesteuert werden, zu reflektieren. Nur so kann dem strukturellen Ausschluss bestimmter Milieus und Gruppen auch von den außerschulischen Bildungsorten entgegen gewirkt werden. Ausgewiesen und dokumentiert ist jedoch, dass die Möglichkeiten, die außerschulische Bildungsorte bereit halten, bisher in den Überlegungen bezüglich der Neuformatierung des bundesrepublikanischen Bildungs- und Sozialsystems zuwenig berücksichtigt wurden. Und sicher ist ebenso, dass die in den informellen und non-formalen gesellschaftlichen Praxen erworbenen sozialen und emotionellen, partizipativen und kulturellen Kompetenzen in Bezug auf die Identitäts- und dynamischen Habitusentwicklungen zuweilen als elementare Kompetenzen übersehen werden. Erfolgreiche Bildungs- und Erwerbarbeitsbiografien werden hierüber nicht unwesentlich geprägt[5] – und sei es auch nur von der schlichten Tatsache der

---

[5] Der diesbezügliche Untersuchungsbedarf ist eminent. Zu denken ist hier beispielsweise an Studien wie der von Gerhard Kluchert (2006) zum Zusammenhang von Schule, Familie und sozialer Ungleichheit, in der heraus gestellt wird, dass insbesondere das sozialkulturelle Klima in den „bürgerlichen" und auch in den „proletarischen" Jugendbünden in den 1920er Jahren Kinder und Jugendliche aus bildungsferneren sozialen Milieus zum Besuch von höheren Schulen ermutigte.

jeweils über die SchülerInnen dokumentierten emotionalen Befindlichkeit[6] beeinflusst. Die Relevanz nicht formal geregelter Bildungsinstitutionen fundiert sich jedoch nicht nur über deren strukturellen Charakter und deren Vorhalteleistung, hier Kompetenzen erwerben zu können, sondern auch über die Neuformatierung von Bildungserwerbsprozessen aufgrund gesellschaftlicher Veränderungen. Das Erleben und Durchleben von Übergängen findet sich inzwischen von der Kindheits- und Jugendphase weitgehend entkoppelt. Die Entzeitlichung von Übergängen ist nicht mehr nur über die vor einigen Jahren entdeckte Postadoleszenzphase indiziert, sondern inzwischen in allen Lebensphasen auszumachen (vgl. Stauber 2001). Übergangsphasen, die eine besondere Bildungssensibilität und -empfänglichkeit kennzeichnet, sind biografisch gestreckt zu bewältigen und können sogar als Gegensätze zwischen einzelnen Lebensabschnitten auftauchen. Die Botschaft, lebenslang für den Erwerb von Kompetenzen offen zu sein und nicht mehr nur als einen Prozess zwischen der älteren und jüngeren Generation anzusehen, adressiert sich an die formalen, jedoch insbesondere an die informellen und non-formalen Bereiche des Erwerbs von Wissen und Können.

Wesentliche Weichenstellungen für die schulische Laufbahn werden schon in der Grundschule gelegt (vgl. u. a. Grundmann 2003). Die Wahl für diese oder jene Grundschule ist in der Regel abhängig von dem jeweiligen Wohnort. „Das Prinzip Wohnortnähe führt jedoch dazu, dass sich in den Grundschulen die sozialen Strukturen und ihre Disparitäten widerspiegeln. In den Schulen entsteht ein Abbild der lokalen Strukturen und ihrer Disparitäten. Daraus resultieren voneinander sehr verschiedene und in sich homogene privilegierte beziehungsweise unterprivilegierte bis deprivierte Lernkontexte von Schulen und Schulklassen" (Ditton/Krüsken 2006, 154). In den Grundschulen werden damit die differenzzementierenden Strukturen und Entscheidungen fortgeschrieben, die schon bei der Wahl für diese oder jene Kindertagesstätte anklingen. Damit wird ein segmentierender Prozess verfestigt, der sich schon in der Entscheidung für oder gegen eine bildungsorientierte Betreuung der unter dreijährigen Kinder andeutet, denn berufstätige beziehungsweise erwerbsarbeitsorientierte Eltern oder Elternteile mit mittleren und höheren Einkommen sowie mit einer klar ausgeprägten Bildungsorientierung und einem ebenso ausgeprägten Gefühl für die Bedeutung institutionell gesteuerter Integrationsprozesse nutzen und votieren in weit größerem Umfang für bildungsorientierte Betreuungsangebote für ihre unter dreijährigen Kinder als Eltern oder Elternteile mit einem geringeren

---

[6] Der schulische Notendurchschnitt steht im ausgewiesenen Zusammenhang beispielsweise zur Popularität in den Peergroup Kontexten (vgl. Stöckli 2005, 307) und die Anerkennungsformen in diesen entwickeln sich wiederum nicht unabhängig von den schulischen Leistungen (vgl. auch Krüger/Köhler/Zschach 2007, 216)

monatlichen Haushaltsnettoeinkommen und einer deutlich defensiveren Berufsorientierung (vgl. Thole/Cloos/Rietzke 2006; Becker/Tremel 2006). Diese sozialstrukturellen Faktoren spiegeln sich auch in der curricularen Grundausrichtung vieler Schulen, denn die zumeist „wohlmeinenden pädagogischen Überlegungen" in den schulischen Konzeptionen widersprechen den „Erkenntnissen der Lernforschung, wonach adaptiv-anspruchsvolle Bildung vor allem Kindern unterer sozialer Schichten zugute kommt" (Fölling-Albers 2005, 209), nicht nur weil ein „soft" konzipierter Unterricht den Erfahrungen von SchülerInnen aus bildungsnahen familialen Milieus besonders nahe kommt, sondern auch, weil er besonders voraussetzungsvoll ist und soziale Kompetenzen und kulturelle Ressourcen voraussetzt, die SchülerInnen aus bildungsferneren sozialen Milieus nicht vorzuweisen wissen. Vor dem Hintergrund und auf Basis dieser Befunde kommt den informellen und non-formalen Kompetenzerwerbsfeldern eine besondere Relevanz zu. Ergänzend zu und neben den primärpädagogischen Betreuungs- und Bildungsangeboten sowie der Schule könnte in den informellen, insbesondere jedoch in den non-formalen Bildungsfeldern vermehrt die Chance gesehen werden, Kindern und Jugendlichen aus bildungsferneren oder - exkludierten sozialen Milieus und Herkunftsfamilien den Erwerb jener sozialen und kulturellen Ressourcen zu ermöglichen (vgl. Baier/Nauck 2006), die sie anderorts nicht erlangen können, für einen erfolgreichen und wissensabgestützten Weg durchs Leben jedoch benötigen.

Das Wissen über Möglichkeiten und Grenzen des Erwerbs von Kompetenzen in informellen und non-formal gerahmten Handlungsfeldern ist sicherlich ebenso noch unzureichend wie das über die zu erzielenden Synergieeffekte bei gelungenen Kooperationen zwischen Schule und außerschulischen Projekten. In den Forschungsperspektiven und den Bildungsberichterstattungen den außerschulischen Feldern jedoch mit dem Argument, aufgrund seiner undurchsichtigen Strukturen würde es sich empirischen Aufklärungen weitgehend entziehen, weniger Aufmerksamkeit zu schenken als dem formalisierten Bildungssektor, ist wenig nachvollziehbar, zumal auch der Ertrag der Forschung zu den schulischen Lehr-Lern-Prozessen keineswegs von kritischen Reflexionen entbunden ist (vgl. u. a. Weinert 1989, 210). Zu entwickelt bleibt eine die Totalität des Sozial- und Bildungssystems insgesamt in den Blick nehmenden Forschung. Wird den hier referierten Befunden und den sich darüber zu erschließenden Erkenntnissen gefolgt, dann hat eine moderne Bildungsforschung sowohl nach den Kompetenzen, die in den formal organisierten Bildungsräumen vorgehalten werden, wie auch nach denen, die in den informellen und non-formalen Praxen und Handlungsräumen qualifiziert werden, zu fragen und diese kritisch zu würdigen.

Literatur

Albrecht, P.-G. u. a. (2007): Wir und die anderen: Gruppenauseinandersetzungen Jugendlicher in West und Ost. Wiesbaden: VS Verlag für Sozialwissenschaften.
Baier, D./Nauck, B. (2006): Soziales Kapital – Konzeptionelle Überlegungen und Anwendung in der Jugendforschung. In: Ittel, A./Merkens, H. (Hrsg.) (2006): Interdisziplinäre Jugendforschung. Jugendliche zwischen Familie, Freunden und Feinden. Wiesbaden: VS Verlag für Sozialwissenschaften, 49-73.
Becker, R. /Tremel, P. (2006): Auswirkungen vorschulischer Kinderbetreuung auf die Bildungschancen von Migrantenkindern. In: Soziale Welt 57, 397-418.
Behnken, I. u. a. (1991): Schülerstudie '90. Jugendliche im Prozess der Vereinigung. Weinheim;München: Juventa.
Betz, T. (2006): „Gatekeeper" Familie – Zu ihrer allgemeinen und differenziellen Bildungsbedeutsamkeit. In: Diskurs Kindheits- und Jugendforschung 1, H. 2, 181-195.
Blücher, Graf V. (1956): Freizeit in der Industriellen Gesellschaft. Stuttgart: Enke.
BMBF – Bundesministerium für Bildung und Forschung (Hrsg.) (2004): Non-Formale und informelle Bildung im Kindes- und Jugendalter. Konzeptioneller Grundlagen für einen Nationalen Bildungsbericht. Berlin: BMBF, Referat Publikationen.
BMFSFJ – Bundesministerium für Familie, Senioren, Frauen und Jugend (Hrsg.) (2005): Zwölfter Kinder- und Jugendbericht. Berlin: BMFSFJ.
Bofinger, J. (2001): Schüler – Freizeit – Medien: eine empirische Studie zum Freizeit- und Medienverhalten 10-17-jähriger Schülerinnen und Schüler. München: kopaed-Verlag.
Bohnsack, R. u. a. (1995): Auf der Suche nach Gemeinsamkeit. Opladen: Leske+Budrich.
Brettschneider, W.-D./Kleine, T. (2001): Jugendarbeit in Sportvereinen. Anspruch und Wirklichkeit. Unveröffentlicher Abschlussbericht. Paderborn.
Bruner, C. F./Dannenbeck, C. (2002): Freiwilliges Engagement bei Jugendlichen. Eine qualitative Studie zu Erfahrungen, Motivlagen und Unterstützungsbedarf verbandsmäßig organisierter Jugendlicher in ausgewählten Jugendverbänden und Jugendgemeinschaften des Kreisjugendring München-Stadt. München.
Bruner, C. F./Dannenbeck, C. (2003): Freiwilliges Engagement bei Jugendlichen. Jugendliche aus Münchner Jugendverbänden schildern ihre Erfahrungen. In: Deutsche Jugend 51. Jg., H. 1, 18-24.
Büchner, P./Brake, A. (2006): Bildungsort Familie. Wiesbaden: Verlag für Sozialwissenschaften.
Cloos, P./Köngeter, S./Müller, B./Thole, W. (2007): Die Pädagogik der Kinder- und Jugendarbeit. Wiesbaden: VS Verlag für Sozialwissenschaften.
Ditton, H./Krüsken, J. (2006): Sozialer Kontext und schulische Leistungen – zur Bildungsrelevanz segregierter Armut. In: Zeitschrift für Soziologie der Erziehung und Sozialisation 26, H. 2, 135-157.
Dohmen, G. (2001): Das informelle Lernen. Die internationale Erschließung einer bisher vernachlässigten Grundform menschlichen Lernens für das lebenslange Lernen aller. Bonn: BMBF, Referat Öffentlichkeitsarbeit.
Düx, W. (2000): Das Ehrenamt in Jugendverbänden. In: Beher, K./Liebig, R./Rauschenbach, T. (Hrsg.): Strukturwandel des Ehrenamts. Gemeinwohlorientierung im Modernisierungsprozess. Weinheim;München: Juventa, 99-142.
Düx, W./Sass, E. (2005): Lernen in informellen Kontexten. In: Zeitschrift für Erziehungswissenschaft 7, 394-411.
Eckert, R./Reis, C./Wetzstein, T. A. (2000): „Ich will halt anders sein wie die anderen". Abgrenzung, Gewalt und Kreativität bei Gruppen Jugendlichen. Opladen: Leske+Budrich.

Fauser, K./Fischer, A./Münchmeier, R. (2006): Jugendliche als Akteure im Verband. Ergebnisse einer empirischen Untersuchung der evangelischen Jugend. Opladen/Farmington Hills: Verlag Barbara Budrich.

Feil, C. (2003): Kinder, Geld und Konsum. Die Kommerzialisierung der Kindheit. Weinheim/München: Juventa.

Ferchhoff, W./Neubauer, G. (1997): Patchwork-Jugend. Eine Einführung in postmoderne Sichtweisen. Opladen: Leske+Budrich.

Fischer, A. (2000): Jugend und Politik. In: Jugendwerk der Deutschen Shell (Hrsg.): Jugend 2000. 13. Shell Jugendstudie. Opladen: Leske+Budrich, 261-282.

Fischer, C. (2002): „Das gehört jetzt irgendwie zu mir". Mobilisierung von Jugendlichen aus den neuen Bundesländern zum Engagement in einem Umweltverband. Eine Fallstudie der BUNDjugend. Dissertation Chemnitz.

Fölling-Albers, M. (2005): Chancengleichheit in der Schule – (k)ein Thema? In: Zeitschrift für Sozialisationsforschung und Soziologie der Erziehung 25, H. 2, 199-213.

Fritzsche, Y. (2000): Modernes Leben – Gewandelt, vernetzt und verkabelt. In: Jugendwerk der Deutschen Shell (Hrsg.): Jugend 2000. 13. Shell Jugendstudie. 2 Bde. Opladen: Leske+Budrich, 181-221.

Fuhs, B. (1996): Das außerschulische Kinderleben in Ost- und Westdeutschland. In: Büchner, P./Fuhs, B./Krüger, H.-H.n (Hrsg.): Vom Teddybär zum ersten Kuß. Wege aus der Kindheit in Ost- und Westdeutschland. Opladen: Leske+Budrich, 129-158.

Fuhs, B. (2002): Kindheit, Medien und Kultur. In: Krüger, Heinz-Hermann/Grunert, Cathleen (Hrsg.): Handbuch der Kinder- und Jugendforschung. Opladen: Leske+Budrich, 637-651.

Fürstenau, P. u. a. (1972): Zur Theorie der Schule. Weinheim;Basel: Beltz.

Grundmann, M. (2003): Milieuspezifische Bildungsstrategien in Familie und Gleichaltrigengruppe. In: Zeitschrift für Erziehungswissenschaft 6, H. 1, 25-46.

Grunert, C. (2005): Kompetenzerwerb von Kindern und Jugendlichen in außerschulischen Sozialisationsfeldern. In: Grunert, C. u. a. (2005): Kompetenzerwerb von Kindern und Jugendlichen im Schulalter. Materialien zum Zwölften Kinder- und Jugendbericht, Bd.3. München: Verlag Deutsches Jugendinstitut, 9-95.

Grunert, C. (2006) Bildung und Lernen – ein Thema der Kindheits- und Jugendforschung? In: Rauschenbach, T./Düx, W./Sass, E. (Hrsg.): Informelles Lernen im Jugendalter. Vernachlässigte Dimensionen in der Bildungsdebatte. Weinheim;München: Juventa, 15-35.

Grunert, C./Krüger, H.-H. (2006): Kindheit und Kindheitsforschung in Deutschland. Forschungszugänge und Lebenslagen. Opladen: Verlag Barbara Budrich.

Heinze, R. G./Strünck, C. (2000): Die Verzinsung des sozialen Kapitals. Freiwilliges Engagement im Strukturwandel. In: Beck, U. (Hrsg.): Die Zukunft von Arbeit und Demokratie. Frankfurt a. M.: Suhrkamp, 171-216.

Helsper, W./Hummrich, M. (2005): Erfolg und Scheitern in der Schulkarriere: Ausmaß, Erklärungen, biographische Auswirkungen und Reformvorschläge. In: Grunert, C. u. a. (Hrsg.): Kompetenzerwerb von Kindern und Jugendlichen im Schulalter. Materialien zum Zwölften Kinder- und Jugendbericht, Bd.3. München: Verlag Deutsches Jugendinstitut, 95-175.

Hofmann-Lun, I./Gaupp, N./Lex, T./Mittag, H./ Reißig, B. (2004): Schule und dann? Förderangebote zur Prävention von Schulabbruch und Ausbildungslosigkeit. Leipzig.

Hurrelmann, K. (2005): Lebensphase Jugend. Eine Einführung in die sozialwissenschaftliche Jugendforschung. Weinheim; München: Juventa.

IPOS (2003): Jugendliche und junge Erwachsene in Deutschland. Ergebnisse einer repräsentativen Bevölkerungsumfrage November/Dezember 2002. Mannheim.

Isengard, B. (2005): Freizeitverhalten als Ausdruck sozialer Ungleichheiten oder Ergebnis individualisierter Lebensführung? Zur Bedeutung von Einkommen und Bildung im Zeitverlauf. In: Kölner Zeitschrift für Soziologie und Sozialpsychologie 57, H. 2, 254-277.

Jugendwerk der Deutschen Shell (Hrsg.) (2000): Jugend 2000. 13. Shell Jugendstudie. Opladen: Leske+Budrich.

Kecskes, R. (2003): Ethnische Homogenität in sozialen Netzwerken türkischer Jugendlicher. In: ZSE: Zeitschrift für Soziologie der Erziehung und Sozialisation 23, H. 1, 68-84

Keupp, H. u. a. (1999): Identitätskonstruktionen. Das Patchwork der Identitäten in der Spätmoderne. Reinbek b. H.: Rowohlt.

Klieme, E./Leutner, D. (2006): Kompetenzmodelle zur Erfassung individueller Lernergebnisse und zur Bilanzierung von Bildungsergebnissen. Beschreibung eines neu einrichteten Schwerpunktprogramms der DFG. In: Zeitschrift für Pädagogik 52, H. 6, 876-903.

Kluchert, G. (2006): Schule, Familie und soziale Ungleichheit in Zeiten der Bildungsexpansion: Das Beispiel der Weimarer Republik. In: Zeitschrift für Pädagogik 52, H. 5, 642-653.

Konsortium Bildungsberichterstattung (2006): Bildung in Deutschland: ein indikatorengestützter Bericht mit einer Analyse zu Bildung und Migration. Bielefeld: W. Bertelsmann Verlag.

Krappmann, L./Oswald, H. (1995): Alltag der Schulkinder. Beobachtungen und Analysen von Interaktionen und Sozialbeziehungen, Weinheim;München: Juventa.

Krüger, H.-H./Köhler, S.-M./Zschach, M. (2007): Peergroups von Kindern und schulische Bildungsbiographien. In: Diskurs Kindheits- und Jugendforschung 2, H. 2, 201-218.

Lenz, K. (1988): Die vielen Gesichter der Jugend. Frankfurt a. M.: Campus Verlag.

Maschler, N. (2001): Der Sportler trinkt gerne. In: die tageszeitung, 6.03.2001, 7.

Merkens, H. (2006): Pädagogische Institutionen. Wiesbaden: VS Verlag für Sozialwissenschaften.

Meulemann, H. (1999): Stichwort: Lebensverlauf, Biographie und Bildung. In. Zeitschrift für Erziehungswissenschaft 2, H. 3, 305-324.

Müller, B./Schmidt S./Schulz, M. (2005): Wahrnehmen können. Jugendarbeit und informelle Bildung. Freiburg: Lambertus-Verlag.

Neumann-Braun, K./Richard, B. (Hrsg.) (2005): Coolhunters. Jugendkulturen zwischen Me-dien und Markt. Frankfurt a. M.: Suhrkamp.

Nolternsting, E. (1998): Jugend. Freizeit. Geschlecht. Opladen: Leske+Budrich.

Otto, H.-U./Oelkers, J. (Hrsg.) (2006): Zeitgemäße Bildung: Herausforderung für Erziehungswissenschaft und Bildungspolitik. München: Rheinhardt Verlag.

Overwien, B. (2005): Stichwort: Informelles Lernen. In: Zeitschrift für Erziehungswissenschaft, 8. Jg., H. 3, 339-355.

Picot, S. (2001): Jugend und freiwilliges Engagement. In: Picot, S. (Hrsg.): Freiwilliges Engagement in Deutschland. Ergebnisse der Repräsentativbefragung zu Ehrenamt Freiwilligenarbeit und bürgerschaftlichem Engagement. Frauen und Männer, Jugend, Senioren, Sport. Stuttgart; Berlin; Köln: Kohlhammer, 111-208.

Rauschenbach, T. u. a. (2004): Non-Formale und informelle Bildung im Kindes- und Jugendalter. Konzeptioneller Grundlagen für einen Nationalen Bildungsbericht. Bonn.

Rauschenbach, T./Düx, W./Sass, E. (Hrsg.) (2006): Informelles Lernen im Jugendalter. Vernachlässigte Dimensionen im der Bildungsdebatte. Weinheim; München: Juventa.

Reinders, H. u. a. (2000): Individuation und soziale Identität – Kontextsensitive Akkulturation türkischer Jugendlicher in Berlin. Berlin.

Reinders, H. (2006): Jugendtypen zwischen Bildung und Freizeit. Theoretische Präzisierung und empirische Prüfung einer differentiellen Theorie der Adoleszenz. Münster u. a.: Waxmann Verlag.

Roppelt, U. (2003): Kinder – Experten ihres Alltags? Eine empirische Studie zum außerschulischen Alltag von 8 bis 11-Jährigen aus dem Bleiweißviertel. Nürnberg: Lang Verlag.

Salisch, M. v. (2005): Streit unter Freunden. Was tun Schulkinder, wenn sie sich über andere ärgern? In: Alt, C. (Hrsg.): Kinderleben – Aufwachsen zwischen Familie, Freunden und Institutionen, 2 Bde. (Bd. 2: Aufwachsen zwischen Freunden und Institutionen). Wiesbaden: VS Verlag für Sozialwissenschaften, 63-83.

Schäfer, O./Lemberg, E./Klaus-Roeder, R. (1965): Studien zur Soziologie der Gymnasialjugend. Heildelberg: Quelle und Meyer.

Schneekloth, U. (2006): Politik und Gesellschaft: Einstellungen, Engagement, Bewältigungsprobleme. In: Shell Deutschland Holding (Hrsg.): Jugend 2006. Eine pragmatische Generation unter Druck. Frankfurt a. M.: Fischer Verlag, 103-145.

Shell Deutschland Holding (Hrsg.) (2006): Jugend 2006. Eine pragmatische Generation unter Druck. Frankfurt a. M.: Fischer.

Stecher, L. (2005): Informelles Lernen bei Kindern und Jugendlichen und die Reproduktion sozialer Ungleichheit. In: Zeitschrift für Erziehungswissenschaft 1, H. 1, 374-393.

Stauber, B. (2001): Junge Frauen und Männer in Jugendkulturen. Gewandelte Bedeutung in der späten Modernen und Konsequenzen für die Jugendforschung. In: Deutsche Jugend 49, H. 2, 62-70.

Stöckli, G. (2005): Beliebtheit jenseits der Geschlechtergrenzen. In: Zeitschrift für Sozialisationsforschung und Soziologie der Erziehung 25, H. 3, 297-314.

Sturzenhecker, B. (2004): Strukturbedingungen von Jugendarbeit und ihre Funktionalität für Bildung. In: neue praxis 34, H. 5, 444-454.

Sturzenhecker, B. (2007): Zum Milieucharakter von Jugendverbandsarbeit. In: Deutsche Jugend 55, H. 3, 112-119.

Thole, W. (1991): Familie – Szene – Jugendhaus. Subjektivität und Alltag einer Jugendszene. Opladen: Leske+Budrich.

Thole, W. (2000): Kinder- und Jugendarbeit. Eine Einführung. Grundlagentexte Sozialpädagogik/Sozialarbeit. Weinheim; München: Juventa.

Thole, W. (2002): Jugend – Kultur, Freizeit und Medien. In: Krüger, H.-H./Grunert, C. (Hrsg.): Handbuch der Kindheits- und Jugendforschung. Opladen: Leske+Budrich, 653-683.

Thole, W./Cloos, P./Rietzke, T. (2006): „Bildungsbremse" Herkunft. Zur Reproduktion sozialer Ungleichheit im Vorschulalter. In: Otto, H.-U./Oelkers, J. (Hrsg.): Unzeitgemäße Bildung. München, 287-315.

Thole, W./Pothmann, J. (2006): Realität des Mythos von der Krise der Kinder- und Jugendarbeit. Beobachtungen und Analysen zur Lage eines „Bildungsakteurs". In: Lindner, W. (Hrsg.) (2006): 1964-2004: vierzig Jahre Kinder- und Jugendarbeit in Deutschland. Wiesbaden: VS Verlag für Sozialwissenschaften, 123-144.

Tully, C. J. (2004a): Arbeitsweltkontakte von Schülerinnen und Schülern an allgemein bildenden Schulen. Empirische Befunde zur Verbindung von Schule und Job. In: Zeitschrift für Soziologie der Erziehung und Sozialisation. 24, H. 4, 408-430.

Tully, C. J. (2004b): Nutzung jenseits systematischer Aneignung – Informalisierung und Kontextualisierung. In: Tully, Claus, J. (Hrsg.): Verändertes Lernen in modernen technisierten Welten. Organisierter und informeller Kompetenzerwerb Jugendlicher. Wiesbaden: VS Verlag für Sozialwissenschaften, 27-55.

Tully, C./Wahler, P. (2004): Erlebnislinien zu außerschulischen Lernen. In: Wahler, P./Tully, C./Preiß, C. (2004): Jugendliche in neuen Lernwelten. Wiesbaden: VS Verlag für Sozialwissenschaften, 189-212.

Uhlendorff, H./Oswald, H. (2003): Freundeskreise und Cliquen im frühen Jugendalter. In: Berliner Journal für Soziologie, H. 2, 197-212.

Uhlendorf, H. (2006): Freundschaften unter Kindern im Grundschulalter. In: Alisch, L.-M./Wagner, J. W. L. (Hrsg.): Freundschaften unter Kindern und Jugendlichen. Interdisziplinäre Perspektiven und Befunde. Weinheim/München: Juventa, 95-107.

Wagner, J. W. L./Alisch, L.-M. (2006): Zum Stand der psychologischen und pädagogischen Freundschaftsforschung. In: Alisch, L.-M./Wagner, J. W. L. (Hrsg.): Freundschaften unter Kindern und Jugendlichen. Interdisziplinäre Perspektiven und Befunde. Weinheim/München: Juventa, 11-95.

Walper, S. (2001): Psychosoziale Folgen von Armut für die Entwicklung von Jugendlichen. In: Unsere Jugend 53, H. 9, 380-389.
Weinert, F. E. (1989): Psychologische Orientierungen in der Pädagogik. In: Röhrs, H./Scheuerl, H. (Hrsg.) (1989): Richtungsstreit in der Erziehungswissenschaft und pädagogische Verständigung. Frankfurt a. M: Lang Verlag, 203-214.
Wetzstein, T. u. a. (2005): Jugendliche Cliquen: Wiesbaden: VS Verlag für Sozialwissenschaften.
Zinnecker, J. (1987): Jugendkultur. 1940-1985. Opladen: Leske+Budrich.

Der Wandel familialen Zusammenlebens und seine Bedeutung für die (schulischen) Bildungsbiographien der Kinder

Anna Brake

Es braucht zunächst keine weitergehende sozialwissenschaftliche Expertise, um festzustellen, dass sich das Zusammenleben in Familien in den vergangenen Jahrzehnten in vielfältiger Weise verändert hat. Dass immer mehr Ehen geschieden werden, dass die Generationenbeziehung zwischen Eltern und Kindern heute im höheren Maße von einer Respektierung der kindlichen Interessen geprägt ist, dass die Zahl der allein erziehenden Eltern bzw. Mütter stetig wächst, dass die Selbständigkeit der Kinder zu einem zentralen Erziehungsziel geworden ist und die Erziehungspraxis sich von einer Orientierung an Kontrolle hin zu einer Orientierung an stärker zugestandenen Autonomiespielräumen gewandelt hat, dass immer mehr Mütter einer Erwerbstätigkeit nachgehen, dass Kinder mit immer weniger Geschwistern aufwachsen und sich immer mehr Paare für ein Zusammenleben ohne Kinder entscheiden, sind nur einige Aspekte dessen, was gemeinhin mit dem Schlagwort „Wandel der Familie" adressiert wird.

Vor allem aus der zunehmenden Bedeutung von Formen familialen Zusammenlebens jenseits der traditionellen Kernfamilie hat Lenz (2003, 2005, 10) die Notwendigkeit abgeleitet, den Familienbegriff einer grundlegenden Revision zu unterziehen, da der gängige Familienbegriff sehr stark an einem historisch gebundenen Modell von Familie, nämlich dem bürgerlichen Familienmodell, ausgerichtet sei. Lenz macht sich daher für die Position stark, Familie als ein „variables Ensemble persönlicher Beziehungen" aufzufassen und hat damit eine breite Diskussion ausgelöst (siehe dazu die Diskussionsbeiträge in Benseler/Blanck/Keil-Slawik/Loh 2003). Auch wenn seine (ausdrücklich mit einem Fragezeichen versehenen) Überlegungen zum „Abschied von Familie?" auf vielfältigen Widerspruch getroffen sind, so bleibt doch festzuhalten, dass einige konstitutive Elemente älterer Definitionen mittlerweile insofern fragwürdig geworden sind, als sie die Vielfalt, mit der Familie heute gelebt wird, nicht mehr abbilden können. So erweist sich der Bestimmungsaspekt einer auf Blutsverwandtschaft oder Adoption beruhenden Generationenbeziehung als ebenso brüchig wie das Prinzip der Koresidenz, demzufolge Familienmitglieder als Wohn- und Wirtschaftsgemeinschaft einen gemeinsamen Haushalt teilen. Auch die institutionelle Absicherung der Eltern durch das Rechtsinstitut der Ehe kann angesichts der steigenden Zahlen von nichtehelichen Lebensgemeinschaften mit Kindern als konstitutives Element von Familie ebenso wenig Bestand haben wie das Geschlecht der beiden Elternteile, wenn von der Heterosexualität des Elternpaares als normative Selbstverständlichkeit ausgegangen wird. Was heutzutage Familie heißt, ist also durchaus eine Frage, auf die sich keine eindeutigen Antworten mehr finden lassen. Mehrheitlich besteht jedoch innerhalb der Familienwissenschaft Konsens darin, von Generationendifferenz als unverzichtbares Bestimmungselement auszugehen, also dann von Familie zu sprechen, wenn Eltern bzw. ein Elternteil und Kind(er) als Angehörige unterschiedlicher Generationen eine Gemeinschaft bilden, wobei diese Gemeinschaft sich – so ein weiteres Merkmal pragmatischer Familiendefinitionen – auf der Basis persönlicher Beziehungen konstituiert, die von der Bereitschaft getragen sind, langfristige (Erziehungs-)Verantwortung füreinander und insbesondere für Kinder zu übernehmen. Mit einer solchen Öffnung des Familienbegriffs können auch jene familialen Lebensformen berücksichtigt werden, die sich von der traditionellen Familie als Haushaltgemeinschaft von verheirateten Eltern mit ihren leiblichen Kindern unterscheiden. Damit wird der zu beobachtenden Pluralisierung der Familienformen Rechnung getragen. Diese gegenwärtigen familienstrukturellen Entwicklungstendenzen haben in den letzten Jahren – nicht zuletzt auch vor dem Hintergrund der zur Verfügung stehenden umfangreichen Datensätze der amtlichen Statistik – sehr stark die Familiensoziologie beschäftigt, sodass in diesem Zusammenhang einer „Demographisierung" der Familienforschung Vorschub geleistet wurde (vgl. Burkart 2006, 176f.). Mit Familienstruktur ist allerdings nur ein – wenngleich ein wichtiger – Aspekt familialen Wandels angesprochen. Folgt man Schneewind (1999, 22f.) in seiner Systematisierung der vielfältigen familienbezogenen Entwicklungstrends, dann können in diesem Zusammenhang folgende Dimensionen des veränderten Heranwachsens von Kindern und Jugendlichen in ihren Familien unterschieden werden:

1. Veränderungen der *Familienstruktur*, womit sowohl Fragen der Zusammensetzung von Familien gemeint sind wie auch Fragen nach ihrer Binnenstrukturierung, also z.B. der innerfamilialen Rollenzuschreibung und -übernahme;
2. Veränderungen im *Innenverhältnis*, wodurch der Blick geöffnet wird für die Frage nach der Qualität von gelebten Generationenbeziehungen in der Familie;
3. Veränderungen der *familialen Funktionen*, womit die Aufgaben von Familie als gesellschaftlicher Institution angesprochen sind (also Reproduktionsfunktion, Sozialisationsfunktion usw.);

4. Veränderungen in den *Außenbezügen der Familie*, womit nach den Verhältnisbestimmungen von Familie und anderen Sozialisationsinstanzen wie z.b. Schule gefragt wird.

Im vorliegenden Beitrag liegt der Schwerpunkt auf den zwei erstgenannten Aspekten des Wandels. Es wird also zum einen darum gehen, diejenigen Tendenzen zu kennzeichnen, die sich auf die konkrete Ausgestaltung des familialen Miteinanders und ihrer Veränderungen beziehen. Daneben werden diejenigen Dimensionen familialen Wandels thematisiert, die auf die familienstrukturellen und gesellschaftlichen Rahmenbedingungen verweisen, unter denen Familie heute gelebt wird.

Aus Platzgründen können hier lediglich Schlaglichter auf einige zentrale Veränderungstendenzen in einigen ausgewählten Bereichen geworfen werden. Es kann also nicht darum gehen, die Fülle der Veränderungen nachzuzeichnen, mit der sich das Heranwachsen von Kindern und Jugendlichen in ihren Familien gewandelt hat. Stattdessen soll die Auswahl daran ausgerichtet werden, welche dieser Veränderung unmittelbar Auswirkungen auf das Zusammenleben in Familie hat. Dass in diesem Zusammenhang z.B. der Geburtenrückgang von größerer Bedeutung ist als der Rückgang der Heiratsquote, dass die Erwerbsquote von Müttern hier von größerem Interesse sein muss als der kontinuierlich ansteigende Anteil kinderloser Paare, ergibt sich aus der nahe liegenden Annahme, dass diese verschiedenen Entwicklungen in unterschiedlichem Maß auf die erlebte Qualität der Generationenbeziehungen, auf die konkrete Alltagsorganisation in Familien oder auf die Chancen, mit denen in Familie förderliche Entwicklungskontexte hergestellt werden können, durchschlagen können. Mit einer solchen notwendigen Schwerpunktsetzung ist aber auch unvermeidbar, dass zentrale Verschiebungen in den gegenwärtigen Rahmenbedingungen unberücksichtigt bleiben müssen, wie etwa die Entwicklung des Familienrechts (vgl. Limbach/Willutzki 2005; Lucke/Beutler 2003) oder die geschlechtsspezifischen Muster der familialen Arbeitsteilung zwischen Müttern und Vätern (vgl. Sommerkorn/Liebsch 2002). Und selbst für die hier ausgewählten und näher zu betrachtenden Aspekte familialen Wandels gilt, dass sie nur in „verzweifelter Kürze" (Schumpeter) behandelt werden können.

Ausgangspunkt der nachfolgenden Ausführungen ist die Annahme, dass Familie trotz aller Veränderung(srethorik) auch heute noch der Ort ist, „an dem (...) das Kind in tätiger Auseinandersetzung mit seiner Umwelt die Grundkompetenzen interpersonalen Handelns" (Mollenhauer 1983, 416) erwirbt. Und nicht nur diese: Über die alltäglichen intergenerationalen Austauschprozesse in der Familie werden auch – und darauf hat vor allem Bourdieu immer wieder hingewiesen – sozial ungleich verteilte Gelegenheitsstrukturen für die Weitergabe und Aneignung kulturellen Kapitals geschaffen (vgl. Brake/Büchner 2003; Büchner/Brake 2006). Dieses körpergebundene kulturelle Kapital wird in der Familie „auf dem Wege der sozialen Vererbung weitergegeben, was freilich immer im Verborgenen geschieht und häufig ganz unsichtbar bleibt" (Bourdieu 1983, 187). In keiner Weise unsichtbar geblieben ist im Gefolge der Nach-Pisa-Diskussionen hingegen, in wie entscheidender Weise die Herkunftsfamilie als Ort der Akkumulation von kulturellem und sozialem Kapital in den schulischen Bildungserfolg von Kindern und Jugendlichen eingreift. Unter der Perspektive von Chancengerechtigkeit lesen sich die Ergebnisse der PISA-Untersuchungen wie eine bildungssoziologische Bilanz des Schreckens: in keinem Land der Welt findet sich – trotz fortschreitender Bildungsexpansion – eine derart enge Verknüpfung des Schulerfolgs der Kinder und Jugendlichen mit dem Sozialstatus bzw. der formalen Ausbildung ihrer Eltern wie in Deutschland. Sehr nachdrücklich wurde mit den Ergebnissen dieser Studien also das bestätigt, was Passeron/Bourdieu (1971) schon Jahrzehnte vorher als „Illusion der Chancengleichheit" beschrieben haben.

Neben diesem empirischen Nachweis der eklatanten Abhängigkeit der schulbezogenen Bildungschancen von Merkmalen der sozioökonomischen Ausgangslage der Schüler bzw. ihrer Herkunftsfamilie wurden im Rahmen der PISA-Untersuchungen in der konzeptionellen Umsetzung der Erfassung sozialer und kultureller Ressourcen der Herkunftsfamilie noch eine Reihe weiterer familialer Einflussfaktoren einbezogen, die im Zusammenhang der Entstehung von Bildungsungleichheit von Interesse sind. Unter anderem wird dort unter dem Aspekt des sozialen Kapitals die Struktur, die Größe und der Erwerbsstatus der Familie in die Analysen einbezogen. So liegen über den Schülerfragebogen auch Informationen über die Zusammensetzung des Haushalts vor, in dem die Jugendlichen heranwachsen (vgl. Baumert/Maaz 2006, 24). Dadurch wird es möglich, einen der meistdiskutierten Aspekte familialen Wandels, die Pluralisierung familialer Lebensformen, in ihren Zusammenhängen mit dem schulischen Bildungserfolg genauer zu untersuchen.

1 Familien heute sind auch alternative Familien

Kinder wachsen heute nicht mehr mit der Selbstverständlichkeit in familialen Konstellationen auf, die dem traditionellen Entwurf einer Kern-Gatten-Familie entsprechen wie dies in den 1960er und 70er Jahren noch der Fall war. Unter anderem die gestiegenen Scheidungsziffern, der Geburtenrückgang, der Zuwachs an nicht-ehelichen Lebensgemeinschaften und Alleinerziehenden haben zu einer Ausdifferenzierung und Pluralisierung familialer Lebensformen geführt, die vor allem in den öffentlichen Medien immer wieder als drohendes Aussterben der Familie interpretiert werden. Dabei verstellen solche als Krisenrhetorik daherkommenden Diagnosen des Strukturwandels von Familie den Blick darauf, dass das Zusammenleben in Familie in vielen Aspekten auch von erheblicher Kontinuität geprägt ist. So weist z.B. Peuckert (2005, 41) darauf hin, dass der gängigen These von der Pluralisierung der Familienformen mit Vorbehalt zu begegnen sei. Es seien „vor allem die unterschiedlichen Lebens- und Haushaltsformen ohne Kinder, die während der letzten Jahrzehnte zugenommen haben, weil sich das Leben verlängert und die Familienphase aufgrund der geringen Kinderzahl pro Familie auf etwa ein Viertel der gesamten Lebenszeit verkürzt hat. Die Variabilität der Familienformen hat sich demgegenüber nur geringfügig erhöht, so dass die häufig vertretene These von der Pluralisierung der Familienformen relativiert werden muss." Vor diesem Hintergrund lohnt sich ein genauerer Blick auf die aktuell vorliegenden Daten, um zu klären, in welchen Konstellationen Eltern mit ihren Kindern heute in Familien zusammen leben.

Wie die neuesten Auswertungen des Mikrozensus für das Jahr 2006 ergeben, sinkt die Zahl der Familien in Deutschland weiterhin, wobei dies fast ausschließlich dem Rückgang von Familien (mit Kindern unter 18 Jahren) in Ostdeutschland geschuldet ist. Hier sank die Zahl seit 1996 um 28% auf aktuell 1,6 Millionen Familien. Im früheren Bundesgebiet hat sich demgegenüber in den letzten 10 Jahren die Zahl von 7,2 Millionen Familien im Jahr 1996 nur sehr geringfügig verändert (-1%). Schaut man genauer hin, welche familienstrukturellen Veränderungen sich seit 1996 abzeichnen, dann zeigt sich, dass der Anteil von Alleinerziehenden und Lebensgemeinschaften mit Kindern seit 1996 in beiden Teilen Deutschlands zugenommen hat. Besonders deutlich fällt diese Zunahme in den neuen Bundesländern aus: der Anteil der Alleinerziehenden stieg hier von 10% (1996) auf 17% im Jahr 2006, der entsprechende Anteil von Lebensgemeinschaften mit (nicht verheirateten) Eltern nahm von 17% auf gut 25% zu. Insgesamt ist damit also vor allem in den neuen Bundesländern von einer gewachsenen Bedeutung alternativen Familienformen auszugehen. Gleichzeitig trifft aber auch zu, dass sich immer noch knapp drei Viertel der Familien in Gesamtdeutschland aus verheirateten, mit ihren Kindern zusammen lebenden Eltern zusammensetzt (alle Daten aus: Statistisches Bundesamt 2007a).

Hat die familiale Lebensform, in der Kinder und Jugendliche heranwachsen, eine Bedeutung für ihren schulischen Bildungserfolg? Sind hier – wie häufig befürchtet wird – vor allem Kinder aus Ein-Eltern-Familien wegen geringerer Ressourcen an Zeit und Geld im Nachteil? Lassen sich die gegen alternative

Familienformen ins Feld geführten Verdachtsmomente, ungünstige Rahmenbedingungen für die Entwicklung von Kindern zu sein, empirisch erhärten? Die Ergebnisse der PISA-Studie sprechen hier eine deutliche Sprache. Tillmann und Meier (2003, 374) untersuchen, inwieweit die Familiensituation 15-Jähriger in Deutschland – verglichen werden Jugendliche, die in einer Kernfamilie mit ihren Eltern seit Geburt aufwachsen (etwa 75%), Jugendliche, die in Ein-Eltern-Familien groß werden (16%), und Jugendliche, die mit einem Elternteil und einer weiteren Person (häufig sog. „Stiefmütter" oder „Stiefväter") zusammenleben (8%) – in Zusammenhang steht mit ihrer schulischen Bildungsbeteiligung. Es zeigt sich, dass die Familienform für sich genommen keinen Einfluss auf die Zugangschancen zum Gymnasium hat (ebd., 379). Dieses Ergebnis bestätigen auch Francesconi u.a. (2006, 165) auf der Basis des Sozioökonomischen Panels (SOEP). Für die in Deutschland zwischen 1966 und 1986 geborenen Kinder lässt sich diesen Analysen zufolge kein statistisch eindeutig nachweisbarer Einfluss des Familientyps auf die Wahrscheinlichkeit nachweisen, das Abitur oder einen höheren Bildungsabschluss zu erlangen. Ebenso wenig lassen sich hier Zusammenhänge zum Risiko aufzeigen, in der Jugend von Arbeitslosigkeit betroffen zu sein.

Neben schulformbezogener Bildungsbeteiligung stellt sich die Frage nach dem Einfluss der Familienform auf den schulischen Kompetenzerwerb. Tillmann und Meier (2003, 374) kommen auf der Basis der PISA-Stichprobe zu dem Ergebnis, dass sich – wenn man Sozialschicht und Schulform statistisch kontrolliert – kein Zusammenhang zwischen den Kompetenzmaßen und der familialen Konstellation der SchülerInnen finden lässt. Die differenziert für die Bundesländer durchgeführten Analysen bestätigen danach ein früheres Ergebnis: „Die These, dass Kinder, die bei allein erziehenden Müttern oder Vätern aufwachsen, aufgrund problematischerer Lebensbedingungen auch zu schlechteren Schulleistungen gelangen, kann für die PISA-Stichprobe *nicht* bestätigt werden" (ebd., 379). Mit diesem Ergebnis liegen die Autoren auf einer Linie mit Bohrhardt (2000), der auf der Basis einer Sekundäranalyse der Daten des Familiensurveys des Deutschen Jugendinstituts zwar zeigt, dass ein deutlicher Zusammenhang zwischen der Erfahrung einer diskontinuierlichen Elternschaft und dem Risiko, die Schule ohne Abschluss zu verlassen, besteht. Aber auch hier erweist sich dieser Zusammenhang als nicht haltbar, wenn der Einfluss von Indikatoren des sozioökonomischen Status' kontrolliert wird. Insgesamt können die Ergebnisse zusammenfassend so gelesen werden, dass Annahmen, die von einer (familien)strukturellen Defizithypothese für die kindliche Entwicklung ausgehen, empirisch keine Bestätigung finden.

Schulischer Bildungserfolg stellt jedoch nur eine (heute zentralere denn je) Dimension kindlicher Entwicklung dar. Betrachtet man die Familie als wichtigsten Ort der Bildung und Erhaltung von primärem Humanvermögen (Nave-Herz 2002), dann geraten auch Aspekte der psychosozialen Entwicklung von Kindern und Jugendlichen in den Blick. Welche Auswirkungen von familialer Konstellation zeigen sich in diesem Bereich? In seiner Bilanzierung dieses Zusammenhangs fasst Schneider (2002, 18) zusammen:

„Es gibt keine gesicherten Hinweise, dass die traditionelle Familie die bestmögliche Gewähr für eine glückliche und liebevolle Erziehung bietet. Vielmehr ist davon auszugehen, dass eine gesunde psychosoziale Entwicklung mit einem breiten Spektrum familialer Lebensformen vereinbar ist."

Walper und Wendt (2005, 190ff.) weisen jedoch darauf hin, dass die Lebensbedingungen in Ein-Eltern-Familien einer Reihe von Belastungsfaktoren unterliegen (z.b. knappe ökonomische Ressourcen oder eine problembeladene Qualität der Familienbeziehungen). In ihrer Auswertung des DJI-Kinderpanels fassen sie ihre Auswertungen so zusammen, dass zwar insgesamt Kernfamilien ein günstigeres Entwicklungsmilieu für die Kinder bieten als Stieffamilien und alleinerziehende Mütter. Gleichzeitig machen sie aber auch deutlich, dass die Auswirkungen „insgesamt eher schwach" (ebd., 211) ausfallen und die Effekte nur infolge des großen Stichprobenumfangs statistische Signifikanz erreichen.

Bei den hier berichteten Befunden muss insgesamt jedoch in Rechnung gestellt werden, dass die Ergebnisse zum Zusammenhang von Familienform und Bildungserfolg/psychosozialer Entwicklung durchgehend auf der Basis von Querschnittsuntersuchungen gewonnen wurden. Damit ist ein Problem angesprochen, auf das auch Bohrhardt (2000, 189f.) hinweist: diese Untersuchungen seien insofern unzureichend, als sie „weitestgehend jeden Aspekt von Zeitlichkeit vernachlässigen. Damit gerät aber die Bedeutung der sozialen Rahmung des Auftretens entscheidender familialer Ereignisse im historischen und lebensgeschichtlichen Kontext der Kinder ebenso aus dem Blick wie die verschiedenen Optionen ihrer späteren Bewältigung und Kompensation." Dringend gebraucht werden daher Längsschnittstudien, die in der Lage sind, den Prozess familialer Diskontinuitäten in seinen phasenspezifischen Auswirkungen genauer nachzuzeichnen. Einen Schritt in diese Richtung stellt die Bamberger Längsschnittstudie „Familienänderung und Schulerfolg" (Schlemmer 2004) dar, in der mit zwei Wellen die Folgen sog. kritischer Familienereignisse wie Trennung, Scheidung, Wiederverheiratung u.a. bei 8- bis 12jährigen Kindern untersucht wurde. Scheidung der Eltern kann als eine der Hauptursachen gesehen werden für die Entstehung alternativer Familienformen, wie sie in diesem Abschnitt betrachtet wurden.

2 Familien sind Scheidungsfamilien?

Wohl kaum eine familienstrukturelle Entwicklung wird in einen derart engen Zusammenhang mit einer vorgeblichen Krise der Familie gebracht wie die seit den 1960er Jahren stark angestiegenen Scheidungszahlen. Dass in Großstädten heute nahezu jede zweite Ehe geschieden werde, dient dabei häufig als Beleg dafür, dass die Bewältigung von Scheidungsfolgen zu einem mehr oder weniger normalen Bestandteil kindlicher Biographien geworden sei. Ohne Frage sind die Scheidungsquoten in den letzten Jahrzehnten drastisch angestiegen. Ein genauerer Blick auf die Entwicklungen der letzten Jahre zeigt indes nicht nur, dass die Zahl der Scheidungen seit 2003 rückläufig ist (im Jahr 2006 wurden 5,3% weniger Ehen geschieden als im Vorjahr), sondern auch, dass die Zahl der von Scheidung betroffenen Kinder langsamer angestiegen ist als es der in den letzten Jahrzehnten beobachtbare Zuwachs an Scheidungen befürchten lassen könnte. Dies hängt damit zusammen, dass sich nur in etwa der Hälfte der Scheidungsfälle Paare trennen, die auch (gemeinsame) Kinder haben, das Vorhandensein von Kindern also so gesehen einen protektiven Faktor darstellt. Hinzu kommt ein (steigender) Anteil an Paaren, die sich nach 20 oder mehr Ehejahren trennen, also dann, wenn die Kinder ganz überwiegend den gemeinsamen Haushalt bereits verlassen haben. Im Jahr 2005 betrug dieser Anteil 11%. Insgesamt ist die Zahl der von Scheidung betroffenen minderjährigen Kinder rückläufig: Waren im Jahr 2003 insgesamt 170256 Kinder in ihren entsprechenden Bewältigungskompetenzen gefordert, so ist diese Zahl bis zum Jahr 2006 kontinuierlich auf 148625 betroffener Kinder zurückgegangen (alle Daten aus: Emmerling 2007). Wobei hier allerdings zu berücksichtigen ist, dass es auch jenseits von Scheidungen der Eltern zu Trennungserfahrungen auf Seiten der Kinder kommen kann – etwa bei nichtehelichen Lebensgemeinschaften oder dann, wenn die Trennung nicht juristisch vollzogen wird.

Mit der Relativierung der (zahlenmäßigen) Bedeutung von Scheidung im Leben von Kindern soll nicht in Abrede gestellt werden, dass die Erfahrung einer Scheidung/Trennung der Eltern für Kinder ein kritisches, destabilisierendes Lebensereignis darstellen kann, das ihnen im hohem Maße Anpassungs- und Bewältigungsleistungen abverlangt, etwa weil derjenige Elternteil, mit dem sie nicht mehr ständig zusammenleben (ganz überwiegend der Vater), für sie im Alltag weniger verfügbar ist oder sich die ökonomischen Ressourcen der Familie verschlechtern. Amato (2000, 1276) benennt aus stresstheoretischer Perspektive fünf verschiedene Quellen, aus denen sich Belastungserfahrungen der betroffenen Kinder und Jugendlichen ergeben können:

1. eingeschränkte(re) finanzielle Möglichkeiten,
2. problematische Beziehungsqualität zwischen den beiden getrennt lebenden Elternteilen,
3. trennungsbedingte Belastungen in der Erziehungskompetenz des Elternteils, bei dem das Kind aufwächst,
4. geringer(er) Kontakt und fehlende Beteiligung des getrennt lebenden Elternteils an der Erziehung,
5. mögliche mit der Trennung verbundene Veränderungen der Lebenssituation z.b. durch Umzug, Schulwechsel und Verlust des Freundeskreises.

Auch wenn hier eine Reihe von durchaus problematischen Folgen für von Scheidung und Trennung betroffene Kinder genannt sind, so ist gleichwohl noch nichts darüber ausgesagt, wie diese von den Kindern mehrheitlich verarbeitet werden. In ihrem Übersichtsbeitrag kommen Walper und Gerhard (2003) zu dem Ergebnis, dass die Konsequenzen einer elterlichen Scheidung für die psychosoziale Entwicklung betroffener Kinder insgesamt als eher gering einzuschätzen seien. Eine allein defizitorientierte Betrachtung der Auswirkung von Ehescheidung auf Kinder – wie sie für die älteren krisentheoretischen Modelle charakteristisch ist – erscheint demnach wenig angemessen. Elterliche Trennungsprozesse können je nach finanzieller Ausgangssituation, je nach Alter des Kindes bei Trennung, je nach erfahrenem familialen Binnenklima vor der Trennung, je nach Konflikthaftigkeit des Trennungsprozesses sehr unterschiedlich ausgestaltet sein und daher in ihren Folgen für die kognitive und psychosoziale Entwicklung der Kinder variieren, wie auch eine neuere Studie von Schlemmer (2004) zeigt.

Auf der Basis der Daten der Bamberger Längsschnittstudie „Familienänderung und Schulerfolg" untersuchte sie den Zusammenhang von Familienform und Schulerfolg bei insgesamt 910 bayrischen Schulkindern. Die Untersuchung war als Längsschnittstudie angelegt, deren erste Welle Schüler der zweiten und vierten Jahrgangsstufe von Grundschulen einbezog und diese in der zwei Jahre später realisierten Welle auf ihrem Weg in die Sekundarstufe II weiter verfolgte. Insgesamt lag damit das Alter der SchülerInnen zwischen acht und zwölf Jahren. In der Auswertung der Daten zeigt sich, dass die untersuchten Kinder bis zum zwölften Lebensjahr zu etwa 15% die Erfahrung einer elterlichen Trennung machen. Hinsichtlich der trennungsbezogenen Folgen für die betroffenen Kinder kommt die Studie zu dem Ergebnis, dass sich – legt man die Angaben der ebenfalls befragten Eltern zugrunde – die Auswirkungen während des Trennungsprozess auf sozialemotionaler Ebene zeitlich anders äußern als die Folgen für das schulische Leistungsverhalten. Generell fallen die insgesamt moderaten

Veränderungen des sozialemotionalen Verhaltens deutlicher aus als die trennungsbezogenen Leistungsveränderungen, die sich beim rechtlichen Vollzug der Trennung, also der Scheidung der Eltern, wieder konsolidieren. „Erst die Gründung einer sozialen Familie durch den Zusammenzug mit einem sozialen Elternteil führt auch zu einer nachhaltigen Besserung des sozialemotionalen Verhaltens der betroffenen Kinder" (Schlemmer 2004, 156ff.). Insgesamt zeigen die Ergebnisse, wie verkürzt Untersuchungen ansetzen, die lediglich das sozialstatistische Faktum einer vollzogenen Scheidung erfragen und zu wenig berücksichtigen, das vorher und nachher eine Reihe weiterer potentiell destabilisierender Erfahrungen in das Leben von Familien eingreifen können. Wie oben erwähnt, bietet die Tatsache, dass mehrere Kinder gemeinsam in einem Haushalt heranwachsen, einen gewissen Schutzfaktor dafür, dass es zu einer Scheidung der Eltern kommt. Dies führt zu der Frage nach der Bedeutung von Geschwistern für die Entwicklung von Kindern und Jugendlichen.

3 Kinder sind heute geschwisterlose Kinder?

Neben der Scheidungsproblematik wird zu den mit größter Besorgnis wahrgenommenen und häufig in eine Krisenrhetorik eingebundenen Veränderungen des familialen Aufwachsens regelmäßig der für alle westeuropäischen Länder beobachtete Geburtenrückgang gezählt. Dass insgesamt in Deutschland vergleichsweise wenige Kinder geboren werden, hat insofern direkte Auswirkungen auf das Aufwachsen in Familien, als hier nicht nur der Zuwachs an (auf Dauer) kinderlosen Frauen eine Rolle spielt, sondern auch der Rückgang kinderreicher Familien (also Familien mit drei und mehr Kindern) an dieser Entwicklung beteiligt ist. Dies bedeutet, dass Kinder heute in Familien mit weniger Geschwistern (und auch mit weniger Cousins und Cousinen) aufwachsen. Betrachtet man (auf der Basis der Ergebnisse des Mikrozensus) den Anteil von Familien mit drei oder mehr Kindern, so hat sich ihr Anteil in den alten Bundesländern im Zeitraum von 1972 bis 2004 von 30% auf 15% halbiert (vgl. Eggen/Rupp 2006, 33).

Im Jahr 2005 wuchsen von den insgesamt 14,4 Millionen minderjährigen Kindern in Deutschland ein Viertel ohne weitere Geschwister im Haushalt auf. Fast die Hälfte von ihnen (48%) lebte gemeinsam mit einem Geschwisterkind in der Familie, während der Anteil der mit zwei Geschwisterkindern Heranwachsenden bei 19% lag und nur 8% der Kinder den Haushalt mit mindestens drei Geschwistern teilen (vgl. Statistisches Bundesamt Deutschland 2006a). Mit etwa 25% ist dabei der Anteil Einzelkinder insgesamt überschätzt, weil zum einen ein Teil der Kinder wegen noch nicht abgeschlossener Familienplanung noch Geschwister bekommen wird und zum anderen ältere Geschwister bereits den gemeinsamen Familienhaushalt verlassen haben. Der deutsch-deutsche Vergleich ergibt für die gegenwärtigen Geschwisterkonstellationen deutliche Unterschiede zwischen den alten und den neuen Bundesländern: Der Anteil der Ein-Kind-Familien ist in ostdeutschen Familien im Betrachtungszeitraum 1996 bis 2005 angestiegen auf 35,8%, während sich diese Zahl im früheren Bundesgebiet nur unwesentlich verändert hat und im Jahr 2005 23,3% beträgt (vgl. Statistisches Bundesamt Deutschland 2006b).

Die landläufige Einschätzung, dass in Deutschland zunehmend mehr Kinder als Einzelkinder heranwachsen, findet also allenfalls nur in den neuen Bundesländern empirische Bestätigung. Insgesamt hat sich in Deutschland seit 1982 der Anteil der Einzelkinder nicht verändert und als dominante Familienform bleibt die Familie mit zwei Kindern erhalten. Dass mit den knapp 20% Einzelkinder zunehmend kleine Egoisten heranwachsen, die maßlos verwöhnt und altklug immer im Zentrum der Aufmerksamkeit stehen wollen, gehört dabei ebenso zu den hartnäckigen Vorurteilen, mit denen sich Einzelkinder konfrontiert sehen wie die Annahme, sie seien unsozial, kontaktarm und introvertiert. Auch wenn sich für derartige stereotype Zuschreibungen keine belastbaren empirischen Belege finden lassen, stellt sich dennoch die Frage, welche Bedeutung Geschwister als zentraler Aspekt familialer Erfahrungswelten für den Entwicklungs- und Bildungsprozess von Heranwachsenden haben.

Schaut man in diesem Zusammenhang zunächst auf den Bereich schulischen Bildungserfolgs, dann zeigt sich hier ein deutlicher Zusammenhang zwischen der Anzahl der Geschwister und der Chance auf eine gymnasiale Bildungsbeteiligung. Tillmann und Meyer (2003, 370ff.) zeigen auf der Basis der PISA-E-Daten, dass Einzelkinder im Vergleich zu Kindern mit drei und mehr Geschwistern eine 1,5- bis 2,5fach höhere Chance haben, ein Gymnasium besuchen zu können. Dass sich ein solcher Zusammenhang in sieben von 14 Bundesländern zeigt, ist dabei nicht auf den Einfluss des Migrationshintergrunds zurückzuführen, da diese Variable statistisch kontrolliert wurde. Von Interesse ist jedoch nicht nur die Frage nach der schulbezogenen Bildungspartizipation, sondern auch der Zusammenhang, der sich zwischen der Anzahl der Geschwister und dem schulischen Kompetenzerwerb zeigt. Hier ergeben die Analysen der PISA-E-Daten den interessanten Befund, dass sich zwar für Hauptschüler zeigt, dass drei und mehr Geschwister mit einem geringerem Kompetenzerwerb einhergehen, dies aber für Jugendliche, die ein Gymnasium besuchen, nicht zutrifft (wiederum unter Kontrolle des Migrationshintergrundes).

Zumindest was den schulischen Bildungserfolg betrifft, scheint es also aus der Sicht der Schüler eine eher ungünstige familiale Rahmenbedingung zu sein, in einer Familie mit vielen Kindern aufzuwachsen. Dieser Befund steht in einem gewissen Gegensatz zu der weithin geteilten Einschätzung, dass Geschwisterkinder auch eine Ressource in der Bewältigung ihres schulischen und familialen Alltags darstellen können. Sie bieten und gewähren „soziale Unterstützung, Kameradschaft und Intimität. Soziale Kompetenzen, wie Teilen, Nachgeben, sich Durchsetzen, füreinander Einstehen oder Verantwortung übernehmen werden vor allem mit Geschwistern erlernt. Kinder erfahren, wie Gemeinschaft funktioniert und haben nicht zuletzt immer einen Spielkameraden zur Seite" (BMFSJ 2007, 7). Die besondere Bedeutung von Geschwisterkindern in der Alltagsgestaltung bestätigen auch van Aken, Asendorpf und Wilpers (1996), die zeigen, dass 12-jährige Kinder (nach der Mutter) den größten Anteil ihrer Zeit mit Geschwistern verbringen. In der Literatur wird Geschwisterbeziehungen als der zeitlich ausgedehntesten sozialen Beziehung im Leben eines Menschen ganz überwiegend eine positive Wirkung auf die Entwicklung von Kindern zugeschrieben. Vor allem soziale Fähigkeiten (Kompromissbereitschaft, Aushandlungskompetenz, Rücksichtnahme usw.) werden immer wieder als Kompetenzen beschrieben, die ganz wesentlich im Rahmen der wechselseitigen Interaktion unter Geschwistern vermittelt und angeeignet werden.

Wenn man allerdings nach empirischer Bestätigung für die Entwicklungsressource Geschwister sucht, findet man nur spärliche Hinweise. So lassen sich zum Beispiel – zumindest wenn man die Selbstauskünfte von Kindern heranzieht – kaum Unterschiede zwischen Einzelkindern und Geschwisterkindern aufzeigen. Teubner (2005, 63ff.) analysierte die Angaben von etwa 1000 Kindern im Alter von acht bis neun Jahren, die im Rahmen des DJI-Kinderpanels erhoben wurden (Alt 2005). Resümierend stellt er fest, dass sich „zum einen nur geringe Unterschiede zwischen Einzel- und Geschwisterkindern gezeigt haben und zum anderen nichts darauf hindeutet, dass Einzelkinder sich weniger wohl in ihren Familien fühlen oder schlechter in Freundschaftskreise oder die Schule integriert wären." Nach diesen Ergebnissen spielt weniger eine Rolle, ob weitere Geschwisterkinder in der Familie aufwachsen oder nicht. Von größerer Bedeutung aus Sicht der Kinder ist die erlebte Qualität der Geschwisterbeziehung. Hier ergaben sich positive Zusammenhänge zur wahrgenommenen Integration im Klassenverband wie auch zu den von den Kindern selbst eingeschätzten schulischen Leistungen. Unklar bleiben muss dabei allerdings, ob eine positiv erlebte Geschwisterbeziehung tatsächlich eine eigenständige Ressource darstellt und so den Kindern in der Bewältigung von Entwicklungsaufgaben unterstützt oder ob sich hier lediglich ein insgesamt positiv wahrgenommenes Familienklima ausdrückt. Teubner (2005, 77) hat zu Recht darauf hingewiesen, dass es in der Untersuchung der Frage, ob das Vorhandensein von Geschwistern eine entwicklungsrelevante Ressource für Kinder darstellt, nicht ausreicht, Einzelkinder mit Kindern aus Familien zu vergleichen, in denen mehrere Kinder heranwachsen. Zu unterschiedlich sind hier die Konstellationen, die sich nach Anzahl der Geschwister, deren Geschlecht und Alter wie auch der Stellung in der Geschwisterfolge ergeben können. In der Untersuchung der Bedeutung von Geschwistern muss dieser Komplexität Rechnung getragen werden. Ebenso – und dies gilt auch für die oben berichteten Zusammenhänge zu der schulischen Bildungspartizipation – ist zu bedenken, dass wir bislang lediglich Aussagen über die Resultate des Aufwachsens in spezifischen Geschwisterkonstellationen treffen können. In welcher Weise diese Resultate über soziale Prozesse hervorgebracht werden, muss bislang noch weitgehend als Bestandteil einer innerfamilialen „black box" gesehen werden.

Auch wenn sich – wie oben gezeigt – die Familienstruktur bezogen auf die Anzahl der Kinder zumindest in den letzten Jahrzehnten nicht so drastisch verändert hat wie häufig befürchtet, so bleibt gleichwohl – bei Betrachtung eines längeren historischen Zeitraums – insgesamt ein drastischer Rückgang der Geschwisterzahlen und damit der Seitenverwandten zu beobachten. Wenn in der Familienforschung die Generationenzusammensetzung heutiger Familien thematisiert wird, stößt man gelegentlich auf die Metapher einer „beanpole family" (Bengtson u.a. 1990). Der Rückgang der Geschwisterzahlen bzw. insgesamt der Verwandtschaft der jeweils eigenen Generation (also auch von Cousinen und Cousins) bildet einen wesentlichen (horizontalen) Aspekt dieses Bildes. Hinzu tritt eine andere Entwicklung, die sich auf das „Höhenwachstum" der Familie bezieht, d.h. auf die Anzahl der gleichzeitig vorhandenen Vertreter verschiedener Generationen. Durch die steigende Lebenserwartung hat sich die gemeinsame Lebenszeit von mehr als zwei Generationen deutlich ausgeweitet. Familien sind heute ganz überwiegend zu Mehrgenerationenfamilien geworden.

4 Familie ist heute Mehrgenerationenfamilie

Bereits im Vierten Familienbericht der Bundesregierung (BMJFFG 1986, iii) heißt es:

„Das Bedürfnis von Kindern und Jugendlichen nach authentischer Begegnung mit Erwachsenen richtet sich nicht nur auf die Eltern, sondern auch die Großeltern und deren Generation. In der kontinuierlichen Kommunikation zwischen Älteren und Jüngeren, die in der Familie stattfindet, vollziehen sich Lernprozesse des Mit- und Gegeneinander und festigen sich die Beziehungen zwischen den Generationen."

Auch aus der Sicht der Kinder selbst bestätigt sich die wichtige Rolle, die Großeltern im Familiennetz übernehmen, werden sie doch gleich nach Mutter und Vater und Geschwistern als Vierte genannt, wenn man sie fragt, wer zu ihrer

Familie gehört (Teubner 2005, 94). Dass Großeltern überhaupt diese Bedeutung im Leben ihrer Enkel übernehmen können (weil sie noch am Leben und in guter gesundheitlicher Verfassung sind), ist dabei eine vergleichsweise junge Entwicklung. Zu Beginn des 20. Jahrhunderts war es noch selten, dass Kinder gemeinsam mit den Großeltern aufwachsen konnten. Vor allem die Großväter waren bei Geburt des Kindes häufig schon nicht mehr am Leben. Heute sind es hingegen nur etwa 20% der 10- bis 14-jährigen Kinder, bei denen bereits alle Großeltern verstorben sind (Herlyn u.a. 1998). Lauterbach (2002, 553) fasst das Ergebnis seiner Analysen auf der Basis des SOEPs so zusammen, dass die Eröffnung einer zeitlichen Perspektive, die es ermöglicht, sich auf eine gemeinsame Lebenszeit von 20 bis 30 Jahren mit der dritten Generation einzustellen, ein Phänomen der zweiten Hälfte des 20. Jahrhunderts sei. Diese Entwicklung wird dabei nur geringfügig durch das sich zeitlich nach hinten verschiebende Alter der Mütter bei Geburt der Kinder konterkariert.

Dass die Großeltern noch am Leben sind, stellt zunächst lediglich ein Potential dar. Daraus folgt nicht zwingend, dass sie auch im Alltag ihrer Enkel eine Rolle spielen. Herlyn und Lehmann (1998, 36) berichten, dass die meisten Aktivitäten mit Enkelkindern sich ergeben, wenn die Enkelkinder zwischen sieben und elf Jahre alt sind. Dabei werden von den Kindern auf die Frage, was sie mit ihren Großeltern unternehmen, nicht in erster Linie besondere Ereignisse wie der Besuch eines Erlebnisparks oder der Gang in den Zoo erwähnt, sondern vorrangig alltägliche Aktivitäten, wie z.B. miteinander reden, zusammen kochen, puzzeln, vorlesen usw. (vgl. Wieners 2002, 234). Hier – im alltäglichen Miteinander – übernehmen Enkel und Großeltern wechselseitig wichtige Funktionen füreinander (vgl. Brake/Büchner 2007): Wegen ihrer besonderen Beziehung zu den Enkelkindern (geringeres Ausmaß an erzieherischen Absichten, geringere Notwendigkeit, Grenzen zu setzen, geringere Einbindung in alltägliche Reibereien) können Großeltern als Mediatoren bei der Zuspitzung von Konflikten zwischen Eltern und ihren Kindern, wie sie in adoleszenzbedingten Ablösungsprozessen auftreten können, eine vermittelnde Rolle übernehmen und dazu beitragen, die Beziehung zwischen Eltern und jugendlichen Enkeln zu verbessern. Wie Robertson (1976) in ihrer Studie zeigt, wünscht sich die Mehrheit der Jugendlichen und jungen Erwachsenen von ihren Großeltern auch, dass sie die Funktion als „bearers of family history" übernehmen und so über das Geschichte(n)-Erzählen das kulturelle Erbe der Familie weiter geben, das also aus Sicht der Enkel keineswegs nur „unzeitgemäßer Ballast" zu sein scheint, sondern von ihnen als Ressource durchaus wertgeschätzt wird.

Diese kulturellen Transmissionsleistungen sind dabei häufig in den Kontext von Enkelkind-Betreuung eingebettet. Durch das Ausscheiden aus dem Berufsleben verfügen Großeltern über zeitliche Ressourcen, die den Eltern selbst häufig nicht zur Verfügung stehen. Vor diesem Hintergrund übernehmen Großeltern oft die zeitweise Betreuung von Enkelkindern und tragen so zur Entlastung der Eltern bei. Wie die DJI-Betreuungsstudie (Bien/Rauschenbach/ Riedel 2006) auf der Basis der Befragung von 8.000 Privathaushalten mit nichtschulpflichtigen Kindern zeigt, sind Großeltern neben den Eltern die wichtigsten privaten Betreuer. Ein Drittel aller Kinder wurde dieser Befragung zufolge in der zurückliegenden Woche an einem Werktag von den Großeltern betreut. Dabei sind es vor allem die Großmütter mütterlicherseits, die hier Betreuungsaufgaben übernehmen. Vor allem, wenn die Mutter erwerbstätig oder allein erziehend ist, lassen sich Großeltern zur regelmäßigen Übernahme von Betreuungsaufgaben verpflichten (vgl. Kügler 2006). Allerdings ist dies regelmäßig nur bei einer räumlichen Nähe der Wohnorte von Eltern und Großeltern möglich. Lange und Lauterbach (1998) kommen auf der Basis der Angaben von mehr als 1100 Kindern im Alter von 10 bis 14 Jahren in Deutschland zu dem Ergebnis, dass insgesamt knapp 10 % der Kinder dieser Altersstufe mit den Großeltern im gleichen Haushalt oder im selben Haus leben. Hinzu kommen nochmals gut 15 %, bei denen die Kinder ihre Großeltern ohne großen organisatorischen Aufwand erreichen können, da diese in der Nachbarschaft des Kindes leben und zu Fuß erreichbar sind, sodass also insgesamt bei einem Viertel aller 10- bis 14-Jährigen damit zu rechnen ist, dass sie täglichen Kontakt zu ihren Großeltern haben können. Bei nur 20 % der Kinder beträgt die Wohnentfernung zu den Großeltern mehr als eine Fahrtstunde. Allerdings ergeben sich hier deutliche Unterschiede in Abhängigkeit von Bildungshintergrund des Vaters und dem Alter der Großeltern.

Wenn also die amtliche Statistik den gegenwärtigen Anteil an Mehrgenerationenhaushalten mit unter 1% ausweist (vgl. Statistisches Bundesamt 2006c, 17), dann liegt darin eine krasse Unterschätzung von Mehrgenerationenfamilien, da sie sich am Konzept des gemeinsamen Haushalts orientiert und z.B. in Einliegerwohnungen lebende Großeltern nicht berücksichtigt. Näher dran am Alltag von Familien dürfte daher die Schätzung von Fuchs (2003) sein, der davon ausgeht, dass in Deutschland etwa von knapp 7% sog. Hausfamilien (unilokale Mehrgenerationenfamilien, die getrennt wirtschaften) auszugehen ist, in denen etwa 13% der Bevölkerung leben. Nimmt man die in direkter Nachbarschaft lebenden „multilokalen Mehrgenerationenfamilien" (vgl. Bertram 2000, 108) noch hinzu, dann ergibt sich daraus insgesamt, dass Großeltern im Alltagsleben ihrer Enkel durchaus eine wichtige Rolle spielen. Ein häufiger Kontakt zwischen den Generationen ergibt sich hier oftmals aus der Unentbehrlichkeit der großelterlichen Betreuungsleistung, die eine Voraussetzung für die Erwerbstätigkeit von Müttern und vor allem von Alleinerziehenden darstellt. Durch dieses Engagement ermöglichen die Großeltern nicht selten die (Teilzeit-)Erwerbstätigkeit beider Elternteile und tragen so indirekt zu einer Steigerung des familialen Nettoeinkommens bei.

5 Mütter sind heute berufstätige Mütter

Für die ganz überwiegende Mehrheit von Frauen stellt die eigene Erwerbstätigkeit heute einen zentralen Aspekt ihres Lebensentwurfs dar. Mit der steigenden Erwerbstätigkeit von Müttern und vor allem der damit verbundenen außerfamilialen Betreuung war häufig die Sorge verbunden, dass die Kinder durch eine aushäusig erwerbstätige Mutter Schaden nehmen könnten. So wurde etwa von Coleman (1992, 348) die Befürchtung geäußert, durch den Rückzug der Frauen aus der Familie zugunsten einer eigenen Berufstätigkeit würde „ein großer Teil des verbleibenden sozialen Kapitals entzogen, von dem Kinder und Jugendliche abhängig sind – und zwar sowohl im Hinblick auf soziale und psychologische Unterstützung als auch auf soziale Beschränkungen." Vor diesem Hintergrund lohnt sich ein genauerer Blick auf die empirischen Befunde zu den Auswirkungen mütterlicher Erwerbstätigkeit.

Dass die Erwerbsbiografien von Frauen in stärkerem Zusammenhang mit ihrer familialen Lebenssituation stehen als die der Männer, ist nicht neu. Gleichwohl haben sich hier in den letzten Jahrzehnten deutliche Veränderungen ergeben. Betrug die Quote der aktiv erwerbstätigen 25- bis 54-jährigen Frauen mit Kindern (also ohne z.B. wegen Elternzeit vorübergehend Beurlaubte) 1996 noch 58,5%, so ist dieser Wert im Jahr 2004 auf 63,5 % angestiegen (vgl. Dressel/Cornelißen/Wolf 2005, 289). Berufstätige Mütter zu haben, ist damit also zu einer weit verbreiteten Alltagserfahrung von Kindern und Jugendlichen geworden, wobei dies für die Heranwachsenden aus den neuen Bundesländern noch in viel stärkerem Maße zutrifft. Dabei spielt allerdings das Alter der Kinder eine Rolle: Je jünger die Kinder im Haushalt, desto seltener gehen Mütter einer Beschäftigung nach. Auf die Erwerbsbeteiligung von Vätern hat hingegen das Alter ihrer Kinder fast keinen Einfluss.

Wenn auch insgesamt also der Anteil berufstätiger Mütter deutlich gestiegen ist, gilt es allerdings zu berücksichtigen, dass diese Steigerung der Erwerbsbeteiligung von Frauen überwiegend mit der Zunahme von Teilzeitarbeit und geringfügiger Beschäftigung einhergeht. So ist die Teilzeitquote von Frauen seit 1991 (30,2%) deutlich angestiegen auf 42,1% im Jahr 2004 (vgl. Dressel 2005, 123). Je nach Anzahl der vorhandenen Kinder gehen im Jahr 2004 im früheren Bundesgebiet nur zwischen 40% (bei einem Kind) und 26,5% (bei mehr als drei Kindern) der Mütter einer Vollzeitbeschäftigung nach, wobei sich hier deutliche Unterschiede zu neuen Bundesländern zeigen. Hier sind es 71% der Mütter mit einem Kind und 55,7% der Mütter mit drei und mehr Kindern (vgl. Dressel/Cornelißen/Wolf 2005, 301). Insgesamt wird deutlich, dass sich erhebliche Veränderungen hinsichtlich der Erwerbsbeteiligung der Eltern vollzogen haben. Mütter gehen überwiegend einer Erwerbstätigkeit nach, wenn auch zum großen Teil mit reduzierter Stundenzahl.

Was bedeutet dies nun für die in der Familie aufwachsenden Kinder? Entstehen ihnen Nachteile, weil die Mütter in ihrem ständigen Spagat zwischen den Anforderungen des Berufs und der Familie überfordert sind? Oder gibt es Grund anzunehmen, dass eine mütterliche Erwerbstätigkeit für die Entwicklung der Kinder sogar positive Auswirkungen haben könnte? Zumindest in der westdeutschen Bevölkerung – so die Auswertung des Eurobarometers – überwiegen die Vereinbarkeitsskeptiker: 60% der Befragten aus den alten Bundesländern stimmen der Aussage voll oder eher zu, dass ein Kleinkind sicherlich darunter leiden werde, wenn seine Mutter berufstätig ist. Ein solches Antwortverhalten findet sich demgegenüber nur bei 23% der ostdeutschen Befragten (Scheuer/Dittmann 2007, 3).

Was sagen nun aber wissenschaftliche Untersuchungen über die Folgen mütterlicher Erwerbstätigkeit auf die kognitive und psychosoziale Entwicklung der Kinder? Soeben wurden die Ergebnisse einer Metaanalyse von 68 Studien mit insgesamt 83247 einbezogenen Kindern vorgelegt, die sich mit dieser Frage beschäftigt. Resümierend heißt es dort:

„Despite conventional wisdom to the contrary and years of conflicting empirical findings, whether a mother works outside the home does not portend negative consequences for children's achievement under most conditions. Indeed, there are a number of circumstances when maternal employment rates favourably to achievement" (Goldberg u.a. 2008, 99).

Danach scheint es also wenig angemessen, bezogen auf die kognitive Entwicklung pauschal von einer Benachteiligung von Kindern mit erwerbstätigen Müttern auszugehen. Für sich genommen erklärt der mütterliche Erwerbsstatus also zunächst wenig, nur im Zusammenwirken mit anderen Einflussfaktoren ergibt sich ein Bild. Wo liegen nun aber mögliche Risiken, wo Chancen mütterlicher Erwerbstätigkeit?

Betrachtet man zunächst die schulischen Bildungsbiographien von Kindern und Jugendlichen, so ergibt hier die Auswertung der PISA-E-Daten interessante Befunde. Danach zeigt die mütterliche Berufstätigkeit von 15-jährigen Schülerinnen und Schülern keinen Zusammenhang mit den Chancen, ein Gymnasium besuchen zu können. Allerdings gilt dies nur für Heranwachsende aus Westdeutschland. In den neuen Bundesländern weisen dagegen insbesondere die Kinder von vollzeit-erwerbstätigen Müttern ganz überwiegend die wesentlich besseren Bildungsbeteiligungsquoten auf. Auch unter Kontrolle von Kovariaten

(Sozialschicht, Migrationshintergrund) werden hier erhebliche Chancenvorteile für Kinder ganztags berufstätiger Mütter berichtet (vgl. Tillmann/Meier 2003, 388).

Nach dieser Studie erweist es sich hingegen für den Erwerb von Lesekompetenz als irrelevant, ob und in welchem Ausmaß die Mütter einer aushäusigen Erwerbstätigkeit nachgehen, so dass Tillmann und Meier (2003, 390) insgesamt zu dem Ergebnis kommen, dass die Häufigkeit und die Struktur von mütterlicher Erwerbstätigkeit „so gut wie keine Auswirkungen auf den Kompetenzerwerb der Heranwachsenden haben" und daher die Vorstellung von der mütterlichen Erwerbsbeteiligung als Risikofaktor für die Entwicklung der Heranwachsenden zurückzuweisen sei. Allerdings – so die Autoren – gebe es auch keine starken Hinweise darauf, dass die mütterliche Erwerbstätigkeit an sich eine günstige Entwicklungsbedingung für Heranwachsende sei.

Leider werden für die berichteten Zusammenhänge keine geschlechtsspezifischen Differenzierungen vorgenommen. Gibt es doch Hinweise, dass Mädchen mehr von der Erwerbstätigkeit der Mütter profitieren als Jungen. Dieser Effekt wurde auch in der bereits erwähnten Metaanalyse von Goldberg u.a. (2008) bestätigt. Eine Untersuchung, die hier Aufschluss geben kann, ist die sog. Michigan-Studie, die bei 400 Kindern im dritten Schuljahr aus sozioökonomisch heterogenen Familien untersuchte, wie sich der Beschäftigungsstatus der Mutter innerhalb der Familie auswirkt. Hier zeigte sich zunächst, dass die Töchter von berufstätigen Müttern im Vergleich mit Töchtern von nicht berufstätigen Müttern in allen Leistungstests (Lesen, Sprachkompetenz, Mathematik) bessere Ergebnisse erzielten. Zudem ergab die Befragung der Lehrer/innen, dass sie weniger Lernschwierigkeiten hatten, über eine höhere Frustrationstoleranz verfügten und sich aktiver am Klassengeschehen beteiligten. Sie verfügten darüber hinaus über mehr Selbstwirksamkeit, d.h. sie hatten das Gefühl, auf die Vorgänge in ihrer Umwelt selbst aktiv Einfluss nehmen zu können (Hoffman 2002). Bezogen auf die erzielten Ergebnisse in den Leistungstests ergab sich jedoch kein geschlechtsspezifischer Effekt: die vorteilhaften Auswirkungen mütterlicher Erwerbstätigkeit zeigten sich bei Söhnen gleichermaßen. Neben dem schulischen Bildungserfolg ist auch von Interesse, ob Kinder sich je nach Erwerbsstatus der Mütter in ihren sozialen Kompetenzen unterscheiden. Während die Ergebnisse der Michigan-Studie für Söhne einen weniger deutlichen und nach sozialer Schicht variierenden Effekt auswiesen, wurden Töchter von berufstätigen Müttern vor allem in der Interaktion mit ihren Mitschülerinnen und Mitschülern in der Klassengemeinschaft als unabhängiger beschrieben. Sie erreichten zudem (im Vergleich zu Töchtern von nicht erwerbstätigen Müttern) höhere Werte bei Messverfahren zur sozioemotionalen Anpassung (vgl. Hoffman 2002).

Es scheint also insgesamt einiges für die Annahme zu sprechen, dass es für die kognitiven wie psychosozialen Entwicklungsaufgaben eine eher förderliche, aber zumindest nicht abträgliche, Rahmenbedingung darstellt, wenn die Mütter einer Erwerbstätigkeit nachgehen. Allerdings – und darauf deuten die Ergebnisse der Längsschnittstudie von Parcel und Menaghan (1994) hin – sind solche positiven Effekte eher zu erwarten, wenn bestimmte Kontextbedingungen gegeben sind, etwa dass die mütterliche Erwerbstätigkeit nicht über eine Arbeitszeit von 20 Stunden wöchentlich hinausgeht, dass die Mütter keine zu starken Rollenkonflikte zwischen Beruf und Familie erleben („Rabenmütter-Syndrom"), dass der Vater der Kinder die Berufstätigkeit der Mutter mit trägt, dass die Beziehungsqualität zwischen Eltern und Kindern von emotionaler Zugewandtheit, festen Prinzipien und der Gewährung von Autonomiespielräumen gekennzeichnet ist und auf Seiten der Eltern eine Zufriedenheit mit den aushäusigen Betreuungsmöglichkeiten gegeben ist.

Auch wenn insgesamt die Ergebnisse empirischer Studien eher darauf hindeuten, dass die Auswirkungen mütterlicher Erwerbstätigkeit nicht generell nachteilig für die Entwicklung der Kinder ist, so gilt es dennoch zu bedenken, dass die Vereinbarkeitsproblematik immer in ihrem Zusammenwirken mit anderen Kontextfaktoren zu sehen ist.

„If part-time employment is a proxy for contextual and family characteristics that benefit children, then caution needs to be exercised before attributing favorable achievement outcomes to the mother's employment status without consideration of how employment status interacts with marital status, family incomce, and race/ethnicity to create differing ecological niches." (Goldberg u.a. 2008, 100).

So erweist sich auch das Netto-Einkommen der Familie hier als ein entscheidender Einflussfaktor. Becker (2002) hat in diesem Zusammenhang gezeigt, dass Familien vor allem dann in prekären Einkommensverhältnissen leben, wenn Mütter nur geringfügig beschäftigt oder nicht erwerbstätig sind.

6   Familien sind auch arme Familien

Spätestens seit dem von der Bundesregierung 2005 vorgelegten zweiten Armuts- und Reichtumsbericht ist das Problem von Armut in das öffentliche Bewusstsein gerückt. Armut in Deutschland ist danach wesentlich Armut von Kindern und Jugendlichen, Armut von jungen (allein erziehenden) Frauen und Armut von (kinderreichen) Familien. Von Armutslagen (als relativer Armut) wird dann ausgegangen, wenn weniger als die Hälfte des bedarfsgewichteten durchschnittlichen Nettoeinkommens für Menschen zur Verfügung steht. Hier sind insbesondere Familien betroffen, die auf staatliche Transferleistungen angewiesen sind. Nach Angaben der Bundesagentur für Arbeit (o.J., 23) lebten im Dezember 2006 insgesamt 1,9 Millionen Kinder unter 15 Jahren in Bedarfsgemeinschaften nach ALG II, also in Hartz IV-Haushalten. Dabei dürfte diese Zahl die Kinderarmut in Deutschland noch unterschätzen, wenn man bedenkt, dass z.b. Kinder von Sozialhilfeberechtigten oder Kinder aus Asylberwerberfamilien hier noch nicht berücksichtigt sind. Insgesamt sind es also mehr als 2 Millionen Kinder in Deutschland, die nicht die Chance haben, unter Bedingungen hinreichender materieller Sicherheit aufzuwachsen.

Den Kindern aus Hartz-IV-Familien werden 208 Euro Sozialgeld zugestanden, zusätzlicher Anspruch auf Kindergeld besteht nicht. Das heißt, dass für sie knapp 7 Euro pro Tag zur Verfügung stehen: für Essen, für Kleidung, für Schulbedarf, für Freizeitaktivitäten, für Klassenfahrten usw. Damit gehört für viele Kinder die Erfahrung, aus finanziellen Gründen auf vieles verzichten zu müssen, zu ihrem Alltag. Besonders ungünstig ist die finanzielle Situation der Familie bei Kindern mit mehreren Geschwistern und bei Kindern alleinerziehender Mütter. So zeigen Grabka und Krause (2005, 3), dass das Äquivalenzeinkommen von Alleinerziehende im Jahr 2003 bei nur 70% des Durchschnittseinkommens (vgl. Grabka/Krause 2005, 3) liegt. Dabei bilden die finanziellen Restriktionen von Armut betroffener Familien nur einen Teil der dort vorzufinden familialen Erfahrungswelten. Wie Walper (1999) aufzeigt, geht Einkommensarmut häufig einher mit Deprivationserfahrungen in anderen Bereichen, sei es in Form von lang andauernder Arbeitslosigkeit der Eltern (als Hauptursache von Armut), sei es in Form ihrer geringen Bildungs- und Qualifikationsvoraussetzungen oder seien es die ungünstige Ernährungslage oder die beengten Wohnverhältnisse in sozial und ethnisch segregierten Stadtteilen mit – wie es gelegentlich euphemistisch heißt – „besonderem Entwicklungsbedarf". Das heißt mit anderen Worten, dass die Erfahrung von materieller Einschränkung häufig in Kombination mit anderen Belastungsfaktoren den Weg in das Erwachsenwerden erschweren. Mit Holz (2003, 4) lassen sich die Auswirkungen von familialer Armut auf Kinder nach folgenden Dimensionen der Lebenslage systematisieren:

- die materielle Versorgung bzw. Grundversorgung des Kindes (Wohnen, Nahrung, Kleidung, konsumbezogene Partizipationsmöglichkeiten),
- die Versorgung im kulturellen Bereich (z.B. kognitive Entwicklung, sprachliche und kulturelle Kompetenzen, Bildung),
- die Situation im sozialen Bereich (z.B. soziale Kontakte, soziale Kompetenzen),

- die Situation im psychischen und physischen Bereich (z.b. Gesundheitszustand, körperliche Entwicklung).

Bezogen auf die schulischen Bildungschancen resümiert Palentien (2005, 162), dass Kinder die in Armut aufwachsen, „bereits zu ihrem Eintritt in das Bildungssystem schlechtere Startchancen [haben]. Ihre Lebenslage ist vielfach die entscheidende Ursache auch für relative Unterversorgung im Lern- und Erfahrungsspielraum, in ihren Kontakt- und Kooperationsmöglichkeiten." Wie Lange und Lauterbach (2002, 175ff.) mithilfe der Daten des SOEPs zeigen, hat Armut in Deutschland markante Folgen für die Bildungsbeteiligung von Kindern. In der Frage, wie sich die weitere Schulbiographie eines Kindes nach der Grundschule gestaltet, entscheiden sich Eltern aus Familien, die in relativer Einkommensarmut leben, deutlich häufiger gegen eine länger andauernde und damit teurere Gymnasiallaufbahn zugunsten eines niedrigeren Bildungsabschlusses. Lauterbach (2003, 33) weist jedoch darauf hin, dass die Armuts- und Niedrigeinkommenseffekte schwinden, „wenn das Humanvermögen der Eltern und die soziale Herkunft der Kinder kontrolliert werden. Diese Befunde legen die Vermutung nahe, dass die armutsbedingte Bildungsbenachteiligung auch durch eine Verstärkung bereits vorhandener Defizite bei der Sozialisation und Bildung von Kindern zustande kommen könnte."

Auf der Ebene der konkreten Alltagserfahrungen gibt es vermutlich genauso viele Formen von familialer Armut wie es betroffene Familien gibt. Anhand von 14 qualitativen Fallstudien mit 7- bis 11-jährigen Kindern zeigen Chassé, Zander und Rasch (2003), dass materielle Armut von Kindern ganz unterschiedlich, abhängig vom familialen Binnenklima, von der Qualität der Eltern-Kind-Kommunikation und der Haushaltsorganisation wahrgenommen wird. Daraus ergeben sich auch unterschiedliche Gefährdungslagen für die psychosoziale Entwicklung der von Armut betroffenen Kinder. Auch wenn vor diesem Hintergrund also durchaus von unterschiedlichen Bewältigungskompetenzen der Kinder auszugehen ist, überwiegen empirische Befunde, die die Bedeutung von psychosozialen Beeinträchtigungen zeigen:

„Die erhöhte psychosoziale Morbidität der Kinder und Jugendlichen aus den sozial schwachen Familien weist auf Konsequenzen für die kindlichen und jugendlichen Sozialbeziehungen hin. Rückzug aus sozialen Kontakten und eine zunehmende Einsamkeit, wie es als Reaktionsmuster von armen Menschen im Erwachsenenalter bekannt ist, zeigt nach den präsentierten Befunden seine Gültigkeit auch für die Gruppe der Kinder und Jugendlichen aus Armutsfamilien" (Klocke 2001, 9).

Dass in diesem Zusammenhang die Dauer der erlebten Armutslage eine wichtige Rolle spielt, zeigt die Untersuchung von Duncan, Brooks-Gunn und Klebanov (1994). Vor allem bei länger andauernder oder chronischer Armut sind danach Kinder im Grundschulalter gefährdet, externalisierende Problemverhaltensweisen wie etwa erhöhte Aggressionsneigung zu entwickeln. Aber auch insgesamt schwächer ausfallende internalisierende Verarbeitungsformen (wie etwa sozialer Rückzug) wurden beobachtet, die zum Teil auch dann fortbestanden, wenn sich die ökonomische Gesamtsituation der Familie wieder besserte. Walper (2005, 170ff.) untersuchte in einer neueren Studie die Konsequenzen ökonomischer Deprivation für die Befindlichkeits-, Sozial- und Kompetenzentwicklung bei 9 bis 19 Jahre alten Kindern und Jugendlichen. Sie beobachteten als Folge neu eintretender finanzieller Belastungen in der Herkunftsfamilie vor allem Auswirkungen im Bereich körperlich-gesundheitlicher Beeinträchtigungen sowie in den Depressivitätswerten und dem berichteten Selbstwertgefühl der Kinder und Jugendlichen. Auch hier fand sich, dass (abgesehen von den gesundheitlichen Begleiterscheinungen) ein Erholungseffekt nicht unmittelbar mit dem Ende einer Armutsphase einsetzte (vgl. ebd., 187).

Merten (2003, 151) hat darauf hingewiesen, dass von Armutserfahrungen nicht direkt und automatisch auf nachteilige Folgen für die kindliche Entwicklung geschlossen werden kann. Sowohl personale als auch soziale Bedingungsfaktoren moderieren abschwächend wie verstärkend die Konsequenzen materieller Deprivation auf Kinder. Zu diesen Bedingungsfaktoren kann auch das kompensatorische Verhalten von Eltern gezählt werden, wenn sie versuchen, soweit wie möglich die materiellen Einschränkungen für ihre Kinder abzumildern, z.B. indem sie ihnen die neuesten Entwicklungen des Medienmarktes zugänglich machen, obwohl dafür eigentlich keine finanziellen Mittel zur Verfügung stehen.

7   Familie sind mediatisierte Familien

Von einer zunehmenden Ausweitung und Nutzung elektronischer Medien sind Familien in hohem Maße betroffen. Der aktuellen JIM-Studie 2007 (MPFS 2007, 8) zufolge findet sich in nahezu allen Haushalten mit Jugendlichen zwischen 12 und 19 Jahren eine ganz beachtliche Medienausstattung, die vom Fernseher, Mobiltelefon, Computer oder Laptop bis zum CD-Player reicht. Nach den Ergebnissen dieser repräsentativen Telefonbefragung von mehr als 1000 Jugendlichen verfügen 95% der Haushalte über die Möglichkeit, ins Internet zu gehen. Anders als noch zu Zeiten eines einzigen Fernsehgeräts pro Haushalt, vor dem sich die Familienmitglieder zum gemeinsamen Fernsehen versammelten, sind heute viele der oben genannten Geräte mehrfach vorhanden. So stehen den Haushalten, in den Kinder und Jugendliche zwischen 12 und 19 Jahren heranwachsen, durchschnittlich 3,8 Mobiltelefone zur Verfügung, darüber hinaus sind im Schnitt 2,6 Fernseher, 2,2 Computer, 2 MP3-Player und 1,5 Digitalkameras, 1,5 Internetanschlüsse sowie 1,1 Spielkonsolen vorhanden (ebd., 9). Die hier deutlich werdende vielfältige Präsenz und Nutzung neuer Medien weist auf eine weitgehende Mediatisierung im Sinne einer Durchdringung des familialen Alltags mit elektronischen Medien hin. Genauer betrachtet werden sollen im Folgenden die Bedeutung von Mobiltelefonen und Internetzugang und ihre Integration in den familialen Lebenszusammenhang. Diese Einschränkung ergibt sich zum einen daraus, dass das Mobiltelefon „eine ‚ubiquitäre Erreichbarkeit' der Familienmitglieder untereinander und damit eine Erweiterung familialer Kommunikationsmöglichkeiten unter veränderten raum-zeitlichen Bedingungen" ermöglicht (Logemann/Feldhaus 2002, 208). Zum anderen daraus, dass das Internet als Multimedia-Anwendung für Kinder und Jugendliche eine Vielzahl an (in Eigenregie ausgestalteten) Informations- und Interaktionsmöglichkeiten bietet: Versenden/Empfangen von E-Mails, Nutzung von Gesprächsforen, Newsgroups, Chats, Onlineauktionen, Audiodateien im Internet anhören/herunterladen, Computerspiele im Internet, live im Internet Radio hören bzw. fernsehen, Online-communities oder Instant Messaging. Diese Kommunikationsformen werden vor allem in der Altersgruppe der 14-19-Jährigen genutzt. So stieg zum Beispiel der Anteil der Instant Messaging-Nutzer in der jungen Altersgruppe von 53% (2006) auf 73% im Jahr 2007 (vgl. Gscheidle/Fisch 2007, 397). Wie die JIM-Studie 2007 (MPFS 2007, 38f.) zeigt, ergeben sich in sozialen Gebrauchsweisen des Internets je nach Bildungshintergrund der Jugendlichen spezifische Nutzungsmuster: Gymnasiasten weisen trotz der intensivsten Nutzungsfrequenz mit durchschnittlich 100 Minuten die kürzeste Nutzungsdauer auf – Haupt- (120 Minuten) und Realschüler (128 Minuten) scheinen sich zwar seltener, dafür dann aber deutlich länger im Internet aufzuhalten. Insgesamt wird an den Nutzungsgewohnheiten erkennbar, dass die internetbasierten Kommunikationsformen immer stärker in die Alltagsroutinen integriert und von vielen vor allen jungen Anwendern so selbstverständlich genutzt werden wie Radio und Fernsehen (vgl. van Eimeren/Frees 2007).

Ähnlich verhält es sich mit der Verbreitung und Nutzung von Mobiltelefonen: Nach den Ergebnissen der JIM-Studie 2007 besitzen 94% der 12- bis 19-Jährigen ein eigenes Handy. Ab dem Alter von 14 Jahren kann man heute von einer „Handy-Vollversorgung" bei Jugendlichen ausgehen. Diese Kommunikationsmöglichkeit bildet also einen nicht mehr weg zu denkenden Aspekt heutiger Jugendkultur, wobei vor allem auch von der Möglichkeit Gebrauch gemacht wird zu „simsen": 85% der Handybesitzer bekommen oder versenden (78%) mehrmals pro Woche Kurznachrichten (vgl. MPFS 2007, 56ff.). Diese starke Nutzung von Internet und Mobiltelefon durch Jugendliche ist mit nicht unerheblichen Kosten für die Familie verbunden. So betragen die monatlichen Ausgaben für die mobile Kommunikation durchschnittlich 19,70 Euro, 28% der Jugendlichen wenden im Monat zwischen 20 und unter 50 Euro auf (ohne Grundgebühren und Anschaffungskosten für die Geräte) (vgl. MPFS 2007, 56). Auch wenn zwei Drittel zur Kostenkontrolle Prepaid-Karten nutzen, können diese finanziellen Belastungen in Familien durchaus zu Konflikten führen. Auch die alterspezifische Nutzungsdauer und Nutzungsart des Internets können eine Quelle von Spannungen zwischen Kindern und ihren Eltern darstellen, da Jugendliche mit den online-Angeboten in erster Linie Unterhaltung und Entspannung verbinden, während die Eltern das Internet in erster Linie als Informations- und Kommunikationsmedium sehen (vgl. van Eimeren/Frees 2007).

Wie verändern die von Jugendlichen stark genutzten technischen Kommunikationsmöglichkeiten die familialen Interaktionsbeziehungen? Logemann und Feldhaus (2002, 2005) haben zu dieser Frage eine qualitative Studie vorgelegt und zeigen auf, dass die ständige Erreichbarkeit über Mobiltelefon den Familienmitgliedern die Alltagsorganisation erleichtern kann: kurzfristige Terminabsprachen, Erinnerung an getroffene Absprachen oder wechselseitige Feststellungen des Aufenthaltsortes der Familienmitglieder sind so jederzeit möglich. Wenn also auf der einen Seite die Mobilität und Flexibilität durch Handy-Erreichbarkeit erhöht wird, so gilt gleichzeitig auch, dass sich hier zunehmende Kontrollmöglichkeiten der Eltern ergeben. Per Anruf kann jederzeit erfragt werden, wo das Kind sich aufhält, was es gerade macht, mit wem es zusammen ist, wie es ihm geht usw. Auch wenn dies prinzipiell auch umgekehrt möglich ist, so dürften die Eltern doch wesentlich häufiger auf diese Möglichkeit der Beruhigung zurückgreifen, vor allem dann, wenn sich die Kinder zunehmend verselbständigen und in ihrer Freizeit eigene Wege gehen.

Wenn mit zunehmendem Alter der Kinder ihre Ansprüche an Freiraum und Privatsphäre steigen, dann betrifft dieses auch die über das Mobiltelefon ausgetauschten Inhalte, auf die Eltern in aller Regel kein Zugriff gewährt wird (vgl. Feldhaus 2003). Auch das Internet mit seinen vielfältigen Nutzungsmöglichkeiten entzieht sich häufig weitgehend den potentiellen elterlichen Kontroll- und Steuerungsansprüchen, zumindest wenn die Kinder und Jugendlichen über einen eigenen internetfähigen Computer in ihrem Zimmer verfügen. Eltern tendieren – sei es aus Mangel an entsprechenden Medienkompetenzen, sei es aus zugestandener Selbständigkeit – eher dazu, auf die Nutzungsdauer als auf die genutzten Inhalte Einfluss zu nehmen. Prinzipiell besteht daher die Möglichkeit, dass Jugendliche das Internet für sich nutzen, um ihre Interaktionsspielräume in außerfamilialen Bezügen zu erweitern, selbst wenn sie sich in häuslicher Umgebung aufhalten. So können die vielfältigen internet-gestützten Interaktionsmöglichkeiten für Jugendliche eine Ressource darstellen, um über Instant Messaging, Chats oder E-Mails das in dieser Altersgruppe so wichtige Bedürfnis nach Akzeptanz und Zugehörigkeit zu stillen.

Im Zusammenhang mit den neuen Medien ist gelegentlich die These einer „Umkehrung des Generationenverhältnisses" formuliert worden. Aufgrund eines Wissensvorsprungs in Form von handlungspraktischen Kompetenzen in der Nutzung neuer Technologien können Jugendliche die Erfahrung machen, ihren Eltern partiell überlegen zu sein und in die Rolle eines Vermittlers zu geraten. Richard und Krüger (1998) weisen jedoch in diesem Zusammenhang darauf hin, dass die Komplexität einer stark ausdifferenzierten Medienlandschaft mit ihrem Ineinanderwirken von alten und neuen Medien der Vorstellung einer Umkehrung des Expertentums nicht gerecht werde. Schäffer (2005, 211ff.) hat genauer untersucht, wie in Familien mit dieser medienbezogenen Differenzerfahrung umgegangen wird und insgesamt eine hohe intergenerationale Unterstützung im medientechnischen Bereich beobachtet. Über die Anerkennung der Kinder und Jugendlichen als Medienexperten werden sie auf der einen Seite im Austausch mit ihren Eltern zu Interaktionspartnern „auf gleicher Augenhöhe". Gleichzeitig entwickeln Eltern jedoch auch Strategien, eine herkömmliche generationale Ordnung wiederherzustellen. Damit sind wir bei einem weiteren wichtigen Aspekt familialen Wandels angelangt: der Verschiebung von hierarchiebetonten Eltern-Kind-Beziehungen zu stärker partnerschaftlich-egalitären intergenerationalen Beziehungsvorstellungen.

8   Familie ist Aushandlungsfamilie

Nach den Ergebnissen der 15. Shell-Jugendstudie steigt die Zufriedenheit der Jugendlichen mit dem Erziehungsstil ihrer Eltern seit Mitte der 1980er Jahre kontinuierlich an. Die Mehrheit (56%) der befragten 12- bis 25-jährigen Jugendlichen gibt an, die eigenen Kinder ungefähr so erziehen zu wollen wie sie selbst erzogen wurden, 15% würden ihre Kinder ganz genauso erziehen. Die Beziehung zu den Eltern wird ganz überwiegend als positiv gekennzeichnet: Die Mehrheit kommt trotz gelegentlicher Meinungsverschiedenheiten gut mir ihren Eltern aus, etwa 38% nach eigenen Angaben sogar bestens. Die berichteten Konfliktanlässe wie Ausgehen (wie lange? wohin?), Bettgehzeiten, Höhe des Taschengelds, Mithilfe im Haushalt, Erledigen der Schulaufgaben, äußere Erscheinung (Kleidung, Frisur etc.) führen demnach zu keiner merklichen Eintrübung einer als partnerschaftlich erlebten Beziehungsqualität. Mehr als die Hälfte der Befragten gibt an, dass sie bei Problemen mit ihren Eltern sprechen und dann gemeinsam zu einer Entscheidung kommen. Ein weiteres Viertel berichtet, dass die Eltern sie weitgehend selbst entscheiden ließen (vgl. Langness/Leven/ Hurrelmann 2006, 57ff.).

Insgesamt zeigen diese Ergebnisse, dass sich in den letzten Jahrzehnten eine deutliche Verschiebung der Machtbalancen zwischen Eltern und Kindern vollzogen hat (vgl. Büchner 1983; du Bois-Reymond u.a. 1998). An die Stelle einer starren Ausrichtung an elterlichen Vorgaben ist eine stärkere Berücksichtigung kindlicher Interessen getreten. Kindliche Selbständigkeit und Unabhängigkeit haben als Erziehungsziele das Einfordern von Gehorsam und Unterordnung weitestgehend abgelöst. Stattdessen findet sich eine Verschiebung der Generationenbeziehung in Richtung kindlicher Mitgestaltungsmöglichkeiten und wechselseitigen Aushandlungsprozessen.

In einer neueren Studie zu den Partizipationsmöglichkeiten von Kindern und Jugendlichen zwischen 12 und 18 Jahren (vgl. Fatke/Schneider 2005, 61ff.) zeigt sich, dass die Befragten insgesamt mit ihren Mitbestimmungsmöglichkeiten in der Familie zufrieden sind. Nach eigenen Angaben werden sie bei gut vier Fünftel der vorgegebenen Themen in die Entscheidungsfindung einbezogen, wobei die Eltern aus Sicht der Kinder dann weniger Mitsprache zulassen, wenn es um Themen geht, bei denen die Eltern unmittelbar tangiert sind wie etwa in der Frage, ob ein Haustier angeschafft wird, die Höhe des Taschengelds usw. (im Gegensatz zur Verwendung des Taschengelds oder der Frage, wie es im eigenen Zimmer der Kinder aussieht). Mit Coleman (1988) kann man diese Art der partnerschaftlichen Beziehungsgestaltung als soziales Kapital fassen, das gebunden ist an die Qualität der Austauschbeziehungen innerhalb einer Gruppe:

„The social capital of the family is the relations between children and parents (and, when families include other members, relationships with them as well). That is, if the human capital possessed by the parents is not complemented by social capital embodied in family relations, it is irrelevant to the child's educational growth that the parent has a great deal, or a small amount, of human capital" (Coleman 1988, 110).

Mit Stecher (2000, 41) lässt sich der Grundgedanke des Colemanschen sozialen Kapital-Ansatzes auf die knappe Formel bringen, dass sich soziales Kapital nicht auf das bezieht, was zwischen Akteuren getauscht bzw. transferiert wird, sondern darauf, wie dieser Transfer zustande kommt. Im familialen Zusammenleben, in der Art und Weise des wechselseitigen Umgangs miteinander können die Familienmitglieder durch ihr alltägliches Handeln soziales Kapital erwerben, das in Form von sozialer Kompetenz, Konfliktfähigkeit, Geduld und Verantwortungsbereitschaft eine wichtige Ressource auch für außerfamiliale Lebensbereiche darstellt. Durch eine Entwicklung hin zu einer Kultur des gemeinsamen Aushandelns und Verständigens können die Familienmitglieder wechselseitig soziale Fähigkeiten vermitteln und aneignen, die – versucht man sie zu systematisieren – mit Klafki (1995) als die Grundfähigkeiten eines gebildeten Menschen beschrieben werden können: als Selbstbestimmungs-, Mitbestimmungs- und Solidaritätsfähigkeit. Dadurch, dass in der familialen Auseinandersetzung eine gemeinsam geteilte Vorstellung darüber erarbeitet werden muss, welche Rechte und Pflichten die Familienmitglieder im Umgang miteinander haben, welche Verhaltensweisen nicht tolerierbar sind usw., fällt als „Nebenprodukt" soziales Kapital in Form der hierzu benötigten sozialen Aushandlungsfähigkeiten für die Familienmitglieder an. Die Möglichkeiten der Kinder und Jugendlichen, über die Interaktionsbeziehungen innerhalb ihrer Familie die Fähigkeit zur Selbstbestimmung und Aushandlung zu erwerben, sind dabei ungleich verteilt: Eine als Verhandlungshaushalt zu kennzeichnende Interaktionsstruktur findet sich häufiger in Familien gehobener und mittlerer Soziallagen, während traditionelle Befehlshaushalte häufiger in unterprivilegierten Familien anzutreffen sind (vgl. du Bois Reymond 1998). Es bestehen so auch auf der Ebene der Beziehungen der Kinder zu ihren Eltern sozial ungleiche Ausgangslagen hinsichtlich der als Sozialkapital zu fassenden Ressourcen, die für die Entwicklung von Kindern und Jugendlichen relevant sind (vgl. Stecher 2001).

9 Eine kurze abschließende Bemerkung

Die ganz überwiegende Zahl der hier berichteten Forschungsergebnisse basiert auf quantitativen Forschungsansätzen, die mithilfe standardisierter Verfahren zu erfassen versuchen, wie die verschiedenen Aspekte familialen Wandels mit den (schulischen) Bildungsbiographien und der psychosozialen Entwicklung der Kinder und Jugendlichen zusammenhängen. Auf der Ebene des „Strukturwissens" kann so bereits vieles darüber ausgesagt werden, welche statistischen Regelmäßigkeiten sich hier abzeichnen. Wir wissen so etwa, dass offensichtlich weniger die Anzahl weiterer Geschwisterkinder sondern die erlebte Qualität der Beziehungen zu den Geschwistern in Zusammenhang zu der von den Schülern wahrgenommenen sozialen Integration im Klassenverband steht (Teubner 2005). Oder wir wissen, dass die mütterliche Erwerbstätigkeit für sich genommen *im Durchschnitt* wenig Erklärungskraft bezogen auf den schulischen Bildungserfolg der Kinder hat, finden aber, dass Kinder von vollzeit-erwerbstätigen Müttern in den neuen Bundesländern deutlich bessere Übergangschancen auf ein Gymnasium haben (vgl. Tillmann/Meier 2003, 388). Wie kommen solche bildungsbezogenen Zusammenhänge zustande? Was verbirgt sich an konkreter familialer Alltagspraxis hinter diesen Befunden? Was wissen wir darüber, was es für Kinder und Jugendliche bedeutet, mit mehreren Geschwistern oder aber geschwisterlos aufzuwachsen und wie wirken diese jeweiligen familialen Alltagswelten auf die Bildungschancen von Kinder zurück? Hier sind dringend Forschungsansätze nötig, die den familialen Alltag in den ausgewählten bildungsrelevanten Facetten aus der Perspektive der Familienmitglieder ausleuchten und dokumentieren, so wie wir es in den Familienmonographien des Marburger Mehrgenerationenprojekts realisiert haben (Büchner/Brake 2006). Es sind solche notwendigerweise immer ausschnitthaften Einblicke in die Alltagsrealitäten von Familie, die dabei helfen, die „significant disjunction between the way that families live their lives and the way that we theorize about families" (Daly 2003, 771) zu überwinden. Familie als bildungsbiographischer Möglichkeitsraum wird (auch mit seinen Grenzen) nur dann fassbar, wenn auch „everyday family activities that take up considerable time, energy and attention but that are poorly represented in our theorizing about families" (ebd., 771) über einen entsprechenden Zuschnitt des Forschungszugangs eingeholt werden können.

Literatur

Aken, M. A. G. van/Asendorpf, J. B./Wilpers, S. (1996): Das soziale Unterstützungsnetzwerk von Kindern: Strukturelle Merkmale, Grad der Unterstützung, Konflikt und Beziehungen zum Selbstwertgefühl. Psychologie in Erziehung und Unterricht, 43, 114–126.

Allmendinger, J./Ebner, C./Nikolai, R. (2007): Soziale Beziehungen und Bildungserwerb. In: Franzen, A./Freitag, M. (Hrsg.) Sozialkapital. Grundlagen und Anwendungen. (Hrsg.). Wiesbaden: VS Verlag für Sozialwissenschaften, 487-513.

Alt, C. (Hrsg.) (2005): Kinderleben – Aufwachsen zwischen Familie, Freunden und Institutionen, Band 1: Aufwachsen in Familien, Wiesbaden: VS Verlag für Sozialwissenschaften.

Amato, P. (2000): The Consequences of Divorce for Adults and Children. In: Journal of Marriage and Family, 62, 1269-1288.

Baumert, J./Maaz, K. (2006): Das theoretische und methodische Konzept von PISA zur Erfassung sozialer und kultureller Ressourcen der Herkunftsfamilie: internationale und nationale Rahmenkonzeption. In: Baumert, J./Stanat, P./Watermann, R. (Hrsg.): Herkunftsbedingte Disparitäten im Bildungswesen: Differenzielle Bildungsprozesse und Probleme der Verteilungsgerechtigkeit. Wiesbaden: VS Verlag für Sozialwissenschaften, .11-29.

Becker, I. (2002): Frauenerwerbstätigkeit hält Einkommensarmut von Familien in Grenzen. In: Vierteljahrshefte zur Wirtschaftsforschung 71, 1, 126–146.

Bengtson, V. L./Rosenthal, C./Burton, L. M. (1990): Families and Aging: Diversity and Heterogenity. In: Binstock, R. H./George, L. (Hrsg.): Handbook of Aging and the Social Sciences. Vol. 3. San Diego: Academic Press, 263-287.

Bertram, H. (2000): Die verborgenen familiären Beziehungen in Deutschland: Die multilokale Mehrgenerationenfamilie. In: Kohli, M./Szydlik, M. (Hrsg.): Generationen in Familie und Gesellschaft. Opladen: Leske+Budrich, 97-121.

Benseler, F./Blanck, B./Keil-Slawik, R./Loh, W. (Hrsg.)(2003): Erwägen Wissen Ethik (EWE), Jg. 14, H. 3.

Bien, W./Rauschenbach, T./Riedel, B. (Hrsg.): Wer betreut Deutschlands Kinder? DJI-Kinderbetreuungsstudie. Weinheim: Beltz.
BMJFFG (Bundesministerium für Jugend, Familie, Frauen und Gesundheit) (Hrsg.) (1986): Vierter Familienbericht. Bonn.
BMFSFJ (Bundesministerium für Familie, Senioren, Frauen und Jugend) (2007): Kinderreichtum in Deutschland. Monitor Familienforschung Nr. 10. Berlin.
Bohrhardt, R. (2000): Familienstruktur und Bildungserfolg. Stimmen die alten Bilder? In: Zeitschrift für Erziehungswissenschaft, 3, 189-207.
Bois-Reymond, M. du/Büchner, P./Krüger, H.-H./Ecarius, J./Fuhs, B. (1994): Kinderleben. Modernisierung von Kindheit im interkulturellen Vergleich. Opladen: Leske+Budrich.
Bourdieu, P. (1983): Ökonomisches Kapital, kulturelles Kapital, soziales Kapital. In: Kreckel, R. (Hrsg.): Soziale Ungleichheiten (Soziale Welt, Sonderheft 2). Göttingen: Schwartz, 183-198.
Bourdieu, P./Passeron, J.-C. (1971): Die Illusion der Chancengleichheit, Stuttgart: Klett.
Brake, A./Büchner, P. (2003): Bildungsort Familie: Die Transmission von kulturellem und sozialem Kapital im Mehrgenerationenzusammenhang. Überlegungen zur Bildungsbedeutsamkeit der Familie. In: Zeitschrift für Erziehungswissenschaft, H. 4, 618-638.
Brake, A./Büchner, P. (2007): Großeltern in Familien. In: Ecarius, Jutta (Hrsg.): Handbuch Familie. Wiesbaden: VS Verlag für Sozialwissenschaften, 199-219.
Brooks-Gunn, J./Duncan, G. J./Klebanov, P.-K. (1994): Economic deprivation and early-childhood development. In: Child Development, 65(2), 296-318.
Büchner, P. (1983): Vom Befehlen und Gehorchen zum Verhandeln. Entwicklungstendenzen von Verhaltensstandards seit 1945. In: Preuss-Lausitz, U. (Hrsg.): Kriegskinder – Konsumkinder – Krisenkinder. Weinheim: Beltz, 196-212.
Büchner, P./Brake, A. (Hrsg.) (2006): Bildungsort Familie. Transmission von Bildung und Kultur im Alltag von Mehrgenerationenfamilien. Wiesbaden: VS-Verlag für Sozialwissenschaften.
Bundesagentur für Arbeit (o.J.): SGB II Sozialgesetzbuch Zweites Buch. Grundsicherung für Arbeitsuchende. Zahlen, Daten, Fakten. Jahresbericht 2006. [online] URL: http://www.arbeitsagentur.de/zentraler-Content/Veroeffentlichungen/SGB-II/SGBII-Jahresbericht-2006.pdf [Stand 13.01.2008].
Burkart, G. (2006): Positionen und Perspektiven. Zum Stand der Theoriebildung in der Familiensoziologie. In: Zeitschrift für Familienforschung, 18. Jahrg., H. 2, 175-205.
Chassé, K. A./Zander, M./Rasch, K. (2003): Meine Familie ist arm. Wie Kinder im Grundschulalter Armut erleben und bewältigen. Wiesbaden: VS Verlag für Sozialwissenschaften.
Coleman, J. S. (1988): Social Capital in the Creation of Human Capital. American Journal of Sociology 94 (Supplement), 95-120.
Coleman, J. S. (1992): Grundlagen der Sozialtheorie. Studienausgabe, Band 2: Körperschaften und die moderne Gesellschaft. München; Wien: Oldenbourg.
Daly, K. J. (2003): Family theory versus the theories families live by. In: Journal of Marriage and Family, Vol. 65(4), 771-784.
Dressel, C. (2005): Erwerbstätigkeit – Arbeitsmarktintegration von Frauen und Männern. In: Cornelißen, W. (Hrsg.): Gender-Datenreport. 1. Datenreport zur Gleichstellung von Frauen und Männern in der Bundesrepublik Deutschland. im Auftrag des Bundesministeriums für Familie, Senioren, Frauen und Jugend, 99-158.
Dressel, C./Cornelißen, W./Wolf, K. (2005): Vereinbarkeit von Familie und Beruf. In: Cornelißen, W. (Hrsg.): Gender-Datenreport. 1. Datenreport zur Gleichstellung von Frauen und Männern in der Bundesrepublik Deutschland. im Auftrag des Bundesministeriums für Familie, Senioren, Frauen und Jugend, 278-356.
Duncan, G. J./Brooks-Gunn, J./Klebanov, P. K. (1994): Economic deprivation and early childhood development. In: Child Development, 65, 2, 296-318.

Eggen, B./Rupp, M. (2006): Historische und moderne Rahmenbedingungen. In: Eggen, B./Rupp, M. (Hrsg.): Kinderreiche Familien. Wiesbaden: VS Verlag für Sozialwissenschaften.

Eimeren, B. van/Frees, B. (2007): Internetnutzung zwischen Pragmatismus und YouTube-Euphorie. In: media perspektiven 8/2007, 362-378.

Emmerling, D. (2007): Ehescheidungen 2005. In: Wirtschaft und Statistik 2007/2 (herausgegeben vom Statistischen Bundesamt Wiesbaden), 159-168.

Fatke, R./Schneider, H. (2005): Kinder- und Jugendpartizipation in Deutschland. Daten, Fakten, Perspektiven. Gütersloh: Bertelsmann Stiftung.

Feldhaus, M. (2003): Die Folgen von Mobilkommunikation für die Privatheit. Empirische Ergebnisse zur Beurteilung ubiquitärer Erreichbarkeit in der Familie. In: Zeitschrift für Medien- & Kommunikationswissenschaft. H. 1, 24-37.

Francesconi, M./Jenkins, S. P./Siedler, T./Wagner, G. C. (2006): Einfluss der Familienform auf den Schulerfolg von Kindern nicht nachweisbar. DIW-Wochenbericht 73(13), 165-169.

Fuchs, M. (2003): Hausfamilien. Nähe und Distanz in unilokalen Mehrgenerationenkontexten. Opladen: Leske+Budrich.

Goldberg, W. A./Prause, J. A./Lucas-Thompson, R./Himsel, A. (2008): Maternal Employment and Children's Achievement in Context: A Meta-Analysis of Four Decades of Research. Psychological Bulletin 134(1), 77-108.

Gscheidle, C.h/Fisch, M. (2007): Onliner 2007: Das „Mitmach-Netz" im Breitbandzeitalter. In: media perspektiven 8/2007, 393-405.

Grabka, M. M./Krause, P. (2005): Einkommen und Armut von Familien und älteren Menschen. In: DIW-Wochenbericht 72(9), 155-162

Herlyn, I./Kistner, A./Langer-Schulz, H./Lehmann, B./Wächter, J. (1998): Großmutterschaft im weiblichen Lebenszusammenhang. Eine Untersuchung zu familialen Generationenbeziehungen aus der Perspektive von Großmüttern. Pfaffenweiler: Centaurus.

Hoffman, L. W. (2002): Berufstätigkeit von Müttern: Folgen für die Kinder, in: Fthenakis, W. E./Textor, M. R. (Hrsg.): Mutterschaft, Vaterschaft, Weinheim: Beltz Verlag, 71-88

Holz, Gerda (2003): Kinderarmut verschärft Bildungsmisere. In: Aus Politik und Zeitgeschichte, Beilage zur Wochenzeitung „Das Parlament", Bd. 21-22, 3-5.

Klafki, W. (1995): „Schlüsselprobleme" als thematische Dimension einer zukunftsbezogenen „Allgemeinbildung".Zwölf Thesen. In: Die Deutsche Schule, Beiheft 1995, 9-14.

Klocke, A. (2001): Armut bei Kindern und Jugendlichen und die Auswirkungen auf die Gesundheit. In: Robert Koch Institut (Hrsg.): Gesundheitsberichterstattung des Bundes, Heft 3/2001.

Kügler, K. (2006): Großeltern als Betreuungspersonen. Eine wichtige Säule für die Eltern in der Kinderbetreuung. In: Bien, W./ Rauschenbach, T./Riedel, B. (Hrsg.): Wer betreut Deutschlands Kinder? DJI-Kinderbetreuungsstudie. Weinheim: Beltz, 173-186.

Lange, A./Lauterbach, W. (1998): Aufwachsen mit oder ohne Großeltern? Die gesellschaftliche Relevanz multilokaler Mehrgenerationsfamilien. In: Zeitschrift für Soziologie der Erziehung und Sozialisation, 18. Jg., 227-249.

Langness, A./Leven, I./Hurrelmann, K. (2006): Jugendliche Lebenswelten: Familie, Schule, Freizeit. In: Shell Deutschland Holding (Hrsg.): Jugend 2006. 15. Shell-Jugendstudie. Frankfurt: Fischer, 49-103.

Lauterbach, W. (2002): Großelternschaft und Mehrgenerationenfamilien – soziale Realität oder demographischer Mythos? In: Zeitschrift für Gerontologie und Geriatrie, 35. Jg., 540-555.

Lauterbach, W. (2003): Armut in Deutschland – Folgen für Familien und Kinder. Oldenburg: Oldenburger Universitätsreden.

Lenz, K. (2003): Familie – Abschied von einem Begriff? In: Benseler, F./Blanck, B./Keil-Slawik, R./Loh, W. (Hrsg.): Erwägen Wissen Ethik (EWE), Jg. 14, H. 3, 485-498.

Lenz, K. (2005): Familien als Ensemble persönlicher Beziehungen. In: Busch, F.-W. und Nave-Herz, R. (Hrsg.): Familie und Gesellschaft. Beiträge zur Familienforschung. Oldenburg, 9-31.

Limbach, J./Willutzki, S. (2002): Die Entwicklung des Familienrechts seit 1949. in: Nave-Herz, R. (Hrsg.): Kontinuität und Wandel der Familie in Deutschland: eine zeitgeschichtliche Analyse, Stuttgart: Lucius & Lucius, 7-43.

Logemann, N./Feldhaus, M. (2002): Die Bedeutung von Internet und Mobiltelefon im familialen Alltag – der Wandel der medialen Umwelt von Familien. In: Nave-Herz, R. (Hrsg.): Kontinuität und Wandel der Familie in Deutschland. Eine zeitgeschichtliche Analyse. Stuttgart: Lucius & Lucius, 207-227.

Logemann, N./ Feldhaus, M. (2005). Zwischen SMS und download – Erste Ergebnisse zur Untersuchung der neuen Medien Mobiltelefon und Internet in der Familie. In: medienimpulse, 54, 52-61.

Lucke, D./Beutler, I. (2003): Genderaspekte von Familienrecht und Sozialgesetzgebung. Bulletin 26 des Zentrums für interdisziplinäre Frauenforschung (Zif) Humboldt-Universität zu Berlin, 14-26.

Merten, R. (2003): Psychosoziale Folgen von Armut im Kindes- und Jugendalter. In: Butterwegge, C./Klundt, M. (Hrsg.): Kinderarmut und Generationengerechtigkeit. Familien- und Sozialpolitik im demografischen Wandel, Opladen: Leske+Budrich 2003, 137-151.

Mollenhauer, K. (1983): Vergessene Zusammenhänge. Über Kultur und Erziehung. München: Juventa.

MPFS (Medienpädagogischer Forschungsverbund Südwest) (Hrsg) (2007): JIM 2007. Jugend, Information, (Multi-)Media-Basisstudie zum Medienumgang 12- bis 19-Jähriger in Deutschland. Stuttgart.

Nave-Herz, R. (2002): Familie heute. Wandel der Familienstrukturen und Folgen für die Erziehung. Darmstadt: Wissenschaftliche Buchgesellschaft.

Palentin, C. (2005): Aufwachsen in Armut – Aufwachsen in Bildungsarmut. Über den Zusammenhang von Armut und Schulerfolg. In: Zeitschrift für Pädagogik, 51 Jg., 154-169.

Parcel, T. L./Menaghan, E. G. (1994): Parents' jobs and children's lives. New York: Aldine de Gruyter.

Peuckert, R. (2005): Familienformen im sozialen Wandel. Stuttgart: UTB für Wissenschaft.

Richard, B./Krüger, H.-H. (1998): Mediengenerationen: Umkehrung von Lernprozessen? Zusammen mit Heinz-Hermann Krüger. In: Ecarius, J. (Hrsg.): Was will die Jüngere mit der älteren Generation? Generationsbeziehungen in der Erziehungswissenschaft. Opladen: Leske+Budrich, 159-181.

Robertson, J. F (1976): The significance of grandparents: Perceptions of young adult grandchildren. In: The Gerontologist, 42, 137-140.

Schäffer, B. (2005): Computer Literacy und intergenerationelle Lern- und Bildungsprozesse. Empirische Befunde aus Familie und im öffentlichen Raum. In: Ecarius, J./Friebertshäuser, B. (Hrsg.): Literalität, Bildung und Biographie. Perspektiven der erziehungswissenschaftlichen Biographieforschung, Opladen: Budrich, 202-218.

Scheuer, A./Dittmann, J. (2007): Berufstätigkeit von Müttern bleibt kontrovers. Einstellungen zur Vereinbarkeit von Beruf und Familie in Deutschland und Europa. In: Informationsdienst Soziale Indikatoren (ISI), 38, 1-5.

Schneewind, K. A. (1999): Familienpsychologie.2. Aufl. Stuttgart: Kohlhammer.

Schlemmer, E. (2004): Familienbiographien und Schulkarrieren von Kindern, Wiesbaden: VS Verlag für Sozialwissenschaften.

Schneider, N. F. (2002): Elternschaft heute. Gesellschaftliche Rahmenbedingungen und individuelle Gestaltungsaufgaben – Einführende Betrachtungen. In: Schneider N. F./Matthias-Bleck, H. (Hrsg.): Elternschaft heute. Gesellschaftliche Rahmenbedingungen und individuelle Gestaltungsaufgaben. Opladen: Leske+Budrich, 9-21.

Schütze, Y. (2002): Zur Veränderung im Eltern-Kind-Verhältnis seit der Nachkriegszeit. In: Nave-Herz, R. (Hrsg.): Kontinuität und Wandel der Familie in Deutschland. Eine zeitgeschichtliche Analyse. Stuttgart: Lucius & Lucius, 71-97.

Sommerkorn, I. N./Liebsch, K. (2002): Erwerbstätige Mütter zwischen Beruf und Familie: Mehr Kontinuität als Wandel. In: Nave-Herz, R. (Hrsg.): Kontinuität und Wandel der Familie in der Bundesrepublik Deutschland – Eine zeitgeschichtliche Analyse, Stuttgart: Lucius & Lucius, 99-130.

Statistisches Bundesamt (2006a): Zwei von drei Kindern werden mit Geschwistern groß. Pressemitteilung Nr. 388 vom 19.09.2006.

Statistisches Bundesamt (2006b): Leben in Deutschland. Haushalte, Familien und Gesundheit – Ergebnisse des Mikrozensus 2005 (Tabellenanhang). Wiesbaden 2006.

Statistisches Bundesamt (2006c): Leben in Deutschland. Haushalte, Familien und Gesundheit – Ergebnisse des Mikrozensus 2005. Wiesbaden 2006.

Statistisches Bundesamt (2007): Gut 5% weniger Ehescheidungen im Jahr 2006. Pressemitteilung Nr. 442 vom 07.11.2007.

Statistisches Bundesamt (2007a): Familien in Deutschland. Ergänzende Tabellen zur Pressekonferenz am 28. November 2007 in Berlin – Ergebnisse des Mikrozensus 2006.

Stecher, L. (2001): Die Wirkung sozialer Beziehungen. Weinheim: Juventa.

Teubner, M. J. (2005): Brüderchen komm tanz mit mir… Geschwister als Entwicklungsressource für Kinder? In: Alt, C. (Hrsg.): Kinderleben – Aufwachsen zwischen Familie, Freunden und Institutionen, Band 1: Aufwachsen in Familien, Wiesbaden: VS Verlag für Sozialwissenschaften, 63-98.

Tillmann, K.-J./Meier, U. (2003): Familienstrukturen, Bildungslaufbahnen und Kompetenzerwerb. In: Baumert, J. u.a. (Hrsg.): PISA 2000 – Ein differenzierter Blick auf die Länder der BRD. Opladen, 361-392.

Walper, S. (1999): Auswirkungen von Armut auf die Entwicklung von Kindern. In Lepenies, A./Nunner-Winkler, G./Schäfer, G. E./Walper, S. (Hrsg.): Kindliche Entwicklungspotentiale. Normalität, Abweichung und ihre Ursachen (Materialien zum 10. Kinder und Jugendbericht, Band 1). München: DJI-Verlag.

Walper, S. (2004): Wandel von Familien als Sozialisationsinstanz. In: Geulen, D./Veith, H. (Hrsg.): Sozialisationstheorie interdisziplinär: aktuelle Perspektiven. Stuttgart: Lucius u. Lucius, 217-252.

Walper, S./Gerhard, A.-K. (2003): Zwischen Risiko und Chance – Konsequenzen einer elterlichen Scheidung für die psychosoziale Entwicklung betroffener Kinder. In: Persönlichkeitsstörungen, Theorie und Therapie, 7, 105-116.

Walper, S./Wendt, E.-V. (2005): Nicht mit beiden Eltern aufwachsen – ein Risiko? Kinder von Alleinerziehenden und Stieffamilien. In: Alt, C. (Hrsg.): Kinder – Leben. Aufwachsen zwischen Familie, Freunden und Institutionen. Wiesbaden: VS Verlag für Sozialwissenschaften, 187-216.

Wieners, T. (2002): Gestaltung und Bedeutung von Großeltern-Enkel-Beziehungen aus der Perspektive der Enkelkinder. In: Schweppe, C. (Hrsg.): Generation und Sozialpädagogik. Weinheim; München: Juventa, 223-241.

Facetten Frühkindlicher Bildung in Familie und Kindergarten

Ursula Carle und Diana Wenzel

Die dreijährige Anna erkundet im Universum Science Center in Bremen die „Milchstraße", einen Experimentierbereich für Kinder. Sie bewegt sich in einer künstlichen Umgebung, die zum Spielen anregt: Klötze zum Bauen, vielerlei Spielautos, Räume mit Schlupflöchern, Helm und andere Utensilien um in die Rolle als Forscherin zu schlüpfen. Eigentlich sind das keine besonderen Spielsachen. Jede Wohnung, jeder Dachboden, jeder Hinterhof wäre genauso gut für derlei Spiele geeignet und kann auch genau so genutzt werden. In einem Science Center jedoch gewinnen die Materialien eine neue Bedeutung: Hier spielt das Kind nicht informell im Kontext einer Kindergruppe selbst erfundene Geschichten, sondern es soll zum Erfinder werden, Kategorien aufbauen, über Erlebtes reflektieren. Dazu gibt es für die Eltern oder Erzieher praktische Bücher, die sie das Handeln der Kinder mit anderen Augen wahrnehmen lassen: Nicht das eigenständige Erkunden der näheren Umgebung, das Spiel im Garten und in der Wohnung, die Höhle unter dem Schreibtisch, der Altkleiderkoffer für Rollenspiele, sondern der explizite Anspruch, dass hier gelernt werde, steht im Mittelpunkt. Gelernt wird mit viel Spaß und fast wie natürlich, was sich die Museumspädagoginnen und -pädagogen für die Kinder ausgedacht haben.

Dieses Beispiel zeigt eine Variante frühkindlicher Bildungsangebote, die im Anschluss an TIMSS, PISA und IGLU im letzten Jahrzehnt stark an Bedeutung gewonnen hat. Frühkindliche Bildung, angeregt durch Erwachsene, ist jedoch weder neu noch ein Privileg spezieller Institutionen. Genau betrachtet ist sie der Eltern-Kind-Interaktion ohnehin immanent und zwar von der Geburt an. Heute sind jedoch die Ansprüche an die Qualität der Bildungsangebote gestiegen, insbesondere in einigen „fachlichen" Bereichen. Weniger Beachtung erhält das soziale, emotionale und kommunikative Lernen. Der folgende Beitrag stellt Facetten Frühkindlicher Bildung zu Beginn des 21. Jahrhunderts auf unterschiedlichen Strukturebenen vom Spielen und Lernen des Kindes bis zu institutionellen Veränderungen dar und zeigt, dass sich „fachliche" Kompetenzen nicht außerhalb des sozialen Raums erwerben lassen.

1 Die Bedeutung des Mitziehspiels für den Zugang des Kindes zur Welt

Der wichtigste Akteur Frühkindlicher Bildung ist das Kind selbst. Sobald es seine Bezugsperson erkennt, beginnt es sich aktiv zu bilden. Wichtigstes Medium ist die Kommunikation. Es kommt zu einer Art Eltern-Kind-Dialog. Zunächst ist er durch Nachahmung mimischer Gebärden gekennzeichnet: die Zunge rausstrecken, den Mund öffnen oder die Lippen schürzen. Der Säugling erfährt seine Bezugsperson jedoch nicht an sich, sondern nimmt sie eingebettet in eine Szene wahr. Gerd E. Schäfer (2004) sieht in seinem Buch „Bildung beginnt mit der Geburt" darin vor allem zwei Grundbausteine für das spätere Spiel: „einfache Formen der Nachahmung (ein wichtiger Baustein der Kommunikation) und die Erfahrung szenisch handelnder Strukturierung (als Organisator und Gestalter eines Zusammenhangs)" (77). Eltern und Säugling versuchen die Kommunikation vom Nachahmen einer mimischen Gebärde hin zu längeren Sequenzen auszudehnen. Die Säuglingsforschung nennt diese Spiele „Mitziehen":

„Lächelt die Mutter, lächelt das Baby zurück; nun wird sie ihr Lächeln intensivieren. Das Baby wird erneut lächeln. Mit dem dritten Lächeln verlegt sich das Baby unter Umständen darauf zu >erzählen<. Wenn sie merkt, dass sich das Spiel geändert hat, wird sie dem Baby auf gleiche Weise antworten. Nun variiert das Baby den Tonfall seiner Lautäußerungen. Die Mutter erweitert ihre Antwort um ein Wort, um ihr Nachdruck zu verleihen. Das Baby strahlt auf und wiederholt den Laut. Sie fügt ein weiteres Wort hinzu; das Baby antwortet ein drittes Mal. Nun wird sie versuchen, den Dialog noch weiter zu steigern. Der Säugling wird die Sequenz bald beenden und wegsehen, als wolle er sagen: >Das reicht für's Erste.<" (Brazelton u.a. 1991, 153).

Dieser frühe intensive Kontakt, das „Mitziehspiel" ist auch für die kognitive Entwicklung bedeutsam. Er wird angetrieben von positiven Emotionen. Hirnforscher erklären die Wirkung des „Mitziehspiels" biologisch. Durch Anregung wird die Synapsenbildung gefördert, wobei es in den ersten Lebensjahren zu einer Überproduktion kommt, die ab dem zehnten Lebensjahr (durch Spezialisierung) wieder abgebaut wird. Allerdings erfolgt dieser Prozess nicht in allen Regionen des Gehirns parallel. Im für die visuelle Wahrnehmung zuständigen Bereich wird der Höhepunkt der Synapsen-Überproduktion schon im ersten Lebensmonat erreicht. Der Bereich für Handlungsplanung, Urteilsvermögen und Aufmerksamkeit erreicht den Höhepunkt der Synapsen-Überproduktion im Alter zwischen drei und sechs Jahren. Die sensible Phase für den Spracherwerb dauert bis in das sechste oder siebte Lebensjahr (vgl. Textor 2006).

Die neurobiologischen Erkenntnisse decken sich vordergründig mit entwicklungspsychologischen Stufenmodellen zur kognitiven und zur sozialen Entwicklung der Kinder. So beschreibt Jantzen (1987, 199ff.) in Anlehnung an Leontjew (1980) eine chronologische Abfolge dominierender Tätigkeiten im

Entwicklungsprozess der Kinder, auf die sich auch Feuser (1984; 2003) bezieht. Danach entwickeln sich nacheinander die Wahrnehmungstätigkeit (sensomotorisch), die manipulierende Tätigkeit, die gegenständliche Tätigkeit (Dinge als Werkzeug), das Spiel (als-ob-Spiel), das Lernen (Symbolgebrauch – Schrift, Mathematik). Eisenberg (1992) fand für das prosoziale Verhalten folgende Niveaus: die hedonistische, selbstzentrierte Orientierung (Kleinkindalter), die Orientierung an den Bedürfnissen der anderen (häufig im Vorschulalter), Orientierung an der Anerkennung durch andere (häufig im Grundschulalter), selbstreflektierte empathische Orientierung, starke Internalisierung genereller Werte. Sobald man solche Stufenmodelle konkretisiert und an konkreten Handlungen der Kinder überprüfen will, findet man Überschneidungen und Unklarheiten. Kornmann bezieht sich in seiner Synopse psychologischer Theorien zur Entwicklung des Gegenstandsbezugs des Kindes auch auf Eva Schmidt-Kolmer (1984), die zeigt, dass es sich nicht um eine zeitchronologische Abfolge handelt: „Statt dessen lässt sich ihrer Schrift entnehmen, dass – je nach Gegenstand – mehrere der dominierenden Tätigkeitsformen für den gleichen Entwicklungsabschnitt typisch sind: So kann ein Kind schon mit einem Löffel essen, diesen also im Sinne der gegenständlichen Tätigkeit verwenden, während es einen Bleistift noch in den Mund nimmt, auf ihn beißt, gegen andere Gegenstände schlägt, ihn aus der Hand fallen lässt, kurz: ihn ausschließlich im Sinn der manipulierten Tätigkeit verwendet." (Kornmann 1991, 186). Gegenüber verallgemeinernden haben sich domänenspezifische Stufenmodelle als diagnostische Rahmungen bewährt, ermöglichen sie doch, Entwicklung darzustellen und Fördermöglichkeiten zu antizipieren (vgl. Brügelmann 2007).

2   Theorien der Kinder über das Funktionieren der Welt

Entwicklung versteht Brügelmann als Prozess eines „Theoriewandels", in dessen Verlauf Kinder sich der Schrift in ihrer Umwelt zuwenden, ihr einen Sinn zuweisen, sie körperlich-sinnlich erfahren, sie in Szene setzen und über Schrift (zunächst als Kritzelbriefe, Bilderbücher, Vorlesen) mit ihrer Umwelt in einen sozialen Austausch treten. Dabei erfahren sie die Grenzen ihrer Modellvorstellung, z.B. dann, wenn sie merken, dass es im Unterschied zu ihren Kritzeleien immer gleich aussehende Schriftzüge gibt, die etwas Bestimmtes bedeuten (z.B. Werbung) und später, dass diese aus einzelnen Buchstaben zusammengesetzt sind, die nur in einer bestimmten Reihenfolge das Wortbild ergeben. Lesen- und Schreibenlernen geht dabei Hand in Hand mit der Motivation, sich schriftlich zu äußern, ist somit auf Beziehung angewiesen und auf Kenntnis von Szenen, in denen Schrift eine Rolle spielt.

So wie das Sprechen können für das Kind bedeutete, in der Interaktion hier und jetzt über seine subjektiven Verständnishorizonte hinauszugehen (z.b. Warum-Fragen) so ermöglicht das Schreiben zeit-raum-versetzt zu kommunizieren. Mit dem Vorlesen (Bastelanleitungen, Märchen etc.) lernt das Kind, dass mit Schrift bestimmte Textsorten nach erkennbar unterschiedlichen Mustern produziert werden (vgl. DJI 2002). Interesse an Schriftlichkeit entwickeln Kinder schon sehr früh, je nach seiner Bedeutung im Lebensumfeld. Schäfer (2004, 99) erinnert daran, dass kleine Kinder aber ihrer noch so anregungsreichen Umwelt nur dann Aufmerksamkeit schenken, wenn ihre grundlegenden Bedürfnisse gestillt sind.

Zwar wird der „Theoriewandel" in einzelnen Lebensbereichen, wie dem Schriftspracherwerb, sichtbar. Dennoch lässt sich zeigen, dass das Kind nicht nur im Schriftspracherwerb Symbolsysteme erwirbt, sondern, dass es darüber hinaus in vielen Bereichen mit Symbolen konfrontiert ist: In der Welt der Zahlen, in der Musik, in den Medien, im Sport, in der Kirche, im Straßenverkehr usw. Erfahrungen in verschiedenen Bereichen ermöglichen es schließlich, Symbolsysteme als solche zu erkennen.

Die Literacy-Erfahrung der Kinder ist am Schulanfang höchst unterschiedlich. Besonders positiv wirken (Nickel 2006, 102):

- beziehungsorientierte Sprachförderung
- Verknüpfung des Kindergarten- und des Schullebens mit anderen Handlungsfeldern (z.B. Bibliotheken)
- Verknüpfung mit dem Alltagsleben der Familie (vgl. auch Handreichung von Jochen Hering 2007).

Kinder im Vorschulalter lernen spielerisch. Sie hören „an der Sprache die bedeutungstragenden Momente der Sprachmelodie, des Rhythmus, der Dynamik des Klangs, die ihnen Hinweise auf das Verständnis von Situationen geben. Eng verbunden mit der ‚Musik der Sprache' sind dabei die ‚Stimmungsbarometer' Gestik und Mimik." (Jampert 2002, 38) Kinder rezitieren Texte aus Geschichten, die sie gehört haben, erfinden sie neu, gestalten daraus Gedichte und Singspiele, erfinden eigene Theaterstücke, in denen die Verse und Lieder Handlungsanweisungen werden (vgl. Flitner 1972). Spracherwerb hat demnach eine sehr starke ästhetische Komponente (vgl. Duderstadt 2007). Kerensa Hülswitt (2004, 210f.) beschreibt, wie Kinder im Spiel Mathematik erfinden. Zwei Kinder bauen mit vielen gleichen Klötzen einen Giebel. Zwischen den Klötzen lassen sie immer einen Spalt frei. „Das ist eine Käseburg", sagen sie scherzhaft. „Weil, da kann man die Löcher zählen." Und sie schieben die Frage nach: „Sind da mehr Löcher oder mehr Würfel?" Um das herauszufinden wollen sie den

Giebel zeichnen: „Wie zeichnet man ein Dreieck mit Löchern?" Kinder setzen sich in solchen Diskussionen fortwährend darüber auseinander, wie sie ihre Kommunikation und Kooperation regeln wollen. Mit Erkenntnissen über Sachverhalte und Standpunkte bzw. Überzeugungen wachsen auch die Erkenntnisse über die soziale Realität. In Büchern der Reggio-Pädagogik lassen sich viele Beispiele dafür nachlesen, wie Kinder sich im Spiel die Welt erschließen, z.b. wie sie sich mit dem Phänomen Schatten auseinandersetzen: Vier Kinder, im Alter zwischen 4.7 und 5.7 Jahren hatten das Verhalten ihres eigenen Schattens ausgiebig getestet und waren zu der Überzeugung gelangt, dass der Schatten ihren eigenen Bewegungen folgt. Die Erzieherin ging mit ihnen bei Sonnenschein zu den Arkaden. Sie entdeckten wie die Schatten der Säulen sich streifenförmig auf dem Boden zeigten. Ob sich der Schatten der Säulen verschieben kann? Zwei Meinungen standen gegeneinander: „Diese Säulen haben sicher einen unbeweglichen Schatten. Der verschiebt sich bestimmt nicht." „Ich glaube, dass er sich verschieben kann." „Verstehst Du nicht? Die Sonne kann doch die Säulen nicht umwerfen, um ihre Schatten zu machen?" Die Erzieherin forderte die Kinder auf, den Schatten einer Säule nachzuzeichnen, damit man später sehen kann, ob er sich verschoben hat. Als sie später zurückkommen ist der Schatten gewandert. „Guck doch mal! Statt dort zu bleiben, ist er spazieren gegangen, der Schatten. – Ich habe gewonnen. (...) Er hat sich noch weiter verschoben, und morgen kommt er hierher zurück (erster Umriss). (...) Aber die Sonne geht sehr sehr langsam, wenn sie ihre Kreise macht, weil vom Mond und vom Wind angeschoben wird (...)" (vgl. Reggio Children 2002, 48f.). Dieses den Lernprozessen der Kinder auf die Spur Kommen ist nicht einfach und erfordert von den Erzieherinnen und Erziehern ein hohes Einfühlungsvermögen. Malte Mienert (2007) stellt in Auseinandersetzung mit den neuen Konzepten fest: "Leitgedanke aller Bildungspläne ist, die Toleranz und Akzeptanz den Kindern gegenüber zu erhöhen, sie ernst zu nehmen mit ihren Wünschen und Bedürfnissen, ihnen zu vertrauen und ihnen zuzutrauen, sich selbst zu bilden und sie vor allem in den Entscheidungsprozess mit einzubeziehen. Die kindliche Sichtweise der Dinge nicht als falsch zu sehen, sonders als anders gegenüber der erwachsenen Sichtweise, gibt auch uns die Chance, die Welt mit anderen Augen zu entdecken" (Kap. 5).

In der Auseinandersetzung mit dem Denken der Kinder hat man entdeckt, dass Kinder, wenn sie geeignete Anregungen zum eigenen Entdecken und Zeit ihren Gedanken im Spiel mit anderen nachzugehen bekommen, sehr viel früher sehr viel mehr können, als man bisher am Übergang in die Grundschule voraussetzte. So schreiben Bönig/Schaffrath (2004), dass Kinder am Schulanfang bereits über hohe Grundkompetenzen verfügen. Zwar unterscheiden sich die Lernvoraussetzungen der Kinder am Schulanfang stark. Es gibt jedoch eine große

Anzahl Kinder, die in ihren arithmetischen und in ihren geometrischen Fähigkeiten von den Lehrerinnen und Lehrern unterschätzt werden. Ähnliches lässt sich auch nach unseren eigenen Studien im Bereich der Geometrie belegen (vgl. Carle/Berthold 2007, 43). Doch auch die prosozialen, emotionalen und kommunikativen Kompetenzen der Kinder werden vermutlich am Schulanfang unterschätzt. Kinder können im Kindergartenalter bei entsprechender Förderung selbstständig Regeln aushandeln, Gruppen leiten, Einfühlungsvermögen gegenüber Hilfebedürftigen zeigen, positive Emotionen erzeugen usw. und sie tun das spielerisch jeden Tag. Kinder verhandeln untereinander „wer sie sind, wohin sie gehören, welche Regeln, Normen und Werte Gültigkeit besitzen und sie entwickeln Moralvorstellungen" (Völkel 2002, 204).

Festhalten lässt sich, dass die insbesondere in der fachdidaktischen Forschung festgestellten erheblichen Unterschiede zwischen den Kindern am Schulanfang wesentlich auf ihre frühkindlichen Bildungschancen zurückzuführen sind. Um Chancengleichheit im Bildungswesen zu verbessern, müsste auch, vielleicht vor allem, die frühkindliche Bildung entwickelt werden.

3 Der Kindergarten als Türöffner für schulische Bildung

Für das Engagement im Bereich der frühkindlichen Bildung in Deutschland war nicht nur die empirisch gestützte Erkenntnis maßgeblich, dass Kinder bei guter Förderung sehr viel mehr Kompetenzen als angenommen in die Schule mitbringen. Vielmehr war es vor allem die schlechte Nachricht, die einen Veränderungsschub auslöste: Sämtliche Vergleichsstudien der Bildungssysteme in der OECD seit den 1990er Jahren benennen für Deutschland als stabilen Befund die mangelnde Chancengleichheit im Bildungswesen (TIMSS, PISA, IGLU). Fast nirgendwo sonst in reichen und entwickelten Staaten schlägt sich die soziale, kulturelle und familiäre Herkunft so massiv im Bildungserfolg nieder, wie bei uns (vgl. Bos u.a. 2007). Bos u.a. schlussfolgerten schon auf der Basis der ersten IGLU-Studie:

„Bereits vor und in der Grundschule ist für Kinder im unteren Kompetenzbereich eine Förderung dringend notwendig. Diese muss für Kinder mit Migrationshintergrund vor allem in einer Stärkung der deutschen Sprache bestehen. Kinder aus bildungsfernen und sozial schwachen Elternhäusern brauchen zum Ausgleich bereits im Kindergarten, aber auch in der Grundschule besonders anregungsreiche Spiel- und Lernumgebungen, wie sie Kinder mit einem bildungsnahen Hintergrund bereits innerhalb der Familie erfahren können. Das gilt für mathematische und naturwissenschaftliche Erfahrungen ebenso wie für die Anbahnung schriftsprachlicher Vorkenntnisse" (Bos u.a. 2004, 47).

In ihren Schlussfolgerungen aus der 2006er IGLU-Studie verweisen die Autorinnen und Autoren auf den Bildungserfolg des Kindergartens (vgl. Valtin u.a. 2007, 342f.). Schon in der 2001er IGLU-Studie zeigte sich, dass Kinder, die den Kindergarten besucht hatten in Mathematik, Naturwissenschaften und Orthografie bessere Leistungen zeigten. In der 2006er IGLU-Studie wurde dieser Befund nun auch für das Lesen- und Schreibenlernen belegt.

Eine Stufe im Bildungsgang zurück zu gehen, um nach den Ursachen für die Testleistung der Kinder in internationalen Vergleichsstudien zu suchen, ist nicht ungewöhnlich. Bereits auf PISA 2000 hatten die Kultusminister mit Forderungen zur Reform des Schulanfangs reagiert (vgl. auch Rauschenbach 2002; Roßbach 2004). Erstaunlicherweise wurde damit auch die Forderung nach frühzeitiger Einschulung verbunden, obwohl an der Studie 15-Jährige teilgenommen hatten. Infolge beschloss die Kultusministerkonferenz im Jahre 2002:

„Durch eine möglichst frühzeitige Einschulung soll nicht nur den veränderten Lebensverhältnissen vieler Familien Rechnung getragen werden, sondern auch dem frühzeitigen sinnvollen Umgang mit der Lernbereitschaft der Kinder und der Notwendigkeit, die Lernzeiten optimal zu nutzen. (...) Mit Blick auf die Ergebnisse von PISA soll in der Mehrzahl der Länder die Zusammenarbeit zwischen vorschulischen Einrichtungen und der Primarstufe, vor allem auch bei der Diagnostik, der Information der Eltern, der Einrichtung gezielter vorschulischer Sprachförderkurse intensiviert und Angebote von flexiblen Schuleingangsphasen weiter entwickelt werden" (Beschluss der 299. Kultusministerkonferenz vom 17./18.10.2002).

Auch der Berichtserstatter Professor Peter Moss von der Universität London kommt im Länderbericht der etwa zur gleichen Zeit durchgeführten OECD-Studie zur Politik der frühkindlichen Betreuung, Bildung und Erziehung in Deutschland hinsichtlich des vorschulischen Förderbedarfs zu ähnlichen Hinweisen:

„Gleichzeitig haben Forschungen gezeigt, dass Kinder, die im Kindergarten Grundkompetenzen erworben haben – allgemeines Grundwissen (der jeweiligen Gesellschaft); gute soziale Fähigkeiten; Hör- und Sprechkompetenz in der Schulsprache sowie ein Verständnis vom Gebrauch der Schrift und Zahlen – in der Regel in der Schule gute Leistungen zeigen. Diese Kompetenzen sind besonders wichtig für Kinder mit schwierigem Hintergrund und werden am effektivsten erworben, wenn ein Teil des Tages strukturierten frühkindlichen Lernprogrammen oder -projekten gewidmet wird, ergänzt durch individuelle Lernpläne" (OECD 2004, 75).

Die so verstärkte schulisch dominierte Bildungsperspektive der Kultusministerkonferenz auf schulvorbereitende Maßnahmen greift aber zu kurz, so der OECD-Bericht, wenn nicht zugleich das Spiel der Kinder genügend Raum und zugleich Unterstützung erhält:

„Jedoch sollten diese Erkenntnisse die politisch Verantwortlichen nicht blind gegenüber anderen wichtigen Merkmalen frühkindlichen Lernens machen. Aus der PISA-Studie geht beispielsweise hervor, dass ein positives Verhältnis zwischen Betreuer und Kind für erfolgreiches Lernen in jedem Alter wichtig ist. Andere Untersuchungen zeigen, dass bei kleinen Kindern die Beschäftigung im frei gewählten Spiel, die bewusste Planung von Aktivitäten, die soziale Beteiligung und direkte Interaktion mit der Umgebung wichtige Bestandteile des Lernens sind (Zigler u.a., 2004). Kindliches Spielen ist ein Schlüssel zum Lernen, aber einer, der leicht missverstanden wird. Beabsichtigtes, ausgedehntes Spielen der Kinder fördert die kognitive Entwicklung, einschließlich Sprachfähigkeit und Vokabular, Problemlösung, Perspektivenbildung, darstellende Fertigkeiten, Merkfähigkeit und Kreativität – aber diese Art von Spielen erfordert die Anwesenheit einer Fachkraft, die unterstützt und lenkt" (OECD 2004, 75).

Frühpädagogen weisen zudem darauf hin, dass Bildungsprozesse bereits mit der Geburt beginnen (z. B. Schäfer 2004). Dennoch kennzeichnet die Nach-PISA-Epoche ein deutlicher Schulbildungsfokus auf die frühkindliche Bildung. Er wirkte auf die deutschen Bildungsplankonzepte für den Kindergarten (z.B. Bayrisches Staatsministerium 2003), auch wenn diese die Bildungsangebote für Kinder vom ersten Lebensjahr an einbeziehen, wie z.B. die Bildungspläne von Hessen und Thüringen (Übersicht siehe Bundesministerium für Familie, Senioren, Frauen und Jugend, 144).

Zwar wird Frühkindlicher Bildung von den Erwachsenen allmählich die zustehende Resonanz zuteil, was durch einen aufstrebenden Medienmarkt zum Thema unterstützt wird (vgl. z.B. Projekt Natur-Wissen-schaffen; Portal Wissen und Wachsen). Fachdidaktische Literatur für den Elementarbereich entsteht beispielsweise zum Schriftspracherwerb (z.B. Zigler 2004; Zinke u.a. 2005), zur naturwissenschaftlichen Bildung (z.B. Lück 2003) und zur Mathematik (Hasemann 2007; Hülswitt 2006). Beobachtung und diagnostischer Kompetenz wird besondere Bedeutung zugewiesen (vgl. Graf/Moser-Opitz 2006; Carle/Panagiotopolou 2004; Wenzel/Levermann 2007).

Die für den Kindergarten neuen, fachdidaktisch fundierten frühkindlichen Förderangebote, beschränken sich jedoch bislang im Wesentlichen auf Sprachförderung, naturwissenschaftliches Experimentieren und Zählen. Andere Inhalte, etwa das soziale und das ästhetische Lernen, Gesundheit und Ernährung treten analog zu dem Haupt- und Nebenfachdenken in der Schule in die zweite Reihe. Es drängt sich die Frage auf, ob die neuen Bildungsangebote tatsächlich zu frühkindlicher Bildung führen: Sind unsere Angebote an die Kinder, die sie – wenn sie gut gemacht sind – gerne annehmen, tatsächlich so gewählt, dass sie die im Leben wesentlichen Entwicklungen anregen und andere wesentliche Entwicklungen nicht verdrängen? (vgl. Carle 1995) Sind sie geeignet, mit unterschiedlichen Ressourcen ausgestatteten Kindern annehmbare Spielräume für ihr Handeln zu eröffnen? (vgl. Leu 2002)

4 Erwartete und nachweisliche Wirkungen Frühkindlicher Bildungsangebote

Welche Effekte man sich von Frühkindlicher Bildung im Lebensalltag der Kinder und später der Jugendlichen verspricht, hängt vom jeweiligen Fokus ab, der auf Entscheiderebene nicht immer ein pädagogischer ist: So sieht das Bundesministerium für Familie, Senioren, Frauen und Jugend eine deutliche qualitative Weiterentwicklung Frühkindlicher Bildung auch deshalb geboten, um durch die Anhebung des Bildungsstands in der Gesellschaft international konkurrenzfähig zu sein (vgl. Strehmel 2007, 64). Schwach Ausgebildete haben kaum Chancen einen Arbeitsplatz zu finden. Bessere Bildungschancen für alle erfordern, da sind sich die Bildungsforscher einig, frühe Bildung, damit den sozialen Effekten rechtzeitig entgegengewirkt werden kann. Entsprechend hat die Zahl der Kinder in Kindertageseinrichtungen in Westdeutschland seit 1996 (Struck) gravierend zugenommen und liegt bei der Altersgruppe der Kindergartenkinder bei 86,6% (vgl. Pressemitteilung Nr. 085 des Statistischen Bundesamtes vom 01.03.2007). Dennoch: Selbst wenn Bos u.a. (2007) zeigen, dass Kinder, die einen Kindergarten länger besucht haben, bessere Leistungen bringen, lässt sich damit ein kompensatorischer Effekt frühkindlicher Bildung, Betreuung und Erziehung in Deutschland noch nicht empirisch nachweisen. Kommen doch Kinder in Deutschland im internationalen Vergleich generell mit relativ geringen schriftsprachlichen Kenntnissen in die Schule. Denn es ist nicht die Aufgabe des Kindergartens den Schriftspracherwerb systematisch zu fördern. Das ist in fast allen Ländern in Europa anders. Auf einer allerdings relativ schmalen Datenbasis stellt Petra Strehmel (2007) darüber hinaus fest:

„Die Qualität der sozialpädagogischen Arbeit in den Kindertageseinrichtungen wird in der Persönlichkeitsentwicklung der Kinder sichtbar, aber nicht unmittelbar in den schulischen Leistungen (…). Für Kinder aus Armutsverhältnissen treffen diese Zusammenhänge nicht in gleichem Maße zu wie für andere Kinder, was bedeutet, dass sie weniger von einer qualitativ guten Kindertagesbetreuung profitieren als nicht benachteiligte Kinder. Es zeigen sich kaum überzeugende kompensatorische Effekte" (77).

Gründe hierfür könnten in der Qualität des „vorschulischen" Bildungsangebots liegen, das in den Einrichtungen wenig systematisch ausgebaut ist. Frühpädagogen schätzen ein, dass das System der Kindergärten noch einen sehr weiten Weg des Umbaus vor sich hat. So muss die Kompetenz der Erzieherinnen und Erzieher für die geforderten Förderangebote in Sprache und Naturwissenschaften sowie in Mathematik erst aufgebaut werden. Die neue Frühkindliche Bildung betont in der Diskussion die systematische Förderung der Kinder. Es besteht die Gefahr, dass sie ähnlich wie in der Schule die Förderung von überfachlichen

Kompetenzen aus dem Blick verliert. Wir wissen wenig darüber, wie Erzieherinnen und Erzieher die an sie neu gestellten Ansprüche auch ohne erfolgte Fortbildung dafür bewältigen. Anzunehmen ist jedoch, dass sie, wenn sie keine anderen Möglichkeiten kennen, auf Inhalte und Methoden zurückgreifen, die sie beherrschen, aus ihrer eigenen Schulzeit kennen oder in Form vorbereiteter Materialien angeboten bekommen (vgl. Carle/Samuel 2007). Wohin letzteres führen kann, wurde für den Schulbereich ausreichend unter den Stichworten „Didaktik unter der Gürtellinie" (Meyer 1991, 89f), „Krümelunterricht" (Hagstedt 1992, 369) oder Unterricht mit „Fertiggerichten" (Hiller 1986, 7) beschrieben. Heute arbeitet die Schule vor allem an der Entwicklung einer neuen Aufgabenkultur, die eigenständiges Denken, gemeinsames Reflektieren, Experimentieren und kreatives Problemlösen herausfordert. Es ist nicht notwendig, dass der Kindergarten die gleichen Umwege wie die Schule geht.

Inwieweit der Besuch des Kindergartens und der Einsatz von Interventionsprogrammen auf den langfristigen Bildungserfolg der Kinder einen positiven Einfluss hat, ist bisher in Deutschland noch nicht systematisch untersucht worden (vgl. Bierdinger/Becker 2006). Längsschnittuntersuchungen existieren vor allem in der USA (Überblick: Barnett 1995; Currie 2001). Bekannt sind die Interventionsstudien im Rahmen des „High/Scope Perry Preschool Projects" (Übersicht: Schweinhart u.a. 1993, 12ff.) und des „Head Start"-Programms (Lee u.a. 1990) sowie die „Carolina Abecedarian Study" (Campbell u.a. 2002). Neuere Längsschnittstudien sind die „Early Childhood Longitudinal Study" ECLS (Germino-Hausken 2006), das Panel des „National Institute of Child Health and Human Development" (NICHD 2004), die „Study of Cost, Quality and Child Outcomes in Child Care Centers" CQO (Peisner-Feinberg u.a. 1999) und das „Effective Provision of Pre-School Education Project" EPPE (Sammons u.a. 2004) in Großbritannien. Im EPPE Project konnten Bedingungen herausgearbeitet werden, die für eine hohe Qualität des Angebots verantwortlich sind. Dies waren z. B. emotional und interaktiv intensive Erzieherin-Kind-Beziehungen, eine höhere Qualifikation des Personals, mehr Wissen der Fachkräfte über das Curriculum und die Entwicklung von Kleinkindern sowie ein hochwertiges pädagogisches Angebot in Bereichen wie Sprachentwicklung, kognitive Förderung, Mathematik und Literacy. Besser ausgebildete Fachkräfte machten mehr Bildungsangebote und führten häufiger Gespräche, bei denen das Denken der Kinder angeregt, aber nicht dominiert wurde.

5 Modelle früherer Einschulung und anschlussfähiger Übergänge

International schwankt das Einschulungsalter zwischen 4 und 7 Jahren. In einigen Ländern (z.b. als Versuch in der Schweiz) beginnt die Grundschulzeit mit der Basisstufe für Kinder von 4 bis 8 Jahre. Sie kann in drei bis fünf Jahren durchlaufen werden. Entwicklungspsychologisch spricht einiges für diese Zusammenfassung (vgl. Guldimann/Hauser 2005; Brokmann-Nooren u.a. 2007). Das Hauptargument jedoch liegt in früheren systematischen Bildungsangeboten (in spielerischer Form), in besseren Fördermöglichkeiten durch binnendifferenziertes Arbeiten in der Jahrgangsmischung und in der Möglichkeit die Basisstufe flexibel zu durchlaufen.

Untersuchungen in England, wo sowohl schulische als auch außerhalb der Schule eingerichtete Bildungsmöglichkeiten ab dem 4. Lebensjahr nebeneinander bestehen, verdeutlichen jedoch, dass es nicht auf die Einrichtungsart ankommt, ob frühkindliche Bildung gelingt. So hat das „Effective Provision of Pre-School Education (EPPE) Project", das von 1997 bis 2003 in Großbritannien durchgeführt wurde, gezeigt, dass eine pädagogisch hochwertige Förderung der Kinder sehr gute Effekte auf ihre Leistungen hat, die sich auch im zweiten Schuljahr noch auswirken. Indikatoren die zu einer Leistungssteigerung der Kinder durch eine gute Fremdbetreuung führten, waren „z.B. emotional und interaktiv intensive Erzieherin-Kind-Beziehungen, eine höhere Qualifikation des Personals, mehr Wissen der Fachkräfte über das Curriculum und die Entwicklung von Kleinkindern sowie ein hochwertiges pädagogisches Angebot in Bereichen wie Sprachentwicklung, kognitive Förderung, Mathematik und Literacy. Besser ausgebildete Fachkräfte machten mehr Bildungsangebote und führten häufiger Gespräche, bei denen das Denken der Kinder angeregt, aber nicht dominiert wurde. Wenn schlechter qualifizierte Kolleginnen und Kollegen mit ihnen zusammen in der gleichen Gruppe arbeiteten, erwiesen sie sich als bessere Pädagoginnen und Pädagogen (Modelllernen)" (Textor o.J.).

Trotz dieser Befunde und obwohl auch im internationalen Vergleich das Einschulungsalter durchaus nicht einheitlich ist, soll in Deutschland der Stichtag für die Einschulung gesenkt und der Schulanfang flexibilisiert werden. Folgende strukturellen Entscheidungen der Bundesländer lassen sich finden:

- bereits erfolgte oder beschlossene Vorverlegung des Einschulungsalters um 6 bis 7 Monate durch Veränderung des Stichtags,
- sukzessive Vorverlegung des Stichtags über einen Zeitraum von mehreren Jahren,
- mehrmalige Einschulung im Jahr,
- keine Zurückstellungen mehr,

- flexible jahrgangsgemischte Schuleingangsphase,
- Einschulung aller Kinder in die Grundschule.

Liest man die Programme genauer, dann zeigt sich durchaus, dass mit der früheren Einschulung auch eine qualitative Umstrukturierung der schulischen Arbeit im Anfangsunterricht verbunden sein soll. In fast allen Bundesländern wird die flexible, jahrgangsgemischte Schuleingangsphase eingeführt, die Elemente der Gemeinschaftspädagogik Peter Petersens aufnimmt (Dietrich 1986). Sozialerziehung ist eines der wichtigsten Ziele (Landesinstitut für Schule und Medien Brandenburg 2003, 13). Tatsächlich liegt eine Stärke in den hohen sozialen und emotionalen Kompetenzen der Kinder am Schulanfang und in der Beibehaltung auch im zweiten Schulbesuchsjahr. Sowohl im Baden-Württembergischen Schulversuch „Schulanfang auf neuen Wegen" (Ministerium für Kultus, Jugend und Sport Baden-Württemberg 2006, 130) als auch im Abschlussbericht der wissenschaftlichen Begleitung des Thüringer Schulversuchs „Veränderte Schuleingangsphase" (Carle/Berthold 2007) und in der Unterrichtsevaluation der Flexiblen Schuleingangsphase im Land Brandenburg (Carle/Metzen 2007) wird von Eltern- und Lehrerseite die Entwicklung sozialer Kompetenzen als erfolgreich eingeschätzt. Vielleicht werden in der jahrgangsgemischten Schuleingangsphase die im Kindergarten erworbenen sozialen Kompetenzen der Kinder besser aufgenommen, wenn zugleich Konkurrenzverhalten und das Buhlen um Anerkennung durch andere reduziert wird. Allerdings stellt sich dabei gleichzeitig heraus, dass die Umstellung des Unterrichts auf eine höhere didaktische Qualität des Angebots nicht in gleichem Maße erfolgreich gelingt (vgl. Carle/Berthold 2004; Carle/Metzen 2007). So erfordert ein Unterricht, in dem die Kinder selbst aktiv forschend lernen, wie es dem Lernen in ihrer Altersstufe entsprechen würde, sehr viel mehr Vorbereitung, anderes Material als überwiegend Buch, Papier und Stift, differenzierte Arbeit am gemeinsamen Gegenstand, damit über verschiedene Lösungen miteinander diskutiert werden kann und Kinder voneinander lernen können. Vor allem benötigen Kinder für diese Arbeit, Zeit um sich zu vertiefen und Aufgaben mit Ernstcharakter, für deren Lösung eine vertiefte Arbeit Sinn macht.

Umgekehrt beginnt sich auch der Kindergarten umzustellen und die Bildungsanforderungen der Bildungspläne umzusetzen. In mehreren Bundesländern gibt es hierzu flächendeckende Schulungen aller Erzieherinnen und Erzieher (z.B. Baden-Württemberg, Brandenburg, Bremen). Zugleich wird die Angleichung des Bildungsniveaus der Fachkräfte im Kindergarten an das der Grundschullehrerinnen und Grundschullehrer gefordert. So entstanden alleine zwischen 2003 und 2007 in Deutschland ca. 35 neue Bachelorprogramme, die für die Arbeit im Kindergarten qualifizieren. Vieles deutet darauf hin, dass sich das Berufsbild der Pädagoginnen und Pädagogen am Schulanfang derzeit dramatisch verändert. Von einer flächendeckenden Gleichstellung der Ausbildung für Kindergarten und Grundschule ist Deutschland jedoch noch weit entfernt. Nicht zuletzt des unterschiedlichen Gehaltsniveaus wegen. Wer Frühpädagogik studiert, erhält auch Einblick in fachdidaktische Forschung. Umgekehrt fehlt in der Grundschullehrerausbildung der Fokus auf die Ausbildung sozialer Kompetenzen fast völlig.

Getrennte Einrichtungen für Kinder im Vorschulalter und in der Schuleingangsphase setzen Anschlussfähigkeit der Bildungsangebote voraus. Auch hier hat Deutschland noch einen weiten Weg vor sich. Dort, wo es Bildungspläne für Kinder bis zehn Jahre gibt, in Hessen und Thüringen, ist die Akzeptanz der Schulen dafür noch nicht gegeben. Zu empfehlen wäre unseres Erachtens eher der Weg, dass aufbauende Bildungskonzepte in konkreten Projekten im Verbund Kindergarten und Grundschule umgesetzt werden. Die Erfahrung hat gezeigt, dass konkrete Projekte eher geeignet sind, die sehr unterschiedlichen Kulturen zwischen Kindergarten und Grundschule aufzuheben (vgl. Carle/Samuel 2007).

6 Zusammenfassung

Frühkindliche Bildung in Deutschland befindet sich derzeit in einer Umbruchphase, die auch die Schuleingangsstufe mit einschließt. Kinder kommen heute mit sehr unterschiedlichen Kompetenzen in den Kindergarten. Die meisten lernen bereits vor der Schule Texte verstehen, Bildergeschichten malen und einige lernen nicht nur Lesen, sondern auch verschiedene Textsorten unterscheiden. Sie erwerben umfangreiche arithmetische und geometrische Fähigkeiten und kennen sich in naturwissenschaftlichen Phänomenen aus. Traditionell lernen sie im Kindergarten prosoziales Verhalten häufig in einer jahrgangsgemischten Gruppe, in der die Heterogenität der Kinder als Lernchance verstanden wird. Sie helfen sich gegenseitig, handeln Regeln aus und reflektieren spielend über Rollen. Bildungsansprüche der Gesellschaft und Bildungspläne für den Kindergarten erweitern dessen Aufgaben deutlich in den angestammten Bereich der formellen Bildung hinein. Gleichzeitig realisieren zahlreiche Bundesländer eine frühere Einschulung und die Flexibilisierung der Schuleingangsphase, so dass die bisherige Grenze zwischen Vorschulalter und Grundschulalter verschwimmt. In jahrgangsgemischten Lerngruppen werden die sozialen Erfahrungen der Kinder in der Schule aufgegriffen und in einem geöffneten Unterricht stabilisiert. Trotz dieser Neuerungen, die wesentlich zur Anschlussfähigkeit zwischen Kindergarten und Grundschule beitragen, besteht die Gefahr, dass sich eigene Schulerfahrungen der Lehrer und Erzieher implizit durchsetzen, weil sie nicht auf geeignete reflektierte Fachlichkeit zurückgreifen können. Eine vorrangige Aufgabe wird sein, die „Lehrerbildung vom Kopf auf die Füße" zu stellen, wie Ulf Preuss-Lausitz (2007) es fordert und die Ausbildung der Frühpädagoginnen und -pädagogen auf ein wissenschaftliches Niveau anzuheben.

Literatur

Barnett, S. W. (1995): Long-Term Effects of Early Childhood Programs on Cognitive and School Outcomes. The Future of Children 5 (3), 25-50.
Baumert, J./Artelt, C./Klieme, E./Neubrand, M./Prenzel, M./Schiefele, U./Schneider, W./Tillmann, K. J./Weiß, M. (Hrsg.) (2003): PISA 2000 – Ein differenzierter Blick auf die Länder der Bundesrepublik Deutschland. Opladen: Leske+Budrich.
Bayerisches Staatsministerium für Arbeit und Sozialordnung, Familie und Frauen/ Staatsinstitut für Frühpädagogik München (2003): Der Bayerische Bildungs- und Erziehungsplan für Kinder in Tageseinrichtungen bis zur Einschulung. Weinheim, Basel: Beltz Verlag.
Biedinger, N./Becker, B. (2006): Der Einfluss des Vorschulbesuchs auf die Entwicklung und den langfristigen Bildungserfolg von Kindern: Ein Überblick über internationale Studien im Vorschulbereich. Arbeitspapiere – Mannheimer Zentrum für Europäische Sozialforschung, H. 97, [online] URL: http://www.mzes.uni-mannheim.de/publications/wp/wp-97.pdf (Stand 10.12.2007).
Bönig, D./Schaffrath, S. (2004): Förderdiagnostische Aufgaben für den geometrischen Anfangsunterricht. In: Scherer, P./Bönig, D. (Hrsg.): Mathematik für Kinder – Mathematik von Kindern. Frankfurt a.M.: Grundschulverband – Arbeitskreis Grundschule, 63-72.
Bos, W./Lankes, E. M./Prenzel, M./Schwippert, K./Valtin, R./Walther, G. (2004): IGLU – Ergebnisse im internationalen und nationalen Vergleich – Erste Konsequenzen für die Grundschule. In: Carle, U./Unckel, A. (Hrsg.) (2004): Entwicklungszeiten – Forschungsperspektiven für die Grundschule (Jahrbuch Grundschulforschung 8). Wiesbaden: VS Verlag für Sozialwissenschaften, 30-50.
Bos, W./Schwippert, K./Stubbe, T. C. (2007): Die Koppelung von sozialer Herkunft und Schülerleistung im internationalen Vergleich. In: Bos, W./Hornberg, S./Arnold, K.-H./Faust, G./Fried, L./Lankes, E. M./Schwippert, K./Valtin, R. (Hrsg.): IGLU 2006. Lesekompetenzen von Grundschulkindern in Deutschland im internationalen Vergleich. Münster: Waxmann, 225-248.
Brazelton, T. B./Cramer, B. G. (1991): Die frühe Bindung – Die erste Beziehung zwischen dem Baby und seinen Eltern. Stuttgart: Klett-Cotta.
Brokmann-Nooren, Ch./Gereke, I./Kiper, H./Renneberg, W. (Hrsg.) (2007): Bildung und Lernen der Drei- bis Achtjährigen. Bad Heilbrunn: Klinkhardt.
Brügelmann, Hans (2007): Kinder auf dem Weg zur Schrift. 8. Aufl. (Erstveröffentlichung 1983). Bottighofen: Libelle.
Bundesministerium für Familie, Senioren, Frauen und Jugend (2004): OECD Early Childhood Policy Review 2002 – 2004, Hintergrundbericht Deutschland. München: DJI.
Campbell, F. A./Ramey, C. T./Pungello, E./Sparling, J./Miller-Johnson, S. (2002): Early Childhood Education: Young Adult Outcomes from the Abecedarian Project. Applied Developmental Science 6 (1), 42-57.

Carle, U. (1995): Mein Lehrplan sind die Kinder. Analyse der Planungstätigkeit von Lehrerinnen und Lehrern an Förderschulen. Weinheim: Deutscher Studienverlag.

Carle, U. (2000): Was bewegt die Schule? Internationale Bilanz – praktische Erfahrungen – neue systemische Möglichkeiten für Schulreform, Lehrerbildung, Schulentwicklung und Qualitätssteigerung. Baltmannsweiler: Schneider Verlag Hohengehren.

Carle, U./Panagiotopolou, A. (Hrsg.) (2004): Sprachentwicklung, Schriftspracherwerb und Lesekompetenz: Diagnose- und Fördermöglichkeiten im (vor-) schulischen Bereich. Ausgewählte Beiträge der DgfE-Jahrestagung Grundschulforschung an der Universität Bremen, Hohengehren: Schneider Verlag.

Carle, U./Wenzel, D. (2006): Gemeinsame Ausbildung für Elementar- und GrundschulpädagogInnen an der Universität Bremen. In: Diskurs Kindheits- und Jugendforschung. 1. Jg., H. 2, 297-300.

Carle, U./Berthold, B. (2007): Schuleingangsphase entwickeln – Leistung fördern. Wie 15 Staatliche Grundschulen in Thüringen die flexible, jahrgangsgemischte und integrative Schuleingangsphase eingerichtet haben. 2. Aufl. (Erstveröffentlichung 2004). Baltmannsweiler: Schneider.

Carle, U. (2007): 50 Jahre „Begabung und Begaben" – zentrale Fragen der Chancengleichheitsdebatte in der Grundschulpädagogik. In: Hahn, H./Möller, R./Carle, U. (Hrsg.): Begabungsförderung in der Grundschule. Baltmannsweiler: Schneider, 10-24.

Carle, U./Metzen, H. (2007): Wie entwickelt sich die FLEX im Land Brandenburg? Projektentwicklungsbeurteilung auf der Basis exemplarischer Videoanalysen zur Unterrichtsqualität der FLEX-Schulen in Land Brandenburg. In: Landesinstitut für Schule und Medien Berlin-Brandenburg (LISUM) (Hrsg.): Evaluation der flexiblen Schuleingangsphase FLEX im Land Brandenburg in den Jahren 2004-2006. Bandenburg: LISUM, [online] URL:http://www.bildung-branden-burg.de/fileadmin/bbs/unterricht_und_pruefungen/ rahmen lehrplaene/grundschule/flexible_eingangsphase/FLEX2007_Teil3.pdf, 167-221 (Stand 01.12.2007).

Carle, U./Samuel, A. (2007): Frühes Lernen – Kindergarten und Grundschule kooperieren. Baltmannsweiler: Schneider Hohengehren.

Currie, J. (2001): Early Childhood Education Programs. Journal of Economic Perspectives 15 (2), 213-238.

Deutsches Jugendinstitut (DJI) (2002): Sprachförderung im Vor- und Grundschulalter. Opladen: Leske+Budrich.

Dietrich, T. (1986): Die Pädagogik Peter Petersens, der Jena-Plan: Modell einer humanen Schule. Bad Heilbrunn /Obb.: Klinkhardt.

Duderstadt, M. (2007): Sprachförderung und literarisch-ästhetische Arbeit im Kindergarten. Online-Handreichung: [online] URL: http://www.elementargermanistik.uni-bremen.de/Handreichung_Duderstadt. pdf (Stand 01.12.2007).

Eisenberg, N. (1992): The caring child. Cambridge: Harvard University Press.

Feuser, G. (1984): Gemeinsame Erziehung behinderter und nichtbehinderter Kinder im Kindertagesheim. Zwischenbericht. Bremen: Diakonisches Werk.

Feuser, G. (2003): Integrative Elementarerziehung – Ihre Bedeutung als unverzichtbare Basis der Entwicklung des Bedürfnisses des Menschen nach dem Menschen. In: Landesverband Evangelischer Tageseinrichtungen für Kinder, Bremen (Hrsg.): Gemeinsamkeit macht stark, Unterschiedlichkeit macht schlau! Bremen: Bremische Ev. Kirche, 25-53.

Flitner, A. (2002): Spielen – Lernen: Praxis und Deutung des Kinderspiels. Neuausgabe 11. Aufl. (Erstveröffentlichung 1972). München: Piper.

Fölling-Albers, M. (2007): „Kinder und Kindheit im Blick der Erziehungswissenschaft – Ein Überblick über den Forschungsstand". Vortrag auf dem Kongress „Frühkindliche Bildung in Forschung und Lehre" am 28.06.2007 im Französischen Dom, Berlin.

Germino-Hausken, E. (2006): Early Childhood Longitudinal Study. Kindergarten Class of 1998-99. Project Summary, National Center for Education Statistics, [online] URL: http://nces.ed.gov/ecls/pdf/ksum.pdf (Stand 10.12.2007)

Graf, U./Moser Opitz, E. (Hrsg.) (2006): Diagnostik und Förderung im Elementarbereich und Grundschulunterricht. Baltmannsweiler: Schneider.

Guldimann, T./Hauser, B. (Hrsg.) (2005): Bildung 4- bis 8-jähriger Kinder. Münster: Waxmann.

Hagstedt, H. (1992): Offene Unterrichtsformen. Methodische Modelle und ihre Planbarkeit. In: Hameyer, U./Lauterbach, R. u.a. (Hrsg.): Innovationsprozesse in der Grundschule. Fallstudien, Analysen und Vorschläge zum Sachunterricht. Bad Heilbrunn: Klinkhardt, 367-382.

Hasemann, K. (2007): Mathematische Bildung im Kindergarten. In: Rieder-Aigner v., H. (Hrsg.): Zukunftshandbuch Kindertageseinrichtungen. Qualitätsmanagement für Träger, Leitung und Team. Walhalla + Praetorias, 1-12.

Hering, J. (2007): Vorlesen in Familien. Handreichung, [online] URL: http://www.elementargermanistik.uni-bremen.de/Handreichung_Hering_Vorlesen.pdf (Stand 01.12.2007)

Hiller, G. G. (1986): Längerfristige Unterrichtsplanung. In: Hessisches Institut für Lehrerfortbildung (Hrsg.): Handreichungen Sonderschule Nr. 34. Fuldatal: Hessisches Institut für Lehrerfortbildung, 6-48.

Hülswitt, K. L. (2004): Verstehen heißt Erfinden: Eigenproduktionen mit gleichem Material in großer Menge. In: Scherer, P./Bönig, D. (Hrsg.): Mathematik für Kinder – Mathematik von Kindern. Frankfurt a.M.: Grundschulverband – Arbeitskreis Grundschule, 207-218.

Hülswitt, K. L (2006): Freie mathematische Eigenproduktionen: Die Entfaltung entdeckender Lernprozesse durch Phantasie, Ideenwanderung und den Reiz unordentlicher Ordnungen. In: Graf, U./Moser Opitz, E. (Hrsg.): Diagnostik und Förderung im Elementarbereich und Grundschulunterricht. Baltmannsweiler: Schneider, 150-164.

Jampert, K. (2002): Schlüsselsituation Sprache. Spracherwerb im Kindergarten unter besonderer Berücksichtigung des Spracherwerbs bei mehrsprachigen Kindern. Opladen: Leske+Budrich.

Jantzen, W. (1987): Allgemeine Behindertenpädagogik. Bd. I. Sozialwissenschaftliche und psychologische Grundlagen. Weinheim: Beltz.

Kornmann, R. (1991): Veränderungen des Gegenstandsbezugs als Indikator kognitiver Entwicklung und Möglichkeiten ihrer förderungsbezogenen diagnostischen Erfassung. Heilpädagogische Forschung, 17. Jg., H. 4, 184-191.

Landesinstitut für Schule und Medien Brandenburg (LISUM) (Hrsg.) (2003): FLEX-Handbuch 1. Die Ausgestaltung der flexiblen Schuleingangsphase im Land Brandenburg – pädagogische Standards, Leitfäden und Praxismaterialien. Fachliche Begleitung und Redaktion durch Katrin Liebers. Potsdam: LISUM.

Lee, V. E./Brooks-Gunn, J./Schnur, E./Liaw, F. R. (1990): Are Head Start Effects Sustained? A Longitudinal Follow-up Comparison of Disadvantages Children Attending Head Start, No Preschool, and Other Preschool Programs. Child Development 61 (2), 495-507.

Leontjew, A. N. (1980): Probleme der Entwicklung des Psychischen. Königstein/Taunus: Athenäum (russ. Orig. 1959).

Leu, H. R. (2002): Sozialberichterstattung zu Lebenslagen von Kindern. Opladen: Leske+Budrich.

Lück, G. (2003): Handbuch der naturwissenschaftlichen Bildung. Theorie und Praxis für die Arbeit in Kindertageseinrichtungen. Freiburg: Herder.

Meyer, H. (1991): Rezeptionsprobleme der Didaktik oder wie Lehrer lernen. In: Adl-Amini, B./Künzli, R. (Hrsg.): Didaktische Modelle und Unterrichtsplanung 3. Aufl. München: Juventa, 88-118.

Mienert, M./Vorholz, H. (2007): Umsetzung der neuen Bildungsstandards in Kindertagesstätten – Chancen und Schwierigkeiten für Erzieherinnen. In: bildungsforschung, 4Jg., Ausgabe 1, [online] URL: http://www.bildungsforschung.org/Archiv/2007-01/zumthema (Stand 11.12.2007).

Ministerium für Kultur, Jugend und Sport des Landes Baden-Württemberg (2006): Schulanfang auf neuen Wegen. Abschlussbericht zum Modellprojekt. Arbeitskreis Wissenschaftliche Begleitung „Schulanfang auf neuen Wegen" URL: http://www.km-bw.de/servlet/PB/-s/2lkee3nh9z5g4azhy5qb5w78s403t/show/1188110/Abschlussbericht_24-07.pdf.

NICHD Early Child Care Research Network (2004): Multiple Pathways to Early Academic Achievement. Havard Educational Review 74 (1), 1-29.

Nickel, S. (2006): Beobachtung kindlicher Literacy-Erfahrungen im Übergang von Kindergarten und Schule. In: Graf, U./Moser Opitz, E. (Hrsg.): Diagnostik und Förderung im Elementarbereich und Grundschulunterricht. Baltmannsweiler: Schneider, 87-104.

OECD (2004): Die Politik der frühkindlichen Betreuung, Bildung und Erziehung in der Bundesrepublik Deutschland. Ein Länderbericht der Organisation für wirtschaftliche Zusammenarbeit und Entwicklung (OECD). [online] URL: http://www.bmfsfj.de/RedaktionBMFSFJ/Pressestelle/Pdf-Anlagen/oecd-studie-kinderbetreuung,property=pdf.pdf (Stand 10.12.2007).

Peisner-Feinberg, E. S./Burchinal, M. R./Culkin, M. I./Howes, C./Kagan, S. L./Yazejian, N./Byler, P./Rustici, J./Zelazo, J. (1999): The children of the cost, quality and outcomes study go to school: Executive summary. Chapel Hill: University of North Carolina at Chapel Hill, Frank Porter Graham Child Development Center.

Portal Wissen und Wachsen, [online] URL: http://www.wissen-und-wachsen.de/ (Stand 12.12.2007).

Preuss-Lausitz, U. (2007): Lehrerbildung vom Kopf auf die Füße stellen. In: Die Grundschulzeitschrift, 21. Jg., H. 210, 1.

Projekt Natur-Wissen-schaffen, [online] URL: http://www.natur-wissen-schaffen.de/home/index.php (Stand 01.12.2007).

Rauschenbach, T. (2002): Der Bildungsauftrag des Kindergartens – Neubesinnung nach dem PISA-Schock. Theorie und Praxis der Sozialen Arbeit, 53. Jg., H. 3, 205-213.

Reggio Children (2002): Alles hat einen Schatten außer Ameisen: wie Kinder im Kindergarten lernen. Erstveröffentlichung 1983. Neuwied.

Roßbach, H.-G. (2004): Kognitiv anregende Lernumwelten im Kindergarten. In: Lenzen, D./Baumert, J. (Hrsg.): PISA und die Konsequenzen für die erziehungswissenschaftliche Forschung. Zeitschrift für Erziehungswissenschaft. Beiheft 3, 9-24.

Sammons, P./Elliot, K./Sylva, K./Melhuish, E./Siraj-Blatchford, I./Taggart, B. (2004): The Impact of Pre-school on Young Children's Cognitive Attainments at Entry to Reception. British Educational Research Journal 30 (5), 691-712.

Schäfer, G. E. (2004): Auf den Anfang kommt es an. Ein offener Bildungsplan für Kindertageseinrichtungen in Nordrhein-Westfalen. Weinheim, Basel: Beltz Verlag.

Schmidt-Kolmer, E. (1984): Frühe Kindheit. Berlin: Volk und Wissen.

Schweinhart, L. J./Barnes, H. V./Weikart, D. P. (1993): Significant Benefits. The High/Scope Perry Preschool Study Through Age 27. Ypsilanti: The High/Scope Press.

Strehmel, P. (2007): Der Einfluss vorschulischer Betreuung auf den Schulerfolg. In: Alt, Ch. (Hrsg.): Kinderleben – Start in die Grundschule, Bd. 3: Ergebnisse aus der zweiten Welle. Wiesbaden: Verlag für Sozialwissenschaften, 61-79.

Struck, J. (1996): Zum Rechtsanspruch auf einen Kindergartenplatz und seiner Modifizierung. Zentralblatt für Jugendrecht, 83. Jg., H. 5, 157-159.

Textor, M. R. (o. J.): Forschungsergebnisse zur Effektivität frühkindlicher Bildung: EPPE, REPEY und SPEEL. In: Ders. (Hrsg.): Onlinehandbuch Kindergartenpädagogik. [online] URL: http://www.kindergartenpaedagogik.de/1615.html (Stand 01.09.2007)

Textor, M. R. (2006): Gehirnentwicklung bei Babys und Kleinkindern - Konsequenzen für die Familienerziehung. In: Fthenakis, W. E./Textor, M. R. (Hrsg.): Online-Familienhandbuch. [online] URL: http://www.familienhandbuch.de/cmain/f_Fachbeitrag/a_Kindheitsforschung/s_763.html (Stand 01.09.2007).

Valtin, R./Bos, W./ Hornberg, S./Schwippert, K. (2007): Zusammenschau und Schlussfolgerungen. In: Bos, W./Hornberg, S./Arnold, K.-H./Faust, G./Fried, L./Lankes, E.-M./Schwippert, K./Valtin, R. (Hrsg.): IGLU 2006. Lesekompetenzen von Grundschulkindern in Deutschland im internationalen Vergleich. Münster: Waxmann, 329-348.

Völkel, P. (2002): Geteilte Bedeutung – soziale Konstruktion. In: Laewen, H.-J./Andres, B. (Hrsg.): Bildung und Erziehung in der frühen Kindheit. Bausteine zum Bildungsauftrag von Kindertageseinrichtungen. Weinheim: Beltz.

Wenzel, D./Levermann, S. (2007): Die Bedeutung von Beobachtung in Übergangs- und Bildungssituationen. In: Carle, U./Grabeleu-Szczes, D./Levermann, S. (Hrsg.): Sieh mir zu beim Brückenbauen – Kinder in Bildungs- und Übergangsprozessen wahrnehmen, würdigen und fördern. München: Cornelsen, 144-156.

Zigler, E. F./Singer, D. G./Bishop-Josef, S. J. (Hrsg.) (2004): Children's Play: the roots of reading. Zero to Three Press.

Zinke, P./Borstelmann, A./Metze, T. (Hrsg.) (2005): Vom Zeichen zur Schrift. Begegnungen mit Schreiben und Lesen im Kindergarten. Ein Werkstattbuch. Weinheim: Beltz.

Vom Lehren zum Lernen, von Stoffen zu Kompetenzen – Unterrichtsentwicklung als Schulentwicklung

Hans-Günter Rolff

Unterrichtsentwicklung wird allerorts zum Zentrum von Schulentwicklung erklärt. Es gibt kaum einen Reformbereich, über dessen Priorität man sich so einig ist. Dessen ungeachtet kommt die Praxis der Unterrichtsentwicklung (künftig mit UE abgekürzt) nur mühsam voran. Das liegt vermutlich daran, dass die Konzepte noch unklar sind und es verdeckte Widerstände in der Schulorganisation und im Lehrerbewusstsein gibt, die UE erschweren, wenn nicht gar behindern.

Deshalb sollen im Folgenden die Konzepte von UE geklärt – hier erscheint die Vermittlung von „life skills" an die Heranwachsenden als ein zentrales neues Muster – und die Widerstände analysiert werden, um am Schluss ein komplexes Modell von UE zu skizzieren, das einen Teil der genannten Probleme zu lösen verspricht.[1]

1 Zur Richtung der Unterrichtsentwicklung (UE)

Die Richtung der UE scheint durch die internationalen Schulleistungs-Vergleichsstudien vorgegeben zu sein. Aus TIMSS, PISA und IGLU resultiert in überzeugender Weise die Notwendigkeit einer Modernisierung des Unterrichts, die durch zwei Musterwechsel gekennzeichnet werden kann: Vom Lehren zum Lernen und von Stoffen zu Kompetenzen.

1.1 Vom Lehren zum Lernen

Die internationalen Schulleistungsvergleiche haben den Stand der Unterrichtsforschung aufgearbeitet, z. T. weiterentwickelt und zudem neue Studien ange-

---

[1] Der Beitrag ist in ähnlicher Form bereits erschienen in: Bos et al. (Hrsg.) (2006): Jahrbuch der Schulentwicklung. Bd. 14. Weinheim; München: Juventa.

regt. Folgt man den dort erkennbaren Trends, die von Helmke (2003) in hervorragender Weise analysiert und zusammengefasst wurden, so ist moderner Unterricht vor allem am Lernen der Schülerinnen und Schüler orientiert. Es geht darum, die Lernfähigkeiten der Schüler zu stärken, ihnen die nötigen Lernstrategien zu vermitteln und den Unterricht vom Lernen der Schülerinnen und Schüler her zu denken.

Das Lehren durch Lehrpersonen wird nicht überflüssig, sondern verliert an Zentralität. Lehrer sollen anleitend und anregend lehren, dabei weniger belehren und den Unterrichtsablauf nicht nur moderieren, vielmehr die Schülerinnen und Schüler zu selbstständigem und kooperativem Lernen befähigen.

Zur Modernisierung von Unterricht gehört auch die regelmäßige Evaluation der Ergebnisse und – was neu ist – auch der Lernprozesse. Angestrebt wird letztlich, dass die Schüler selber in die Lage versetzt werden, ihren Lernprozessen Ziele zu geben und die Zielerreichung regelmäßig zu überprüfen.

1.2 Von Stoffen zu Kompetenzen

Mit den internationalen Vergleichsstudien ging auch ein Wandel der inhaltlichen Grundrichtung einher. Nicht mehr eine wie gut auch immer begründete Stofforientierung in den Lehrplänen gibt der UE jetzt die Richtung, sondern eine Orientierung an funktionalen Anforderungen. Sie beziehen sich auf die Bewältigung künftiger Lebens- und Berufssituationen, die sich angesichts des raschen sozialen Wandels inhaltlich nicht mehr spezifizieren lassen. Die OECD, die die PISA-Studien entworfen hat, spricht in diesem Zusammenhang von "life skills", die die Schule den Heranwachsenden vermitteln soll. Die pädagogische Psychologie und mit ihr die neuere Curriculumtheorie zieht den Begriff der Kompetenzen vor. Die Referenzdefinition (wie Klieme sie nennt) zum Kompetenzbegriff stammt von Weinert. Dieser definiert Kompetenzen als "die bei Individuen verfügbaren oder durch sie erlernbaren kognitiven Fähigkeiten und Fertigkeiten, um bestimmte Probleme zu lösen, sowie die damit verbundenen motivationalen, volitionalen und sozialen Bereitschaften und Fähigkeiten, um die Problemlösungen in variablen Situationen erfolgreich und verantwortungsvoll nutzen zu können" (zit. nach Klieme 2004, 11f.). Von Weinert wird auch der Hinweis überliefert, dass man Kompetenzen nur über Inhalte erwerben kann. Kompetenz "stellt die Verbindung zwischen Wissen und Können her und ist als Befähigung zur Bewältigung unterschiedlicher Situationen zu sehen", heißt es bei Klieme (2004, 11) weiter. Inhalte werden also nicht obsolet, schon gar nicht Wissensinhalte in der Wissensgesellschaft, wohl aber bloße Stoffsystematiken.

Die Kompetenzen erstrecken sich über die ganze Breite des Lernfeldes, von fachlichen zu überfachlichen, von Methodenkompetenzen über soziale bis zu personalen Kompetenzen.

2 „Grammatik von Schule" als Reformbremse

Mag die Richtung der Unterrichtsentwicklung auch noch so klar und zudem akzeptiert sein, sie ist nicht leicht umzusetzen, vielmehr erscheint die Implementierung der weltweit neu auf Kompetenzbasis formulierten Bildungsstandards eine harzige Angelegenheit zu sein. Das liegt vermutlich an der „Grammatik von Schule". Dieser Begriff stammt von Tyack und Tobin. Er wurde von ihnen benutzt, um die Frage zu klären, „warum die etablierten institutionalisierten Formen von Schule so stabil sind und warum die meisten (Reform-) Herausforderungen so schnell verwelken oder marginalisiert werden" (Tyack/Tobin 1994, 453). Die Grammatik der Schule besteht nach Tyack und Tobin aus den regulären und regulierenden Strukturen und Regeln, die den Alltag des Unterrichtens prägen. Sie zählen dazu Regulative,

- wie Zeit und Raum aufgeteilt werden, also Stundentakt und Jahrgangsklassen,
- wie Schülerinnen und Schüler klassifiziert werden,
- wie das Weltwissen in Fächer aufgeteilt wird,
- wie Lehrkräfte aufgefordert sind, als Einzelpersonen zu arbeiten oder
- wie Schülerinnen und Schüler Aufgaben erhalten, beurteilt werden oder Prüfungen absolvieren müssen (vgl. ebd., 455f.).

Diese in den Schulalltag eingelassenen Regulative wirken wie ein heimlicher Lehrplan, stärker nach wie eine „Zwangsjacke" (ebd., 455), und sie sind ebenso wirkmächtig wie sie schwer zu erkennen sind. Tyack und Tobin wählen deshalb „Grammatik" als Metapher: „Weder die Grammatik der Schule noch die des Sprechens muss bewusst sein; sie wirkt unauffällig, aber effektiv" (Tyack/Tobin 1993, 454).

Tyack und Tobin weisen anhand von Fallstudien zu US-amerikanischen Innovationsvorhaben eindrucksvoll nach, wie die Grammatik der Schule zumeist als Reformbremse wirkt, aber gelegentlich unter bestimmten Bedingungen auch überwunden werden kann. Sie resümieren ihre Erkenntnisse in dem Bonmot: „Die Reformer glauben, dass ihre Innovationen die Schule ändern, aber es ist wichtig zu erkennen, dass die Schulen die Reformen ändern" (ebd., 478).

3 UE ist mehr als Modernisierung des eigenen Unterrichts

Nicht selten wird UE gleichgesetzt mit der Modernisierung des eigenen Unterrichts im Sinne von Aktualisierung der Inhalte oder Erweiterung des Methodenrepertoires. Dieses Verständnis von UE ist unzulänglich, erstens, weil es die „Grammatik von Schule" übersieht, und zweitens, weil es einem verkürzten Verständnis von UE aufsitzt. Doch worin besteht ein angemessenes Verständnis von UE?

3.1 Was Modelle von UE gemeinsam haben

Wenn man die Essenz von UE herausarbeiten will, bietet es sich an, die erprobten und publizierten Modelle von UE daraufhin zu untersuchen, welche Gemeinsamkeiten sie haben. Einbezogen in diese Untersuchung wurden die UE-Modelle von Klippert (1995 und 2001), von der Realschule Enger (2001), von Tschekan (2002), von SINUS (Prenzel 2001) und vom Modellvorhaben „Selbstständige Schule" in NRW (Projektleitung 2004). Abb. 1 zeigt das Ergebnis.

Abb. 1: Gemeinsamkeiten von Modellen der UE

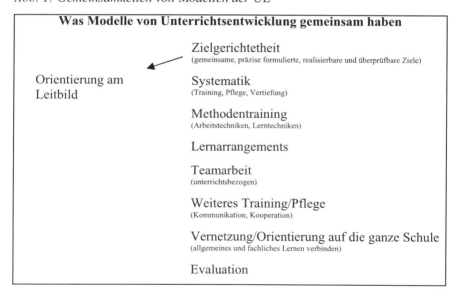

Danach zeichnet sich die Essenz der UE durch die acht Kriterien Zielgerichtetheit, Systematik, Methodentraining, Lernarrangements, Teamarbeit, weiteres Training bzw. Pflege des Gelernten, Vernetzung und Evaluation aus. Nicht alle Modelle erfüllen alle Kriterien, z. B. orientiert sich SINUS nicht auf die ganze Schule („Vernetzung") und sieht das Konzept der Realschule Enger keine systematische Evaluation vor, aber fünf der acht Kriterien erfüllen sie alle.

Aus Abb. 1 wird auch deutlich, dass UE notwendig eine veränderte Grammatik von Schule voraussetzt. UE verlangt u.a. nach Teamarbeit, Vernetzung und Evaluation, also nach Schulentwicklung. Schulentwicklung besteht aus den drei Prozessen UE, Organisationsentwicklung (OE) und Personalentwicklung (PE).

3.2 UE setzt OE voraus

Jede Lehrperson kann ihren Unterricht aktualisieren, aber niemand kann den Unterricht allein entwickeln. UE bezieht sich ja nicht auf eine Klasse, sondern auf die ganze Schule oder zumindest auf Teile davon. UE verlangt nach Teamarbeit und allein deshalb schon nach OE, nach der systematischen Weiterentwicklung des Arbeitsplatzes Schule. Dies ist ein schwieriges Unterfangen, sagen doch auch noch in der jüngsten IFS-Lehrerumfrage 2006 62% aller befragten Lehrpersonen: „In den Unterricht redet mir niemand hinein." Die Gelingensbedingungen unterrichtsbezogener OE sind inzwischen ganz gut erprobt und evaluiert, vor allem im Modellvorhaben „Schule & Co", das die Bertelsmann-Stiftung in den Jahren 1997 bis 2002 in NRW durchführte.

Aus dieser Evaluation lassen sich Aussagen über ein Gelingen der Verschränkung von Unterrichtsentwicklung und OE rekonstruieren, die sich in sieben Aussagen zusammenfassen lassen:

1. Der Gegenstand der Entwicklungsarbeit war bei „Schule & Co" klar definiert; dem entspricht die Möglichkeit, auch die Konturen der Steuerungsarbeit kenntlich zu machen. Es ging in allen 52 beteiligten Schulen darum, eine praktische Veränderung in definierten Bereichen der Unterrichtsgestaltung und der Teamentwicklung zu initiieren und voranzutreiben, wobei dieses Vorhaben in definierten Schritten auf die ganze Schule gerichtet war.
2. Gegenstand und Vorgehensweise der Entwicklungsarbeit war von einer breiten Zustimmung der beteiligten Lehrerinnen und Lehrer getragen, in die schrittweise auch die Eltern und Schüler einbezogen wurden. Auf der Seite der Steuerungsarbeit entfiel die Notwendigkeit, den Ge-

genstand überhaupt erst zu definieren, grundlegende Konzepte für seine Bearbeitung zu entwickeln und die entsprechenden grundlegenden Entscheidungsprozesse zu organisieren; dies erhöhte die Erfolgschancen.
3. Die Arbeit in der Unterrichtsentwicklung folgte einer konturierten Implementationsstrategie, auch wenn die Transformation auf die jeweilige Schulform und die Fächer mit einem hohen „Übersetzungsaufwand" verbunden war. Steuerungsarbeit hat es also zunächst weder mit unterschiedlichen Umsetzungsstrategien zu tun, noch muss sie Implementationsstrategien völlig neu erfinden. Auch das reduziert die Komplexität des hochkomplexen Steuerungsauftrages.
4. Die Entwicklungsarbeit war direkt auf eine Veränderung des Alltagshandelns bezogen; die Steuerungsarbeit konnte sich also auf den „Ernstfall Unterricht" und eine Unterstützung der dafür erforderlichen Entwicklungsarbeit beziehen; damit kann auch eine direkte Nützlichkeit für den Alltag erfahren werden. Die für Schulentwicklungsmanagement notwendigen Kompetenzen wurden in diesem Projekt in gesonderten Kursen an die Steuerungsgruppe vermittelt, die in jeder Schule eingerichtet worden war, und in der auch die Schulleitung saß.
5. Gegenstand und Managementmethoden der Entwicklungsarbeit hatten für alle Lehrerinnen und Lehrer eine Bedeutung, die zunächst einmal unabhängig von ihrem Fach festzumachen war. Damit konnte sich die Steuerung des Prozesses auf eine gemeinsame Sache und Sprache beziehen, die eine Brücke zwischen den sonst als trennend empfundenen Fachkulturen und Fachsprachen darstellte. Das in diesem Projekt gewählte Konzept von UE stellte die Vermittlung von Kenntnissen und Fähigkeiten, die den spezifischen fachlichen Inhalten gleichsam vorgelagert sind, in den Mittelpunkt.
6. Die Entwicklungsarbeit brachte für alle Beteiligten vergleichbare Aufgaben und Schwierigkeiten mit sich, nämlich die vorgeschlagenen Methoden auf die einzelnen Fächer und die Besonderheiten der Schulformen zu transformieren. Damit konnte sich die Steuerungsarbeit auf eine überschaubare Anzahl von Lösungen konzentrieren, die in den einzelnen Feldern eine hohe Ähnlichkeit aufwiesen und die außerdem noch schulübergreifend verglichen und ausgetauscht werden konnten.
7. Das Verhältnis von Entwicklungsarbeit und Schulentwicklungsmanagement war durch Ausdifferenzierung der Funktionen und der darauf bezogenen Qualifizierungsprogramme gekennzeichnet (vgl. Bastian/ Rolff 2003, 41 ff.).

Die für Schulentwicklungsarbeit wichtige, aber auch schwer zu klärende Frage, wie durch Schul- und Unterrichtsentwicklung die Fachleistung gesteigert werden kann, wurde in diesem Projekt konstruktiv angegangen. Statt unfruchtbarer Auseinandersetzungen über den Gegenstand von Methode und Inhalt bot das Konzept jedem (Fach)lehrer die Möglichkeit, das methodische Angebot gemeinsam mit anderen auf die fachlichen Besonderheiten zu transformieren. Es zeigte sich: OE kann die Kontroverse zwischen Methode und Fach zwar nicht auflösen, aber mittels einer Steuergruppe fruchtbar machen.

Der Kern der fachbezogenen UE besteht – wie weiter oben dargelegt – in der Umorientierung von Stoffen auf Kompetenzen. Adressaten der zentral vorformulierten Kompetenzen sind ausdrücklich die Fachkonferenzen. Damit verbunden ist ein Verständnis von Unterrichtsentwicklung als Entwicklung von Fachunterricht. Unterrichtsentwicklung im Rahmen von Schulentwicklung bezog sich zu Beginn eher auf Methoden- und Kommunikationstraining sowie auf kooperatives Arbeiten, also auf Lernen von Schülern, und zwar solchen, die gemeinsam in Klassen und Kursen unterrichtet werden. Fachunterricht bewegt sich indes gleichsam auf einer vertikalen Achse, im Gymnasium z. B. von der 5. bis zur 13. Klasse. Die Lehrer, die ein Fach unterrichten, arbeiten meist in mehreren Klassen. Der Ort professionellen Austausches ist die Fachkonferenz.

Beide Formen der Unterrichtsentwicklung gehören innerlich zusammen. Dieser Zusammenhang stellt sich allerdings in fragmentierten Schulen nicht von selber her. Er muss im Sinne von OE organisiert werden.

Abb. 2: Kreuz der Unterrichtsentwicklung

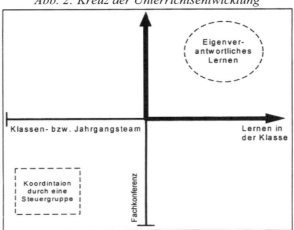

Abb. 2 zeigt das (Koordinaten-)Kreuz integrierter Unterrichtsentwicklung, das durch eine Steuergruppe koordiniert wird und sich letztlich schulweit ausbreiten muss. Wenn diese Koordination gelingt, entsteht eigenverantwortliches Lernen.

Der innere Zusammenhang beider Formen der Unterrichtsentwicklung wird auch in den Texten der Fachdidaktiker deutlich, in denen sich zumeist Formulierungen finden wie selbst reguliertes Lernen, kooperatives Lernen oder zielorientiertes Lernen, also allgemeindidaktische Kategorien. Auf der anderen Seite ist auch den "Lernentwicklern" klar, dass man Methoden nicht ohne Inhalte lernen kann.

3.3 UE setzt Personalentwicklung voraus

Wer den Unterricht entwickeln will, muss sich auch selbst entwickeln: Er muss z. B. Schülerfeedback ertragen (vielleicht auch genießen) oder kollegiale Hospitation, mit Öffentlichkeit leben, zumindest mit innerschulischer und auch im Team arbeiten. Das kann unter die Haut gehen. UE ist also eine Herausforderung an die Person und verlangt nach Personalentwicklung (vgl. Gudjons 1982).

Wir wissen aus der Forschung, dass das Handeln von Personen von Skripts und subjektiven Theorien gesteuert wird, die keinem rationalen Plan folgen, sondern durch mancherlei, auch emotionale biographische Erfahrungen geprägt sind. Blömecke u.a. (2003) sowie Groeben u.a. (1998) haben diesen Ansatz auf Lehrerhandeln übertragen. Skripts und subjektive Theorien steuern das Lehrerhandeln. Anderer Unterricht verläuft also nach anderen Skripts und anderen subjektiven Theorien.

Skripts sind ein Ausdruck für die mentale Repräsentation nicht einer Einzelhandlung, sondern einer Handlungsabfolge, die auf eine spezifische Situation ausgerichtet ist und ein spezifisches Ziel verfolgt (vgl. Schank/Abelson 1977). Skripts werden durch jahrelange Erfahrungen erworben und sind entsprechend schwer zu ändern.

Skripts stellen komplexe Aggregate von handlungsleitenden Kognitionen dar. Dazu gehören allgemeine und spezielle Erwartungen der Lehrer an ihre Schüler, Vorstellungen von Lernprozessen, kausale Interpretationsmuster für die Entstehung erwünschter und unerwünschter Effekte (Kausalattributionen), Beurteilungspräferenzen, Komponenten des professionellen Wissens sowie subjektive Theorien bezüglich des eigenen Handelns.

Subjektive Theorien beruhen nicht notwendig auf wissenschaftlichem Wissen (Lerntheorien u.ä.); im Gegenteil, Lehrpersonen orientieren sich verhältnismäßig selten an den Theorien, die sie im Studium kennen gelernt haben (Groeben et al. 1988). Subjektive Theorien setzen sich aus subjektiven Daten, sub-

jektiven Konstrukten, subjektiven Definitionen und subjektiven Hypothesen zusammen. Sie werden häufig auch implizite (Mini-)Theorien oder auch Alltagstheorien genannt, und die Hypothesen beruhen nicht selten auf Vorurteilen. Es gibt einen engen Zusammenhang zwischen subjektiven Theorien und unterrichtlichem Handeln (vgl. ebd.).
Genauere Kenntnisse über kognitive Strukturen von Lehrpersonen sind deshalb für die Weiterentwicklung von Schule und Unterricht unmittelbar handlungsrelevant. In der Vergangenheit hat sich gezeigt, dass eine Modifikation oder gar eine weitgehende Veränderung von Lehrerhandeln nur schwer möglich ist. Trotz intensiver und eindeutiger Unterrichtsplanungen, die eine neue Handlungsabsicht aufnehmen, kommt es im Unterricht häufig zu anderen Handlungen als beabsichtigt (vgl. Mutzeck 1988). Bedingungen und Wirkungen erfolgreicher Interventionen sind weitgehend unerforscht; Top-Down-Modelle als Reformansatz zur Veränderung des Lehrerhandelns, die Lehrer als passive Implementatoren verstehen, sind zum Scheitern verurteilt. Das hat nicht zuletzt damit zu tun, dass gewohnte Handlungsabläufe in der unstrukturierten Situation des Unterrichtsalltags Handlungssicherheit geben. „Maßnahmen, die auf Veränderung ausgerichtet sind, können und dürfen daher nur behutsam und in unmittelbarer Anknüpfung an die vorhandenen Handlungsmuster durchgeführt werden, wenn sie Erfolg haben sollen, da sie nur so verknüpft werden können" (Blömecke u.a. 2003, 119).

4 Reflektorische UE

Skripts und subjektive Theorien sind als mental gespeicherte Unterrichtsverläufe anzusehen. Unterrichtsentwicklung muss sie nicht nur ins Auge fassen, sondern auch Anlässe schaffen, die eine Veränderung von Skripts und subjektiven Theorien ermöglichen und unterstützen.

Skripts und subjektive Theorien werden im Folgenden der Einfachheit halber mit Senge „mentale Modelle" genannt (Senge 1996, 213f.). Das hat zudem den Vorteil, sie in den Bezugsrahmen von "lernenden Organisationen" zu stellen, der sich auch als Referenzrahmen für reflektorische Unterrichtsentwicklung eignet.

4.1 UE als Training des ganzen Kollegiums

Die Arbeit an mentalen Modellen wird bei der UE bisher vernachlässigt, auch vom bisher am weitesten ausgearbeiteten Ansatz von UE. Dieser Ansatz geht auf Klippert (1995) zurück und wurde im Rahmen des Modellvorhabens „Selbstständige Schule NRW" weiter entwickelt (Projektleitung 2004). Er konzentriert sich wie die meisten Anderen auf die Vermittlung von methodischem Handwerkszeug an Teile bzw. das Ganze des Kollegiums. Dabei geht es im Kern um systematisches Training bzw. Qualifizierung, organisiert von einer Steuergruppe, die sich auch um Nachhaltigkeit bemüht. Von Madelung und Weisker stammt die aktuellste Darstellung dieses in Deutschland dominierenden Konzepts von UE:

„Im Mittelpunkt steht ein ständig in der Entwicklung begriffenes Konzept, das sich an ganze Kollegien richtet, die nach und nach in Teams daran teilnehmen. Die Erfahrung hat gezeigt, dass die noch immer üblichen Einzelfortbildungen zumeist keine systematische Wirkung entfalten, die über den Unterricht eines einzelnen Lehrers hinausgeht (vgl. Abb. 3). Die Lehrerinnen und Lehrer arbeiten innerhalb von etwa zwei Jahren in drei aufeinander aufbauenden Fortbildungsbausteinen und anschließend in fachbezogenen Workshops. Ziel ist es, den Erwerb von Schlüsselkompetenzen fächerübergreifend zu systematisieren, um so das Lernen der Schüler(innen) - sowohl bezogen auf fächerübergreifende als auch auf fachbezogene Kompetenzen - zu unterstützen und zu verbessern. Die von den Lehrer(innen) in diesen Fortbildungen erworbenen und erprobten Kenntnisse und Strategien sollen in einem zweiten Schritt systematisch in den Fachunterricht übertragen und integriert werden. Die Lernfähigkeit der Schülerinnen und Schüler soll über die Jahrgänge und über die Fächergrenzen hinweg systematisch entwickelt werden; und dies erfordert eine systematische Teamentwicklung im gesamten Kollegium." (Madelung/Weisker 2006, 16f.)

Madelung und Weisker sehen die Gefahr, dass Unterrichtsentwicklung das Steckenpferd einzelner Kolleg(inn)en, Fachgruppen, der Steuergruppe oder der Schulleitung bleibt. Sie betonen demgegenüber die Notwendigkeit, dass das Kollegium mit großer Mehrheit eine Teilnahme an der Fortbildungs- und Entwicklungsarbeit beschließt. Auch die Eltern sollten das Programm mittragen. Wird eine Entscheidung für systematische Unterrichtsentwicklung in den Gremien lediglich durchgewinkt, ist ein Scheitern zu erwarten. Deshalb schlagen Madelung und Weisker die Durchführung eines Orientierungstags vor, bei dem die späteren Fortbildner über das Konzept und seine Implikationen informieren. So können alle Bedenken, Fragen und Einwände frühzeitig angesprochen und geklärt werden.

Madelung und Weisker machen deutlich, dass das Ziel einer solchen Unterrichtsentwicklung darin besteht, nicht einzelne Unterrichtsstunden methodisch besser zu gestalten oder den Schülern „weitere Lerntechniken beizubringen. Ziel ist vielmehr, den Schüler(innen) eine Entwicklung zum selbstständigen Lernen zu ermöglichen und so die Voraussetzungen für ein lebenslanges Lernen zu legen, und das erfordert ein komplexes, weit über Methodentrainings hinausgehendes Programm" (ebd., 18).

Es geht also letztlich um eine Veränderung der Grammatik von Schule. Madelung und Weisker weisen darauf hin, dass die Einrichtung einer Steuergruppe von größtem Nutzen ist:

„Allein die Anforderungen der Teambildung machen bei der Implementation eine schulische Steuergruppe notwendig. Hinzu kommt: Die Fortbildung aller Lehrer(innen) einer Schule in drei Basismodulen zu überfachlichen Kompetenzen und darauf aufbauenden fachbezogenen Workshops sind über mehrere Jahre hinweg zu organisieren, die Schülertrainings sind zu koordinieren und die Fachlehrer(innen) müssen bei der Pflege des selbstständigen Lernens im Fachunterricht unterstützt werden. Die Erfahrung zeigt, dass dieser Übergang in den Fachunterricht eine wichtige und komplizierte Gelenkstelle ist. Vielen Schulen gelingt es, Schüler-Basistrainings in einigen Stufen einzuführen. Nicht so leicht gelingt es, Schlüsselkompetenzen über alle Jahrgangsstufen hinweg systematisch immer weiter zu entwickeln. Noch schwieriger ist es, Strukturen für die regelmäßige Pflege der Kompetenzen im alltäglichen Unterricht zu etablieren, und das so, dass die Arbeit in den Fächern spürbar davon profitiert. Und mindestens genauso schwierig ist es, immer wieder Lernarrangements zu gestalten, in denen Schüler(innen) ihre Arbeit selbst steuern können, und dafür die angemessenen Aufgaben zu stellen. Manche Steuergruppen der Projektschulen erklären, die Steuerung eines solch komplexen Prozesses sei nicht ohne Coachings zu leisten. Auch eine noch so sorgfältige Ausbildung macht offensichtlich gelegentliche Hilfe von außen nicht überflüssig." (Madelung/Weisker 2006, 19)

4.2 Kritik an Verkürzungen

UE, welche dem ganzen Kollegium besseres Handwerkszeug für die Alltagsarbeit vermittelt, es zu Teamarbeit anregt und befähigt und zudem noch um Nachhaltigkeit bemüht ist, kann nur begrüßt werden. Hinzu kommt, dass der von Madelung und Weisker beschriebene Ansatz den Fokus auf eigenverantwortliches Lernen von Schülerinnen und Schülern legt. Aus der Perspektive von Schulentwicklung handelt es sich hierbei um den bisher konsequentesten Ansatz von UE.

Aber auch dieser Ansatz reicht nicht aus. Denn es ist ein Kurzschluss anzunehmen, die in den letzten Jahren populär gewordene Verbreitung von Kenntnissen über neuere Unterrichtsmethoden stelle bereits den Königsweg zur Unterrichtsentwicklung dar. Zuweilen wird mit Blick auf systemisch orientierte Schulentwicklungskonzepte die Vermittlung neuerer Unterrichtsmethoden als der kürzere, weil einfachere und damit erfolgversprechendere Weg gepriesen. So fordert etwa Klippert (1997, 13) angesichts der vorgeblich abstrakten, langwierigen und die "normale" Lehrerschaft überfordernden Organisationsentwicklung die "Reduzierung des Innovationsfeldes auf einen überschaubaren Kernbereich der Lehrertätigkeit, den Unterricht". Hiervon verspricht er sich den Effekt, dass auch „die ‚Durchschnittslehrer' das Gefühl bekommen: Das packen wir!" In gleichem Sinne beteuert Korte (1998, 15): „dass ich den einzelnen Lehrer im

Blick habe, der in und mit seiner Klasse die Weichen neu stellen will". Er meint, dass langwierige Verhandlungs- und Klärungsprozesse, die das gesamte Kollegium einbeziehen, nur die Kräfte der Lehrpersonen verschleißen. Die Botschaft lautet: Jeder Einzelne kann sich auf den Weg machen: sofort hier und jetzt, hierzu bieten ihm unterschiedlichste ‚Methodenmanuale' kopierfähige Vorlagen an.

Die Aneignung eines möglichst großen Repertoires von Methoden gehört - wie schon erwähnt - zu den Grundvoraussetzungen des Lehrerberufs. Eine Reduktion darauf blendet allerdings die Reflexion aus und verhindert damit eine ausgeprägte Professionalität.

Wir wissen zudem aus der empirischen Schulforschung: Gute Schulen sind vor allem gekennzeichnet durch

- einen starken Konsens bezüglich didaktisch-methodischer Fragen,
- eine ständige Abstimmung des Unterrichts, besonders hinsichtlich curricularer Fragen,
- eine ständige gemeinsame Erörterung und Festlegung von übergreifenden Verhaltensregeln (vgl. zusammenfassend Dalin et al. 1995).

Hinter diese empirisch abgesicherten Einsichten fallen alle Ansätze zurück, die im Sinne eines überholten Verständnisses von Lehrerrolle und Schule den Blick wieder verengen wollen auf die Perspektive „Ich und meine Klasse", statt ihn zu ergänzen um „Wir und unsere Schule" (Dalin/Rolff 1990, 139).

Zudem impliziert eine Konzentration auf Methodentraining eine inhaltliche Reduktion, insofern die fachdidaktische und vor allem die bildungstheoretische Dimension dabei ebenso ausgespart wird wie die Beziehungsebene und eine allzu starke Fixierung auf Methoden reflexionshemmend wirkt, also bildungstheoretische und allgemeindidaktische Erwägungen ausblendet.

Die Schule ist eine personenbezogene Organisation. Unterricht spielt sich in der Interaktion zwischen Lehrern und Schülern ab. Ohne überzeugende Lehrpersonen kann es keinen überzeugenden Unterricht geben. Der pädagogische Prozess ist im Kern ein zwischenmenschlicher, er beruht mehr als andere Interaktionszusammenhänge auf persönlicher Begegnung. Insofern ist es keine Phrase, wenn Pädagogen immer wieder betonen, dass im Mittelpunkt der Schule lebendige Menschen stehen, in erster Linie die SchülerInnen sowie die Lehrpersonen. Deshalb ist es plausibel, die Reflexion und die Veränderung der mentalen Modelle der in den Schulen handelnden Personen zum konstitutiven Bestandteil von UE zu machen. Lehrpersonen werden dann zu reflektierenden Praktikern.

4.3 Lehrpersonen als reflektierende Praktiker

Die Idee und das Konzept des reflektierenden Praktikers gehen auf Schön (1987) zurück. Seine Ausgangsfrage lautete ganz allgemein: Wie müssen Handlung und Wissen zusammenspielen, damit professionelle PraktikerInnen die komplexen Situationen beruflicher Praxis bewältigen können?

Schön unterscheidet sein Modell professioneller Praxis vom „Modell technischer Rationalität", das klare, unzweifelhafte Ziele und feststehende Arbeitsbedingungen voraussetzt. Diese Anforderungen sind nur bei einfachen und repetitiven Aufgaben gegeben. Die Mehrzahl der Situationen professioneller Praxis ist jedoch im Gegenteil komplex, ungewiss, mehrdeutig, einzigartig und von Wert- und Interessenkonflikten geprägt.

Schön hat seine eigene Antwort auf die Frage nach der Charakteristik komplexer Handlungen aus der Analyse von Fallstudien hoch qualifizierter praktischer Tätigkeit (z. B. von Architekten, Psychotherapeuten, industriellen Entwicklern usw.) gewonnen, wobei er zu folgenden Ergebnissen gekommen ist:

- Problemdefinition: Schön betont zunächst die Bedeutung der Problemdefinition im Expertenhandeln: PraktikerInnen wenden nicht einfach fixes Wissen zur Problemlösung an, weil komplexe Situationen gerade dadurch definiert sind, dass das „Problem" als solches gar nicht klar ist. Sie müssen das Problem gleichsam finden, definieren - und das in ökonomischer Weise zu können, macht eine der spezifischen Qualitäten des Handelns kompetenter PraktikerInnen aus.
- Vorläufigkeit, Prozesshaftigkeit und Evaluation: Diese erste Problemdefinition ist aber üblicherweise noch nicht der Weisheit letzter Schluss. Erfolgreiche PraktikerInnen beobachten ihre problemlösende Handlung. Sie versuchen die Handlungserfahrungen auszuwerten, um ihre Problemdefinition weiterzuentwickeln. Dadurch eignet dem Praktikerwissen eine typische Vorläufigkeit und Prozesshaftigkeit an.
- Local knowledge: Gerade erfolgreiche Praktikerinnen haben nach Schöns Untersuchungen die Fähigkeit, aus ihren Handlungserfahrungen „lokales Wissen" gleichsam auszufiltern. Sie bauen einen speziellen Erfahrungsschatz auf, der ihnen hilft, die Probleme ihres Berufsbereichs kompetent und situationsbezogen anzugehen. Dieses Praktikerwissen ist in seinem Kern bereichspezifisches Wissen oder „local knowledge" und nicht mit der Struktur der wissenschaftlichen Theorien, die für diesen Praxisbereich Aussagen liefern, identisch. Es besteht nicht allein aus generell-formalen Kompetenzen, nicht allein aus

kognitiven Werkzeugen, mit denen man alle Probleme unabhängig vom Realitätsbereich lösen könnte. Es lässt sich daher auch nicht leicht oder ohne kognitive Anstrengung auf andere Bereiche übertragen. Während von der Hochschule kommende Neulinge oft ein gutes Wissen der jeweiligen wissenschaftlichen Disziplin haben, sind die Kategorisierungen von PraktikerInnen nicht an der Struktur der Disziplin ausgerichtet, sondern an den praktischen Anforderungen ihrer Arbeit (nach Altrichter 2001).

Es gilt sich klarzumachen, dass Praktiker, um die komplexen Situationen beruflicher Praxis qualifiziert zu meistern, über die Fähigkeit zur Reflexion in der Handlung (reflection-in-action) verfügen müssen. Sie müssen auf die Spezifität der sich entwickelnden Situation und ihrer eigenen Handlung reflektieren können, auch ohne aus dem Handlungsfluss herauszutreten. Sie tun dies mit Hilfe eines Repertoires von Fallbeispielen, Bildern, Analogien, Interpretationen und Handlungen, oft ohne ihre interaktiven Reflexionsergebnisse nachträglich mühelos verbalisieren zu können.

Für volle professionelle Kompetenz sind jedoch nach Schön zwei weitere Handlungstypen notwendig: Im Zentrum steht die Kompetenz zu Reflexion-in-der-Handlung. Doch ist diese in – üblicherweise – nicht begleitend reflektierte Routinen eingebettet. Sie muss deshalb durch reflection-on-action (entspricht unserem alltäglichen Begriff von distanzierter, aus der Handlung heraustretender Reflexion) ergänzt werden, soll ein größeres Problem gelöst oder das eigene Wissen im Gespräch mit KollegInnen formuliert werden.

Besonders nützlich, wenn nicht notwendig ist deshalb die Sammlung von Daten über die Handlung, die eine objektivierte, z. T. herausfordernde Basis für die Reflexion der eigenen Routinen schaffen. Nur wer fortlaufend überprüft, wo er steht, was er oder sie erreicht hat und was nicht, kann sein Lernen selber steuern, bleibt auf Dauer überhaupt lernfähig.

Die eigene Praxis zu reflektieren ist nicht leicht. Es setzt den Willen voraus, offen und ehrlich zu sein, sowie eine Bereitschaft zur Überprüfung der mentalen Modelle. Die Lehrkräfte können ihre eigene Praxis oft nur anband persönlicher Eindrücke im geschäftigen Klassenzimmer einschätzen. Zur Reflexion der Arbeit sind indes aussagekräftigere Daten nötig. Dazu sollte man z.B. sorgfältig ein Feedback der SchülerInnen einholen und dieses auswerten. Man kann aber auch andere Perspektiven einbeziehen, z. B. durch kollegiale Fallberatung oder gegenseitige Hospitation.

Reflexion fällt deshalb nicht leicht, weil sie Fähigkeiten und Einstellungen verlangt, die normalerweise von Lehrkräften nicht gefordert werden. Unterrichten verlangt eher nach schneller Handlung, nach Extrovertiertheit: Man muss

Selbstvertrauen haben und sich einer Sache sicher sein. Reflexion verlangt demgegenüber, introvertiert zu sein, sich selbst infrage zu stellen und Unsicherheit zuzugeben. Deshalb müssen ein geschützter Raum und eine Art Ethik der Evaluation geschaffen werden. Dies ist Schulleitungsaufgabe.

Evaluation muss sich vor allem auf die Lernstände der SchülerInnen beziehen. Aber diese ist desto leichter durchzuführen, je mehr die Lehrkräfte bereit sind, sich selber zu evaluieren bzw. evaluieren zu lassen. Zudem ist zu beachten, dass die Verbesserung von Unterrichtsqualität kann nicht einfach verfügt und auch nicht ad hoc hergestellt werden kann; sie ist vielmehr das Ergebnis einer Entwicklung, in der sich organisationales und individuelles Lernen verschränken und bei der die unterschiedlichen Lernbiografien der beteiligten Personen einen nicht zu vernachlässigenden Einfluss ausüben.

UE basiert auf auch organisationalem Lernen; die Lehrkräfte einer Schule müssen sich über ihre Vorstellungen von Unterricht verständigen, die für ihre Realisierung notwendigen Schritte vereinbaren und die Kriterien definieren, anhand derer sie den Erfolg ihrer gemeinsamen Anstrengungen messen wollen. Organisationelles Lernen im Hinblick auf Unterricht hat dann erfolgreich stattgefunden, wenn es innerhalb eines Kollegiums kollektiv geteilte Vorstellungen darüber gibt, wie Unterricht sein soll, wenn die von den Lehrkräften praktizierten Formen des Unterrichts möglichst weitgehend mit den gemeinsamen Vorstellungen übereinstimmen und wenn es überdies Regularien dafür gibt, Abweichungen von den gemeinsamen Leitvorstellungen produktiv zu bearbeiten.

Unterrichtsentwicklung als organisationales Lernen kann gleichwohl auf individuelles Lernen von Lehrerinnen und Lehrern nicht verzichten. Allerdings greifen solche Konzepte zu kurz, die davon ausgehen, allein schon durch die Verbreitung von Kenntnissen über neue oder andere Unterrichtsmethoden die unterrichtliche Praxis in den Schulen nachhaltig zu verändern.

4.4 PLGs einrichten und mentale Modelle reflektieren

Als geeignete „Gefäße" für organisationales Lernen erweisen sich immer mehr sog. Professionelle Lerngemeinschaften (PLGs) von Lehrerinnen und Lehrern. Nach Forschungsberichten aus den USA (vgl. zusammenfassend Bonsen/Rolff 2006) sind sie besonders effektiv für schulische Personalentwicklung und das Lernen der Schüler zugleich. Sie verbinden und vereinigen wie wohl kein anderer Ansatz das Lehrerlernen mit dem Schülerlernen bzw. Personalentwicklung mit UE.

Mit PLGs werden engagierte Arbeitsgruppen in Schulen oder produktive Fach- oder Jahrgangskonferenzen bezeichnet, aber auch ganze Kollegien im

Aufbruch und sogar umfassende Netzwerke mehrerer innovativer Schulen. Der Begriff droht zu diffundieren. Deshalb wird hier vorgeschlagen, von den folgenden fünf Bestimmungskriterien auszugehen:

1. Reflektierender Dialog (im Sinne von Schön, dabei zielorientiert und datengestützt)
2. Deprivatisierung der Unterrichtspraxis (im Sinne der Herstellung einer schulinternen Öffentlichkeit)
3. Fokus auf Lernen statt auf Lehren (wie eingangs ausgeführt)
4. Zusammenarbeit und Kooperation
5. Gemeinsame handlungsleitende Ziele

Gemeinschaften sind immer auch Wertegemeinschaften. Nicht alle Werte werden geteilt, denn dann würde es sich um „totale Institutionen" (Goffman) handeln, aber einige Schlüsselwerte wohl. Bei PLGs kommen vor allem Hilfe-Kultur und Fehlertoleranz als Schlüsselwerte in Frage bzw. die Einstellung, Fehler nicht als zu tabuisierendes Missgeschick, sondern als Chance zum Lernen zu betrachten.

Unter Gemeinschaften ist eine Gruppe von Menschen zu verstehen, die durch gemeinsames Fühlen, Streben und Urteilen verbunden sind. Sie sind personenzentriert und befriedigen Bedürfnisse wie Vertrauen, Fürsorge, Anteilnahme, Besorgtheit sowie Bindung, Verpflichtung und Verbindlichkeit.

Professionalität bedeutet qualifizierte Ausbildung und Orientierung an hohen Standards der Berufsausübung, die zumeist von einer Berufsorganisation gesichert werden, sowie Interesse an Weiterqualifikation.

Die Kombination von Gemeinschaft und Professionalität geht davon aus, dass berufliches Lernen in Zeiten turbulenten Wandels immer auch experimentelles Ausprobieren von Neuem bedeutet, deshalb mit Risiken behaftet ist, sich diskontinuierlich vollzieht und dabei gelegentlich Krisen unvermeidbar sind, weshalb es mit einem Kontinuität und Solidarität verbürgen den stabilen Rahmen verbunden sein sollte.

Die Notwendigkeit, die eigene Unterrichtspraxis fortlaufend zu reflektieren und gegebenenfalls zu verändern, liegt im professionellen Anspruch der Lehrertätigkeit begründet. Sowohl die Erziehungswissenschaft als auch die Fachwissenschaft produzieren ständig neues „technologisches" Wissen oder diskutieren neue Standards, weshalb sich die Angehörigen der Profession über aktuelle Entwicklungen auf dem Laufenden halten müssen. Da ein abgelaufenes Studium nicht Garant für ein längerfristig aktuelles und umfassendes „Professionswissen" von Lehrkräften sein kann, ist - wie in anderen Berufen auch - das fortwährende Lernen unabdingbar. (Weiter-)Lernen und stetiges Üben sowie systematische Reflexion werden im Konzept der PLG als Grundlage für kontinuierliche Verbesserungsarbeit betrachtet. Diese Form des Lernens können Lehrerinnen und Lehrer im Schulalltag kaum als Einzelkämpfer und isoliert voneinander realisieren.

Laut Schön müssen professionelle Praktiker/innen, um die komplexen Situationen beruflicher Praxis qualifiziert zu meistern, über die Fähigkeit zur Reflexion in der Handlung (reflection in action) verfügen. Sie müssen in der Lage sein, auf die Spezifität der sich entwickelnden Situation und der eigenen Handlung reflektieren zu können, ohne aus dem Handlungsfluss herauszutreten. Für volle professionelle Kompetenz muss diese Form der Reflexion nach Schön durch reflection in action (entspricht unserem alltäglichen Begriff von distanzierter, aus der Handlung heraustretender Reflexion) ergänzt werden, wenn ein größeres Problem gelöst oder das eigene Wissen im Gespräch mit Kolleginnen und Kollegen formuliert werden soll. Besonders nützlich, wenn nicht gar notwendig, ist deshalb die Sammlung von Daten über die Handlung, die eine objektivierte, z. T. herausfordernde Basis für die Reflexion der eigenen Routinen schaffen.

In PLGs reden die Lehrkräfte miteinander über ihren Unterricht, dessen Vorzüge und Probleme. Zusammen entwickeln sie von allen geteilte Überzeugungen, Werthaltungen und Normen, die als Basis für das pädagogische Handeln in der Schule akzeptiert werden. Ohne dass Lehrkräfte wie reflektierende Praktiker miteinander reden, sich gegenseitig beobachten und auch helfen, gibt es keine Schulentwicklung.

Es liegt nahe, dass Mitglieder einer PLG sich auf Beispiele eigener Unterrichtspraxis besinnen, die sie sich gegenseitig vorstellen und auf mutmaßliche Folgen rur das Lernen der Schüler hin überprüfen. Das bedeutet auch einen Einstieg in Unterrichtsevaluation, die im gelungenen Fall zur Dauereinrichtung wird. Zu nennen wären ferner:

PLGs könnten auch Orte für fachbezogene kollegiale Beratung sein, wobei der Reihe nach einzelne Unterrichtsbeispiele beraten werden, die entweder problembeladen sind oder sich als Modell für weiterentwickelten Unterricht eignen. In dem Maße, wie sich derartige Beratungsverhältnisse verdichten, entsteht eine Beziehungsform, die als gegenseitiges Coaching verstanden werden kann.

Wenn PLGs dauerhaft und nachhaltig wirken sollen, benötigen sie eine institutionelle Basis. Doch worin könnte diese bestehen? In den USA werden PLGs meist auf das Ganze eines Lehrerkollegiums bezogen („school-wide professional community") wiewohl man gelegentlich auch von „communities within schools" spricht. In der Tat ist das ganze Kollegium zumeist zu groß, um die für die Arbeit in PLGs nötige Überschaubarkeit und Solidarität zu gewähren.

Außerdem müssen direkte Zusammenarbeit und reflexive Dialoge organisierbar sein. Auf die Frage, welche Strukturen innerhalb der Einzelschule für die Arbeit von PLGs genutzt werden können, hat die Schultheorie bislang keine Antwort. Zur Beantwortung dieser Frage müssen zunächst die Zielgruppen für die Arbeit in PLGs gesucht bzw. die schon vorhandenen innerschulischen Arbeitsstrukturen geklärt werden. In Frage kommen in erster Linie:

- Fachgruppen,
- Klassenteams, also die drei bis fünf Lehrer einer Klasse, die das Gros des Unterrichts „abdecken" (nur in Sekundarschulen möglich),
- komplette Jahrgangsgruppen (die dann überfachlich arbeiten).

Die meisten Lehrpersonen haben ein bestimmtes Bild von Unterricht im Kopf, auch wenn sie sich dessen nicht unbedingt bewusst sind. Für das unterrichtliche Handeln spielen diese individuellen Bilder eine wichtige Rolle, weil sich an ihnen die Aufbereitung des Unterrichtsgegenstandes, die Wahl der Methoden, die Art der Kommunikation mit den Schülern, die Organisation der Arbeitsabläufe, kurzum die spezifische Form der Inszenierung von Unterricht orientiert. Bilder von Unterricht sind wesentlicher Bestandteil der mentalen Modelle.

- Der Unterricht kann z. B. nach dem Muster einer „Museumsbesichtigung" inszeniert werden. Museale Wehen des Wissens und Könnens, der wissenschaftlichen, technischen und ästhetischen Kultur werden den neugierig zuschauenden oder schon lange übermüdeten und übersättigten SchülerInnen vor Augen geführt.
- Der Unterricht kann als Autobahn verstanden werden, die rasch und ohne Umwege zum Lernerfolg führt.
- Der Unterricht kann auch wie in einer „Lernwerkstatt" erarbeitet werden LehrerInnen und SchülerInnen produzieren, experimentieren, vergleichen, organisieren; sie bauen Modelle, Theorien und Hypothesen; sie hantieren in Sprach-, Bilder- und Symbolwerkstätten. Der Homo faber wird zum Ideal.

Bilder von Unterricht, die das jeweilige Inszenierungsmuster beeinflussen, sind u.a. in der Lernbiographie von LehrerInnen begründet, aber auch die meisten anderen Menschen besitzen ein derartiges Bild, das oftmals aus der eigenen Schulzeit herrührt und die Erwartungen an Unterricht prägt. Dabei können sich Bilder als Bestätigung selbst erfahrenen Unterrichts oder auch als Gegenbilder hierzu konstituieren. In beiden Fällen besitzen sie große normative Kraft. Unterrichtsentwicklung, die ja immer auf Veränderung bestehender Unterrichtspraxis angelegt ist, muss die individuellen Bilder von Unterricht in ihre Kalkül einbeziehen, da sie das Regulativ dafür darstellen, was die handelnden Personen an Veränderung und Entwicklung zulassen wollen und können. So werden die meisten Lehrpersonen z. B. ihr Methodenrepertoire nur um solche Elemente erweitern, die sich in ihr individuelles Bild von Unterricht einfügen lassen. Dies ist eine der Ursachen dafür, dass z. B. die Kenntnis neuer Methoden noch nicht selbstverständlich zu ihrer Anwendung führt. Die Wirkung der Unterrichtsbilder als Regulativ ist besonders stark, wenn deren Existenz nicht ausdrücklich bewusst ist und daher auch nicht planvoll verändert werden kann.

Als Folge für die Unterrichtsentwicklung stellt sich daher die Aufgabe, die in einem Kollegium existierenden impliziten Bilder von Unterricht explizit zu machen, um sie dadurch einer Bearbeitung und gegebenenfalls auch einer Veränderung zugänglich zu machen. Dies ist auch deswegen notwendig, weil die Bilder einer größeren Zahl von Lehrpersonen nicht naturwüchsig miteinander übereinstimmen. Wenn sich aber die Qualität unterrichtlicher Arbeit in einer Schule auch an einem hohen Grad von Übereinstimmung in pädagogischer Hinsicht bemisst, müssen auch die Unterrichtsbilder verhandelbar gemacht werden. Ein hierfür geeignetes Verfahren ist die Metaphernübung: „Unterricht sollte sein wie...". Die Metaphernübung kann

- die eigenen alltagstheoretischen Vorstellungen von Unterricht explizieren,
- auf die Verschiedenheit der Vorstellungen von Unterricht aufmerksam machen,
- die Implikationen der Bilder von Unterricht im Hinblick auf die Unterrichtsgestaltung erkennen lassen,
- auf die Revisionsbedürftigkeit der eigenen Bilder von Unterricht hinweisen und
- die eigenen Bilder von Unterricht mit einem „offiziellen" Bild von Unterricht abgleichen.

Die Arbeit erfolgt in vier Schritten:

- Metaphern formulieren: „Unterricht sollte sein wie..."
- Metaphern analysieren: Konsequenzen der Bilder vom Unterricht.
- Metaphern vergleichen: die individuellen Bilder von Unterricht und ein „offizielles" Bild.
- Sich auf ein gemeinsames Bild von Unterricht verständigen.

5 Ein komplexer Ansatz: Kreislauf von UE

Zum Abschluss geht es darum, die dargelegten Elemente von UE zusammenzufügen zu einem komplexen Ansatz, der davon ausgeht, dass UE nur im Rahmen von Schulentwicklung gelingen kann. Anders ist die „Grammatik von Schule" nicht aufzuweichen, und nur im Rahmen von SE kann die zentrale Rolle berücksichtigt werden, die Personen und deren mentale Modelle bei der UE spielen. Schulentwicklung ist ein systematischer Prozess, der das Ganze der Schule betrifft und der sich in Schritten vollzieht.

Die Frage, wie und in welchen Schritten Unterrichtsentwicklung praktisch realisiert werden kann, ist leitend für die Organisation der Arbeit in der einzelnen Schule vor Ort, wenn es darum geht, die relativ globalen Vorgaben von Lehrplan, Richtlinie und Rahmenkonzepten zu konkretisieren. Dabei sind fünf Basisprozesse zu unterscheiden (vgl. Horster/Rolff 2001, 66ff.). Bei der Schulentwicklung handelt es sich generell um

- das Sammeln von Daten,
- das Klären und Vereinbaren von Zielen,
- die Überprüfung und Anpassung der zur Verfügung stehenden Mittel,
- die Planung und Umsetzung des Entwicklungsvorhabens sowie
- die Evaluation des Entwicklungsprozesses und seiner Ergebnisse.

Konkretisiert man diese Basisprozesse im Hinblick auf Unterrichtsentwicklung (vgl. Abb. 3), so geht es darum,

- im Basisprozess „Sammeln von Daten" die mentalen Modelle des Kollegiums zu erheben, um sich einen Eindruck davon verschaffen zu können, welche unterschiedlichen Bilder von Unterricht im Kollegium existieren und in der alltäglichen Praxis die pädagogische Arbeit steuern,
- im Basisprozess „Klären und Vereinbaren von Zielen" aus den unterschiedlichen Bildern von Unterricht ein gemeinsames Bild zu entwickeln und die Indikatoren zu verabreden, an denen man die Realisierung dieses Bildes ablesen kann,
- im Basisprozess „Überprüfen und Anpassen der zur Verfügung stehenden Mittel" das im Kollegium etablierte Methodenrepertoire zu sichten und im Hinblick auf das vereinbarte Bild von Unterricht zu erweitern sowie die Aufbereitung der fachlichen Inhalte auf ihre Passung zum vereinbarten Bild von Unterricht zu überprüfen,

- im Basisprozess „Planung und Umsetzung des Entwicklungsvorhabens" gemeinsam Unterrichtsvorhaben zu planen und durchzuführen, die dem im Kollegium verabredeten Bild von Unterricht entsprechen und sich an den hierfür besonders tauglichen Inhalten und Methoden orientieren,
- im Basisprozess „Evaluation des Entwicklungsprozesses und seiner Ergebnisse" die gemeinsame Arbeit an neuen Unterrichtsvorhaben und deren Ergebnisse mit dem Blick auf weitere Revisionserfordernisse zu überprüfen.

Der zuletzt genannte Aspekt lässt erkennen, dass Unterrichtsentwicklung sich nicht in einem linearen Ablauf mit einem definierten Anfang- und Endpunkt realisiert, sondern in einem Kreislauf, der die schulische Praxis kontinuierlich begleitet. Abb. 3 soll diesen Sachverhalt verdeutlichen.

Abb. 3: Kreislauf reflektorischer Unterrichtsentwicklung

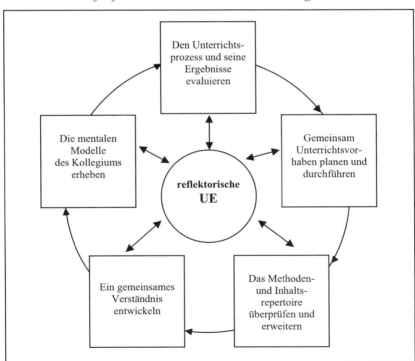

Sie stellt einen Kreis dar. Dies soll verdeutlichen, dass Reihenfolgen vorgesehen, aber nicht vorgeschrieben sind. UE könnte aus systematischen Gründen beginnen mit dem Basisprozess „Die mentalen Modelle des Kollegiums erheben" und fortgeführt werden mit „Ein gemeinsames Verständnis entwickeln" und über „Das Methoden- und Inhaltsrepertoire überprüfen und erweitern", „Gemeinsam Unterrichtsvorhaben planen und durchführen" fortgesetzt werden bis zu „Den Unterrichtsprozess und seine Ergebnisse evaluieren".

Diese ist jedoch keineswegs zwingend für den Prozess der Unterrichtsentwicklung. Prinzipiell kann man mit jedem der fünf Basisprozesse beginnen. So kann etwa ein Kollegium anfangen, indem es zunächst mit der Formulierung von Vergleichsaufgaben beginnt, um einen Quervergleich fachlicher Leistungen in einer Jahrgangsstufe zu ermöglichen. In diesem Fall bildete der Basisprozess „Den Unterrichtsprozess und seine Ergebnisse evaluieren" den Ausgangspunkt. Vielleicht hat aber ein Kollegium beschlossen, sich mit neuen Unterrichtsmethoden vertraut zu machen. Dies könnte den Einstieg bilden in den Basisprozess „Das Methoden- und Inhaltsrepertoire überprüfen und erweitern".

Gleich an welcher Stelle der Prozess der Unterrichtsentwicklung seinen Anfang nimmt, wird sich bei den beteiligten Lehrpersonen mit der Zeit das Bestreben einstellen, auch die anderen Basisprozesse zu durchlaufen, um eine wirksame und nachhaltige Änderung pädagogischer Praxis etablieren zu können.

Hinsichtlich der Institutionalisierung reflektorischer UE ist nahe liegend, Zug um Zug professionelle Lerngemeinschaften einzurichten. Man kann dabei mit Jahrgangs-, aber auch mit einzelnen Fachkonferenzen beginnen, um nach mehreren Jahren zu erreichen, dass jede Lehrperson in einer Professionellen Lerngemeinschaft bei der UE mitwirkt.

Zu Beginn aber sollte sich ein Kollegium mit seinen Ansprüchen an Unterrichtsentwicklung nicht überfordern. Es sollte sich unter realistischen Bedingungen erreichbare Ziele setzen und mit relativ kleinen Schritten starten. Ein Misserfolgserlebnis zu Beginn eines Entwicklungsprozesses könnte von weiteren Bemühungen abschrecken. Die im Zusammenhang mit den fünf Basisprozessen vorgestellten Schritte und Inhalte sind so angelegt, dass sie auf verschiedenen Ebenen und in unterschiedlichen Reichweiten genutzt werden können. So ist es denkbar, dass

- sich einzelne Lehrpersonen von Methodenbeispielen anregen lassen, um individuell ihren Unterricht variantenreicher zu gestalten,
- zwei bis drei Lehrpersonen sich zu einem Hospitationszirkel zusammenschließen, um sich gegenseitig Feedback über ihren Unterricht zu geben,

- die Mitglieder der Stufenkonferenz Vereinbarungen treffen über die Vermittlung von Lernstrategien in den unterschiedlichen Fächern dieser Jahrgangsstufe,
- die Mitglieder einer Fachkonferenz sich über Inhalte ihres Faches im Sinne „offener und authentischer Probleme" verständigen oder den inhaltlichen Modernisierungsbedarf ihres schulinternen Curriculums überprüfen oder
- die Mitglieder einer Bildungsgangkonferenz gemeinsam eine Unterrichtsplanung im Sinne eines fächerverbindenden Projektes vornehmen, um dann auf dieser Erfahrungsgrundlage zu entscheiden, ob und wie sie im Prozess der Unterrichtsentwicklung weiterarbeiten wollen.

Jeder dieser Schritte scheint geeignet, die „Grammatik der Schule" zu lockern und die mentalen Modelle wenigstens ein Stückchen weiter aufzuklären. Dass das nicht im Alleingang, sondern nur im Miteinander geschehen kann, sei am Schluss noch einmal betont.

Literatur

Altrichter, H. (2/2002): The Reflective Practitioner. In: Journal für Lehrerinnen- und Lehrerbildung, 56ff.
Bastian, J./Rolff, H.-G. (2003): Vorabevaluation des Projektes „Schule & Co". Gütersloh: Bertelsmann-Stiftung.
Blömeke, S./Eichler, D./Müller, Ch. (2003): Rekonstruktion kognitiver Strukturen von Lehrpersonen. In: Unterrichtswissenschaft, Jg. 31, H. 2.
Bonsen, M./Rolff, H.-G. (2006): Professionelle Lerngemeinschaften von Lehrerinnen und Lehrern. In: Zeitschrift für Pädagogik, 52. Jg., H. 2.
Dalin, P./Rolff, H.-G. (1990): Institutionelles Schulentwicklungs-Programm. Soest: Verlagskontor.
Dalin, P./Rolff, H.G./Buchen, H. (1995): Institutioneller Schulentwicklungsprozess. 2. neu bearb. Aufl. Bönen: Landesinstitut für Schule und Weiterbildung.
Groeben, N. et al. (1988): Das Forschungsprogramm Subjektive Theorien. Tübingen: Francke.
Gudjons, H. (1982): Didaktik zum Anfassen. Lehrer/in-Persönlichkeit und lebendiger Unterricht. Bad Heilbrunn: Klinkhardt.
Horster, L./Rolff, H.-G (2001): Unterrichtsentwicklung: Grundlegung – Praxis – Steuerung. Weinheim: Beltz.
Korte, J. (1998): Schulreform im Klassenzimmer. Weinheim; Basel: Beltz.
Klieme, E. (2004): Was sind Kompetenzen? In: Pädagogik, 56. Jg., H. 6, 10-13.
Klippert, H. (1995): Methodentraining. Übungsbausteine für den Unterricht. Weinheim: Beltz.
Klippert, H. (1997): Schule entwickeln – Unterricht neu gestalten. In: Pädagogik, 49. Jg., H. 2, 13 ff.
Klippert, H. (2001): Eigenverantwortliches Arbeiten und Lernen. Bausteine für den Fachunterricht. Weinheim: Beltz.
Madelung, P./Weisker, K. (2006): Unterrichtsentwicklung - Problemzonen und Entwicklungsmöglichkeiten. In: Pädagogik, 58. Jg., H. 3, 16-19.

Mutzek, W. (1988): Von der Absicht zum Handeln. Rekonstruktion und Analyse subjektiver Theorien. Weinheim: Studienverlag.

Prenzel, M. et al. (2005): Wie schneiden SINUS-Schulen bei PISA ab? In: Zeitschrift für Erziehungswissenschaft, H. 8, 540-562.

Prenzel, M. (2001): Konzeption, Arbeitsthemen und bisherige Ergebnisse des Programms Sinus. In: BMBF (Hrsg.): Timss-Impulse für Schule und Unterricht. Bonn.

Realschule Enger (2001): Lernkompetenzen 1 und 1I. Berlin: Cornelsen/Scriptor.

Schank, R. C./Abelson, R. P. (1977): Scripts, Plans, Goals and Understanding. Hillsdate, N. Y.: Erlbaum.

Schön, D. A. (1987): Educating the Rejlective Practitioner. San Francisco: Jossey-Bass.

Senge, P. (1996): Die fünfte Disziplin. Stuttgart: Klett-Cotta.

Tschekan, K. (2002): Guter Unterricht und der Weg dorthin. In: Buchen, H./Horster, L./Rolff, H.-G. (Hrsg.): Schulleitung und Schulentwicklung. Berlin: Raabe.

Tyack, D./Tobin, W. (1994): The „Grammar" of Schooling: Why has it been so hard to change? In: American Educational Research Journal. 31, 3, 453-479.

Arbeitsmarktkompetenzen im sozialen Wandel

Annette Franke

1 Ausgangssituation in der beruflichen Bildung

Auf Ihrem Weg in den Arbeitsmarkt sind junge Menschen einigen Schwierigkeiten und Risiken ausgesetzt. Zum einen müssen sie die erste Schwelle von der Schule in die Ausbildung meistern. Die zweite Hürde wartet im Anschluss an die Ausbildung mit dem Suchen und Finden eines (wenn möglich festen) Arbeitsplatzes. Dieser Übergang in neue Statuspassagen gestaltet sich dabei um Einiges komplexer und langwieriger als bei der Elterngeneration. Untersuchungen zur Arbeitsmarktsituation Jugendlicher konzentrieren sich dabei zumeist auf das duale Ausbildungssystem, das schließlich von über der Hälfte aller Schulabgänger als weiterer Schritt nach der schulischen Ausbildung favorisiert wird (vgl. BIBB 2006).

In Deutschland ist die Phase des Berufseinstiegs junger Erwachsener allerdings gekennzeichnet durch hohe Abbrecherquoten bei Auszubildenden und einer hohen Arbeitslosigkeit von Menschen unter 25 Jahren (s. Abb. 1). Auch wenn die derzeitige konjunkturelle Belebung der Wirtschaft und die demographischen Auswirkungen einer sinkenden Geburtenrate (insb. in Ostdeutschland) für einige Entspannung am Ausbildungsmarkt sorgen, kann von Entwarnung keine Rede sein, wenn statistisch betrachtet immer noch knapp 30.000 Jugendliche in 2007 unversorgt bleiben (vgl. Agentur für Arbeit 2007).

Auch wenn die Jugendarbeitslosigkeit im europäischen Vergleich moderat ausfällt und sich die die Steigerung in 2005 quasi als „Hartz IV"-Effekt[1] erklären lässt, so muss doch gerade die Arbeitslosigkeit junger Menschen im Hinblick auf die psychosozialen Auswirkungen auf das Individuum sowie die gesellschaftlichen Folgen alarmieren. So ist gerade bei jungen Menschen die Gefahr (möglicherweise langjähriger) gesellschaftlicher Exklusion und Armut in

---

[1] Dieser Verzerrungseffekt erklärt sich durch die Aufteilung der Sozialleistungen in SGB II und SGB XII im Zuge der Umsetzung der Vorgaben der Kommission für „Moderne Dienstleistungen am Arbeitsmarkt". Durch die Richtlinie der „Arbeitsfähigkeit" tritt an dieser Stelle die zuvor verdeckte Arbeitslosigkeit und die so genannte „stille Reserve" zu Tage und findet sich in der Arbeitslosenstatistik wieder.

jungen Jahren gegeben. Auf der anderen Seite sieht sich der Staat mit erhöhten fiskalischen Ausgaben und einem gleichzeitigen Fachkräftemangel konfrontiert.

Abb. 1: Jugendarbeitslosigkeit in Deutschland

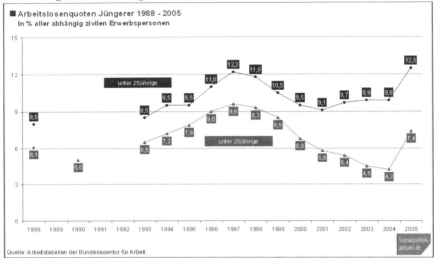

Die Gründe für die kritische Arbeitsmarktlage junger Menschen sind vielfältig und komplex. Insgesamt lässt eine angespannte Situation auf dem Arbeitsmarkt (aktuellen Positivnachrichten einer sinkenden Arbeitslosigkeit und einer steigenden Anzahl Ausbildungsplätze zum Trotz) wenig Spielraum für Ausbilder und Auszubildende.

Eine große Rolle spielt jedoch auch die Nachfrage der Jugendlichen. Während sich die Nachfrage auf einige Branchen – insbesondere den kaufmännischen Bereich, das Friseurhandwerk, aber auch den KfZ-Bereich – konzentriert und die entsprechend große Konkurrenz hier eine Unterversorgung der Jugendlichen bedeutet, so klagen andere Branchen über geringe Bewerberzahlen, z.B. das Fleischerhandwerk und die Systemgastronomie (vgl. Agentur für Arbeit 2007). Die Folge: Im Jahr 2007 blieben in Deutschland 18.400 Ausbildungsplätze unbesetzt.

Die Komplexität und der ständige Wandel der Arbeitswelt scheint viele Jugendliche – ganz im Sinne der luhmannschen Kontingenzproblematik – zu überfordern (vgl. Luhmann 1984). Die Fülle an Informationen geht mit einer gleichzeitigen Unwissenheit über eigene Kompetenzen und Neigungen einher, so dass andere Einflüsse für die Berufsorientierung an Bedeutung gewinnen. Gerne greifen dann Jugendliche auf Ihnen bekannte Berufe zurück oder lassen sich vom Image eines Berufes leiten (vgl. Agentur für Arbeit 2007). Ergebnisse einer Studie des Bundesinstituts für Berufsbildung/BIBB zeigen, dass allein die Berufsbezeichnung ausschlaggebend sein kann. Dabei verwenden Jugendliche den Namen eines Berufs nicht nur als Orientierungshinweis auf die mit ihm verbundenen Tätigkeiten, sondern testen vor allem auch dessen Image unter Freunden. Stößt die Berufsbezeichnung auf negative Resonanz wird eine solche Lehrstelle – selbst wenn noch freie Ausbildungsplätze zur Verfügung stehen – häufig nicht in Betracht gezogen (vgl. BIBB 2004). Dabei fehlt es denn Jugendlichen nicht zuletzt an Reflexion und Wissen über eigene Stärken und Schwächen, mit der Folge, dass zum einen überzogene Anforderungen und Wünsche an einen Beruf gestellt werden, zum anderen bleiben vorhandene Potenziale unentdeckt. Da der Ausbildungsmarkt primär über formale Bildungsabschlüsse rekrutiert, stellt sich die hohe Schulabbrecherquote als besonderes soziales Problem heraus.

Ausbildende Unternehmen klagen häufig über mangelnde fachliche Qualifikationen bei den Bewerbern und unzureichende Kenntnisse über das Berufsfeld (vgl. Krekel 2007). Im Vordergrund stehen dabei mangelnde Sprachkenntnisse in Deutsch, mathematische Fähigkeiten und zu geringes Allgemeinwissen der Bewerber. Andere Fähigkeiten wie IT-Kenntnisse, Kenntnisse der englischen Sprache und Selbstsicherheit werden dagegen als positiv herausgestellt (vgl. ebd.). Wie gut oder schlecht sind also Nachwuchskräfte auf dem Arbeitsmarkt? Wie hoch oder niedrig sind die Anforderungen der Unternehmen? Werden die spezifischen Kompetenzen der Bewerber wirklich „richtig" gewichtet? Welche Kompetenzen erfordert der Arbeitsmarkt im sozialen Wandel?

Der Fokus dieses Aufsatzes liegt auf folgender Feststellung: Auch wenn fachliche Eignungen durchaus obligatorischen Charakter haben (sollen), so stellt man doch als Beobachter der Debatte fest, dass die Kompetenzen sozialer, emotionaler und kommunikativer Art dabei maximal sekundär zu sein scheinen (vgl. Böhle/Pfeiffer/Sevsay-Tegethoff 2004). Auch wenn der Begriff der „Schlüsselqualifikation" in den letzten Jahren eine wahre Konjunktur erlebt hat, gehören darunter zu subsumierende Begriffe wie „Teamfähigkeit", „Kritikfähigkeit" oder „Kooperationsfähigkeit" insbesondere in technischen Branchen zu den eher „weichen" Faktoren bei einer Einstellung und werden höchstens im letzten Schritt des Auswahlverfahrens als ein – möglicherweise entscheidendes – Kriterium verwandt. Im Vordergrund stehen noch immer die von Bourdieu als institutionalisiertes Kulturkapital bezeichneten formalen Kompetenzen, die durch Schulabschlüsse legitimiert werden (vgl. Bourdieu 1987). Dabei kristallisieren sich folgende Ziele der beruflichen Bildung in der wissenschaftlichen und politischen Diskussion als relevant heraus:

1. die Entwicklung der individuellen beruflichen Regulationsfähigkeit,
2. die Erhaltung des gesellschaftlichen Humankapitals,
3. die Gewährleistung gesellschaftlicher Teilhabe und Chancengleichheit,
4. die Förderung einer nachhaltigen Flexibilität des Individuums und des beruflichen Kontextes zur Erhaltung kollektiver Entwicklungs- und Innovationsprozesse.

So verständlich die Sichtweise der Ausbilder auch sein mag, so stellt sich doch auch übergeordnet die Frage, welche Kompetenzen in einer Gesellschaft, die vom kontinuierlichen Wandel gekennzeichnet ist, ausschlaggebend sein sollten. Welche dienen dem wirtschaftlichen und gesellschaftlichen Nutzen, welche Befähigungen und welches Wissen hat im sozialen Wandel Bestand? Eine endgültige Antwort kann dieser Aufsatz nicht geben, wohl aber den Versuch wagen, einige besondere Herausforderungen des gesellschaftlichen Wandels darzustellen, die spezifische Kompetenzanforderungen implizieren. Dazu werden exemplarisch vier aktuelle gesellschaftliche Megatrends und ihre Auswirkungen auf den Ausbildungs- und Arbeitsmarkt aufgezeigt.

2 Ausprägungen des sozialen Wandels: vier Beispiele

Deutschland ist zu Beginn des 21. Jahrhunderts durch eine Vielzahl so genannter Megatrends charakterisiert. Dazu gehören unter anderem die Kennzeichen einer *Informations- und Wissensgesellschaft*, die *Globalisierung* in unterschiedlichen Facetten, der *Demographische Wandel* und eine zunehmend *multiethnische Gesellschaft*.

Dabei handelt es sich keineswegs um isolierte Phänomene, vielmehr greifen die unterschiedlichen Ursachen und Folgen ineinander, bedingen und verstärken sich gegenseitig. Die Auswirkungen des gesellschaftlichen Wandels betreffen die gesamte Lebenswelt der Menschen und damit auch die berufliche Ausbildung junger Menschen.

2.1 Trend 1: Die Wissens- und Informationsgesellschaft

Obgleich die Idee vom Bedeutungszuwachs wissenschaftlichen Wissens nicht gänzlich neu ist und sich schon bei soziologischen Klassikern Marx, Weber und auch Bell wieder findet (vgl. Marx 1976; Weber 2006; Bell 1973 in Heidenreich

2003)², so sind die Versuche einer allumfassenden Gesellschaftstheorie zu den Bedingungen und Folgen einer wissensbasierten und technologisierten Gesellschaft ein recht junges Phänomen. Dies hängt nicht zuletzt mit den Möglichkeiten technischer Innovationen in der Kommunikation zusammen (vgl. Stehr 1994). Der Begriff der Wissensgesellschaft impliziert zunächst den Bedeutungszuwachs der Ressource Wissen in jeglichen gesellschaftlichen Teilbereichen. Dabei wird Wissen nicht nur zu einem von mehreren Bestandteilen ökonomischer und gesellschaftlicher Prozesse, sondern gar zur zentralen Orientierungsvorlage und Handlungsmaxime. Wissen bildet mehr und mehr die Grundlage menschlichen Handelns (vgl. Stehr 1994 und 2006) und markiert das Ende der Industriegesellschaft:

„In ökonomischen Handlungszusammenhängen wird zusätzliches Wissen als unmittelbare Produktivkraft zur Grundlage wirtschaftlichen Wachstums, indem es die Produktionsbedingungen von Waren und Dienstleistungen bzw. die Art der produzierten Waren und Dienstleistungen verändert" (Stehr 1994, 210).

Auch die Verdrängung anderer Wissensformen durch die wissenschaftliche Professionalisierung von Berufen, die Entstehung neuer Politikfelder (z.B. Bildungspolitik), die Herausbildung neuer wissensbasierter Berufsfelder sowie Spezialwissen als Legitimationsgrundlage von Herrschaften gehören zu den Merkmalen der Wissensgesellschaft³ (vgl. ebd.). Nassehi (2001) präzisiert diese Merkmale durch konkrete Beispiele wie die zunehmende eingebaute Intelligenz

---

[2] Marx sieht die Verwissenschaftlichung technischer Wissensbestände als notwendige Weiterentwicklung im kapitalistischen Wettbewerb. Das Wissen im Arbeitsprozess dient dabei zur Zuspitzung der Klassengegensätze zwischen höher gestellten Wissensarbeitern und dem ausgebeuteten, unterqualifizierten Proletariat. Max Weber betrachtet Wissen im Kontext rationaler Arbeit, wobei Wissensarbeit in ihrer reinsten Form in der Bürokratie zu finden ist. Dabei betont auch er die Notwendigkeit des Fachwissens, entkoppelt dieses jedoch von persönlicher Qualifikation. Vielmehr ist das Wissen im Arbeitsprozess selbst, in der Form und Organisation der Tätigkeit, verhaftet. Nach Bell ist die Wissensgesellschaft die logische Folge der Industriegesellschaft. Zentral dabei ist die neue Beziehung zwischen Wissen und Technologie sowie die im Bruttosozialprodukt ausgedrückte Dominanz des wissensbasierten Beschäftigungssektors.

[3] Der abstrakte Begriff der Wissensgesellschaft – von der nebulösen Definition von „Wissen" (=Wissen als Produktivkraft, Ware, Ressource, Eigentum, intellektuelle Technologie (Bell), kognitiv stilisierter Sinn (vgl. Luhmann 1990) etc.) ganz zu schweigen – wird verschieden gedeutet. Der positiven Prognose einer wissensbasierten, prosperierenden und innovativen Gesellschaft steht das Bild einer weitaus weniger affirmativen, gar kritischen Sicht einer Gesellschaft des Wissens gegenüber. Die Nachteile einer Informations- und Wissensgesellschaft werden in möglicher Exklusion, Kontrolle, dem Verlust an Privatrechten und Eigentumsrechten gesehen. Nicht zuletzt wird die Relevanz des Begriffs der Wissensgesellschaft an sich und seine Implikationen bezweifelt (vgl. z.B. Kübler 2005; Psychopedis 2001). „Wissen ist nicht die Lösung, sondern das Problem" fasst Nassehi (2001) zusammen.

im Automobilbau (digitalisierte Steuerungs- und Regeltechnik), den selbstinformierten Patienten in der Medizin und kognitive Dienstleistungsberufe z.B. im Software- und Mikrochip-Sektor. Während das Konzept der Informationsgesellschaft auf die Entwicklung neuer Kommunikationstechnologien und die Möglichkeiten der weltweiten Vernetzung fokussiert und sich auf die technische Gestaltung von Daten beschränkt, impliziert die Wissensgesellschaft das personelle Wissen.

„Was die Wissensgesellschaft demgegenüber als bildungsreformerischen Leitbegriff prädestiniert, ist eben diese im Wissensbegriff mitgedachte ‚Aneignungsperspektive' der Verwandlung von Information in Wissen: die Dimension der biographischen Aneignung und Reflexion sowie der handlungspraktisch ausgerichteten Verarbeitung von – immer bedeutungshaltiger – Information durch ein personelles Subjekt. Der Begriff ‚Wissensgesellschaft' schlägt die Brücke zum Bildungsgedanken und -subjekt und damit auch zum Bildungssystem und zur Bildungspolitik" (Wingens 2002).

Wissen, Bildung und Lernen wird in diesem Kontext dem Status der individuellen Ressource enthoben und stattdessen zum gesamtgesellschaftlichen Gut, wenngleich weniger aus der Position „Bildung als Bürgerrecht", sondern vielmehr aus ökonomischer Verwertbarkeit heraus. Dabei ergeben sich neue Umwälzungsprozesse für die Arbeitsgesellschaft (vgl. Willke 1998; Stehr 1994 und 2006):

- Es entstehen neue wissensbasierte Berufsfelder.
- Wissen erfährt einen Bedeutungszuwachs neben anderen Fertigkeiten (z.B. hinsichtlich der Marktentwicklung, Kundenprofile etc.).
- Wissen vergeht, d.h. Wissen muss in den Organisationsebenen von Verwaltungen und Unternehmen nicht nur gesammelt, sondern auch ständig reflektiert und ggf. erneuert werden.
- Der Wissensarbeiter (vgl. Willke 1998) kann sein Wissen nicht nur in einer einmaligen Lehre/ Ausbildung erwerben. Unter dem Stichwort des „Lebenslangen Lernens" muss Wissen kontinuierlich erneuert, erweitert und modifiziert werden. Der Wissensarbeiter muss seine Kompetenzen in (selbstorganisierten) Lernprozessen ständig erweitern.
- Zudem ist der Wissensarbeiter den neuen Anforderungen der Wissensgesellschaft wie erhöhter Mobilität und Flexibilität ausgesetzt.

Da in der Wissensgesellschaft neue Arbeitsformen entstehen, sind neue Schlüsselqualifikationen zur Anpassungen unabdingbar. Baethge benennt dabei u.a. Abstraktionsfähigkeit, systemisches und prozesshaftes Denken, Offenheit, hohe kommunikative und kulturelle Kompetenz, Kooperationsfähigkeit und Selbstmanagement als die wichtigsten persönlichen Voraussetzungen im Arbeitsprozess (vgl. Baethge 2001). Eine Konzentration auf formale Bildungsabschlüsse und fachliche Qualifikationen vernachlässigt dabei Potenziale, die sich kaum im Notenspiegel wieder finden. Können institutionelle Bildungsabschlüsse per se die nötigen Kompetenzen des Wissensarbeiters abbilden? Hierbei ist zu konstatieren, dass soziale, emotionale und kommunikative Kompetenzen gerade in einer Gesellschaft, in der das fachliche und berufslastige Wissen quasi täglich veraltet (vgl. ebd.), als kontinuierliche Potenziale bestehen bleiben, sei es in Form von Teamfähigkeit, kontinuierlicher Lernfähigkeit oder der Weitergabe von Wissen und Erfahrung (s. Tab. 1).

2.2 Trend 2: Die Globalisierung

Von Beck als ein Phänomen der Zweiten oder auch Reflexiven Moderne verstanden (vgl. Beck/Giddens/Lash 1996; Beck 1997), von Bourdieu als „Mythos Globalisierung" und dabei eigentlich zentralen Bestandteil des Neoliberalismus verunglimpft (vgl. z.B. Bourdieu 1998), so bleibt der Begriff in der wissenschaftlichen Diskussion auch mit dem Stempel der Unzulänglichkeit behaftet, denn Globalisierung setzt sich aus den Komponenten „international", „global", „Verflechtungen/Beziehungen" und „Akteure aus Politik, Wirtschaft und Gesellschaft" zusammen, die alle für sich einer Klärung und Abgrenzung bedürfen.[4] Dabei geben kritische Stimmen zu beachten, dass Export und Auslandswirtschaft eine lange Tradition in Deutschland haben. Betrachtet man die Weltexportquote, zeigt sich vor dem 1. Weltkrieg in Deutschland eine ähnliche Summe wie zu Beginn der 1970er Jahre (vgl. Altvater/Mahnkopf, 1996).

„Das Bedürfnis nach einem stets ausgedehnteren Absatz für ihre Produkte jagt die Bourgeoisie über die ganze Erdkugel. Überall muß sie sich einnisten, überall anbauen, überall Verbindungen herstellen" (Marx/Engels 1848).

Dieses Zitat konstatiert bereits die Gedanken von Marx und Engels 1848 im Hinblick auf internationale Wirtschaftsbeziehungen und findet sich als Wasser auf den Mühlen einiger Begriffskritiker.

Auch wenn internationale Wirtschafts- und Politikverflechtungen eine längere Tradition haben, so zeigen sie sich doch in einer neuen Qualität. Gesunkene Kommunikations- und Transportkosten (z.B. Zölle, Markterschließungskos-

---

[4] Beck bezeichnet Globalisierung als eine Form der Internationalisierung, die sich insbesondere zwischen und innerhalb von den USA, Europa und Asien vollzieht (Beck 1997, 199)

ten)[5], geringere Kosten für Energie (gesunkene Rohölpreise zwischen 1980 und 1998) und die gleichzeitige Standardisierung und Qualitätssicherung von Produktionsabläufen ermöglichen eine globale Wirtschaft von nie da gewesenem Ausmaß (vgl. Altvater/Mahnkopf 1996) und die Ausweitung lokaler Märkte über Landesgrenzen hinweg. Doch im Grunde bleibt eine Debatte um die Innovation eines Begriffes müßig, so lange die gesellschaftlichen Tatsachen ihre eigene Sprache sprechen.

Durch immer schnellere Informations- und Warenströme entstehen über die nationalstaatlichen Grenzen hinaus Konkurrenzen um Märkte, Arbeitsplätze und Positionen. Die Globalisierung vollzieht sich also in der Triangel zwischen neuen Absatzmöglichkeiten, neuen Arbeitsformen/Unternehmensstrukturen und Standortwettbewerb. Auch wenn nicht jeder Handwerksbetrieb zum „global player" mutiert, so macht die Globalisierung auch nicht vor traditionsreichen Branchen halt, die bislang ihre lokalen Absatzmärkte gesichert hatten (vgl. Heinze 1998). Denn globale Wirtschaft bedeutet nicht nur eine Neupositionierung der Exportwirtschaft. Altvater und Mahnkopf sprechen von einer globalen Strategie der Unternehmen, sehen neue Umwälzungen in der gesamten Unternehmensstruktur. Statt der herkömmlichen Ordnung von Zentrum und Peripherie, werde es nunmehr zu neuen, flacheren Hierarchien kommen und zu vielen kleineren Zentren (vgl. Altvater/Mahnkopf 1996).

In diesem flexiblen Netzwerk stelle jede/r Arbeiter/in einen Knotenpunkt dar, einen Knotenpunkt, der im Zweifelsfall auch austauschbar ist (vgl. Sennet 1998, 58). Standardisierte Qualitätssicherungssysteme und Produktionsketten ermöglichen des Weiteren die Verlagerung von Arbeitsplätzen in Länder mit niedrigeren Lohnkosten und laxeren Gesetzen zum Arbeitsschutz. Dabei sind insbesondere Branchen betroffen, in denen Forschung (dann vorwiegend in Industriestaaten) und Produktion (vorwiegend in Billiglohnländern) unabhängig voneinander agieren können (vgl. Beck 1997, 201), insbesondere die Automobilindustrie, die Chemie-Branche, der Bereich der Unterhaltungselektronik und Kommunikationstechnologie, die Nahrungsmittelindustrie, die Bekleidungs- und Möbelindustrie (vgl. Altvater/Mahnkopf 1996; Heinze 1998). Am Beispiel der Callcenterarbeit zeigt sich zudem, dass auch der Dienstleistungsbereich nicht globalisierungsresistent ist. Verhält sich ein Unternehmen am globalisierten Markt mit unterschiedlichen Standorten, so ergeben sich neue Produktionsmuster: just-in-time-production und ein Produktionsprozess around-the-clock trotz unterschiedlicher Zeitzonen werden zum Arbeitsalltag. Oder besser gesagt:

---

[5] Insbesondere im Bereich der Telekommunikation ist ein Preissturz erfolgt, aber auch im Bereich der Seefracht und des Lufttransports, wo die Kosten seit den 1930er Jahren um 65% bzw. 88% gesunken sind (vgl. Bundeszentrale für politische Bildung 2006).

"Wenn die Ingenieure im japanischen Kobe zu Bett gehen, übernehmen die Kollegen in Heidelberg, Mailand und Baden, dann sind die Amerikaner in Raleigh dran" (Piper 1995 zit. nach Altvater/Mahnkopf 1996).

Die Verlagerung von Arbeitsplätzen aus Deutschland heraus ist kein Novum[6], nicht nur vor dem Hintergrund geringerer Lohnkosten im Ausland, sondern auch hinsichtlich geringerer Unternehmenssteuern (vielleicht exemplarisch am wirtschaftlichen Aufschwung Irlands zum „celtic tiger" darstellbar). „Was tun?", lautet also die Gretchenfrage. Statt einseitiger passiver Schwarzmalerei wäre es an der Zeit sich die Frage zu stellen, mit welchen Ressourcen Deutschland im globalen Wettbewerb aufwarten kann (vgl. Heinze 1998). Es ist nicht von der Hand zu weisen, dass Deutschland schon im Hinblick auf seine Tarifpolitik und die gesellschaftlichen Unterhaltskosten nicht mit den Lohnkosten aus Dritte-Welt-Ländern mithalten kann und sollte. Stattdessen plädiert zum Beispiel Heinze für die Nutzung der s.g. „Human Ressources", das Kapital in den Köpfen. Als Bewältigungsstrategie gelten eine neue Betrachtungsweise der lokalen und regionalen Stärken (zum Beispiel in Form von innovativen Wirtschaftsclustern) und die stärkere Fokussierung auf die (auch außerfachlichen) sozialen, emotionalen und kommunikativen Kompetenzen, die auch im globalen Wettbewerb und im flexiblen Wissensfluss Bestand haben. Junge Auszubildende wie bereits Beschäftigte müssen sich verstärkt auf flexible, unsichere Arbeitsformen und eine zunehmende Mobilität einstellen. Globales Denken über den eigenen beruflichen Tellerrand hinweg wird zunehmend an Bedeutung gewinnen. Ein verstärkter Dienstleistungsgedanke bedeutet die Berücksichtigung unterschiedlichster Kundenwünsche und verlangt auch von Beschäftigten aus den technischen Berufsfeldern neue Kompetenzen. Kooperationen und Netzwerke, neue Arbeitsstrukturen (z.B. in virtuellen Teams) und erweiterte Absatzmärkte erfordern u.a. Kooperationskompetenz, Organisationskompetenz und Prozesskompetenz vom Ingenieur und Facharbeiter ebenso wie von der jungen Auszubildenden (vgl. Böhle/Pfeiffer/Sevsay-Tegethoff 2004).

Globalisierung bedeutet auch das mögliche Nebeneinanderwirken unterschiedlicher Kulturen: als Kollegen, als Kunden, als Vorgesetzter. Mit anderen Worten: Ein jugendlicher Mensch muss sich nicht nur in der Lage sein, mit modernen Medien umzugehen, sondern auch Kompetenzen im Umgang mit Internationalität erwerben. Fremdsprachen und interkulturelle Fähigkeiten gewinnen an Bedeutung, wo man auch eventuell mit Kollegen und/oder Kunden aus dem Ausland zu tun hat. Hier tun sich z.B. neue Chancen für junge Auszubildende mit Migrationshintergrund auf, denn die wenigsten Mitarbeiter sind in

---

[6] Obgleich in einigen Branchen auch ein Trend zur Rückkehr erkennbar zu sein scheint (vgl. Hage 2007).

der Lage, mit Kunden aus arabischen Staaten, der Türkei oder der Russischen Föderation in der Muttersprache zu kommunizieren. Ebenso wichtig ist es dabei, Sensibilitäten für andere Gepflogenheiten zu entwickeln und vorherzusehen. Ehlers und Schäfer (2007) nennen als Beispiele die arabische Kultur, die lange Arbeitsessen in informeller Atmosphäre schätzt, sowie die besondere Hierarchie japanischer Unternehmen (s.a. Tab. 1). Beck fasst seine Auffassungen einer neuen Bildungsdebatte im Zeichen der Globalisierung folgendermaßen zusammen:

„Eine der großen politischen Antworten auf Globalisierung lautet daher: Auf- und Ausbau der Bildungs- und Wissensgesellschaft; deren Fixierung auf bestimmte Arbeitsplätze und Berufe lockern oder abstreifen und Ausbildungsprozesse ausrichten auf breit anwendbare Schlüsselqualifikationen; unter diesem Stichwort wird inzwischen nicht nur ‚Flexibilität' oder ‚lebenslanges Lernen' verstanden, sondern werden auch Sozialkompetenz, Teamfähigkeit, Konfliktfähigkeit, Kulturverständnis, vernetztes Denken, Umgang mit Unsicherheiten und Paradoxien der Zweiten Moderne eingereiht" (Beck 1997, 230ff.).

2.3 Trend 3: Der Demographische Wandel

Sozialer Wandel und die Veränderung der Sozialstruktur gehören zu den herausragendsten Dynamiken jeder Gesellschaftsform. Aktuell sticht dabei insbesondere der so genannte „Demographische Wandel" hervor, ein Begriff, der in letzter Zeit seinen Exotenstatus eingebüßt hat und nunmehr zum neuen Lieblingswort der Medien geworden ist. Die Konjunktur dieses Begriffs lässt sich durch seine sozialpolitische Relevanz im Hinblick auf soziale Sicherung und gleichzeitige Einflussnahme auf eine Reihe gesellschaftlicher Teilbereiche erklären, mit anderen Worten: Alter und Bevölkerungsentwicklung hängen strukturell zusammen (vgl. Backes/Clemens 1998; Naegele/Tews 1993).

Die Demographie (griech. „Volk beschreiben") gibt Auskunft über die Sozialstruktur einer Gesellschaft und ihre Veränderungen durch demographische Verhaltensmuster wie Geburten, Wanderungen, Sterbefälle etc. Was im Allgemeinen unter Demographischem Wandel verstanden wird, setzt sich aus mehreren Komponenten zusammen (Naegele 2007b):

1. Eine *konstant geringe Geburtenrate* in Deutschland und eine wachsende *Kinderlosigkeit* in Verbindung mit
2. dem so genannten *„dreifachen Altern"* (Tews 1999, 138) der Bevölkerung führt zu einer
3. *schrumpfenden Gesamtbevölkerung*, die mit einer

4. *multiethnischen Differenzierung* einhergeht (s. ausführlich Abschnitt „Multiethnische Gesellschaft).

Seit den 1970er Jahren hat sich die Geburtenziffer in Deutschland drastisch reduziert. Dieser Trend zeichnet im Allgemeinen alle Industrienationen aus, jedoch im unterschiedlichen Maße.

Mit aktuell ca. 1,34 Geburten pro Frau verfügt Deutschland neben etwa Italien und Japan über eine der niedrigsten Geburtenrate weltweit und liegt abgeschlagen hinter anderen europäischen Ländern wie Dänemark (1,74 Geburten pro Frau), Irland (1,96) oder Frankreich (1,89). Die Gründe sind komplex. Da die niedrige Geburtenrate mit einer auch zeitlich nach hinten verlagerten Familiengründung einhergeht, reichen die Ursachen von Individualisierungstendenzen, langen Ausbildungszeiten über veraltete Geschlechterbilder, Vereinbarkeitsproblematik zwischen Beruf und Familie, hohen Opportunitätskosten, einem prekären Arbeitsmarkt bis hin zur Differenzierung von Lebensformen und einer wachsenden Akzeptanz freiwillig Kinderloser. Der zweite wichtige Baustein des Demographischen Wandels ist das genannte „Dreifache Altern" der Gesellschaft. Eine ansteigende Lebenserwartung infolge besserer medizinischer Versorgung, gesünderer Lebensgewohnheit, Arbeitsschutzmaßnahmen etc. – sowohl für die Neugeborenen als auch für die bereits älteren Menschen – führt angesichts einer damit einhergehenden sinkenden Geburtenrate zu einem relativen Anstieg der Zahl älterer Menschen in der Gesellschaft. Flankiert wird diese Entwicklung durch die geburtenstarken Jahrgänge der 1960er Jahre („Babyboomer"), die in die Jahre kommen und somit auch den absoluten Anteil älterer Menschen anschwellen lassen. Die längere Lebenserwartung, die einem heute neugeborenen Jungen ein Lebensalter von 76,6 Jahren und einem neugeborenen Mädchen gar 82,1 Lebensjahre in Aussicht stellt, führt obendrein zu einem steigenden Anteil hochaltriger Menschen – eine Herausforderung für den Gesundheits- und Pflegesektor, aber auch für die Arbeitswelt, wenn die Vereinbarkeit von Beruf und Pflege neben der Vereinbarkeit von Kinderbetreuung und Beruf zur zweiten Säule mutiert. Die Alterung der Gesellschaft erlangt ihre besondere Wirkung wiederum durch die niedrige Geburtenrate, sprich: zu wenige junge Menschen rücken nach, was wiederum auf lange Sicht zu einer insgesamt schrumpfenden Bevölkerung führt und damit auch zu einem sinkenden Arbeitskräfteangebot. Das Statistische Bundesamt stellt in seiner 11. koordinierten Bevölkerungsvorausberechnung der heute 82,4 Mio. starken Bevölkerung einen Rückgang bis 2050 auf 69 Mio. bis 74 Mio.[7] in Aussicht (vgl. Statistisches Bun-

---

[7] Die Differenz erklärt sich aus der unterschiedlichen Berechnungsvariante z.B. bzgl. Wanderungsverhalten, Geburtenraten und Lebenserwartung.

desamt 2006). Prognosen zur Bevölkerungsentwicklung erweisen sich in der Praxis als nicht ganz unproblematisch. Die Berechnung des Statistischen Bundesamtes erfolgt als Trend-Exploration basierend auf dem aktuellen Ist-Zustand. Dennoch ist der Trend unverkennbar. Der sprichwörtliche lange Atem der Demographie ist nicht von der Hand zu weisen, schließlich kann ein Kind, das nicht geboren wurde wiederum auch keinen Nachwuchs bekommen; sie fehlen als potenzielle Eltern.

Abb. 2 Entwicklung des Erwerbspersonenpotenzials bis 2050

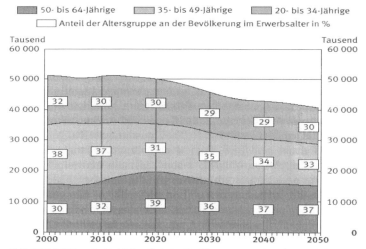

1) Ab 2002 Schätzwerte der 10. koordinierten Bevölkerungsvorausberechnung, Variante 5 „mittlere" Bevölkerung: Mittlere Wanderungsannahme W2 (jährlicher Saldo von mindestens 200 000) und mittlere Lebenserwartungsannahme L2 (durchschnittliche Lebenserwartung 2050 bei 81 bzw. 87 Jahren).

Statistisches Bundesamt 2003 - 15 - 0224

Der Demographische Wandel wirkt sich ohne Zweifel auch auf den Arbeitsmarkt aus. Abb. 6 zeigt den absinkenden Anteil von Menschen im Erwerbsalter insgesamt, aber auch die Umwälzungen in der Altersstruktur der Erwerbspersonen: Weniger junge Menschen, mehr Ältere zwischen 50 und 64 Jahren. Das insgesamt schrumpfende Erwerbspersonenpotenzial und der geringe Nachschub an jungen Menschen könnte für eine entspanntere Situation auf dem Arbeits- und Ausbildungsmarkt sorgen oder aber auch zu neuen Konkurrenzsituationen um die so genannten besten Köpfe im nunmehr globalen Wettbewerb führen. Wie sich die Produktivität entwickelt, bleibt ebenfalls Zukunftsmusik, zugleich besteht bereits jetzt in zahlreichen Branchen ein Fachkräftemangel (vgl. Bäcker et al. 2007). Für die Unternehmen und Arbeitgeber zeigt sich der Demographische Wandel in einer allgemeinen Alterung des Personals. Flankiert durch die neue Regelung zur Rente mit 67 und einem möglicherweise demographiebedingten Freisetzungsstopp älterer Arbeitnehmer steigt der Anteil älterer Arbeitskräfte (s. Abb. 6). Dies bedeutet zugleich die Umstellung der Personalpolitik im Hinblick auf alternde Belegschaften und die Entwicklung neuer Konzepte zum intergenerativen Umgang (vgl. Naegele 2007a; Frerichs/Naegele 2006). Die Ausschöpfung des älteren Arbeitskräftepotenzials ist eine Strategie in der demographiesensiblen Arbeitswelt, eine andere bleibt die Realisierung einer den Kompetenzen gerecht werdenden Frauenerwerbstätigkeit. Während die Frauenerwerbsquote in Deutschland mit knapp 60% anderen vergleichbaren Industriestaaten (Schweden ca. 72%, Dänemark ca. 71% seien nur obligatorisch erwähnt) hinterherhinkt, haben wir es derzeit mit einer gut ausgebildeten Frauengeneration wie nie zu tun (vgl. Genderdatenreport 2005). Hier gilt es also, den weiblichen Nachwuchs zu fördern, dem z.Z. immer noch geschlechtersegregierten Arbeitsmarkt zu öffnen und die Unternehmenskultur nicht nur generationen-, sondern auch geschlechtersensibel zu gestalten.

Ebenso verändern sich die Anforderungen an Mitarbeiterinnen und Mitarbeiter im Zuge des Demographischen Wandels. Die klassische Dreiteilung des Lebenslaufes mit Ausbildung, Arbeit und Ruhestand wird vor dem Hintergrund der Wissensgesellschaft (s.o.) und des Demographischen Wandels zu neuen Lebensverlaufmustern mit diskontinuierlichen Arbeitsbiographien und Lebenslangem Lernen führen und verlangt spezifische kommunikative, emotionale und soziale Kompetenzen von den Mitarbeitern. Von wachsender Relevanz werden Fähigkeiten zum Denken in intergenerativen, alters- und geschlechtersensiblen Mustern liegen. Auf der Ebene der emotionalen Kompetenzen steht die Revision von (Alters)Stereotypen (vgl. Backes/Clemens 1998), Selbstreflexionskompetenzen und Selbstmotivation an vorderster Stelle. Auch die Kommunikation muss den Anforderungen einer altersgemischten Belegschaft entsprechen, die Wissensvermittlung und das Lernen von Jung und Alt werden unabdingbar.

Der Demographische Wandel führt aber nicht nur zu Neustrukturierungen interner Arbeitsabläufe und Unternehmenskulturen. Die „kleinere, grauere, buntere" Gesellschaft führt auch zu neuen Nachfragepotenzialen. Vielen Experten (vgl. FfG und IAT 1999) gilt der so genannte „Silbermarkt" oder auch „silver economy" als einer der aussichtsreichsten Märkte der kommenden Jahre. Bildlich gesprochen: Basierend auf der derzeitigen Entwicklung wird sich die Nachfrage nach Rollstühlen und Gehhilfen erhöhen, die Nachfrage für Kinderwagen eher zurückgehen.

Die Entdeckung des älteren Konsumenten bedeutet auch eine neue Form der Kundenakquise und Kundenansprache im Demographischen Wandel. Schließlich kommen Untersuchungen zu dem Ergebnis, dass es eher an einer spezifischen Aktivierung älterer Kunden fehlt und weniger an einer mangelnden Nachfrage aufgrund fehlender Bedürfnisse (vgl. Gerling et al. 2004). Im Gegenteil interessieren sich viele Senioren für das Thema Gesundheit, Tourismus und Kultur. Je nach gesundheitlicher Lage und Einkommen engagieren sich Senioren ehrenamtlich, betätigen sich sportlich, legen Wert auf modische Kleidung etc. (vgl. Cirkel et al. 2004). Eine verstärkte Anbindung älterer Kunden durch eine gezielte Ansprache[8], aber auch die Entwicklung von Produkten und Dienstleistungen selbst ist ohne die entsprechenden sozialen, emotionalen und kommunikativen Kompetenzen – quasi ein durchgängiges „demographic thinking" – kaum möglich. Die Mitarbeiter müssen in der Lage sein, die spezifischen Bedürfnisse zu identifizieren, umzusetzen und einer älteren Kundschaft zu präsentieren. Neben der Revision von Altersbildern gehören spezifische Umgangsformen mit älteren Kunden, aber auch generationenübergreifende Kommunikationskompetenzen zum wichtigen Repertoir eines Unternehmens. Zusammenfassend für die berufliche Bildung im Zeichen des demographischen Wandels könnte das Motto zudem lauten: Wir haben vielleicht weniger Köpfe, die wir aber im Gegenzug besser fördern können (s.a. Tab. 1).

2.4 Trend 4: Eine multiethnische Gesellschaft

Betrachtet man die Veränderungen der Sozialstruktur im Demographischen Wandel, so ist eine Komponente ebenfalls von großer Bedeutung: die multiethnische Differenzierung der Gesellschaft.[9] Laut Mikrozensus leben im Jahr 2005 15,3 Millionen Menschen mit Migrationshintergrund in Deutschland, was einem Anteil an der Gesamtbevölkerung von 18,6% entspricht. Von diesen 15,3 Mio. Menschen besaßen 8 Mio. die deutsche Staatsangehörigkeit, also etwas mehr als die Hälfte aller Menschen mit Migrationshintergrund. Zu den wichtigsten Grup-

---

[8] Wobei aber auch Vorsicht geboten ist. So kann des Label „Senior" oder „Alter" für ein bestimmtes Produkt oder eine Dienstleistung auch abschreckend wirken- sowohl für die Jüngeren als aber auch die Menschen, die dem „Jugendwahn unterliegen" oder sich schlichtweg nicht als „alt abgestempelt" wissen möchten (vgl. Franke/Wilde 2006).
[9] Im Mikrozensus wird seit einigen Jahren die Bezeichnung „Menschen mit Migrationshintergrund" verwendet, um die bisherige statistische Unterscheidung zwischen Deutschen und Ausländern nach Staatsangehörigkeit um andere Faktoren wie Sprachzugehörigkeit zu erweitern und als Ordnungsmaßstab jedwede Form von Integrationsbedarf zu wählen. Somit werden in der Kategorie „Menschen mit Migrationshintergrund" auch Spätaussiedler, Flüchtlinge, Asylbewerber und eingebürgerte Ausländer erfasst (vgl. Statistisches Bundesamt 2007b).

pierungen gehören Spätaussiedler, insb. aus der Russischen Föderation, und die Gruppe der türkischen Mitbürger (vgl. Statistisches Bundesamt 2007b). Dabei stellt der Mikrozensus fest, dass die Alterstruktur bei Migranten um einiges jünger ist als bei Menschen ohne Migrationshintergrund (33,8 gegenüber 44,9 Jahren). Während eine Frau mit deutscher Staatsangehörigkeit im Schnitt 1,34 Kinder zur Welt bringt, liegt diese Rate bei einer ausländischen Frau bei 1,6 Kindern (vgl. Statistisches Bundesamt 2007a). In 2004 war die Geburtenrate ausländischer Frauen damit um 30% höher als bei Frauen mit deutscher Staatsangehörigkeit (vgl. Statistisches Bundesamt 2006).

Genaue Prognosen über die zukünftige Bevölkerungsentwicklung und den Anteil an Menschen mit Migrationshintergrund sind nicht einfach. Münz und Ulrich (1997) wagten den Versuch und kamen in Ihrer Studie zu dem Ergebnis, dass der Anteil an Ausländern in der Gesamtbevölkerung von derzeit etwa 8,9% bis 2030 auf einen Anteil zwischen 12,5% und 20,5% anwachsen könnte. Zusammenfassen lassen sich die Entwicklungen wie folgt:

1. Der Anteil der Bevölkerung mit Migrationshintergrund wird aufgrund der demographischen Entwicklung ansteigen.
2. Damit steigt auch der Anteil des Arbeitskräfteangebots mit Migrationshintergrund, aber
3. auch die Abnehmer, die Kundschaft wird multikultureller.

Die derzeitige Situation auf dem Arbeitsmarkt und Ausbildungssektor zeigt tendenziell unter den Migranten eine höhere Arbeitslosigkeit, eine höhere Schulabbrecherquote und einen geringeren Anteil an höher Qualifizierten (vgl. Statistisches Bundesamt 2007b). Hier zeigen sich folglich wirtschaftliche und gesellschaftliche Potenziale, die bislang nicht genutzt wurden, im Zusammenhang mit fiskalischen Belastungen für den Sozialstaat (vgl. v. Löffelholz 2007). In Zukunft wird den ausbildenden Unternehmen und Betrieben ein höherer Anteil an Bewerbern mit Migrationshintergrund begegnen. Die Überlegung geht nunmehr in die Richtung, die spezifischen sozialen, emotionalen und kommunikativen Kompetenzen neben den formalen Bildungskompetenzen stärker zu gewichten. Der Unternehmensnachwuchs muss in der Lage sein, ethnospezifische Bedürfnisse, so sie denn vorhanden sein sollten, zu identifizieren und die Angebotspalette ggf. entsprechend zu modifizieren. Dabei gilt es, die vielfältigen Kulturmuster, mögliche kulturethnische Besonderheiten, Bedürfnisse und Bräuche zu berücksichtigen und die Konsumentengruppe zu aktivieren. Diese Erfordernisse bedürfen wiederum spezifischer Kompetenzen, die über formale Fähigkeiten hinausgehen, wie z.B. die Sensibilität im Umgang mit Kunden mit Migrationshintergrund, mögliche Sprachkenntnisse, eine interkulturelle Sensibilität und Empathiefähigkeit. Fast könnte man gar sagen, Bewerber mit Migrationshintergrund könnten möglicherweise über einen „Heimvorteil" verfügen, wenn sich die Wirtschaft zusätzlich auf Produkte und Dienstleistungen auf dem „Ethnomarkt" ausrichtet. Gerade die kulturspezifischen Potenziale sind bislang in der Wirtschaft relativ vernachlässigt worden (vgl. Franken 2007). Auszubildende und Mitarbeiter mit Migrationshintergrund verfügen dabei nicht nur über die spezifischen kulturellen Kenntnisse, z.b. über mögliche Bedürfnisse und Nachfragen, sondern darüber hinaus über die entsprechenden Sprachkenntnisse im Umgang mit ausländischen Kunden.

„Spezialisten mit Migrationshintergrund können durch ihren anderen kulturellen Hintergrund, durch ihre andere Herangehensweise an Probleme, durch ihre anderen Wertvorstellungen die Problemlösungsprozesse in Unternehmen bereichern und sie kreativer und erfolgversprechender gestalten. Insbesondere multikulturelle Teams in Unternehmen können durch die Vielfalt an Betrachtungsperspektiven, Mentalitäten und Wissen enorme Synergieeffekte erzielen" (Franken 2007).

Während die Globalisierung spezifische Kompetenzen an die Mitarbeiterinnen und Mitarbeiter im Umgang mit Kunden im Ausland stellt, so erfordert die multiethnische Gesellschaft im Inland neue Fähigkeiten. Wie der Trend zu alternden Belegschaften und einer höheren Frauenerwerbsbeteiligung so erfordert auch ein eventuell höherer Ausländeranteil unter den Mitarbeitern neue Strategien im Umgang miteinander. Das Prinzip des „Managing Diversity" als durchgängiges Konzept der Unternehmenskultur wird in diesem Sinne an Bedeutung gewinnen. Managing Diversity meint damit, die Heterogenität in der Belegschaft (im Hinblick auf Migration, Geschlecht, Behinderung, Alter etc.) nicht als Belastung, sondern als Ressource zu betrachten und stellt damit die positiven Vorteile von Vielfalt in den Vordergrund (vgl. Koall/Bruchhagen/Höher 2007). Dass sich Managing Diversity auch wirtschaftlich rentiert, zeigt eine Studie im Auftrag der Europäischen Kommission im Jahre 2005, bei der über 900 europäische Unternehmen zu den Kosten und Nutzen des Vielfaltmanagement befragt wurden. Als Vorteile gaben die Unternehmen u.a. den Zugang zu einem neuen Arbeitskräftereservoir, Imagesteigerung, mehr Innovation und Kreativität an (vgl. Europäische Kommission 2003).

Auch hier sind gesonderte Fähigkeiten im Umgang miteinander gefordert, um einen optimalen Betriebsablauf zu gewährleisten. Managing Diversity funktioniert nur ohne Diskriminierung, Vorurteile und Stereotypen. Stattdessen ist Sensibilität im Umgang mit interkulturellen/intergenerativen Unterschieden gefragt.

Soziale, emotionale und kommunikative Fähigkeiten im Umgang mit Vielfalt sind demnach nicht nur gesellschaftlich erwünscht, sondern stellen vielmehr eine wichtige Leistungskomponente dar.

3 Systematisierung und Ausblick

Die berufliche Bildung in Deutschland ist und bleibt ein zentraler Faktor der Arbeitsmarktpolitik, aber auch der gesellschaftlichen Inklusion. Anhand der vier nachgezeichneten Entwicklungen sollte dieser Beitrag ein Plädoyer zur stärkeren Berücksichtigung fachübergreifender Kompetenzen darstellen, die bislang trotz der vielfältigen Debatte um „Schlüsselkompetenzen" und „soft skills" noch immer ein Schattendasein fristen.

Dabei zeigt das Gesicht des sozialen Wandels, ob in Form der Wissensgesellschaft und Globalisierung oder im Bild des Demographischen Wandels und der multiethnischen Gesellschaft, dass es insbesondere die sozialen, emotionalen und kommunikativen Kompetenzen sind, die dem Nachwuchs auf dem Arbeitsmarkt als wertvolle Ressource dienen können – sofern dies von der Wirtschaft entdeckt wird. Die Arbeitsgesellschaft tut gut, neue Stärken und Ressourcen zu identifizieren und zu festigen. Auch wenn der soziale Wandel immer für neue Entwicklungen und Überraschungen Sorge trägt:

„Es bleibt nicht nur ein Rest von Unplanbarem, sondern das Unplanbare entsteht auch immer wieder in neuer Weise" (Böhle/Pfeiffer/Sevsay-Tegethoff 2004, 7).

Tab. 1: Soziale, emotionale und kommunikative Kompetenzen im sozialen Wandel

Herausforderung	Übergreifende Persönlichkeitsmerkmale		
	Soziale Kompetenzen	Emotionale Kompetenzen	Kommunikative Kompetenzen
	Kognitive und affektive Handlungskomponenten; das eigene Verhalten auch auf die anderen beziehen können, Empathie- und Kritikfähigkeit, Team- und Kooperationsfähigkeit, Toleranz, Vertrauen, Motivation, Verantwortungsbewusstsein etc.	Lernprozesse mit dem Ziel, sowohl mit den eigenen als auch mit den Gefühlen anderer umgehen zu können.	Sprachliche Ausdrucksfähigkeit, Fähigkeit der Selbstdarstellung und des persönlichen Umgangs innerhalb von sozialen Beziehungen, Diskurskompetenz, strategische Kompetenz, Angemessenheit im Kommunikationsprozess (email, Briefform, persönlich), technische Kommunikationsfähigkeit.

Wissensgesellschaft/ Informationsgesellschaft *Kennzeichen:* Neue Informations- und Kommunikationstechnologien; neue wissensbasierte Berufsfelder in der Dienstleistungsgesellschaft; Wissen als herausragende Ressource; Wissen funktioniert vernetzt, dezentral, interdisziplinär und muss aufgrund seiner schnellen Veralterung immer wieder modifiziert werden; Lebenslanges Lernen; Bild des flexiblen, mobilen „Wissensarbeiters" etc.	Flexibilität; Mobilität; Wissen für sich und im Umgang mit anderen organisieren; Wissensteilung; Informationsaustausch als Credo; Kooperationsfähigkeit; Lernfähigkeit; Motivation; verantwortungsbewusster Umgang mit Informationen etc.	Selbstreflexion über die eigenen Wissensbestände; eigene Motivation, Wissen immer wieder zu erwerben, zu modifizieren und weiterzugeben; vernetztes Denken; Fähigkeit zur Gestaltung selbstgesteuerter Lernprozesse	Kenntnisse im Umgang mit neuen Technologien und über spezifische Kommuniktionscodes; Wissen erklären, verständlich machen und umsetzen können.
Globalisierung *Kennzeichen:* Weltweite Vernetzung; Internationalisierung; globale Waren- und Kapitalmärkte; liberalisierter Finanz- und Kapitalmarkt; multinationale Konzerne; Durchlässigkeit nationalstaatlicher Grenzen und Öffnung des Arbeitsmarktes; Glokalisierung; Prekarisierung, flexibler und mobiler Arbeitsmarkt; flexible Unternehmensstrukturen; Outsourcing-Prozesse; prozessorientiertes Arbeiten	Mobilität, Globales und vernetztes Denken, regionale Stärken erkennen; interkulturelle Kompetenzen; Kompetenzen im Umgang mit unterschiedlichsten Kunden, Kollegen und Geschäftspartnern; Generalisten	Offenheit für Neues und Veränderungen, Flexibilität, „über den eigenen Tellerrand hinausschauen können"; Umgang mit Unsicherheiten und neuen Arbeitsverhältnissen	Fremdsprachen; Ansprache internationaler Kundengruppen; Kenntnisse im Umgang mit IuK-Technologien; Kulturübergreifende Ansprache; Fähigkeit einer Kommunikation virtueller Teams.

Arbeitsmarktkompetenzen im sozialen Wandel

Demographischer Wandel *Kennzeichen:* Schrumpfung der Gesellschaft; Schrumpfung des Erwerbspersonenpotenzials; dreifaches Altern der Gesellschaft, niedrige Geburtenrate; erhöhte Frauenerwerbstätigkeit; alternde Belegschaften, eigene Verweildauer im Arbeitsleben verlängert sich; Lebenslanges Lernen, Lebensläufe im Wandel; neue Märkte und Nachfragepotenziale etc.	Sensibilität im Umgang mit neuen Kundengruppen; Ausrichten der Unternehmensziele an einer alternden Gesellschaft; neue Bedürfnisse der Kundschaft erkennen; Kompetenzen im Umgang mit geschlechts- und altersgemischten Arbeitsteams; Denken in generationenübergreifenden Themen und Bedürfnissen; intergeneratives Lernen voneinander etc.	„Demographiesensibles Denken"; Revision von Alters- und Geschlechterstereotypen; Selbstmotivation zu kontinuierlicher Weiterbildung; Reflexion der eigenen Biographie; Offenheit und Aufgeschlossenheit für Neues.	Umgangsformen insb. bei älteren Kunden; alterssensible Kommunikationsfähigkeit; Generationenansprache; Verbindende Kommunikation zwischen und innerhalb der Generationen und Geschlechtern.
Multiethnische Gesellschaft *Kennzeichen:* Buntere Gesellschaft; vielfältige Kulturmuster; kulturethnische Besonderheiten, Bedürfnisse und Bräuche; bunter gemischte Arbeitsteams; „neue" Kundengruppen; Ethnomarkt.	Interkulturelle Kompetenzen im Umgang mit MitarbeiterInnen; Sensibilität im Umgang mit ausländischen Kunden, ihren Gebräuchen und Werten; „managing diversity": Gewährung von Chancengleichheit, Vielfalt als Chance begreifen.	Multiethnisches Denken; interkulturelle Sensibilität;	Besondere Sprachkenntnisse; Ethnosensible Kommunikation sowohl beim Umgang mit Kunden als auch mit Kollegen und Mitarbeitern

Literatur

Agentur für Arbeit (Hrsg.) (2007): Der Arbeits- und Ausbildungsmarkt in Deutschland. Monatsbericht, Stand: Oktober 2007. Nürnberg.
Altvater, E./Mahnkopf, B. (1996): Grenzen der Globalisierung: Ökonomie, Ökologie und Politik in der Weltgesellschaft. Münster.
Backes, G. M./Clemens, W. (1998): Lebensphase Alter. Eine Einführung in die sozialwissenschaftliche Alternsforschung. Weinheim; München.
Bäcker, G./Naegele, G./Bispinck, R./Hofemann, K./Neubauer, J. (2007): Sozialpolitik und soziale Lage. 2 Bände, 4. Aufl. Wiesbaden.
Baetghe, M. (2001): Kommunikativität und Wissen. In: Simmer, M./Schröder, L./Schwemmle, M. (Hrsg.): (2001): Neu denken – neu handeln. Arbeit und Gewerkschaften im digitalen Kapitalismus. Hamburg.
Beck, U./Giddens, A./Lash, S. (1996): Reflexive Modernisierung. Frankfurt a. M.
Beck, U. (1997): Was ist Globalisierung? Frankfurt a. M.
BIBB/Bundesinstitut für Berufsbildung (Hrsg.) (2004): Berufsbezeichnungen und ihr Einfluss auf die Berufswahl von Jugendlichen. Bielefeld.
BIBB/Bundesinstitut für Berufsbildung (Hrsg.) (2007): Berufsbildungsbericht. Bonn.
BMFSFJ/Bundesministerium für Familie, Senioren, Frauen und Jugend (Hg.) (2004): Elternschaft und Ausbildung. Ein Gutachten des Wissenschaftlichen Beirats für Familienfragen beim Bundesministerium für Familie, Senioren, Frauen und Jugend, Berlin.
BMFSFJ/Bundesministerium für Familie, Senioren, Frauen und Jugend (Hrsg.) (2005): Genderdatenreport. 1. Datenreport zur Gleichstellung von Frauen und Männern. München.
Böhle, F./Pfeiffer, S./Sevsay-Tetgethoff, N. (2004): Die Bewältigung des Unplanbaren. Wiesbaden.
Bourdieu, P. (1987): Die feinen Unterschiede. Kritik der gesellschaftlichen Urteilskraft. Frankfurt a. M.
Bourdieu, P. (1998): Gegenfeuer. Wortmeldungen im Dienste des Widerstandes gegen die neoliberale Invasion. Konstanz.
Bundeszentrale für politische Bildung (2006): Dossier „Globalisierung". [online] URL: http://www.bpb.de/wissen/Y6I2DP,0,0,Globalisierung.html. (Stand 22.12.2007).
Cirkel, M./Hilbert, J./Schalk, C. (2004): Produkte und Dienstleistungen für mehr Lebensqualität im Alter. Expertise für den 5. Altenbericht der Bundesregierung, im Auftrag des Deutschen Zentrums für Altersfragen (DZA). Gelsenkirchen.
Ehlers, I. U./Schäfer, R. (2007): Bin gut angekommen. Die wichtigsten sozialen Spielregeln für Azubis. Nürnberg.
Europäische Kommission (Hrsg.) (2005): Geschäftsnutzen von Vielfalt. Bewährte Verfahren am Arbeitsplatz. Luxemburg.
FfG/Forschungsgesellschaft für Gerontologie und IAT/Institut Arbeit und Technik (Hrsg.) (1999): Memorandum „Wirtschaftskraft Alter". Gelsenkirchen.
Franke, A./Wilde, D. (2006): Die „silberne" Zukunft gestalten. Handlungsoptionen im demografischen Wandel am Beispielinnovativer Wohnformen für ältere Menschen. Taunusstein.
Franken, S. (2007): Spezialisten mit Migrationshintergrund als Potenzial für deutsche Wirtschaft und Gesellschaft. In: Heinrich-Böll-Stiftung (Hrsg.): Online-Dossier „Wirtschaftliche Potenziale von Migration und Integration". [online] URL: http://www.migration-boell.de/web/integration/47_967.asp (Stand 11.12.2007).
Frerichs, F./Naegele, G. (2006): Arbeit und Alter(n). Plädoyer für eine demografiesensible Alters- und Beschäftigungspolitik. Argumente und Thesen zur Tagung „Demografie und Arbeitsmarktpolitik im EN-Kreis". Vortrag gehalten am 13.03.2006 in Witten.
Gerling, V./Naegele, G./Scharfenorth, K. (2004): Der private Konsum älterer Menschen. In: Sozialer Fortschritt, H. 11.

Giddens, A. (1995): Konsequenzen der Moderne. Frankfurt.
Hage, S. (2007): Standort Deutschland. Die Rückkehr der Reumütigen. In: DER SPIEGEL, 05.02.2007. Hamburg.
Heidenreich, M. (2003): Die Debatte um die Wissensgesellschaft. In: Böschen, S./Schulz-Schaeffer, I. (Hrsg.): Wissenschaft in der Wissensgesellschaft. Opladen.
Heinze, R. G. (1998): Die blockierte Gesellschaft. Wiesbaden.
Luhmann, N. (1984): Soziale Systeme. Frankfurt am Main.
Luhmann, N. (1990): Die Wissenschaft der Gesellschaft. Frankfurt a. M.
Koall, I/Bruchhagen, V./Höher, F. (Hrsg.) (2007): DIVERSITY OUTLOOKS – Managing Gender & Diversity zwischen Business Case und Ethik. Hamburg.
Krekel, E. M. (2007): Unbesetzte Ausbildungsplätze?! Analysen zum Ausbildungsstellenmarkt, Vortrag gehalten auf der Jobstarter-Fachtagung am 7. November 2007 in Gelsenkirchen.
Kübler, D. (2005): Mythos Wissensgesellschaft. Wiesbaden.
Löffelholz, H. D. v. (2007): Ökonomische Ressourcen von Migration und Integration. Potenziale nutzen – Kosten verringern. In: Heinrich-Böll-Stiftung (Hrsg.): Online-Dossier „Wirtschaftliche Potenziale von Migration und Integration". [online] URL: http://www.migration-boell.de/web/integration/47_967.asp (Stand 01.12.2007).
Marx, K./Engels, F. (1976): Manifest der Kommunistischen Partei. Leipzig. Erstveröffentlichung 1848.
Münz, R./Urlich, R. (1997): Das zukünftige Wachstum der ausländischen Bevölkerung in Deutschland. Demographische Prognosen bis 2030. In: Demographie aktuell, H. 12. Berlin.
Naegele, G./Tews, H.-P. (Hrsg.) (1993): Lebenslagen im Strukturwandel des Alters. Opladen.
Naegele, G (2007a): Increasing employment of older workers through lifelong learning. [online] URL: http://www.ffg.uni-dortmund.de/medien/publikationen/FfG-Naegele-german-report.pdf (Stand 15.12.2007).
Naegele, G. (2007b): Demographischer Wandel und demografisches Altern im „Revier". Probleme, Chancen und Perspektiven. Vortrag gehalten im Rahmen der Summer School „Demografischer Wandel und Zukunft des Alterns" am 08.10.2007 in Bochum.
Nassehi, A. (2001): Das Spiel des Wissens – Der Wandel von der Industrie- zur Wissensgesellschaft. Vortrag gehalten im Rahmen der Medientage 2001 in München.
Piper, N. (1995): Die permanente Revolution. In: DIE ZEIT, 15.12.1995.
Psychopedis, K. (2001): Antinomien der Wissensgesellschaft. Beitrag zum Kongress „Gut zu Wissen" der Heinrich-Böll-Stiftung, 05/2001. [online] URL: http://www.wissensgesellschaft.org/themen/orientierung/antinomien.html (Stand 27.12.2007).
Sennett, R. (1998): Der flexible Mensch. Die Kultur des neuen Kapitalismus, 2. Aufl. Berlin.
Soldt, R. (2005): Kinderlose Akademikerinnen? In: Frankfurter Allgemeine Zeitung, Nr. 56, 08.03.2005. Frankfurt.
Statistisches Bundesamt (Hrsg.) (2003): Bevölkerung Deutschlands bis 2050. Ergebnisse der 10. koordinierten Bevölkerungsvorausberechnung. Wiesbaden.
Statistisches Bundesamt (Hrsg.) (2006): Ergebnisse der 11. koordinierten Bevölkerungsvorausberechnung. Wiesbaden.
Statistisches Bundesamt (Hrsg.) (2007a): Geburten in Deutschland. Wiesbaden.
Statistisches Bundesamt (Hrsg.) (2007b): Bevölkerung und Erwerbstätigkeit. Bevölkerung mit Migrationshintergrund. Ergebnisse aus dem Mikrozensus 2005. Wiesbaden.
Stehr, N. (1994): Arbeit, Eigentum und Wissen. Zur Theorie von Wissensgesellschaften. Frankfurt a. M.
Stehr, N. (2006): Eine Welt aus Wissen. In: Fatke, R./Merkens, H. (Hrsg.): Bildung über die Lebenszeit. Wiesbaden.

Tews, H.-P. (1999): Von der Pyramide zum Pilz. Demographische Veränderungen in der Gesellschaft. In: Niederfranke, A./Naegele, G./Frahm, E. (Hrsg.) (1999): Funkkolleg Altern 1. Die vielen Gesichter des Alterns. Opladen; Wiesbaden.

Weber, S. (2005): Kompetenz und Identität als Konzepte beruflichen Lernens über die Lebensspanne. In: Gonon, P./Klauser, F./Nickolaus, R./Huisinga, R. (Hrsg.) (2005): Kompetenzen, Kognition und neue Konzepte der beruflichen Bildung. Wiesbaden.

Weber, M. (2006): Wirtschaft und Gesellschaft. Paderborn. Erstveröffentlichung 1922.

Willke, H. (1998): Systemisches Wissensmanagement. Stuttgart.

Wingens, M. (2002): Wissensgesellschaft – ein tragfähiger Leitbegriff der Bildungsreform? In: Wingens, M./Sackmann, R. (Hrsg.): Bildung und Beruf. Ausbildung und berufsstruktureller Wandel in der Wissensgesellschaft. Weinheim.

Emotionale, soziale und kommunikative Bildung durch Teilhabe an Verantwortung

Susanne Thurn

Verkürzt heißt es in einer amerikanischen Studie etwa: Wer keine soziale Einstellung hat oder sogar eine antisoziale Orientierung, wer zu impulsiven Handlungen neigt, wer sich immer schon aggressiv verhalten hat, wem es an Empathie und Frustrationstoleranz mangelt, wer aus einer armen Familie kommt, wer nur geringe emotionale Bindungen an die Eltern hat, wer in der Familie Gewalt erfährt, wer einen hohen Medienkonsum hat, wer in der Schule erfolglos ist, wer keine oder nur eine geringe Bindung an die Schule hat und dort ein negatives Klima erfährt, wer in der Region Armut und in der Nachbarschaft die Anwesenheit von Jugendbanden erlebt, wer in einer Umgebung lebt, wo die Verbrechensrate hoch ist, wo Drogen und Waffen greifbar sind – der wird mit Wahrscheinlichkeit bereits in der Schule zum jugendlichen Gewalttäter (vgl. Hamburg 1998). Unsere Kinder sind belastet wie nie zuvor, ihre Lebensbedingungen sind unsicher, ihre Beziehungen beliebig und wenig verlässlich, ihre Zukünfte verschwommen und daher nicht geeignet, dem schärfer werdenden Konkurrenzdruck standzuhalten. Zu viele Kinder leben in Armut, täglich werden es mehr. Die Wahrscheinlichkeit, dies in hilfloser Aggression und sinnloser Gewalt zu bewältigen, weil andere Problemlösungsmöglichkeiten nicht gekannt sind, nimmt mit dem Ausmaß der Verunsicherung zu. Wir alle haben Erfahrung mit dieser Form der Gewalt: in kleinem, in größerem und in erschreckendem Ausmaß, wenn wir die rechtsextremistischen Jugendbanden und ihre Erbarmungslosigkeit im Umgang mit anderen Menschen wahrnehmen. Und die Schule? „Die Schule fühlt sich für die erste Hälfte des Tages und die ‚obere' Hälfte des Menschen verantwortlich" (v. Hentig 2006, 45) – sie übernimmt nicht die Verantwortung für die in Kindern angelegte und unbedingt zu fördernde soziale und emotionale Intelligenz, achtet sie eher gering, weil sie nicht in ihren Auftrag passt – und sich erst recht nicht standardisiert abtesten und ranken lässt. Kann dagegen eine Schule, die mehr sein will als gute Wissensvermittlerin oder vorzügliche Ausbilderin oder Gewinnerin in Leistungsrankings durch die Bildung von emotionalen, sozialen und kommunikativen Fähigkeiten Lebensbedingungen sichern, Perspektiven klären, den Konkurrenzdruck nehmen und Sozialbeziehungen verlässlicher machen? Lädt sie sich damit nicht ein bisschen viel auf – schlimmer noch: sind diese Fähigkeiten nicht vielleicht geradezu kontraproduktiv im erbarmungslosen Verteilungskampf?

Eine Schule, die „trotz alledem und alledem" mehr sein will, muss einer anderen Logik von Schule folgen, die Hartmut von Hentig so gegenüberstellt: Frei zu wählende Lerngelegenheiten statt verordnetem Pensum – persönliche Bewährung statt kollektive Belehrung – Selbstverpflichtung statt Leistungszwang – Bewährungsdrang statt Eifer um gute Noten – Neugier-und-Mitteilung statt „fragend-entwickelnder Unterricht" – polis statt Belehrungsanstalt und vor allem: konkreter Vertrag mit der Gemeinschaft statt abstrakter Gehorsam (v. Hentig 2006, 34).

1 Wie muss Schule sich ändern?

- *Die Schule* muss zunächst einmal für die Kinder da sein, die ihr anvertraut sind – und nicht umgekehrt. Sie hat es genau mit diesen ihren – unausgelesenen! – Kindern aufzunehmen: so wie sie sind, nicht, wie sie sein sollen.
- *Die Schule* muss allen ihren Kindern gerecht zu werden suchen und sie zu ihrem Bestmöglichen herausfordern – das kann sie nur, indem sie jedes einzelne Kind wahrnimmt in seinen Eigenarten, Verstörungen, Möglichkeiten und darauf mit je eigenen Angeboten ermutigend fördernd antwortet.
- *Die Schule* muss Kindern in ihrer wohl eindrücklichsten Lebenszeit einen bedacht gestalteten Ort zum Aufwachsen bieten, der ihnen die Vielfalt des Lebens und des Lernens an verschiedenen Erfahrungsorten ermöglicht.
- *Die Schule* muss Kindern Zeit und Ruhe zum Wachsen, Entwickeln, Austauschen, Erproben und Bewähren anbieten – und Erwachsene, die sich auf sie einlassen wollen, die den Umgang mit ihnen als bereichernd erleben.
- *Die Schule* muss die Schule ihrer Kinder, Jugendlichen und Erwachsenen sein, die sie täglich mitgestalten – in der sie gehört, wahrgenommen und vermisst werden, wenn sie einmal nicht da sein können – in die sie vertrauen, dass ihnen hier nichts Entmutigendes und Verstörendes geschieht, gegen das sie sich nicht mehr wehren können – in die sie täglich ihre Belange einbringen können, ihre Konflikte lösen lernen, ihre Ideen für gemeinsames Lernen entwickeln dürfen – in der sie jederzeit wichtig sind.

- *Die Schule* muss ihre Kinder und Jugendlichen so ernst nehmen, dass sie sie an der Verantwortung für das Gelingen des Ganzen beteiligt: der Verantwortung für ihr eigenes Lernen, die Lerngegenstände, ihren Lernzuwachs, die Beurteilung ihrer Ergebnisse und die der anderen, der Verantwortung für das Miteinander von Jüngeren und Älteren, von Ordnung und Unordnung, Regeln und Revieren.

Alles nur jene hehren Sätze, die folgenlos schön klingen und von allen auch unterschrieben werden können? Sie ernst zu nehmen und umzusetzen, heißt Schule von Grund auf ändern, will sie nicht mehr nur für die Hälfte des Tages und die Hälfte ihrer Menschen verantwortlich bleiben.

2 Und die Schülerinnen und Schüler?

Wie wir sie uns wünschen, mit welchen nützlichen sozialen, emotionalen und kommunikativen Kompetenzen wir sie gerne sozusagen fix und fertig von guten Elternhäusern oder effektiven Sozialstationen ausgestattet in die Schule geliefert bekämen – darüber können wir uns vermutlich ebenso schnell verständigen. Ein Arbeitsverhalten soll es sein, das von Anstrengungsbereitschaft und Ausdauer, von Konzentrationsfähigkeit und Selbständigkeit, von Sorgfalt, Pflichtbewusstsein, seit neuestem auch wieder verstärkt Disziplin, von reger Mitarbeit und wachem Interesse, von Aufmerksamkeit, fachlicher Kompetenz und Sachangemessenheit geprägt ist. Und natürlich wünschen wir uns dann auch noch ein Sozialverhalten, das sich durch Hilfsbereitschaft und Rücksichtnahme, durch Einfühlungsvermögen und Kompromissbereitschaft, durch Toleranz und ausgleichendes Konfliktverhalten, durch Interaktions- und Integrationsfähigkeit, durch Verantwortungs- und Selbstbewusstsein und jederzeit durch Offenheit und Wahrhaftigkeit auszeichnet. Die dafür notwendigen Kompetenzen aber stehen in gewissem Widerspruch zu dem, was zunehmend von ihnen in der Schule verlangt und normierend abgetestet wird, ja, sind vielleicht den neuen vordergründig gewordenen Zielen von Schule ebenfalls abträglich. Zudem sind es oft genau jene Kompetenzen, die Kindern und Jugendlichen in der Welt der Erwachsenen kaum genügend glaubhaft vorgelebt werden, weder im privaten Umgang miteinander noch im gesellschaftlichen und schon gar nicht im öffentlich-politischen. Wie können wir Kindern und Jugendlichen verständlich machen, warum wir Erwachsenen so oft nicht entsprechend unseren Einsichten leben, wenn wir uns doch zugleich so mühelos einig sind, welche Kompetenzen sie erlernen, mitbringen oder annehmen sollen? Allenfalls vielleicht, indem wir ihnen immer wieder unser Scheitern offen bekennen und ihnen dann glaubwürdig vorzuleben versuchen, dass das ständige Bemühen um die Überwindung der eigenen Unzulänglichkeiten und Unvollkommenheiten das Vorbild für sie sein könnte, nicht die eigene Vollkommenheit selbst.

Nur, wenn wir Kindern und Jugendlichen in der Schule dies vorleben und für sie erfahrbar machen, warum das gute Zusammenleben in einer Gesellschaft zunächst emotionale Einfühlung und darauf aufbauend emotional fundiertes Verstehen zur Voraussetzung hat, können wir uns unseren eigenen Ansprüchen stellen. Nur wenn wir Kindern und Jugendlichen vorleben und für sie erfahrbar machen, dass das Miteinander auf Wertschätzung von Verschiedenheit, gegenseitiger Achtung und füreinander Einstehen basiert, sind wir überzeugend. Nur wenn wir vorleben und erfahrbar machen, dass der zu erringende Ausgleich auf mühsamem Austausch von Werten, Interessen und Konfliktlösungen beruht, erziehen wir für eine „bessere Welt", deren „Zipfel" sie in der Schule erlebt haben müssen.

3 Verantwortungen

Welche Erfahrungsmöglichkeiten schaffen wir also in der Schule und wie kann das Zusammenleben in der Gemeinschaft der Schule gestaltet werden, damit emotionale, soziale und kommunikative Kompetenzen wachsen? Ich denke, indem Kinder und Jugendliche vom ersten Augenblick an in die Verantwortung für das Gelingen ihres Miteinanders einbezogen werden – indem sie sich zugehörig fühlen ihrer Gemeinschaft – indem sie teilhaben an der Verantwortung für das Ganze, das ohne sie nicht mehr das Ganze sein kann und das zugleich jene Kompetenzen voraussetzt, die sich darin erst aufbauen können.

Welche Verantwortungen sind dies und wie können sie im Alltag von Schule gestaltet werden? An den folgenden fünf will ich versuchen, auf diese Frage Antworten zu geben und sie an Beispielen aus dem Alltag der Laborschule Bielefeld zu veranschaulichen:

- Verantwortung für die Dinge des täglichen Lebens und den gemeinsamen Alltag,
- Verantwortung für mich selbst und für andere,
- Verantwortung für die Welt um mich herum,
- Verantwortung für die eigene Geschichte in Vergangenheit, Gegenwart und Zukunft,
- Verantwortung für das, was mir und uns wichtig ist in Kultur, Religion, Ästhetik Verantwortung auch für das Gute Leben.

Verantwortung meint hier „für die Folgen aufkommen" (v. Hentig), mich einmischen, mitentscheiden, teilhaben, Rechenschaft geben – und dabei emotionale, soziale und kommunikative Fähigkeiten als lebendig und notwendig, kostbar und nützlich erfahren.

Vorab: Die Laborschule des Landes Nordrhein-Westfalen an der Universität Bielefeld ist eine Schule für fast alle Kinder und Jugendlichen von 5 Jahren bis zum Ende ihrer Pflichtschulzeit der Sekundarstufe I, in Nordrhein-Westfalen also bis zum Ende des 10. Schuljahrs. Ein Aufnahmeverfahren soll gewährleisten, dass sich in ihr die Vielfalt von sozialer Schichtung, religiöser Orientierung, ethnischer Herkunft, Farbigkeit und Fähigkeit zusammenfindet. In ihr leben und lernen Kinder und Jugendliche ohne jegliche äußere Leistungsdifferenzierung in sie stärkenden Gruppen – vom Kind mit Beeinträchtigungen des körperlichen Vermögens, des Lernens oder des Verhaltens bis zum Kind mit außergewöhnlichen Begabungen in nur bestimmten oder auch umfassenden Bereichen – sie lernen in jahrgangsübergreifenden Gruppen, weil Lebens-, Lern- und Entwicklungsalter nun mal nicht zusammenfallen – sie lernen möglichst viel aneinander, an der Erfahrung, durch Beteiligung und möglichst oft im Zusammenhang der Probleme statt in Fächern – sie lernen nur so viel wie nötig und sinnvoll durch Belehrung und selten im Gleichschritt – sie lernen möglichst so viel, wie ihnen eben möglich ist, und werden daher an ihrem eigenen Leistungsvermögen gemessen, nicht an einer von außen gesetzten Norm: bis zum Ende des 9. Schuljahres ohne Ziffernnoten ausschließlich durch individuelle Rückmeldungen in ausführlichen Briefen und Gesprächen. Die Laborschule ist eine staatliche Versuchsschule, in der neue Formen des Lehrens und Lernens erdacht, erprobt, reflektiert und weitergegeben werden und die daher von vielen staatlichen Regelschulvorgaben freigesetzt ist. Aus letztgenanntem Grund muss sie seit 1974 ihre Arbeit entwickeln und ständig weiterentwickeln, sie intern evaluieren, den Eltern, der Gesellschaft, der Politik gegenüber rechtfertigen und sich schließlich extern evaluieren lassen – kurz: sie muss also die vier Merkmale von Schulentwicklung beachten: Entwicklung – Rechtfertigung – Selbstevaluation – Fremdevaluation.

3.1 Verantwortung für die Dinge des täglichen Lebens und den gemeinsamen Alltag

Diese Verantwortung reicht von der Sorge um das gemeinsame Frühstück bis zur Verpflegung auf Gruppenreisen – vom zugewandten Grüßen bis zum selbstverständlichen Helfen – von der Gestaltung der Schule bis zum pfleglichen Umgang mit ihr – vom Müllsammeln bis zum Energiesparen – vom Kaffeekochen im Lehrerzimmer bis zum Aufbau einer Bibliothek – sie reicht von der Wahrnehmung täglicher Gemeinschaftspflichten bis zur Organisation des eigenen Lebens und der großen Projekte. Für die Bewältigung der damit verbundenen Aufgaben scheint mir die Fähigkeit zum Aushalten von Ambivalenzen besonders wichtiges Richtziel der Erziehung[1].

Die Kleinen der Eingangsstufe lernen für das Frühstück einzukaufen, den Mittagsimbiss vorzubereiten, den Tisch besonders schön an Geburtstagen zu decken, die Käfige der Tiere zu putzen, die Spielsachen zu reparieren, Schmuddelecken aufzuräumen.

Die Größeren organisieren den Pausenclub für ein gesundes und trotzdem leckeres Frühstück. Sie lernen noch in der Primarstufe kochen, waschen, putzen, reparieren, bügeln, ausbessern und machen ihren „Haushaltspass". Sie kochen während der jährlichen Gruppenfahrten selbst für die ganze Gruppe, kaufen ein, kalkulieren Preise, berechnen Nährwerte, suchen den Ausgleich zwischen gesunder Ernährung und lustvollem Essen: zunehmend professioneller im Laufe ihrer Schulzeit. Sie gehen im 7. Schuljahr für eine Woche in Kindertagesstätten und lernen dort, was es heißt, mit kleinen Kindern umzugehen, für sie verantwortlich zu sein und Spaß daran zu haben. Für eine Lebensplanung, die neben die Erwerbsarbeit auch die Familienarbeit einbezieht, gewinnen gerade die Jungen dabei neue Perspektiven. Sie betreuen Besuchergruppen der Schule, führen Tagungsteilnehmer, versorgen Eltern oder das Kollegium mit Leckereien zu besonderen Anlässen (und bessern damit ihre Gruppenkassen für ihre Reisen auf). Sie säubern einmal im Jahr ihre Schule ganz gründlich und gestalten ihre neuen Räume (mit zunehmendem Alter selbstständig und leider zunehmend nachlässiger, unseren ästhetischen Maßstäben abträglicher). Sie lesen den Müll um die Schule auf und sind fortan – wenigstens eine Zeitlang – wütend, wenn andere Müll wieder achtlos wegwerfen. Sie gestalten Ausstellungen auf der Schulstraße und machen aus sinnlos-zerstörerischem Sprühaktionismus ein Projekt zur Gestaltung der hässlichen Fußgängerunterführung durch Sprühkunst.

---

[1] v. Hentig nennt sechs Gruppen von Fähigkeiten, die ich den verschiedenen Verantwortungen zuordne:
- „Die Fähigkeit zur Politik, zum Mitdenken und Mitentscheiden in der *res publica*;
- die Fähigkeit zur Wahrnehmung und Achtung anderer Denk- und Lebensformen unter Wahrung der eigenen;
- die Fähigkeit, Abstand zu nehmen oder Widerstand zu leisten, wenn in der eigenen Umgebung die tragenden gemeinsamen Werte verletzt werden;
- die Fähigkeit, die eigenen Bedürfnisse so einzuschränken, daß die Natur geschont wird und benachteiligte Völker einen fairen Anteil am Wohlergehen der Menschen erhalten;
- die Fähigkeit zum Aushalten von Ambivalenz;
- die Fähigkeit, für sich selbst – für die eigene Existenz und für das eigene Glück – einzustehen" (v. Hentig 1997, 97f.).

Sie versorgen ihre Tiere in der Schule, zunächst in ihrer Gruppe, später im schuleigenen Zoo. Sie pflanzen vor dem Gruppenfenster Blumen, bearbeiten ein Beet im Schulgarten, verarbeiten geschenkte Äpfel zu Apfelmus, legen eine Bienenzucht an – nicht alle Kinder und Jugendlichen tun dies und werden auch nicht mehr regelmäßig angeleitet, aber alle waren wenigstens eine Zeitlang mit den Tieren und Pflanzen, mit dem Zoo und dem Garten beschäftigt, im unterrichtlichen Zusammenhang und im freiwilligen Angebot.

Sie lernen in der Schule auch, sich mit all dem fortzubewegen, womit man heutzutage verwegen losbraust: Rollern und Rädern, Skateboards und Inlinern, Iceskates und Kickboards und fahren dann regelmäßig mit Fahrrädern und Helmen zum Schwimmen – sie organisieren später die Tagesausflüge mit der Gruppe, gestalten den Sport-Spiel-Tag der Schule mit den Lehrerinnen und Lehrern, planen die jährlichen Fahrten zunehmend kompetent und fordernd mit, ziehen die günstigsten Angebote an Land und entlasten damit eines Tages die Erwachsenen ihrer Schule in nicht unbeträchtlichem Maße.

Sie haben noch nicht alle gelernt, einander und andere zugewandt offen und freundlich zu grüßen – aber damit folgen sie leider zu ihrem Teil dem vorgelebten Umgang vieler Erwachsenen miteinander.

3.2 Verantwortung für mich selbst und für andere

Diese Verantwortung reicht von der Verständigung über und die Beachtung von einfachen Regeln des Zusammenlebens bis hin zur Wahrnehmung der Verantwortung in der Bürgerwelt – von der friedlichen Lösung von Alltagskonflikten in der Gruppe über das mutige Einschreiten bei Unrecht gegen andere bis hin zum Einsatz für nicht gewährte Menschenrechte in der Welt – sie reicht von der Verantwortung für mein eigenes Lernen, mein Fortkommen, meinen Umgang mit meinen Fähigkeiten bis hin zur Verantwortung für den anderen, der in anderen Gedanken, Zeitrhythmen und Vermögen denkt – sie umfasst die Verantwortung für Menschen unter uns, auch in unserer Schule, „die aus armen oder überbevölkerten oder unfreien Ländern gekommen sind; mal haben wir sie gebraucht und gerufen, mal waren sie ohne unser Zutun und ohne unser Wohlwollen da, und nur ganz selten erinnern wir uns daran, dass einstmals unzählige Menschen aus unserem Land aus ähnlichen Gründen Zuflucht in anderen Ländern gesucht und gefunden haben" (v. Hentig 1999, 32). Für die Bewältigung der damit verbundenen Aufgaben scheint mir die Fähigkeit zur Wahrnehmung und Achtung anderer Denk- und Lebensformen unter Wahrung der eigenen ein besonders wichtiges Richtziel der Erziehung in der Schule und ein weiteres die Fähigkeit zur Politik, zum Mitdenken und Mitentscheiden in der *res publica*.

Alle Kinder und alle Jugendlichen lernen an unserer Schule täglich in ihren Versammlungen, dass sie in einer Gemeinschaft leben, die ihr Zusammenleben selbst regeln muss, eine Gemeinschaft, in der der Einzelne wahrgenommen wird und wichtig ist, in der jeder zu Wort und Geltung kommt, in der die Lebensprobleme so ernst genommen werden wie die Lernprobleme, in der die Erfahrung gemacht werden kann und soll, dass Konflikte Ursachen haben und friedlich lösbar sind. Die Kleinen versammeln sich noch mehrmals täglich, die Größeren täglich, und noch später ist selbst zu Beginn jeder Fachstunde Zeit für allzu Bedrängendes, das das Lernen behindern könnte – sie versammeln sich getrennt in Jungenkonferenzen, in Mädchenkonferenzen und besprechen natürlich auch in den Selbstverwaltungsgremien der Schule ihre Belange. In diesem Schuljahr hat der Rat der Schülerinnen und Schüler der Schule die endlos scheinende, jahrelange Debatte der Erwachsenen um einen „Schulvertrag" mit einer Vorlage beendet, die sie in zweitägiger, selbst verantworteter Klausurtagung außerhalb der Schule mühevoll einsatzbereit entwickelt und der Schulkonferenz vorgelegt haben: So und nicht anders wollten sie ihre Schule und so waren sie auch bereit, sich für die Durchsetzung der von ihnen entwickelten Vorstellungen von ihrer Schule einzusetzen. Seither hat die Laborschule einen ausschließlich von ihren Kindern (auch diese waren beteiligt) und Jugendlichen entwickelten und von allen Erwachsenen ohne Veränderung angenommenen Grundkonsens. So entsteht polis als Verantwortungsgemeinschaft, in der Demokratie gelernt wird, täglich, in der Kinder und Jugendliche die polis verstehen und in der sie erfahren können, dass ihre Mitwirkung, ihre Teilhabe an dieser polis Folgen hat. Dies scheint mir der Gegenentwurf zu Bernhard Buebs Vorstellungen von Disziplin (vgl. Bueb 2006) zu sein: Er traut seinen Schülerinnen und Schülern – sicherlich auf gut begründeter und bedachter eigener Erfahrung – nicht zu, dass sie gegen vordergründige pubertäre Lust- und Momentinteressen sich selbst etwas auferlegen könnten, was dem Wohl des Ganzen dient. Während bei ihm und in seiner Schule der mühsame Weg des Erwachsenwerdens über unbefragbare Unterordnung und Disziplin zur höheren Weihe der Selbstdisziplin führen soll, gehen wir in unserer Schule den nicht minder mühsamen Weg des ständigen Versuchs, Regeln des Zusammenlebens miteinander zu vereinbaren, sie durch Einsicht und Aufklärung durchzusetzen, folgen also vielleicht lieber einer Hannah Arendt, wenn sie sagt: „Keiner hat das Recht zu gehorchen!"

Alle Kinder und Jugendlichen lernen von ihrem ersten Schultag an, selbständig zu arbeiten, lernen das Lernen – und möglichst Freude daran – übernehmen zunehmend Verantwortung für ihren Bildungsweg, wählen Kurse für ein individuelles Abschlussprofil, suchen eigene Themen für Jahresarbeiten, füllen und gestalten ihre je eigene Leistungsmappe, mit der sie sich zeigen. Vielleicht, so unsere Hoffnung, lernen sie dabei verstehen, dass „Bildung (...)

ein ganz individueller, sich an und in der Person, am Ende durch diese vollziehender Vorgang [ist]. ‚Ich bilde mich', lautet die richtige Beschreibung. Eine Form, die mir ein anderer aufprägt, macht mich nicht zum Gebildeten, sondern zu einem Gebilde. Und die Ertüchtigung für eine gesellschaftliche Tätigkeit ist etwas ganz anderes und heißt Ausbildung" (v. Hentig 1998, 26). Sie lernen allein, mit Partnern, in Gruppen, möglichst viel und möglichst handlungsorientiert – und möglichst von Lehrerinnen und Lehrern, die Lehren auch so verstehen: „Lehren heißt zeigen, was man liebt" (Steffensky 2000, 7), als Angebot für sie.

Alle Schülerinnen und Schüler werden auf ihrem je eigenen Bildungsweg begleitet, ermutigt und gestützt, nicht an der Norm, sondern an sich gemessen, nicht zuletzt, um zu lernen, dass Anstrengung sich lohnt. Die fehlende Vergleichbarkeit der individuellen Leistung ist in der Laborschule keineswegs ein Argument für Noten. In einer Fabel, die Neil Postman (1997) in seinem Buch: „Keine Götter mehr. Das Ende der Erziehung" erzählt, müssen die Kinder, statt in die Schule zu gehen, „ihre Erziehung darin finden, daß sie ihre Stadt retten, (die im Unrat versinkt) (...) denn in keinem heiligen Buch (...) steht, daß die Erziehung in einem kleinen Raum mit Stühlen darin stattfinden muß" (119f.). Nach einer anschaulichen Beschreibung, was sie alles lernen, indem ihnen aus Not Verantwortung übertragen wird, sie sich im „Ernstfall statt Unterricht" bewähren müssen, heißt es weiter in dieser Fabel: „Wie man sich ausmalen kann, war es auch extrem schwer, schulische Leistungen unter diesen Umständen zu bewerten, und nach einer Weile gab man Klausuren und Zensuren einfach auf. Das machte viele Menschen aus vielen Gründen unglücklich. Am meisten bedauert wurde die Tatsache, daß dumme Kinder von klugen nicht mehr zu unterscheiden waren" (124).

Alle Kinder und Jugendlichen leben und lernen in altersgemischten Gruppen – die ersten sieben Jahre ihrer elfjährigen Schulzeit ausschließlich, später nur noch einen Teil ihrer Schulzeit, durchgängig aber machen sie Erfahrungen, als „Kümmerkinder" Patenschaften zu übernehmen, sich als klein und hilfebedürftig oder groß und gebend zu erleben, sich selbst in Beziehung zu setzen zu dem, was man gerade selbst noch war und dem, wohin man möchte.

Alle Jungen nehmen sich bewusst und reflektiert als Jungen und werdende Männer, alle Mädchen als Mädchen und werdende Frauen wahr, tauschen sich darüber in homogenen Gruppen und gemischten Gruppen aus, erobern sich eigene Mädchen- und Jungenräume im unterrichtlichen Angebot, freiwilligen Kursen, eigenen Konferenzen. Sie lernen Verantwortung für den eigenen Körper, und dafür, dass Liebe auch bedeutet, Verantwortung für den geliebten Menschen mit zu übernehmen – auf der Basis von reichem Wissen über Liebe, Freundschaft, Sexualität, über Austausch und ernst genommene Erfahrung.

Alle Kinder und Jugendlichen nehmen sich selbst bewusst wahr in ihren Unterschieden, im Umgang mit denen, die anders aussehen als sie, anders denken, anders lernen, andere Lebenserfahrungen und Verhaltensweisen mitbringen, mit Entwicklungsverzögerungen oder Einschränkungen der Vermögen leben lernen müssen. Und alle Pädagogen sollten täglich lernen, die Unterschiede ihrer Kinder und Jugendlichen als Geschenk statt als Einschränkung oder gar Behinderung zu sehen, sollten Eigenarten nicht antasten, Eigensinn nicht brechen oder wegreden oder wegtherapieren wollen, Eigenwillen als Teil der Individualität achten (v. Hentig 1999, 64) „Die Welt ist vielstimmig geworden", wir können viel voneinander lernen, können „das Eigene im Fremden entdecken und (...) selber zum Reichtum der Fremden werden. (...) Ich stelle mir eine Schule vor", sagt Fulbert Steffensky, „die keine Feindschaft zwischen den Gruppen duldet und die zugleich die Trennung und die Grenzen der Gruppen erlaubt und fördert" (Steffensky 2000, 7).

3.3 Verantwortung für die Welt um mich herum

Diese Verantwortung reicht vom Bau eines Vogelhauses über die Rettung von Kröten im Frühling und Igelkindern im Winter bis zum ökologisch-handlungsorientierten Projekt, zum Umgang mit Abfall in der Schule oder zur Rettung des nahen Sees – sie reicht von der Ausstattung einer der Kriegsflüchtlingsfamilien in unserer Schule über die Unterstützung von türkischen Familien nach dem Erdbeben bis hin zum Sponsorenlauf für den Neubau unserer Partnerschule in Nicaragua nach dem Hurrikan oder zur Planung eines weltweiten Tschernobylgedenktages aller UNESCO-Schulen. Für die Bewältigung der damit verbundenen Aufgaben scheint mir die Fähigkeit, die eigenen Bedürfnisse so einzuschränken, dass die Natur geschont wird und benachteiligte Völker einen fairen Anteil am Wohlergehen der Menschen erhalten, besonders wichtiges Richtziel.

Kinder und Jugendliche unserer Schule lernen die Sorge für Schwache im Kleinen: indem sie sich um Tiere sorgen und sich schließlich politisch aktiv einmischen, wenn es um deren Rechte geht. Sie lernen, dass es auch an ihnen liegt, wenn ihr Raum unordentlich, die Toiletten der Schule verschmutzt, die Schulstraße verdreckt und die Grünanlagen um die Schule herum unansehnlich werden – sie lernen das übrigens bei uns leider allzu häufig offensichtlich nicht sehr gut, in bestimmtem Alter sind sie für die Annahme eines solchen Verantwortungsgefühls besonders wenig empfänglich und immer wieder kommt es zu mühseligen Aushandlungsdiskussionen darüber, was schön oder hässlich, was nachlässig oder cool, was unaufgeräumt oder gemütlich ist. Dennoch: „Es ist schwer, sich vorzustellen, daß jemand, der sein eigenes Nest beschmutzt, sehr besorgt um den Baum sein könnte, in dem es gebaut wurde" (Postman 1997, 124). Die Verantwortungsbereitschaft für den Planeten muss aus der Besorgnis um die eigene Umgebung als menschenwürdige Behausung erwachsen. Unseren Staatsschulen, wie aufgeräumt und sauber auch immer, mangelt es daran allzu oft beträchtlich.

Sie mischen sich ein in der Ganzen Einen Welt – durch jährliche Nicaraguamatineen, auf denen sie Menschen aus Nicaragua, deren Geschichten, Lieder und Tänze kennen lernen und dann für sie selbst tätig werden – durch Schuheputzen, um damit Kindersklaven freizukaufen – durch einen Staffellauf quer durch Deutschland gegen das Vergessen, von Tschernobyl beispielsweise – durch Päckchenpacken, um ein wenig Leid in der Welt lindern zu können – durch Aktionen, bei denen 600 Kinder und viele Erwachsene enorme Geldsummen erlaufen, erschwommen, erarbeitet, erstritten haben, um anderen beim Aufbau ihrer Selbständigkeit helfen zu können – durch Sammlung von Geld, um den beschämenden Diskussionen über die Entschädigung von Zwangsarbeitern durch tätiges Eingreifen und Vorbild ein Ende zu setzen, und sei es nur ein ideelles. „Mitleid ist wie alle anderen Tugenden nicht selbstverständlich, man muß es lernen" (Steffensky 2000, 3), und man lernt auch das vor allem durch eigene Erfahrung und daraus erwachsende Verantwortung.

Sie lernen durch Reisen neue Regionen kennen: Wälder, in denen sich herrlich spielen, aber auch ablesen lässt, wie sie sterben – Strände, die Spannenderes zu bieten haben als Faulenzen – Städte, die es zu erkunden gilt: neben dem Dom auch seine Vermarktung in Kitschbuden – Skifahren in den Alpen in seiner ganzen Ambivalenz von Zerstörung der Lebensräume bis zum wirtschaftlichen Überleben von Almbauernfamilien – sie lernen wenigstens als Herausforderung eigenen Nachdenkens, was sanfter Tourismus sein könnte und dass auch er Spaß machen kann.

Sie lernen, die Welt der Arbeit und ihre Organisation zu verstehen: im Kleinen in der Schule, später durch jährliche Praktika draußen in der Welt und schließlich durch die Entwicklung eigener Zukunftsvorstellungen und Lebensplanungen. Sie lernen auch die Ursachen von Arbeitslosigkeit kennen und Vorstellungen einer anderen Verteilung – sie sollen möglicherweise eigene Arbeitslosigkeit dereinst verarbeiten können, ohne an sich selber verzweifeln zu müssen.

Sie lernen, dass sie uns Erwachsenen Fragen darüber zu stellen haben, wie wir mit der uns anvertrauten Welt umgegangen sind, und wir werden ihnen antworten müssen, warum wir unsere Verantwortung für die Welt – für die Schöpfung – nicht ausreichend wahrgenommen haben und dass wir uns gegen unsere Bequemlichkeit bemühen wollen, unsere gemeinsame Lebensgrundlage fortan mehr zu schonen. Vielleicht auch, dass wir endlich selbst bereit sein wollen, unsere eigenen Bedürfnisse einzuschränken, „denn ein Europa, das für seine Vor- und Hinterhöfe selbst die Verantwortung übernähme, wird teurer, vor allem für die Mittelschichten" (Greffrath 2000, 13). „Wer andere zur Verantwortung erziehen will, der muß sich zu allererst selbst zur Verantwortung ziehen lassen. Der muß bezeugen, daß er frei war, so oder anders zu handeln und die Frage nach Schuld und Verdienst zulassen; so schwer dies ist – eine Moralerziehung ‚nach Auschwitz' ist anders kaum denkbar" (Fauser 1992, 8).

3.4 Verantwortung für die eigene Geschichte in Vergangenheit, Gegenwart und Zukunft

Diese Verantwortung reicht von der Vergewisserung über sich selbst bis zur Zukunftswerkstatt, sie reicht vom Befragen der Zeitzeugen bis zum Einsatz für ein Mahnmal zum Gedenken an die deportierten jüdischen Menschen am Bahnhof in Bielefeld, sie reicht vom Suchen nach der eigenen Identität in der Geschichte bis zum Neuentwerfen von Geschichte nach eigenen Suchrastern und Forschungsfragen – sie kann zu der Erkenntnis führen, dass wir ohne Geschichte verdammt sind, sie zu wiederholen, dass Zukunft auch in der Geschichte gefunden werden kann, dass unsere Zukunft zwar ungewiss, aber doch nicht gänzlich offen ist. Für die Bewältigung der damit verbundenen Aufgaben scheint mir die Fähigkeit, Abstand zu nehmen oder Widerstand zu leisten, wenn in der eigenen Umgebung die tragenden gemeinsamen Werte verletzt werden, besonders wichtiges Richtziel.

Kinder und Jugendliche stellen in der Laborschule nicht nur in Versammlungen, sondern auch angeleitet im Unterricht Fragen nach ihrer Herkunft, schreiben ihr ICH-Heft, später ihre eigene Kindheits- und Familienbiographie, auch ihre zukünftige, „Mein Leben in 30 Jahren" (Thurn 1999), und schließlich ihre Schulbiographie, in der sie reflektieren, was sie mit ihrer wichtigsten Lebenszeit angefangen haben, wie sie sich gebildet haben (vgl. Schütte 1998). Vielleicht gehört hierhin auch, dass sie in den stabilen Stammgruppen als Individuen offenbar so gestärkt werden, dass sie sich oft bis weit über ihre Schulzeit hinweg wichtig bleiben und einander an ihren Leben Anteil nehmen lassen.

Sie lernen zunehmend, nicht nur ihre eigenen Regeln und Regelungen als nützlich zu erfahren, sondern erlangen ein Bewusstsein und Wissen von gesellschaftlichen Regelungen eigener und gemeinsamer Angelegenheiten: in vorgegebenen, aber veränderbaren Strukturen, in zu schaffenden oder auch abzuschaffenden Institutionen, auf der Basis von Werten und Prinzipien.

Gegen Ausländerhass und Verachtung von kranken, alten, behinderten Menschen heute haben sie sich mit der Ausgrenzung von jeweils „Anderen" in der Geschichte beschäftigt, die Geschichten ihrer ausländischen Mitschülerinnen und Mitschüler gehört und diese mit ihrer Anwesenheit und mit Wachen geschützt, als in ihrem Viertel die Angst mal wieder umging. Sie haben als 5- bis 7-Jährige Karten gemalt und verkauft: „Alle unter einem Dach" und Plakatsäulen in Bielefeld mit ihren mahnenden Bildern beklebt. Sie sind nach Buchenwald gefahren – „Erinnerungen stiften Sinn und Gewissen" (Steffensky 2000, 4) – und mussten abends ihre anders aussehende Mitschülerin Sarah in Weimar schützen. Sie fahren erst dann auf Gruppenfahrt, wenn auch die behinderte Anna in der Skihütte einen guten Platz findet oder für sie eine passende Austauschfamilie gefunden ist, wenn alle nach Irland reisen. Sie lernen in der Geschichte und ihrer Gegenwart sich selbst am „Anderen", Fremden, Vergangenen zu verstehen, sich auseinanderzusetzen. „Mit jeder Erinnerung, die Menschen miteinander teilen, erzählen sie sich, wer sie sein wollen" und „Die Erinnerung an das, was Menschen angetan wurde und was ihnen gelungen ist, schärft die Grundkenntnisse einer menschlichen Welt", denn „Gedächtnis und Sinngebung" – im eigenen kleinen Leben und im kollektiven Mühen – „sind vor allem Erinnerung des Leidens und des Lebensgelingens" (ebd., 2). Ein chronologisch voranschreitender Geschichtsunterricht ist dafür oft weniger geeignet und auch nicht der Verweis auf angeblich bindende Richtlinienvorgaben, gegen die nicht vorzugehen sei (die sind bedeutend besser als ihr Ruf), und ganz sicherlich sind zentrale Prüfungsvorgaben eher hinderlich, Probleme dann zu bearbeiten, wenn sie auftauchen, nicht dann, wenn sie „dran" sind und demnächst abgetestet werden sollen.

Für die Bewältigung der riesigen Zukunftsprobleme, die wir unseren Kindern aufgebürdet haben, mag die Belehrung über die Übel dieser Welt gespickt mit ungeheuer viel Sachwissen wichtig sein – noch wichtiger scheint mir die Stärkung der Überwindungskräfte, die aus solcherart erlebter Teilhabe durch Verantwortung erwachsen: Tatkraft und Zuversicht, Selbständigkeit und Kooperationsfähigkeit, Ausdauer und Gründlichkeit, Konfliktfähigkeit und Kompromissbereitschaft, Toleranz und Urteilskraft, Hilfsbereitschaft und Verlässlichkeit, Mut und Widerstandskraft im Umgang von Menschen mit Menschen und bei der Aneignung von Sachen.

3.5 Verantwortung für das, was mir und uns wichtig ist in Kultur, Religion, Ästhetik – Verantwortung auch für das Gute Leben

Diese Verantwortung reicht von den täglichen Umgangsformen bis zur Wertschätzung und Neuschaffung von Ritualen, von der liebevollen Gestaltung von Glückwunsch- oder Weihnachtskarten bis zur Planung großer Feste, von Werkstattprojekten und Ausstellung von Leistungen bis hin zur Kunstsammlung einer Schule und der Teilhabe an einer übergreifenden Kultur, damit die uns anvertrauten Kinder und Jugendlichen dereinst „selbstbewusste deutsche Kosmopoliten werden" (v. Hentig 1999, 48). Sie reicht vom Gesprächskreis über die kleinen Nöte und den kleinen Streit bis zu den großen „menschheitlichen Fragen wie Schuld, Gerechtigkeit, Verhängnis, Gnade, Befreiung, Würde, Ursprung und Ende des Menschen" (Steffensky 2000, 7). Für die Bewältigung der damit verbunden Aufgaben scheint mir die Fähigkeit, für sich selbst – für die eigene Existenz und für das eigene Glück – einzustehen, besonders wichtiges Richtziel.

Die Kultur einer Schule kann man erkennen an ihren alltäglichen Ritualen, an dem verlässlichen Jahresrhythmus von immer Wiederkehrendem neben Neuem; an den regelmäßigen Festen, die sie feiert: im Kleinen in der eigenen Gruppe – mit den Eltern – im Kolleginnen- und Kollegenkreis – in der ganzen Schule – an alljährlichen Projektwochen – Sport-Spiel-Tagen – Matineen und dergleichen mehr. An all dem teilzuhaben, zunehmend hineinzuwachsen, Jahr für Jahr andere, erweiterte Aufgaben dabei zu übernehmen, mitzugestalten und schließlich das Abschlussfest zur eigenen Schulentlassung als Fest der gesamten Schule ganz selbständig zu planen und durchzuführen, gibt dem Leben in der Schule Struktur und dem Einzelnen das Gefühl: ich gehöre hier dazu, hierhin... Ein wenig übernimmt Schule als Lebensraum hier auch ein Stück weit die Verantwortung für das, was uns in einer säkularisierten Welt, in der die Religionen und Kirchen in ihrem Einfluss auf das Leben zurückgedrängt werden, verloren gegangen ist.

Die Kultur einer Schule kann man daran erkennen, wie sie mit den Leistungen ihrer Schülerinnen und Schüler umgeht, schließlich wird in der Schule unendlich viel geleistet. Die erbrachten Leistungen werden in den meisten Schulen immer noch mit denen der anderen verglichen, gemessen und gewogen sozusagen, mit einem Stempel versehen und zurückgegeben. Sie können so – außer individuell in Noten und Zeugnissen – wenig wertgeschätzt werden und verschwinden in der Regel für immer von der Bildfläche. In unserer Schule werden Leistungen ausgestellt auf der Schulstraße, den Eltern auf Elternabenden präsentiert, in „Dichterlesungen" der Kleinen oder öffentlichen Vorträgen der Großen anderen zugänglich gemacht. Sie werden als Jahresarbeiten ausgestellt, als Theateraufführungen sichtbar gemacht, auf Festen präsentiert. Inzwischen gibt es zur Sammlung von Leistungen für individuelle direkte Leistungsvorlagen in „Portfolios" interessante Erfahrungen und erste Forschungsarbeiten vor allem aus den USA, jetzt aber auch bei uns. Die Diskussion geht dahin, ob damit nicht die simple und oft aussagenleere Vergleichbarkeit durch einfache Noten eines Tages durch die Unvergleichbarkeit der eigenen Sammlung, der sichtbar gemachten, für alle objektiv nachprüfbaren Leistungen also, ersetzt werden kann. Wobei diese individuellen Leistungsvorlagen ja durchaus auch Testergebnisse aus Vergleichsarbeiten aller Art enthalten könnten: als eine unter vielen Leistungsergebnissen. An dieser Frage arbeiten wir gerade in unserer Schule auf unserem Schul-weiter-entwicklungsweg.

Die Kultur einer Schule zeigt sich in ihrem Begriff von Kultur. Wenn sie die Verschiedenheiten ihrer Kinder und Jugendlichen nicht nur hinnimmt, sondern annimmt, als Bereicherung empfindet, stolz auf ihre Buntheit ist, wenn sie jedem Kind dabei helfen will, Verantwortung für sich selbst, für andere, für die Welt, für die eigene Geschichte in Vergangenheit, Gegenwart und Zukunft zu übernehmen. Wenn sie bewusst UNESCO-Projektschule ist, muss sie erschrecken bei der Diskussion um die „Deutsche Leitkultur". Wird Neslihan aus meiner Gruppe je dazugehören, zu den „Wir Deutschen"? Nesli spricht weder wirklich Deutsch noch Türkisch, ihre Eltern sind bereits in ihrer Kindheit als verfolgte armenische Christen nach Deutschland gekommen, sie „lebt türkisch" nach vielen „Sitten und Gebräuchen", jedoch nicht allen, weswegen sie von der türkischen Bevölkerung in Bielefeld nicht wirklich angenommen wird. Sie spricht auch Türkisch nicht perfekt, schriftlich kann sie sich nur in Deutsch ausdrücken, und das sehr schlecht. Ihr Vater verdient sich kärgliches Geld nicht immer auf steuerlich ganz legale Weise, ihre Mutter versorgt in zwei Zimmern 3 Kinder und spricht kein Wort Deutsch – ab und zu geht sie putzen. Ihrem Pass nach ist Nesli längst „Deutsche", dem Zuwanderungskonzept nach dürfte sie es eigentlich nicht sein. Beheimatet ist sie nirgends in diesem Europa.

Nach der Öffnung zu Vielfalt in der Gruppe, in der Schule – aber doch auch in der Stadt, im Land, in Europa – muss „deutsche Leitkultur" die Vielfalt doch wieder einschränken auf Einfalt hin. Nach einer Definition von Christian Thomas ist „Kultur (...) von allem Anfang an (...) die Bleibe des Nicht-Normativen, die Heimat des Heterogenen, die Garantie anerkannter Mannigfaltigkeit. Das Asyl, das die Kultur bietet, ist die gewöhnliche Vielfalt und (...) vielleicht sogar die kunstvolle Vielheit" (Thomas 2000). In ihr liegt „eine aufrührerische Vorstellung vom Leben" und sie ist dort am stärksten, „wo sie in der Revolte leb(t)en gegen die Korruption der Gegenwart" (Steffensky 2000, 5).

Vielleicht können wir in dem Bereich dieser Verantwortung sogar noch einen Schritt weiter gehen und über die Forderung von Fulbert Steffensky nachdenken: „Es ist Zeit, in unserer Gesellschaft das zu retten, was sich nicht funktional rechtfertigen läßt. Es ist Zeit, für die Dinge einzutreten, die keine Zwecke haben, für das Spiel, für die Musik, für die Gedichte, für das Gebet, für das Singen, für die Stille, für alle poetischen Fähigkeiten des Menschen. Sie haben keine Lobby, und sie bringen keine Profite. Aber sie stärken unsere Seelen. Wir lernen in ihnen loben, und wir lernen weinen. Wir lernen unsere Seele" (6) – darin vor allem sehe ich einen Beitrag zur emotionalen Entwicklung und Stärkung von Menschen.

4 Schluss

Natürlich ist es zunächst Aufgabe des Elternhauses, Kinder und Jugendliche Verantwortung in der beschriebenen Form erfahren und einfühlen zu lassen, ihnen Vorbild zu sein, sie in verantwortlichem Handeln zu begleiten, damit sie daran Maßstäbe gewinnen für ihren Umgang mit anderen Menschen und mit der sie umgebenden Natur, Maßstäbe für ihre Erinnerungen und die der Welt, für ihre Arbeit und für das Leben in der Gemeinschaft – aber ist es nicht ebenso natürlich Aufgabe der Schule? Machen wir also die Schule zu einem Ort, an dem Kinder und Jugendliche ihre emotionalen, sozialen und kommunikativen Möglichkeiten bilden können – zu einem Lebens- und Erfahrungsraum, in dem Teilhabe an der Welt durch die Übernahme von Verantwortung für die Welt geschieht und die dafür notwendigen Werte erfahren, angeeignet, verinnerlicht werden können und genug an Mut, Kraft und Zuversicht bleibt, sie gegebenenfalls gegen jene zu verteidigen, die sie täglich – in Springerstiefeln, aber auch in Kaschmiranzügen und nicht selten in unseren Schulhäusern – missachten.

Literatur

Bueb, B. (2006): Lob der Disziplin. Berlin.
Fauser, P. (1992): Kann die Schule zur Verantwortung erziehen? In: Verantwortung. Jahresheft des Friedrich Verlags 1992.
Greffrath, M. (2000) in: DIE ZEIT 46 vom 9.11.2000.
Hamburg, M. (1998): Youth Violence is a Public Health Concern. In: Elliott, D./Hamburg, B. A./Williams, K. R. (Eds.): Violence in American Schools. New York.
Hentig, H. v.: (1998): „Bildung und Wissenschaft dürfen nicht instrumentalisiert werden", zit. nach Vereinigung der deutschen Landerziehungsheime (LEH) (Hrsg.) (2000): Herausgefordert – Landerziehungsheime auf dem Weg in ihr zweites Jahrhundert. 2. Große Mitarbeitertagung aller Landerziehungsheime vom 2.-5.11.2000 in Heidelberg. Dokumentation. Stuttgart: LEH, 26.
Hentig, H. v. (1999): Ach, die Werte. Über eine Erziehung für das 21. Jahrhundert. München; Wien: Hanser.

Hentig, H. v. (2006): Bewährung. Von der nützlichen Erfahrung nützlich zu sein. München; Wien: Hanser.

Postman, N. (1997): Keine Götter mehr. Das Ende der Erziehung. München: dtv.

Schütte, M. (1998): Expedition in die eigene Kindheit. Biografisches von 15- bis 16-Jährigen. In: Zukunft. Schüler-Jahresheft des Friedrich Verlags 1998, 24-26.

Steffensky, F. (2000): Wie retten wir unsere Träume. Der Zusammenhang von Spiritualität und Gerechtigkeit. Vortragsmanuskript In: Vereinigung der deutschen Landerziehungsheime (LEH) (Hrsg.): Herausgefordert – Landerziehungsheime auf dem Weg in ihr zweites Jahrhundert. 2. Große Mitarbeitertagung aller Landerziehungsheime vom 2.-5.11.2000 in Heidelberg. Dokumentation. Stuttgart: LEH.

Thomas, C. (2000): Goethes Tiegel. „Deutsche Leitkultur": Zum Phänomen einer Subkultur. In: Frankfurter Rundschau vom 31.10.2000.

Thurn, S. (1999): Der bescheidene Traum vom kleinen Glück im globalisierten Schrecken. 13-Jährige und ihre Zukunftsvorstellungen. In: Arnold, U./Meyers, P./Schmidt, U. C. (Hrsg.): Stationen einer Hochschullaufbahn. Festschrift für Annette Kuhn zum 65. Geburtstag. Dortmund: Edition Ebersbach, 197-212.

Umgang mit Heterogenität – Stärkung der Selbst- und Sozialkompetenz von Kindern in Risikolagen

Susanne Miller

Der Umgang mit Heterogenität ist zwar mittlerweile im pädagogischen Diskurs zu einer zentralen Kompetenz des Lehrberufs avanciert, jedoch fällt es schwer, zu fassen, was damit im schulpraktischen Sinne genau gemeint ist. Die bekannten Forschungsergebnisse zur Bildungsbeteiligung konstatieren einen in Deutschland besonders engen Zusammenhang zwischen sozialer Herkunft und Schulleistung. Wenn eine so deutliche Chancenungleichheit besteht, kann nicht davon ausgegangen werden, dass ein hinreichend guter Umgang mit Heterogenität im Schulsystem erreicht ist. Es stellt sich damit die Frage nach den Makro- und Mikrostrukturen, die diese Ungleichheit mit herstellen. Auch wenn im folgenden Beitrag der Blick eher auf die Mikroperspektive der einzelnen Lehrkräfte und der Einzelschulen gerichtet wird, darf das Gesamtsystem nicht aus dem Blick verloren werden. Fend (2006, 158) entwickelt mit dem „Akteurzentrierten Institutionalismus" einen schultheoretischen Ansatz, der es erlaubt, sowohl die Akteurorientierung als auch die institutionellen Bindungen des Handelns in einem theoretischen Konzept miteinander zu verbinden. Er wählt das Beispiel des Kartenspiels, um die institutionellen Normierungen mit den Spielregeln und das Handeln der Akteure mit dem Spielraum für die Ausgestaltung der Spielregeln zu vergleichen. Institutionelle Regelungen geben also regulierte Möglichkeitsräume vor, die individuell ausgestaltet werden. Dabei erhalten die Institutionen jeweils wiederum einen Möglichkeitsraum, der durch das politische Bildungssystem gebildet wird, d.h. die Regeldichte der einzelnen Institutionen unterscheidet sich ebenfalls voneinander. Nachfolgend soll der Möglichkeitsraum zur Stärkung der Selbst- und Sozialkompetenz insbesondere unter der Heterogenitätsdimension der sozialen Herkunft ausgeleuchtet werden. Dabei werde ich erstens nach den notwendigen Lehrerkompetenzen, zweitens nach den herkunftsbedingten Lernvoraussetzungen der Selbst- und Sozialkompetenzen, drittens nach salutogenen Ansätzen und viertens nach entsprechenden pädagogischen Handlungsmöglichkeiten und Schulkonzepten fragen.

1 Lehrerkompetenzen für den Umgang mit Heterogenität

Für Lehrerinnen und Lehrer wird häufig das Leitbild des professionellen Gestalters des Lehrens und Lernens entworfen, dazu gehört ganz wesentlich die Kompetenz zum konstruktiven Umgang mit der wachsenden Heterogenität. Die Anerkennung von Pluralität und der Umgang mit Heterogenität stellt eine pädagogische Herausforderung dar, die sich auf eine Gesellschaft im Umbruch einstellt und die auf die in die Kritik geratenen Homogenitätskonstrukte des deutschen Schulsystems reagiert.

Mit der Frage nach den Kompetenzen für einen produktiven Umgang mit Heterogenität beschäftigen sich deshalb bereits seit einigen Jahren auch bildungspolitische Verlautbarungen und Modelle zur Reform der Lehrerbildung an prominenter Stelle. Die KMK-Bildungsstandards (2005, 286) formulieren diesbezüglich: „Lehrerinnen und Lehrer kennen die sozialen und kulturellen Lebensbedingungen von Schülerinnen und Schülern und nehmen im Rahmen der Schule Einfluss auf deren individuelle Entwicklung". Die Standards der KMK beschreiben noch näher, dass hierzu die Kenntnisse von Theorien der Entwicklung und Sozialisation, von Benachteiligungen beim Lernprozess und Einsicht in die Bedeutung interkultureller und geschlechtsspezifischer Einflüsse einschließlich möglicher Hilfs- und Präventionsmaßnahmen gehören. Mit Blick auf die besondere Bildungsbenachteiligung von Kindern aus niedrigen Sozialschichten ist die Aussparung der Erwähnung sozio-ökonomischer Einflüsse zu kritisieren, hierauf werde ich an späterer Stelle zurückkommen. In dem Abschlussbericht der Hamburger Kommission Lehrerbildung gehört bereits der Umgang mit sozialer und kultureller Heterogenität zu einem der drei als prioritär eingestuften Themen für die Ausbildung: „Zwar ist die Erkenntnis, dass die Schülerinnen und Schüler sich je nach sozialer Herkunft, Geschlecht, Religion, Sprache usw. unterscheiden, nicht neu, wohl aber die Anerkennung von Heterogenität als Normalfall, verbunden mit der Forderung nach Überwindung der bisherigen homogenisierenden und zielgruppenspezifisch ausgerichteten kompensatorischen Strategien im Umgang mit Differenz. In diesem Sinne wird ein Perspektivenwechsel bzw. ein Paradigmenwechsel in der Lehrerbildung gefordert" (Keuffer/Oelkers 2001, 150). Hilfreich für eine weitere Konkretisierung der komplexen Kompetenz „Umgang mit Heterogenität" erscheint eine Reformulierung der von Terhart (2004) benannten grundlegenden Kompetenzen für den Grundschullehrerberuf unter dem Heterogenitätsaspekt:

1. *Reflexion über Gleichheit und Verschiedenheit*, dazu gehören: Kenntnisse über grundlegende Differenzlinien und Strukturkategorien wie z. B. soziale, kulturelle, ethnische Herkunft, Behinderung und Leistung.

Reflexionen über die Problematik der Konstruktion von Verschiedenheit, die Festschreibung von Differenzen und die Herstellungsprozesse von Benachteiligungen. Das Verstehen von verschiedenen Sozialisationsbedingungen und Lebenswelten von Kindern und Jugendlichen. Auf der Ebene der pädagogischen Handlung ist die Bereitschaft und Haltung anzustreben, sich positiv auf Verschiedenheit einzulassen. Hierbei ist es notwendig, die aktive Rolle von Lehrerinnen und Lehrern bei der Konstruktion von Ungleichheit kritisch reflektieren zu können.

2. *Diagnostische Kompetenz*, die das Erkennen von speziellen Lern- und Förderbedürfnissen von Schülerinnen und Schülern einschließt. Die Diagnosekompetenz wird häufig auf fachliches Lernen der Schülerinnen und Schüler bezogen, sie sollte sich ebenso auf die sozial-emotionalen Kompetenzen richten, um auch hier individuelle Unterstützungen und Förderangebote anbieten zu können.

3. *Die Fähigkeit zur Differenzierung und Individualisierung* von Lernmöglichkeiten für heterogene Schülergruppen. Hier wird der Anspruch reklamiert, didaktisch-methodische Entscheidungen unter Berücksichtigung des einzelnen Kindes zu treffen. Insbesondere Studien zum Offenen Unterricht zeigen beispielsweise, dass leistungsschwächere Schülerinnen und Schüler bei einem höheren Grad der Strukturierung zu besseren Lernerfolgen kommen.

In erziehungswissenschaftlicher Hinsicht liegen mit den Arbeiten zur Pädagogik der Vielfalt (vgl. Prengel 1995 und 1999; Hinz 2002; Wenning 2004; Krüger-Potratz 2004) bereits grundlegende Ansätze vor, die das Verhältnis von Gleichheit und Differenz neu bestimmen. Heterogenität erfährt in dieser Diskussion Anerkennung als gleichberechtigte Verschiedenheit, gleichzeitig wird unter der Denkfigur der egalitären Differenz die Verschiedenheit von Schülerinnen und Schülern als Normalfall vorausgesetzt. Übereinstimmend geht es darum, die historisch herausgebildeten und tradierten Normalitätsverständnisse in Bezug auf Sozialstatus, Geschlecht, Gesundheit, Sprache und Nationalität, die in Schule und Lehrerbildung eine entscheidende Rolle spielen, in Frage zu stellen. Diese theoretischen Konzepte erfahren mit den Ergebnissen der empirischen Bildungsforschung bzw. den schulischen Leistungsvergleichsstudien und deren Nachweis des in Deutschland gravierend engen Zusammenhangs von sozialer Herkunft und Schulleistung prominente Unterstützung (vgl. Baumert/Klieme 2001, 351ff.; Bos/Lankes 2003; Schimpl-Neimanns 2000).

Dabei finden sich aber auch sichere Hinweise darauf, dass bei der Herstellung von Bildungsbenachteiligungen nicht „nur" die genannten Heterogenitätsmerkmale eine Rolle spielen, sondern auch die Struktur des Bildungssystems und der angemessene Umgang der Lehrerinnen und Lehrer mit heterogenen Lerngruppen. Reh behauptet beispielsweise, es existiere eine Mentalität oder sogar Sehnsucht der Lehrerinnen und Lehrer, die darauf gerichtet sei, Homogenität zu erreichen. Heterogenität werde, so das Fazit ihrer eigenen empirischen Untersuchung, schnell als Belastung empfunden (vgl. Reh 2005).

2 Die Bedeutung von Selbst- und Sozialkompetenzen und ihre sozialschicht-abhängige Entwicklung

Professionelles Handeln im Umgang mit Heterogenität wird häufig ausschließlich auf die Leistungsheterogenität bezogen. Fälschlicherweise wird hierfür in der Regel die Förderung kognitiver Fähigkeiten überbetont und die der sozialemotionalen Fähigkeiten vernachlässigt. Beide Kompetenzbereiche sind jedoch für ein erfolgreiches Lernen unabdinglich. Weil jedoch in zahlreichen Publikationen unter einer didaktischen Perspektive der Umgang mit Heterogenität überwiegend auf kognitive Lernprozesse ausgelegt wird, möchte ich an dieser Stelle zunächst die Notwendigkeit einer verstärkten Förderung von sozial-emotionalen Kompetenzen insbesondere bei sog. Risikokindern begründen und danach die eingangs erwähnten Kompetenzen von Lehrkräften für den Umgang mit Heterogenität auf den sozial-emotionalen Bereich beziehen. Nach Deci und Ryan (1993) ist ein Unterricht dann besonders entwicklungsförderlich und motivierend, wenn er ein Lernklima schafft, in dem die Bedürfnisse nach Kompetenz, Selbstbestimmung und sozialer Zugehörigkeit berücksichtigt werden. Diese drei Bedürfnisdimensionen haben jeweils auch einen deutlichen sozial-emotionalen Anteil, da sie die Selbstwirksamkeit, die Autonomie und die sozialen Beziehungen unter den Mitschülerinnen und Mitschülern ansprechen. Es ist intendiert, dass die Lehrkräfte zum einen die Selbstkompetenzen der Kinder fördern und unterstützen, indem reichhaltige Erfahrungen für das Empfinden von Selbstwirksamkeit ermöglicht werden. Zum anderen geht es auch um die Schaffung eines positiven Schul- und Klassenklimas und um die Bereitstellung von Lernarrangements, die die sozialen Beziehungen der Kinder untereinander fördern und strukturieren. „Selbstvertrauen, Autonomie und Kompetenz entwickeln sich in einem Zusammenspiel von kindlicher Aktivität mit der unterstützenden Kommunikation durch fürsorgliche Erwachsene" (Opp 2007, 234). Wenn Kinder die Fürsorge nicht im Elternhaus erfahren, sind sie umso deutlicher auf die Fürsorglichkeit pädagogischer Fachkräfte angewiesen. Für die Stärkung der Sozialkompetenzen obliegt es den Lehrkräften außerdem die Schüler-Schüler-Beziehungen zu unterstützen:

„Die Aufgaben der Sozialerziehung in der Grundschule liegen demnach für die Lehrer/innen eben darin, den Raum für die Aushandlungen zu geben und diese zu beobachten, Hilfen bereitzustellen, Freundschaften zu fördern, Außenseiter diskret zu unterstützen, geeignete schulische Aufgaben wie z.b. sorgfältig überlegte Partner- und Gruppenarbeiten, Erzählsituationen und Rollenspiele einzuplanen, die Normen in der Schule durch Regeln zu ordnen und der Diskussion zu öffnen sowie die Einbindung der in der Klasse zusammenkommenden Kinder in unterschiedliche kulturelle Kontexte deutlich zu machen" (Faust-Siehl 2001, 237).

Wer sind die Kinder, denen die Fürsorglichkeit und die sozial-emotionale Unterstützung durch die Lehrkräfte besonders zu Gute kommen? Nach psychologischen Studien kommt zwar der weitaus größte Anteil der Kinder mit einem überwiegend positiven Selbstkonzept in die Schule, aber immerhin 10% haben bereits bei Schuleintritt ein recht negatives Selbstkonzept, d.h. sie trauen sich selber wenig zu und denken von sich, dass sie wenig können (vgl. Kotthoff 1996, 8). Ein nicht unerheblicher Teil der Kinder ist damit bereits beim Schuleintritt gefährdet, weil die ersten Misserfolgserlebnisse drohen und im Verlauf der Schulzeit ein negativer Teufelskreislauf bis hin zu Lernstörungen und Verhaltenkompensationen entstehen kann. Wenn im Rahmen eines angemessenen Umgangs mit Heterogenität genau auf diese 10% der Kinder besondere Aufmerksamkeit gerichtet werden soll, gilt es die Ergebnisse der Kinderarmutsforschung zur Kenntnis zu nehmen (vgl. Miller 2006). Übereinstimmendes Ergebnis ist, dass es einen Zusammenhang zwischen der sozio-ökonomischen Lage der Familie und dem Selbstwertgefühl gibt. Ältere Studien verweisen insbesondere bei Mädchen auf Selbstzweifel und emotionale Belastungen bei Einkommensverlusten (vgl. Schindler/Wetzels 1985; Walper/Silbereisen 1987). Auch die an nordrhein-westfälischen Schulen im Jahr 1994 durchgeführte quantitative Studie zum psychosozialen Wohlbefinden von 10- bis 17-jährigen Schülerinnen und Schülern zeigt, dass das Selbstvertrauen bei den Kindern mit niedriger sozialer Herkunft deutlich niedriger ist, als bei den Kindern aus oberen sozialen Lagen: „Diejenigen Kinder und Jugendlichen, die in Armut aufwachsen, berichten eine signifikant höhere psychosoziale Morbidität, Ängstlichkeit, Hilflosigkeit und ein geringeres Selbstvertrauen" (Palentien/Klocke/Hurrelmann 1999, 35). Entgegen verbreiteter Alltagstheorien zeigen sich die Folgen auf das psychosoziale Wohlbefinden, Selbstvertrauen und auf das Sozialverhalten auch schon in recht jungen Jahren. Die AWO-Studie bestätigt bereits für das Vorschulalter einen deutlichen Zusammenhang zwischen der Einkommenssituation und dem kulturellen, sozialen sowie dem gesundheitlichen Bereich. Bezogen auf den sozialen Bereich fallen die 5-Jährigen den Erzieherinnen insbesondere durch einen geringeren Kontakt zu anderen Kindern, geringere Teilnahme am Gruppengeschehen, selteneren Ausdruck von Wünschen und eine niedrigere Wissbegierde auf. „Zugleich war eine beginnende Ausgrenzung zu beobachten:

So wurden arme Kinder häufiger als nicht-arme Kinder von den anderen Kindern in der KiTa gemieden" (Hock 2000, 101). Für das Grundschulalter werden zur Bestimmung der sozialen Lage in der AWO-Studie (vgl. Holz et al. 2005, 75ff.) einerseits soziale Ressourcen und andererseits das Sozialverhalten der Kinder selbst ermittelt. Die sozialen Ressourcen werden über elf Items wie beispielsweise „Kind kann Freunde mit nach Hause bringen", Kind kann eigenen Geburtstag feiern", „Kind ist in einem Verein" etc. erfasst. Insgesamt zeigen sich bei den armen Kindern geringere soziale Ressourcen, die Orte der Ausgrenzung werden sichtbar. Diese Ergebnisse deuten auf mögliche Auswirkungen der Armut nicht „nur" auf das Selbstbewusstsein, sondern auch auf die soziale Eingebundenheit in der Gruppe hin, die auch in erheblichem Ausmaß zum psychosozialen Wohlbefinden beiträgt. Zur Vorbeugung von Stereotypen muss einschränkend erwähnt werden, dass es immer auch einen erheblichen Anteil von Armut betroffener Kinder gibt, die im sozialen Bereich vollkommen unauffällig sind. So zeigen in der AWO-Vorschulstudie 35,6% der armen und 17,6% der nicht-armen Kinder Auffälligkeiten im sozialen Bereich, d.h. das Risiko der armen Kinder ist zwar doppelt so hoch, aber weit mehr als die Hälfte der armen Kinder zeigt auch keine Auffälligkeiten. Ein hohes Maß gemeinsamer Aktivitäten mit den Eltern, gute Deutschkenntnisse und ein gutes Familienklima können beispielsweise einen erheblichen Ausgleichsfaktor darstellen. Trotzdem ergibt sich aus diesen Ergebnissen ein Handlungsbedarf für Schule und Unterricht, Kinder gerade im sozial-emotionalen Bereich zu fördern, weil dies insbesondere Kindern in Armut zu Gute käme und so möglicherweise auch ein Beitrag zum Abbau der Bildungsungleichheit geleistet werden könnte.

3 Salutogene Ansätze zum Aufbau von Schutzfaktoren bei Kindern in Armut

Gerade für Kinder, die beispielsweise aufgrund von Armut häufiger von emotionalen Belastungen und sozialer Diskriminierung betroffen sind, hat die Resilienzforschung (Wustmann 2003; Opp 2007) in Längsschnittstudien belegen können, dass bestimmte Schutzfaktoren bei einzelnen Individuen einen erheblichen Beitrag zu einer positiven Entwicklung trotz widriger Umstände leisten. Der Begriff Resilienz ist aus dem Englischen mit „Widerstandsfähigkeit" zu übersetzen und bezeichnet die Fähigkeit, erfolgreich mit belastenden Lebensumständen (Armut, Misserfolgen, Unglücken, Risikobedingungen) umzugehen. Dabei geht es vor allem um den Erwerb von Fähigkeiten zur Überwindung von Entwicklungsrisiken und den Aufbau altersangemessener Bewältigungskompetenzen. In der Längsschnittstudie eines kompletten Geburtenjahrgangs der Insel

Kauai konnten Emmy E. Werner und Ruth Smith Schutzfaktoren in der Person des Kindes und in der Betreuungsumwelt des Kindes (Familie und soziales Umfeld) identifizieren, die bei den Kindern und späteren Erwachsenen trotz multipler Risikobelastung die Entwicklung zu zuversichtlichen, selbstsicheren und leistungsfähigen Erwachsenen erklären. Die personalen Schutzfaktoren bestanden beispielsweise in der Freude an neuen Erfahrungen, in Ausdauer und Konzentrationsfähigkeit, in positiven sozialen Beziehungen, im angemessenen Ausdruck von Gefühlen etc. Hier wird der Bezug zu sozial-emotionalen Kompetenzen bereits deutlich, er verstärkt sich noch, wenn mit Rückgriff auf die Resilienzforschung behauptet werden kann, dass diese personalen Ressourcen zwar einerseits mit einem bestimmten Temperament des individuellen Kindes zusammenhängen, sie andererseits aber auch durch das soziale Umfeld genau in diese Richtung unterstützt werden können. Neben der Familie kommen den Bildungseinrichtungen Kindergarten und Schule hier zentrale Funktionen zu. „Viele Studien haben festgestellt, dass resiliente Kinder jeglicher Schulstufen Spaß an der Schule haben (...), selbst wenn sie nicht übermäßig begabt sind, haben gerade die Kinder mit höchster Resilienz die Tendenz, sämtliche Fähigkeiten einzubringen und in gute Ergebnisse umzuwandeln. Oft wird die Schule zu einem Zuhause außerhalb des Heims, zu einem Zufluchtsort vor einer ungeordneten Situation in der Familie" (Werner 2000, 126; nach eigener Übersetzung). Aus einer anderen Forschungsrichtung gibt es Bestätigungen für die Ergebnisse der Resilienzforschung. Sabine Brendel hat in ihrer Studie über Arbeitertöchter, die einen Bildungsaufstieg vollzogen haben, als ein übereinstimmendes Ergebnis positive Erfahrungen in der Grundschule konstatiert: „Die Interviews zeigen einen Zusammenhang zwischen dem Aufbau von Bildungsorientierung und einer guten Grundschulerfahrung. Diese bedeutet ein problemloses Mitkommen im Unterricht, Aufgehoben-Sein in der Klasse (keine AußenseiterIn-Position) sowie eine positive Rückmeldung durch die Grundschullehrerin. Besonders bestärkend scheint ein gutes emotionales Verhältnis zur Lehrerin und Förderung durch diese zu sein" (Brendel 1998, 193). Mit der Interaktion Lehrer-Schüler, der Interaktion Schüler-Schüler und der Interaktion Lehrer-Lehrer unterscheidet Opp Beziehungsqualitäten auf drei Interaktionsebenen, die insbesondere auf Kinder in sog. Risikolagen protektive Wirkungen entfalten können. Insgesamt geht es dabei „um die Entwicklung einer Schulkultur, in der sich Routinen und Konventionen des akzeptablen, respektvollen und fürsorglichen Umgangs der unterschiedlichen schulischen Akteure miteinander entwickeln können" (Opp 2007, 233). Corina Wustmann hat die Erkenntnisse der Resilienzforschung übertragen auf konkrete Dimensionen, die Schulen mit hohen Schutzfaktoren aufweisen und in denen

- „ein hoher, aber angemessener Leistungsstand an die Schüler gestellt wird,
- den Schülern verantwortungsvolle Aufgaben übertragen werden,
- es klare, konsistente Regeln gibt,
- Schüler häufig für ihre Leistungen und ihre Verhalten verstärkt werden
- Möglichkeiten des kooperativen Lernens und Partizipation bestehen,
- Lehrer respekt- und verständnisvoll den Schülern begegnen,
- positive Peer-Kontakte bestehen,
- enge Zusammenarbeit mit Elternhaus und anderen sozialen Einrichtungen besteht
- Schulsozialarbeit und weitere Förderangebote verankert sind,
- außerschulische Aktivitäten organisiert werden, bei denen die Schüler gemeinsame Ideen und Interessen teilen können,
- insgesamt ein wertschätzendes Schulklima vorherrscht" (Wustmann 2005, 198).

Aus dieser Auflistung geht hervor, dass es nicht nur auf das Handeln einzelner Lehrkräfte ankommt, sondern auch auf die Entwicklung von Schulen als Ganzes. Bei einer Reihe dieser Konsequenzen werden die sozial-emotionalen Bereiche implizit oder auch explizit angesprochen. Sie machen deutlich, dass eine ausschließliche Konzentration auf die kognitive Förderung zu kurz greifen würde, sondern gerade ein Klima der Anerkennung, Achtsamkeit, Demokratie, des sozialen Miteinander und des Erfolgserlebens für den Lernprozess entscheidend sind. Die meisten der genannten zum Aufbau von Schutzfaktoren förderlichen Aspekte lesen sich allerdings wie Selbstverständlichkeiten, die in jeder Schule und in jedem Unterricht per se zu finden sein sollten. Über den tatsächlichen Grad der Realisierung ließe sich hier nur spekulieren. Es gibt aber auf jeden Fall einige Schulen, von denen wir sicher sein können, dass sie von ihrem Konzept her beste Voraussetzungen für den Aufbau von Resilienz bieten und für andere Schulen best practice-Modelle darstellen.

4   Selbst- und Sozialkompetenz stärkende Schulkonzepte

Die Grundschule „Kleine Kielstraße" aus Dortmund hat im Jahr 2006 den Deutschen Schulpreis erhalten, sie liegt in einem benachteiligten Stadtteil und möchte für die Kinder ein wichtiger Lebensort werden. Sie formuliert zur Qualitätssicherung Eckpunkte, die an dieser Stelle nur kurz benannt werden können (vgl. www.grundschule-kleinekielstrasse.de). Aus ihnen wird aber deutlich, dass alle Kinder, unabhängig vom Migrationshintergrund oder der Armutsbetroffenheit Anerkennung, Wertschätzung, Zugehörigkeit und Kompetenz erleben. Leistung wird ausdrücklich als das Ergebnis von emotionalen, sozialen und kognitiven Lernprozessen verstanden. Auf der Individualebene dokumentiert ein „Begleitportfolio" die Lernentwicklung. Es enthält kompetenzorientierte Auswertungen des Entwicklungsstandes, langfristig angelegte Beobachtungsbögen, Förderempfehlungen, Förderbriefe an die Eltern u.v.m. Die Grundschule „Kleine Kielstraße" betont, dass sie nicht „nur" im kognitiven Bereich ermutigen möchte, sondern gerade auch die kompensatorische Wirkung anderer Fächer insbesondere für Kinder mit geringen Erfolgen in den klassischen schulischen Leistungsbereichen nutzen möchte, weil sie hierin einen entscheidenden Faktor für die Stärkung des Selbstwertgefühls sieht. Der Umgang mit Vielfalt stellt für die Grundschule „Kleine Kielstraße" eine Selbstverständlichkeit dar, hier lernen Kinder, die zu 83% einen Migrationshintergrund und teilweise einen sonderpädagogischen Förderbedarf haben, gemeinsam in jahrgangsübergreifenden Klassen. Der Unterricht versucht über die vielfältigen Möglichkeiten der Individualisierung und Differenzierung den unterschiedlichen Fähigkeitsstufen gerecht zu werden und gleichzeitig über die Arbeit an gemeinsamen Themen das gemeinsame Lernen zu stärken. In der Organisation dieser bewusst heterogen gestalteten Lerngruppen sieht die „Kleine Kielstraße" eine besondere Chance, das soziale und kognitive Lernen zu fördern, da die Kinder in der Jahrgangsmischung unterschiedliche soziale Rollen einnehmen und die für das Klassenleben notwendigen Regeln, Rituale und Arbeitsvereinbarungen von den erfahrenen Kindern vermittelt werden können. Auch die Ziele zur Qualitätssicherung des Unterrichts beinhalten zahlreiche Hinweise auf einen produktiven Umgang mit Heterogenität. So soll jedes Kind vom ersten Schultag an ein Lerntagebuch führen, außerdem werden im jährlichen Entwicklungsgespräch mit der Lehrerin und dem Lehrer individuelle Zielvereinbarungen getroffen. Der Unterricht basiert auf fachlichen Konzepten, denen gemeinsam ist, dass sie auf der aktiven Auseinandersetzung und Aneignung, der Akzeptanz und Unterstützung der eigenen Lernwege der Kinder sowie der Reflexion von Lösungen beruhen. Dabei steht neben den fachlichen Zielen auch die Förderung von überfachlichen Fähigkeiten und Kenntnissen im Zentrum, wie beispielsweise Teamfähigkeit, Selbstständigkeit, Eigenverantwortung und Reflexionsfähigkeit. Das grundlegende Ziel Verantwortungsübernahme wird im Rahmen eines umfassenden Erziehungskonzeptes angestrebt. Hierzu zählen stadtteilbezogene Projekte zur aktiven Auseinandersetzung mit dem sozialen Umfeld, Maßnahmen zum Umgang mit Konflikten und der Klassenrat als regelmäßige Institution, wodurch gleichzeitig auch das Demokratielernen gefördert wird. Zwei weitere Eckpunkte wie die Kooperation mit außerschulischen Partnern und das Selbstverständnis der Schule als lernende Organisation haben ebenfalls für das Schulklima, für das Selbstwirksamkeitsempfinden auch der Eltern und der professionellen Weiterentwicklung der notwendigen Kompetenzen von Lehrerinnen und Lehrern einen Einfluss auf den Umgang mit Heterogenität und sind deshalb im Gesamtkontext des darauf gestützten Schulkonzepts zu sehen.

Die Überzeugungskraft und Plausibilität dieser und anderer pädagogischer Konzepte steht eigentlich selten zur Disposition. Die spannende Frage, ob sie tatsächlich auch nachweisbar die beabsichtigten Ziele erreichen können, muss hingegen häufig unbeantwortet bleiben. Bezogen auf die hier vorliegende Fragestellung bietet sich mit der Bielefelder Laborschule die Chance, ein Schulkonzept vorzufinden, das nicht nur in vielen Punkten dem Resilienzansatz entspricht, sondern zudem auch noch wissenschaftlich begleitet und regelmäßig evaluiert wird. Die von Hartmut von Hentig gegründete Laborschule besteht seit 1974 als Versuchsschule des Landes NRW an der Universität Bielefeld. Susanne Thurn (2000, 80ff.) begründet in zehn Punkten, warum ihrer Meinung nach das Konzept der Laborschule insbesondere Kindern in Not beim Aufwachsen hilft, also gute Bedingungen für den Aufbau von Resilienzfaktoren bietet. Sie sollen an dieser Stelle zusammenfassend wiedergegeben werden: Nach Thurn ist die Laborschule eine Schule, in der sich alle Kinder wiederfinden und aufgehoben fühlen, in der Belehrung so weit wie möglich und sinnvoll durch Erfahrung ersetzt werden kann, in der Kinder entsprechend ihres Entwicklungsstandes zugleich Anreiz und Ruhe finden, in der die Menschen gestärkt und die Sachen geklärt werden sollen, in der Auslese als pädagogisches Mittel weitgehend ausscheidet und der Verschiedenheit der Schülerinnen und Schüler durch eine individuelle Leistungsbewertung ohne Noten gerecht zu werden versucht wird, in der „Politik im Kleinen" und „Demokratie im Werden" gelernt und gelebt wird, in der es Erwachsene gibt, denen sich die Kinder vertrauensvoll zuwenden können, die Zeit für sie haben, in der sich auch die Erwachsenen wohl fühlen sollen, die sich auch selbst weiterentwickelt, in der Fehler erlaubt sind und in der Kinder und Jugendliche einen „Zipfel der besseren Welt" (Thurn 2000, 86, zit. nach von der Groeben 1991) kennen lernen. Die hier nur stichwortartig genannten Prinzipien sind Teil einer gut begründeten Laborschulpädagogik (von Hentig 1973; Thurn/Tillmann 1997). Unter der Resilienzperspektive werden aber bereits selbst in diesen Schlaglichtern einige konzeptionelle Übereinstimmungen mit der Grundschule „Kleine Kielstraße" deutlich: Durch die Individualisierung des Unterrichts erhalten alle Kinder die Chance, Könnenserfahrungen im schulischen Lernen zu machen, durch die Schaffung von heterogenen Lerngruppen wird dem sozial-emotionalen Lernen neben dem kognitiven Lernen Priorität eingeräumt und den Kindern werden unterschiedliche soziale Rollen zugestanden. Durch weitgehende demokratische Strukturen in Schule und Unterricht machen die Kinder Selbstwirksamkeitserfahrungen, die Lebenswelten der Schülerinnen und Schüler werden in das Schulleben integriert, insgesamt wird ein Klima geschaffen, indem die Kinder gerne lernen und leben. Diese Strukturen sind für alle Kinder hilfreich und unterstützend im Sinne eines umfassenden Bildungsbegriffs, wie ihn beispielsweise Göppel (2007) überzeugend ausführt.

Für Kinder in Armut aber sind sie notwendig und unerlässlich, weil sie geeignet sind, den Teufelskreis einer negativen Lernstruktur zu verhindern und beste Voraussetzungen für einen salutogenen Ansatz zu schaffen, der insbesondere auch jenen Kindern vielfältige Kompensationsmöglichkeiten und positive Lernerlebnisse verschafft, die mit geringen kulturellen, sozial-emotionalen und ökonomischen Ressourcen in die Schule kommen. Ein strenger empirischer Beweis für das Gelingen dieser Konzepte ist aufgrund der hohen Komplexität und zahlreichen Einflussvariablen kaum möglich. Durch die Absolventenstudien der Laborschule gibt es aber empirisch erhärtete Indizien für den Erfolg. Susanne Thurn fasst die Absolventenstudien der Laborschule nämlich dahingehend zusammen, dass sich bei den Laborschulabsolventen eine besonders hohe Schulzufriedenheit, Lernfreude, ein gestärktes Selbstwertgefühl und überfachliche Kompetenzen wie Kooperationsfähigkeit, Toleranz, Hilfsbereitschaft, Konfliktfähigkeit und Kompromissbereitschaft gegenüber Kontrollgruppen aus anderen Schulen zeigen (vgl. Thurn 2000, 87). Dieses Ergebnis kann als eine erste Bestätigung angesehen werden, dass ein spezifisch an Heterogenität ausgerichtetes Schulkonzept die anspruchsvollen Ziele bezüglich Stärkung der Selbst- und Sozialkompetenz sowie der Lernfreude nicht nur in die Praxis umzusetzen, sondern auch in signifikanter Weise bei den Schülerinnen und Schülern zu erreichen vermag.

Es soll hier allerdings nicht der Eindruck vermittelt werden, als gäbe es das Schul- bzw. Unterrichtskonzept für heterogene Lerngruppen, mit dem eine Persönlichkeitsstärkung und Lernerfolge im sozial-emotionalen Lernen sichergestellt werden könnten. Selbst bei der Laborschule, die als Versuchsschule einige Privilegien gegenüber Regelschulen genießt, zeichnet sich in Bezug auf das soziale Lernen kein gänzlich glattes Bild ab. Zwar belegt die Vergleichsstudie von Beate Wischer (2003, 191f.) eine höhere allgemeine Schulzufriedenheit der befragten Laborschüler im 10. Schuljahr gegenüber befragten Gesamtschülern und Gymnasiasten des Regelschulwesens. Außerdem wird auch bestätigt, dass die „Stärkung der Menschen" offensichtlich an der Laborschule besser gelingt als an den Vergleichsschulen, denn die Items „Im großen und ganzen bin ich mit mir zufrieden" und „Ich glaube, ich habe eine Reihe guter Eigenschaften" erhalten von den Laborschülerinnen und Laborschülern eine deutlich höhere Zustimmung (vgl. ebd., 211). Auf der anderen Seite zeigen sich aber klare leistungsbezogene Abhängigkeiten: Mit Absinken des Leistungserfolgs sinkt auch bei Laborschülerinnen und Laborschülern der Grad der Selbstakzeptanz, d.h. das Selbstwertgefühl bleibt auch bei Laborschülerinnen nicht von schulischen Leistungserfolgen unberührt (vgl. ebd., 212).

Angesichts ihrer etwas ernüchternden Ergebnisse fragt Wischer, ob eine Schule für alle Kinder überhaupt alle Kinder und Jugendlichen in gleicher Weise fördern kann, wie es im Integrationsdiskurs häufig vorausgesetzt würde (vgl. ebd., 231). Bezogen auf die sozial-emotionalen Kompetenzen insbesondere des Selbstkonzepts ist die Frage nach möglichen Grenzen der Heterogenität im Zusammenhang mit der Integrations- bzw. Inklusionspädagogik im Widerstreit der Stigmatisierungs- versus der Bezugsgruppentheorie bereits schon länger diskutiert worden. Während die Stigmatisierungstheorie am Beispiel der Überweisungen in die Förderschule die Exklusionsprozesse und die Beschämungen der Schülerinnen und Schüler betont, welche sich entsprechend negativ auf das Selbstbild der Schülerinnen und Schüler auswirken würden, geht die Bezugsgruppentheorie davon aus, dass sich das Selbstkonzept im Vergleich zu den Mitschülerinnen und Mitschülern herausbildet und sich die Förderschule deshalb wie ein Schonraum verhalte, indem die Kinder in ihrem Selbstkonzept gestärkt würden. Für beide Theorieansätze lassen sich empirische Evidenzen finden, die jeweils aber auch wieder mit plausiblen Erklärungen und Interpretationen relativiert werden können. Häufig zitiert wird beispielsweise eine in der Schweiz von Urs Haeberlin durchgeführte Untersuchung, die einen Vergleich zieht zwischen leistungsschwachen Schülerinnen und Schülern, die entweder an der Sonderschule oder in Integrationsklassen unterrichtet wurden. Während die in der Sonderschule unterrichteten Schülerinnen und Schüler im Vergleich zu den an den Grund- und Hauptschulen verbliebenen Schülerinnen und Schüler in den Leistungsbereichen keine Vorteile zeigen konnten, stellten sich im sozialemotionalen Bereich doch deutliche Nachteile für die integrativ unterrichteten Schülerinnen und Schüler heraus: Sie gehörten häufiger zu den unbeliebten und abgelehnten Schülern, sie schätzen sich weniger gut sozial integriert in die Klasse ein, sie schätzten die eigenen Fähigkeiten und das Wohlbefinden in der Schule negativer ein (vgl. Haeberlin 1991, 331). Haeberlins Ergebnisse deuten auf eine Bestätigung der Bezugsgruppentheorie hin. Andere Autoren und Studien sprechen allerdings von einem „Verblassen des Bezugsgruppeneffekts" im Verlauf der Schulzeit. Das „Verblassen" wird damit erklärt, dass Schülerinnen und Schüler mit zunehmender zeitlicher Nähe des Schulabschlusses ihre weitgehende Chancenlosigkeit auf dem Arbeitsmarkt realisieren und damit die Informationen für ihr Selbstbild weniger über den Vergleich mit ihrer eigenen Bezugsgruppe gewinnen (vgl. Hildeschmidt/Sander 1996). Möglicherweise könnte mit dieser Erklärung auch das Ergebnis der Studie von Beate Wischer interpretiert werden, wonach eine recht starke Kopplung von Schulleistung und Selbstkonzept bei den leistungsschwächeren Laborschülerinnen und -schülern zu verzeichnen war, denn auch hier wurden Zehntklässler befragt. Bezogen auf die Selektion in die Förderschule fasst Brigitte Schumann die hier skizzierte Diskussion sehr treffend zusammen:

„Im Vergleich zu den kurzfristigen Schonraum-Effekten bestimmen die Stigma-Effekte lebenslang die gesellschaftliche Stellung. Sie belasten, gefährden oder – im schlimmsten Fall – verhindern die Entwicklung eines positiven Selbstkonzepts, die nach dem Auftrag der Sonderschulpädagogik ja gerade unterstützt werden soll" (Schumann 2007, 91).

5 Zusammenfassung und Fazit

Im Rahmen unseres auf Homogenisierung ausgerichteten Schulsystems, das ab dem Schulbeginn verschiedene Selektionsmaßnahmen vorsieht, sind Misserfolgerlebnisse und Stigmatisierungseffekte strukturell angelegt. Von diesen Maßnahmen sind, wie sämtliche Bildungsstudien zeigen, Kinder unterer sozialer Schichten besonders betroffen. Die soziale Ungleichheit wird damit durch unser Schulsystem mit hergestellt. Soll der Kreislauf der sozialen Benachteiligungen durchbrochen werden, ist der Faktor Bildung und damit die Institution Schule sicherlich ein zentraler Anknüpfungspunkt. Es wurde deutlich herausgearbeitet, dass gerade zur Stärkung von Kindern in Armut und anderen Risikolagen nicht nur kognitive Lernprozesse, sondern auch und gerade die Förderung des Selbstkonzepts und weiterer sozial-emotionaler Fähigkeiten eine zentrale Rolle für eine hohe Lernmotivation und einen positiven Zugang auf die soziale Mitwelt spielen. Die Persönlichkeitsstärkung stellt damit eine Voraussetzung für kognitive Lernprozesse dar. Mit der kurzen Vorstellung zweier unterschiedlicher Schulkonzepte wurde versucht, eine Konkretisierung vorzunehmen, wie ein Lernen in Heterogenität umgesetzt werden kann, das genau auch die Dimensionen der Persönlichkeitsstärkung zum erklärten Ziel erhebt. Empirische Studien belegen einerseits die Wirksamkeit dieser Konzepte, zeigen aber auch gewisse Grenzen auf. Diese Grenzen sollen und können aber keineswegs die Zielperspektive als Ganzes in Frage stellen, sondern eine realistische Einschätzung auf die Möglichkeiten von Schule werfen, die weiterhin Teil eines auf sozialer Ungleichheit basierenden Gesellschaftssystems ist. Je unmittelbarer die Schülerinnen und Schüler mit den Risiken und Exklusionsprozessen der Gesellschaft konfrontiert sind, desto geringer scheinen die Kompensationsmöglichkeiten von Schule und nachweisbarer persönlichkeitsstärkender Effekte zu sein. Trotz allem konnten die Ergebnisse der Resilienzstudien aber zeigen, dass es einigen Kindern trotz erhöhter Risikolage gelingen kann, ein erfolgreiches Leben mit hoher persönlicher Zufriedenheit zu führen, für die positive Entwicklung wurden u.a. auch einzelne Lehrpersonen und positive Schulerfahrungen ins Feld geführt. Insgesamt bestätigen diese Ergebnisse die eingangs erwähnte Theorie des akteurzentrierten Institutionalismus. Für einen professionellen Umgang mit Heterogenität wurden ebenfalls zu Beginn dieses Beitrags zentrale Lehrerkompetenzen genannt. Diese gilt es zukünftig in allen Phasen der Lehrerbildung weiterzuentwickeln, wenn die Beispiele aus der Resilienzforschung keine Einzelbeispiele bleiben sollen. Die Aspekte der Fürsorglichkeit von Lehrpersonen und die Entwicklung einer auf Respekt und Akzeptanz basierenden Schulkultur sind beim Bemühen um Chancenausgleich benachteiligter Kinder stärker zu berücksichtigen. Auf der Ebene der Schule sind mit den verschiedenen Konzepten Modelle vorgestellt worden, die die Vielseitigkeit der Arbeit von Schule deutlich machen. Christian Palentien plädiert außerdem dafür, dass sich Schule sehr viel stärker über ihre „Markteintrittschance" bewusst sein und diese zum Ausgangspunkt der Analyse der Lebensphasen Kindheit und Jugend nehmen muss. Die Institution Schule solle neben der Wissensvermittlung zu einem sozial-ausgleichenden Forum werden (vgl. Palentien 2005, 163). In Anlehnung an die Frauenforschung schlägt Böttcher (2002, 51) eine systematische Pädagogik zur Reduktion herkunftsbedingter Chancenungleichheit vor, die er als „Reflexive Pädagogik" bezeichnet. Hierzu gehört es auch, dass die Kategorie der sozioökonomischen Differenz neben dem Geschlecht und der Ethnie zu einer zentralen Differenzkategorie erhoben wird.

Literatur

Baumert, J./Klieme, E./Neubrand, M. u.a. (Hrsg.) (2001): PISA 2000. Basiskompetenzen von Schülerinnen und Schülern im internationalen Vergleich. Opladen: Leske+Budrich.

Böttcher, W. (2002): Schule und soziale Ungleichheit: Perspektiven pädagogischer und bildungspolitischer Intervention. In: Mägdefrau, J., Schumacher, E. (Hrsg.): Pädagogik und soziale Ungleichheit. Aktuelle Beiträge – Neue Herausforderungen. Bad Heilbrunn: Klinkhardt, 35-57.

Bos, W./Lankes, M./ Prenzel, M./ Schwippert, K./Walther, G./Valtin, R. (Hg.) (2003): Erste Ergebnisse aus IGLU. Schülerleistungen am Ende der vierten Jahrgangsstufe im internationalen Vergleich. Münster: Waxmann.

Brendel, S. (1998): Arbeitertöchter beißen sich durch. Bildungsbiographien und Sozialisationsbedingungen junger Frauen aus der Arbeiterschicht. Weinheim; München: Juventa.

Deci, E./Ryan, R. M. (1993): Die Selbstbestimmungstheorie der Motivation und ihre Bedeutung für die Pädagogik. In: Zeitschrift für Pädagogik, H. 39, 223-238.

Faust-Siehl, G. (2001): Individualentwicklung und Sozialerziehung. In: Einsiedler, W./Götz, M./ u.a. (Hrsg.): Handbuch Grundschulpädagogik und Grundschuldidaktik. Bad Heilbrunn: Klinkhardt, 233-238.

Fend, H. (2006): Neue Theorie der Schule. Einführung in das Verstehen von Bildungssystemen. Wiesbaden: VS Verlag für Sozialwissenschaften.

Göppel, R.: Bildung als Chance. In: Opp, G./Fingerle, M. (Hrsg.): Was Kinder stärkt. Erziehung zwischen Risiko und Resilienz. 2. Aufl. München; Basel: Ernst Reinhardt Verlag, 245-265.

Groeben, A. v. d. (1991): Ein Zipfel der besseren Welt? Leben und Lernen an der Bielefelder Laborschule. Essen: Neue deutsche Schule.

Grundschule Kleine Kielstraße [online] URL: http://www.grundschule-kleinekielstrasse.de/schule.pdf.

Hentig, H. v. (1973): Schule als Erfahrungsraum? Eine Übung im Konkretisieren einer pädagogischen Idee. Stuttgart: Klett-Cotta.

Haeberlin, U. (1991): Die Integration von leistungsschwachen Schülern. Ein Überblick über empirische Forschungsergebnisse zu Wirkungen von Regelklassen, Integrationsklassen und Sonderklassen auf „Lernbehinderte". In: Zeitschrift für Pädagogik, 37. Jg., H. 2, 167-189.

Hildeschmidt, A./Sander, A.: Zur Effizienz der Beschulung sogenannter Lernbehindeter in Sonderschulen. In: Eberwein, H. (Hrsg.): Handbuch Lernen und Lernbehinderungen. Aneignungsprobleme. Neues Verständnis von Lernen. Integrationspädagogische Lösungsansätze. Weinheim und Basel: Beltz, 115-134.

Hinz, A. (2002): Chancengleichheit und Heterogenität — eine bildungstheoretische Antinomie. In: Heinzel, F./Prengel, A. (Hrsg.): Heterogenität, Integration und Differenzierung in der Primarstufe. Jahrbuch Grundschulforschung. Band 6. Opladen: Leske+Budrich, 128-135.

Hock, B./Holz, G./Wüstendörfer, W. (2000): Frühe Folgen – langfristige Konsequenzen? Armut und Benachteiligung im Vorschulalter. Vierter Zwischenbericht zu einer Studie im Auftrag des Bundesverbandes der Arbeiterwohlfahrt. Frankfurt a.M.: ISS Eigenverlag.

Holz, G./Richter, A./Wüstendörfer, W./Giering, D. (2005): Zukunftschancen für Kinder. Wirkung von Armut bis zum Ende der Grundschulzeit. Endbericht der 3. AWO-ISS-Studie im Auftrag der Arbeiterwohlfahrt Bundesverband e.V. Frankfurt a.M: ISS Eigenverlag.

Kotthoff, L. (1996): Ich bin Ich: Selbstkonzeptentwicklung im Grundschulalter. In: Sache Wort Zahl, 1. Jg., H. 24, 5-12.

Keuffer, J./Oelkers, J. (Hrsg.): Reform der Lehrerbildung in Hamburg. Abschlussbericht der von der Senatorin für Schule, Jugend, und Berufsbildung und der Senatorin für Wissenschaft und Forschung eingesetzten Hamburger Kommission Lehrerbildung. Weinheim; Basel: Beltz.

KMK Konferenz der Kultusminister (2005). Standards für die Lehrerbildung: Bildungswissenschaften. Beschluss der Kultusministerkonferenz vom 16.12.2004. In: Zeitschrift für Pädagogik, 51. Jg. H. 2, 280-290.

Krüger-Potratz, M. (2004): Umgang mit Heterogenität. In: Blömeke, S. u.a. (Hrsg.): Handbuch Lehrerbildung. Kempten: Westermann, 558-566.

Miller, S. (2006): Heterogene Lerngruppen aus grundschulpädagogischer Sicht unter besonderer Berücksichtigung von Kindern in Armutslagen. In: Hinz, R./Schumacher, B. (Hrsg.): Auf den Anfang kommt es an: Kompetenzen entwickeln – Kompetenzen stärken. Jahrbuch Grundschulforschung. Band 10. Opladen: VS Verlag für Sozialwissenschaften, 135-146.

Opp, G. (2007): Schule – Chance oder Risiko. In: Opp, G./Fingerle, M. (Hrsg.): Was Kinder stärkt. Erziehung zwischen Risiko und Resilienz. 2. Aufl. München; Basel: Ernst Reinhardt Verlag, 227-244.

Palentien, Christian/Klocke, Andreas/Hurrelmann, Klaus (1999): Armut im Jugend- und Kindesalter. In: Bundeszentrale für politische Bildung (Hrsg.): Aus Politik und Zeitgeschichte. B.18., 33-38.

Palentien, C. (2005): Aufwachsen in Armut – Aufwachsen in Bildungsarmut. Über den Zusammenhang von Armut und Schulerfolg. In: Zeitschrift für Pädagogik, 51.Jg., H. 2.,154-169.

Prengel, A. (1995): Pädagogik der Vielfalt. Verschiedenheit und Gleichberechtigung in Interkultureller, Feministischer und Integrativer Pädagogik. Opladen: Leske+Budrich.

Prengel, A. (1999): Vielfalt durch gute Ordnung im Anfangsunterricht. Opladen: Leske+Budrich.

Reh, S. (2005): Warum fällt es Lehrerinnen und Lehrern so schwer, mit Heterogenität umzugehen? Historische und empirische Deutungen. In: Die Deutsche Schule 97. Jg., H. 1, 76-86.

Schimpl-Neimanns, B. (2000): Soziale Herkunft und Bildungsbeteiligung. Empirische Analysen zu herkunftsspezifischen Bildungsungleichheiten zwischen 1950 und 1989. In: Kölner Zeitschrift für Soziologie und Sozialpsychologie, 52. Jg. H. 4, 636-669.

Schindler, H./Wetzels, P. (1985): Subjektive Bedeutung familiärer Arbeitslosigkeit bei Schülern in einem Bremer Arbeiterstadtteil. In: Kieselbach, T./Wacker, A. (Hrsg.): Individuelle und gesellschaftliche Kosten der Massenarbeitslosigkeit – Psychologische Theorie und Praxis. Weinheim, 120-138.

Schumann, B. (2007): „Ich schäme mich ja so!" Die Sonderschule für Lernbehinderte als „Schonraumfalle". Bad Heilbrunn: Klinkhardt.

Terhart, E. (2004): Lehrerkompetenzen für die Grundschule. Kontext, Entwicklung und Bedeutung. In: Grundschule, 36. Jg. H. 6, 10-12.

Thurn, S./Tillmann, K.-J. (Hrsg.) (1997): Unsere Schule ist ein Haus des Lernens. Das Beispiel Laborschule Bielefeld. Reinbek: rororo.

Walper, S./Silbereisen, R. K. (1987): Familiäre Konsequenzen ökonomischer Einbußen und ihre Auswirkungen auf die Bereitschaft zu normverletzendem Verhalten bei Jugendlichen. In: Zeitschrift für Entwicklungspsychologie und Pädagogische Psychologie, H. 19, 228-248.

Walper, S. (1999): Auswirkungen von Armut auf die Entwicklung von Kindern. In: Lepenies, A. u.a. (Hrsg.): Kindliche Entwicklungspotentiale. Normalität, Abweichung und ihre Ursachen. Band 1. Opladen: Leske+Budrich, 291-360.

Wenning, N. (2004): Heterogenität als neue Leitidee der Erziehungswissenschaft? Zur Berücksichtigung von Gleichheit und Verschiedenheit. In: Zeitschrift für Pädagogik, 50. Jg. H. 4, 565-582.

Werner, E. E. (2000): Protective factors and individuell resilience. In: Shonkoff, J. P./Meisels, S. J. (Hrsg.): Handbook of early childhood intervention. 2nd es. Camebridge University Press, 115-132.

Wischer, B. (2003) Soziales Lernen an einer Reformschule. Evaluationsstudie über Unterschiede von Sozialisationsprozessen in reform- und Regelschulen. Weinheim; München: Juventa.

Wustmann, C. (2003): Was Kinder stärkt: Ergebnisse der Resilienzforschung und ihre Bedeutung für die pädagogische Praxis. In: Fthenakis, W. E. (Hrsg.): Elementarpädagogik nach PISA. Wie aus Kindertagesstätten Bildungseinrichtungen werden können. 4. Aufl. Freiburg im Breisgau: Herder, 106-135.

Wustmann, C. (2005): Die Blickrichtung der neuen Resilienzforschung: Wie Kinder Lebensbelastung bewältigen. In: Zeitschrift für Pädagogik, 51. Jg., H. 2, 192-206.

Soziale, emotionale und kommunikative Kompetenzen zulassen – ein konsequentes Modell der Öffnung von Unterricht

Falko Peschel

Gerade in letzter Zeit tut sich sehr viel in der Schullandschaft. Nach der intensiven Arbeit der Kollegien, der eigenen Schule durch ein Schulprogramm eine gemeinsame Basis zu verschaffen, werden nun immer mehr Schulen zu selbstständigen Schulen. Schulen, die sich selbst verwalten – bürokratisch und pädagogisch. Projekte zum demokratischen Lernen und zur schülereigenen Streitschlichtung sind genauso angesagt wie Überlegungen zur Integration auffälliger Kinder. Jahrgangsübergreifende Lerngruppen lassen die Verschiedenartigkeit der Kinder offensichtlich werden und in den Richtlinien wird ein auf Selbststeuerung des einzelnen Kindes basierender Unterricht konkretisiert: Schüler sollen sich mit für sie selbst bedeutsamen Gegenständen auseinandersetzen und selbst planen, entdecken, erkunden, untersuchen, beobachten, experimentieren, dokumentieren und ihre Arbeiten bewerten. Schule im Umbruch!

Auch die Wissenschaft bekommt ein neues Gesicht: Renommierte Untersuchungen wie die PISA-Erhebung erfassen nicht mehr nur den Ausschnitt rein fachlicher Leistungen, sondern versuchen auch soziale Kompetenz und selbstreguliertes Lernen zu messen. In der Lehr-Lern-Forschung werden behavioristisch orientierte Fragestellungen nach direkten Lehr-Lern-Zusammenhängen abgelöst von Untersuchungen zu interessegeleitetem Lernen und der Frage nach der Bedeutung impliziter und inzidenteller Lernprozesse. Soziale, emotionale und kommunikative Kompetenzen bekommen wieder einen hohen Stellenwert bei der Bewertung unterrichtlicher Arrangements. Schule im Umbruch!

Schule im Umbruch? Betrachtet man das näher, was da so vielversprechend aussieht, so bekommt man ein anderes Gefühl. Das selbstregulierte, subjektorientierte Lernen wird nicht nur in wissenschaftlichen Erhebungen, sondern auch in Fortbildungen auf ein kleinschrittig lehrbares Methodentraining reduziert, das neue Tricks liefern soll, die Schüler zum Arbeiten zu motivieren. Auch bei der Untersuchung der Effektivität interessenorientierter sowie personzentrierter Lernprozesse gerät man schnell ins Staunen: Trotz viel versprechender Ergebnisse in der Praxis werden diese Lernformen entweder wissenschaftlich ignoriert oder aber in Versuchsanordnungen evaluiert, in denen gar nicht wirklich das untersucht werden kann, was untersucht werden müsste.

Aber auch in der Schule muss man zwischen Aktionismus und Entwicklung unterscheiden. Die meisten der in den Schulen obligatorisch abgefassten Schulprogramme entpuppen sich nicht nur für den Insider schnell als ein oberflächlicher Abklatsch der gängigen Richtlinien, ergänzt durch die Nennung der schuleigenen Besonderheiten wie den jährlichen Martinszug oder die Weihnachtsfeier mit den Eltern. Und auch die gemeinsamen Überlegungen zur Qualitätssicherung durch verabredete Leistungsüberprüfungen führen nicht etwa dazu, dass Unterricht und Leistungsmessung individualisiert werden, sondern eher zu Überprüfungen, in denen die verschiedensten Klassen und Lehrer nun über einen Kamm geschoren werden. So ist es auch nicht verwunderlich, dass der Wandel der Schule in Richtung subjektorientierter Strukturen trotz aller Bemühungen durch Verordnungen und Projekte genau dort stecken bleibt, wo es mit der Berücksichtigung emotionaler, sozialer und kommunikativer Kompetenzen konkreter wird: Eben da, wo es um wirkliche Veränderungen im Unterricht geht.

1 Schule zwischen Wunsch und Wirklichkeit

Und genau das spiegeln auch die Untersuchungen wider, die sich näher mit Lernformen befassen, die eigentlich emotionale, soziale und kommunikative Kompetenzen fördern sollten. Lern- und Arbeitsformen, die durch methodische und inhaltliche Freiräume bei der Aneignung des Lernstoffs als hochgradig selbstbestimmt gedacht waren – vor allem aus lernpsychologischen Gründen, aber nicht desto trotz auch aus Gründen der Förderung der o.g. Kompetenzen. Vielleicht ist es sogar gerade diese Komponente, die im Zusammenhang mit Schule als höchst suspekt gehandelt wird und – bewusst oder unbewusst – die Verbreitung dieser Unterrichtsformen auf einem kaum wahrnehmbaren Niveau zum Versiegen gebracht hat?

So stellt z. B. Gervé in seiner Befragung zur Umsetzung offener Unterrichtsformen (bei ihm als „Freie Arbeit" subsumiert) fest, dass weniger als 5% der Freiarbeit praktizierenden Lehrer mindestens eine Stunde Freie Arbeit pro Tag zulassen. Im Grund existiert Freie Arbeit als durchgehendes Konzept auch in „Freiarbeitsklassen" also gar nicht. Bedenkenswert ist auch das Verständnis, das die Lehrer von „Freier Arbeit" haben: Für nur 4% der Lehrer war Freie Arbeit eine Zeit, in der die Kinder nach Belieben einer Beschäftigung ihres momentanen Interesses nachgehen können – 96% der frei arbeitenden Lehrer empfanden Freie Arbeit als durchaus lehrergesteuert. Nur 1% (!) der Lehrer ließ (in der sowieso nur auf einzelne Stunden beschränkten Freiarbeitszeit) bei den Kindern überwiegend Aufgaben zu, die nicht direkt in dem vom Lehrer vorbereiteten und selbst eingeführten Angebot enthalten waren (vgl. Brügelmann 1996/97; Gervé 1997a, b).

2 Die Grundstrukturen müssen sich ändern – und zwar massiv

Als was lernen Kinder eine Schule kennen, in der sie nicht wirklich mitbestimmen können? In der sie immer nur Objekt und nie Subjekt sind? In der sie auch mit der liebsten und fürsorglichsten Lehrkraft keine gleichberechtigte Kommunikation führen können? In der andere immer besser wissen, was für sie gut ist? In der sie weder als die wahren Experten ihres Lernprozesses noch ihrer sozialen und emotionalen Entwicklung agieren, sondern nur reagieren können? In der sich die Möglichkeit des Kennenlernens der eigenen Bedürfnisse und die anderer vorwiegend auf fremdinszenierte Situationen beschränkt? In der Kommunikation reduziert wird auf einzelne vom Lehrer vorher festgelegte Teilbereiche? In der das Leben und Zulassen von Emotionalität Verordnungen von oben unterliegt und schlimmstenfalls mit dem Stempel „unbeschulbar" versehen wird? In denen soziales Lernen verwechselt wird mit der Erarbeitung gemeinsamer Regeln, nach denen die (sich meist am Lehrer orientierende) Mehrheit immer Recht hat? In der Abstimmungsrituale stattfinden, in denen sich der Einzelne nicht oder nur schwer selber wiederfindet? In der Demokratie, Sozialerziehung, Gewaltprävention und Lernen als voneinander isolierte Bereiche ohne Zusammenhang gesehen werden?

Könnte es nicht sein, dass die Förderung emotionaler, sozialer und kommunikativer Kompetenzen mehr sein muss als ein paar nette Unterrichtsbestandteile, die den herkömmlichen Unterricht ergänzen? Die Berücksichtigung emotionaler, sozialer und kommunikativer Bedürfnisse und Kompetenzen in der Schule ist ein Faktor, der nicht als überflüssig abgetan werden darf, sondern der maßgebliche Auswirkungen auf den zentralen Bereich von Schule hat: das Lernen. So werden in der wissenschaftlichen Literatur im Anschluss an die Selbstbestimmungstheorie der Motivation (vgl. Deci/Ryan 1993) immer häufiger die folgenden Dimensionen als die zentralen für menschliche Lernmotivation benannt:

- das Erleben von Autonomie,
- das Erleben von Kompetenz
- und das Gefühl sozialer Eingebundenheit.

Alle drei Dimensionen lassen sich ohne zwangsläufige Abstriche nur in einem Unterricht wirklich erfahren, der emotionalen, sozialen und kommunikativen Prozessen auch Raum gewährt. Es ist offensichtlich, wie weit entfernt davon der Unterricht ist, den wir in der Regel in der Schule antreffen – auch an den wenigen Schulen, die angefangen haben, einzelne Bausteine einer anderen Unterrichtskultur zu praktizieren.

3 Die Ausgangssituation: Tausende emotionale, soziale und kommunikative Kompetenzen auf einem Fleck

Wenn ich mich an meinen ersten Schultag mit meiner ersten Klasse zurückerinnere: Da kamen die Kinder voller Stolz von der gemeinsamen Einschulungsfeier in unseren Klassenraum, gespannt und neugierig auf das, was sie nun als frischgebackene „Schulkinder" erwarten würde.

Da gab es Andrea, die intelligent und fleißig schon bei der kleinsten Kontroverse schnell abwehrend handgreiflich dafür sorgte, nie den Kürzeren zu ziehen. Bettina und Alyssa hingegen waren umgänglich und nicht dumm, hatten am Anfang aber regelmäßig Panik vor „neuen" Sachen, die sie lernen sollten. Irina und Eveline waren zwar lieb und brav, aber sehr antriebsschwach, träumten am liebsten vor sich hin und konnten nicht viel mit „Lernen" anfangen. Tim und Carlo, beide nicht auf den Kopf gefallen, erschienen morgens oft schlecht gelaunt in der Schule und bekamen bei der kleinsten Bemerkung einen handfesten Wutausbruch.

Fedor und Lundo wohnten als Asylanten in einem kleinen Abteil in einer alten Fabrikhalle, Fedor war Kriegsflüchtling, malte immer Häuser ohne Dächer und schrieb Geschichten, in denen Tiere Freunde suchten und fanden. Lundo bekam als Schwarzer in seinem „Zuhause", dem Fabrikabteil, in dem Asylsuchende der verschiedensten Nationen auf wirklich engstem Raum zusammenleben mussten, oft Rassenstreitigkeiten und Messerstechereien mit. Er war der Einzige in seiner Familie, der ein paar Brocken Deutsch konnte und musste als Siebenjähriger schon alles dolmetschen, was die Familie betraf, ob seine eigenen Schulangelegenheiten oder irgendwelche der vielen Behördengänge.

Dominik ist vorzeitig eingeschult worden, weil ihm der Kindergarten zu langweilig war. Er hatte schon ein ausgeprägtes Sachwissen und war als Einzelkind engagierter Eltern viel Aufmerksamkeit gewöhnt. Als er eine kleine Schwester bekam, wurde er zunehmend unglücklicher. An Lutz und Harald hatten die Eltern von Anfang an hohe Erwartungen – wahrscheinlich auch vor dem Hintergrund der Schulerfahrungen der Geschwister. Man hatte den Eindruck, dass die Beiden doch trotz ihrer Intelligenz zeitweise in die Zwickmühle der an sie gestellten Anforderungen und ihren eigenen Empfindungen und Wünsche gerieten. Das schien dann auch Auswirkungen auf ihre Motivation bzw. das Zusammenspiel mit den anderen Kindern zu haben.

Ines hatte anfangs oft unkontrolliert Wutausbrüche, die die ganze Klasse in Atem hielten. Trotz vorhandener Begabung fiel es ihr manchmal nicht leicht, sich zum Lernen aufzuraffen, aber sie ließ sich dann doch immer gerne von ihren Freundinnen mitreißen. Josephina lebte als Aussiedlerin mit ihrer Familie in einem 12qm großen Zimmer. Ihr fiel es schwer, eigene Sachen in die Hand zu nehmen, aber wenn sie dann etwas fand, lernte sie sehr schnell, weil sie einfach nichts Besseres zu tun hatte. Justin hatte den Selbstmord seines Vaters mitbekommen und keinerlei Einstellung zum Lernen. Es konnte sein, dass er mitten im Satz abbrach und nicht mehr wusste, was er eigentlich sagen wollte.

Lars war sehr kräftig für sein Alter und setzte das auch schon einmal entsprechend ein. Er störte sich nie groß an seiner Umwelt, wenn er etwas Bestimmtes im Kopf hatte. Das war zeitweise für alle Beteiligten höchst nervenaufreibend. Sabine war aufgeweckt, engagiert, sehr hilfsbereit und konnte Mitschüler schnell für alle möglichen Vorhaben begeistern. Sie produzierte schon im ersten Schuljahr ganze Bücher von Texten, arbeitete aber mit der Zeit immer oberflächlicher und ließ sich nicht gerne auf anspruchsvolle Sachen oder Überarbeitungen ein.

Natalie und Petra waren noch sehr naiv und kindlich. Während Natalie sich gut selbst beschäftigen konnte – allerdings nicht mit dem, was in der Schule unter Lernen verstanden wird –, wollte Petra später ja eigentlich Prinzessin werden und verstand ganz und gar nicht, was das hier mit der Schule und dem Lernen denn solle. Sie streichelte am liebsten den ganzen Tag die Tiere der Schulsammlung – immer sehr liebevoll und engagiert. Pia war sehr eigenfixiert und öfters motzig. Sie wehrte sich gegen jede Ungleichbehandlung handgreiflich. Leistungsmäßig konnte sie sich auf Grund ihrer Intelligenz trotz mangelnder Lernbereitschaft aber immer gut über Wasser halten. Meike und Bodo wiederum hatten von Anfang an ein sehr vorbildliches Sozialverhalten und haben ihr Lernen direkt mit Spaß und Engagement in Angriff genommen. Steven war ein echtes Original. Nach einem Jahr Schulkindergarten machte er in der ersten Klasse immer nur „sein Ding". Ab und zu guckte er dann, was die anderen schon so konnten und brachte sich das dann schnell selbst bei.

Zu dieser wahrlich heterogenen Mischung von Kindern kamen dann noch zwei Kinder, die von Anfang an besonders auffällig waren, da sie anscheinend von niemandem zu kontrollieren waren:

Mirko war auf Grund seiner schlimmen Vorgeschichte noch nach drei Jahren Schule bzw. Schulkindergarten auf dem emotionalen Stand eines Kindergartenkindes. Er hatte sich noch bis kurz vor seinem Eintritt in den Schulkindergarten nicht mit mehreren anderen Menschen in einem Raum aufhalten können ohne loszuschreien, reagierte auch lange Zeit später immer nur ganz situationsbezogen und akzeptierte keinerlei Regeln. Lernen konnte er nicht. Weder alleine, noch mit Hilfe der Pflegeeltern, der Therapeuten oder des Lehrers. Die begutachtende Sonderschullehrerin meinte, bei ihm hätte oberste Priorität, dass er überhaupt (gerne) zur Schule gehe. An „Lernen" könne man (noch) nicht denken.

Michael war schon im Kindergarten als hyperaktiv, aggressiv und unsozial aufgefallen. Auch er konnte sich an keinerlei Regeln halten und reagierte immer nur ganz aus einer Situation heraus. Erst in der Schule fiel auf, dass er wohl hochbegabt sei. Er dachte in ganz anderen Strukturen als die anderen. Er konnte mehrere Sachen zugleich machen und „parallel denken". Er rechnete schon zu Beginn des ersten Schuljahres aus einer Lust heraus die Potenzen von 2 bis über 10.000 aus. Er behält alle Wörter, die er irgendwo sieht, orthographisch korrekt, bekommt alles von überall mit, egal was er selbst gerade macht oder wie weit das Geschehen eigentlich weg ist. In der Schule tut er sich schnell mit Mirko zusammen. Sobald man sich nicht voll und ganz mit den beiden beschäftigt, werden Stühle übereinander gebaut, Sachen durch die Luft geworfen oder Bücher zusammengetackert.

Das war mein Bedingungsfeld am Anfang des ersten Schuljahres. Jeder von uns hat – wenn er genau hinsieht – in seiner Klasse ein Leistungsspektrum, das mehrere Schuljahre einnimmt, günstigstenfalls wahrscheinlich zwei bis drei Jahre, wahrscheinlich aber eher vier Jahre oder mehr. Aber viel größer und gar nicht in Jahren zu messen ist die Bandbreite in den emotionalen, sozialen und kommunikativen Kompetenzen, in der Unterschiedlichkeit der Lebenswirklichkeiten. Von dem Kind, dem der Vater aufgetragen hat, es solle jedem, der ihm zu nahe kommt, „eine reinhauen", bis zu den Kindern, die mich als Lehrer durch ihre Hilfsbereitschaft und ihr Verständnis von Anfang an mit Leichtigkeit in den Schatten gestellt haben, ist alles vorhanden. Wie soll man dieser Unterschiedlichkeit begegnen? 26 Lebenswirklichkeiten, die nun über einen Kamm geschoren werden – und gewinnen werden die, deren Lebenswirklichkeit am nächsten der der Lehrer ist. Genau das zeigen uns Untersuchungen wie PISA sehr deutlich: Deutschland ist das Land mit dem engsten Zusammenhang zwischen Schulleistung und sozialer Herkunft. Und ein Land, in dem genau das seit Jahrzehnten als Problem bekannt ist.

4 Eine Art des Umgangs mit unterschiedlichen emotionalen, sozialen und kommunikativen Kompetenzen

Eine Möglichkeit, auf diese Heterogenität, diese Verschiedenartigkeit der Kinder zu reagieren, ist, meinen Unterricht nett und herzlich zu gestalten und zu versuchen, all die verschiedenen Kinder zusammenzuführen, sie langsam aber sicher meinem Ideal von Schule anzupassen. Von Anfang an werde ich dann darauf achten, dass alle liebevoll miteinander umgehen, sich an die Klassenregeln halten, die Sachen der Klasse ordentlich behandeln, leise arbeiten, einander helfen...

Was wird passieren? Die meisten Kinder werden sich mit der Zeit an unsere Art von Unterricht gewöhnen, immer brav das tun, was ihnen aufgetragen wird, das richtig abschreiben, was angeschrieben wird, das richtig ausrechnen, was gerechnet werden soll, das abheften, was ausgeteilt wird, das aufräumen, was aufgeräumt werden soll, dann leise sein, wenn es leise sein soll.

Die meisten. Aber nicht alle. Denn ein paar Kinder werden herausfallen aus meinem schönen Unterricht. Es wird immer ein paar Kinder geben, die eben nicht immer brav das tun, was ihnen aufgetragen wird, nicht immer das richtig abschreiben, was angeschrieben wird, nicht immer das richtig ausrechnen, was gerechnet werden soll, nicht immer das richtig abheften, was ausgeteilt wird, nicht immer das richtig aufräumen, was aufgeräumt werden soll, und nicht immer dann leise sind, wenn es leise sein soll. Zunächst werden diese Kinder toleriert. Von der ganzen Klasse. Dann holt man alle Kinder zusammen und spricht über „diese" Kinder. Was sie besser machen können. Wie man das normalerweise macht. Was richtig ist.

Bei einigen nützt das etwas. Bei anderen nicht.

Und plötzlich sind sie da. Die „Integrationskinder". Die Kinder, die nicht mit dem System zurechtkommen. Nicht zurechtkommen wollen. Oder nicht zurechtkommen können.

Vielleicht sind sie zu „unbegabt". Vielleicht sind sie zu „aggressiv". Vielleicht haben sie einfach andere Sorgen.

Was werde ich als Lehrer machen? Ich werde Rat suchen. Zuerst in der Pause bei befreundeten Kollegen. Dann bei der Schulleitung. Dann bei der Schulaufsicht. Jeder von uns kennt das Verfahren. Jeder von uns kennt das Verfahren wie „Integrationskinder" entstehen. Kinder, die von ihren emotionalen, sozialen und kommunikativen Kompetenzen her nicht passen.

Vielleicht aber passt mein Unterricht nicht? Vielleicht mache ich durch meinen Unterricht erst „Integration" nötig?

Um nicht missverstanden zu werden: Ich rede hier von Kindern, die auffällig sind, aber nicht „behindert". Ich rede hier von den vielen Kindern, die durch das herrschende System fallen, weil sie über Jahre trotz sechs Stunden Unterricht plus Förderprogramm einfach nichts zu lernen scheinen – obwohl sie im Alltag ganz „normal" erscheinen. Ich rede hier von den vielen Kindern, die scheinbar nichts anders zu tun haben, als den Unterrichtsfrieden zu sabotieren – entweder durch ihre „Dummheit" oder durch ihre „Aufmüpfigkeit". Kandidaten für die LB- oder die E-Schule?

Wir haben dann im Laufe unserer vier Jahre Grundschulzeit noch mehrere solcher potentiellen „Mehrfachwiederholer" bzw. „Sonderschulkandidaten" in unsere Klasse bekommen. Sie hatten alle eins gemeinsam: Sie kamen mit „normalem" Unterricht nicht zurecht.

Björn wurde schon ganz zu Anfang seiner „Schulkarriere" bescheinigt, er sei nicht einmal schulkindergartenfähig. Er kam in die Psychiatrie, danach in eine Wohngruppe. Nach einem erneut gescheiterten Versuch im ersten Schuljahr wurde ein Antrag für die Schule für Erziehungshilfe gestellt. Nach dem Umzug der Wohngruppe wurde unsere Schule für ihn zuständig. Man entschied sich dafür, ihn die Wartezeit auf die E-Schule in unserer Klasse verbringen zu lassen.

Mehmet ist Kriegsflüchtling. In seiner Familie spricht niemand ein Wort Deutsch, die Eltern sind Analphabeten. Mehmet stellt den Dolmetscher der Familie dar. Nach zweimaliger Zurückstellung in den Schulkindergarten wurde er in seinem „ersten" ersten Schuljahr schnell auffällig und konnte trotz gezielter „Fördermaßnahmen" dem „Unterricht" nicht folgen. Da der mittlerweile neun Jahre alte Junge so noch nicht einmal den Anforderungen der ersten Klasse genügte, wurde ein Gutachten auf Einweisung in die Lernbehindertenschule beantragt. Auch er kam erst einmal in unsere Klasse.

Kai arbeitete in der Schule nur während der Holz-AG. Trotz seiner durchaus befriedigenden Leistungen sollte er in der zweiten Klasse zurückgestellt werden. Die Eltern verstanden die Welt nicht mehr. Ihnen reichte das tagtägliche Drama Schule nun langsam. Sie wollten die Schule wechseln. Nach einigem Hin- und Her, nach Begutachtung unserer Klasse und mit dem Vorbehalt der Entscheidung zur Nichtversetzung nach einer dreimonatigen Probezeit willigte die abgebende Schule schließlich in den Schulwechsel ein.

5 Eine (ganz) andere Art des Umgangs mit unterschiedlichen emotionalen, sozialen und kommunikativen Kompetenzen

Die von mir gewählte Möglichkeit, auf diese Heterogenität, diese Verschiedenartigkeit der Kinder zu reagieren, war, das Leben und Lernen in der Schule sehr eng an den beteiligten Personen zu orientieren – prozessual und nicht durch mich verordnet.

Durch den völligen Verzicht auf vorgegebene Lehrgänge oder Arbeitsmittel, werden die Kinder dazu gezwungen, sich jeden Tag aufs Neue für das Lernen in der Klasse zu entscheiden – und sie können nichts einfach „aberledigen". Das was sie machen, wollen sie auch. Und durch den Verzicht auf vorgegebene Regelstrukturen werden sie jeden Tag aufs Neue dazu gezwungen, sich für das gemeinsame Leben in der Klasse zu entscheiden – es gibt keine Regeln, die entweder unreflektiert angenommen oder aber unterschwellig mit der entsprechenden Gegenwehr als fremder Eingriff in die eigenen Belange empfunden werden können. Alle Regeln, die entstehen, sind als Kommunikationsergebnis der Gemeinschaft situativ begründet und im Klassengeschehen bedeutsam – so können sie nicht einfach abgetan werden. Von niemandem.

Ein solcher Unterricht gestaltet sich didaktisch relativ einfach (vgl. ausführlich Peschel 2002 und 2003). Arbeitsform für alle Fächer ist das Erstellen von Eigenproduktionen. Die Kinder arbeiten nicht an Vorgaben, sondern arrangieren ihren Lernweg selbst. Dazu bekommen sie einerseits „weiße Blätter", andererseits „Werkzeuge" in der Form möglichst einfacher Hilfsmittel, die sinnvoll und gezielt für eine bestimmte Arbeit bzw. ein Lernvorhaben eingesetzt werden können: eine Buchstabentabelle zum Schreibenlernen, ein Wörterbuch zum Nachschlagen, einen Computer zum Aufschreiben, ein Punktfeld als Strukturierungshilfe zum Rechnen, Sach- und Geschichtenbücher zum Lesen und Forschen usw. Sie alle enthalten von sich aus keinen Lehrgang, sondern passen sich dem Lernweg des Kindes an. Und genauso war es auch im sozialen Bereich. Auch da gab es keine (heimlichen) Lehrgänge oder Regeln, direkt oder indirekt vom Lehrer vorgegeben, sondern es gab nur eine Gruppe von 26 Kindern und einem Erwachsenen. 27 Menschen und 27 Lebenswirklichkeiten, die nun vier Jahre lang fast täglich miteinander leben wollten bzw. mussten.

Um es kurz zu machen: Die nächsten eineinhalb Jahre haben wir gebraucht, um die Regeln für unser Zusammen-Leben und Zusammen-Lernen gemeinsam aus unseren emotionalen, sozialen und kommunikativen Kompetenzen und Bedürfnissen heraus zu entwickeln und weiterzuentwickeln. Nach und nach bildete sich eine Tagesstruktur heraus:

Kurz nach dem morgendlichen Schulbeginn treffen wir uns im Sitzkreis. Er wird für jeweils zwei Tage von einem Schüler geleitet, der von seinem Vorgänger ausgesucht wurde. Dieser „Kreischef" erkundigt sich zunächst, ob jemand „etwas Wichtiges zu sagen" hat. So können Kinder oder Lehrer Anliegen vorbringen, Ideen loswerden oder Termine für gemeinsame Unternehmungen absprechen. Anschließend sagen ihm alle Kinder der Reihe nach, was sie nun tun wollen: Bodo hat vor, schwierige Rechenaufgaben anzugehen, Sabine will in ihrem selbst verfassten „Bibi-Bloxberg-Buch" weiter schreiben, Lars möchte mit Lutz einen Vortrag über das Kriegsgeschehen im Nahen Osten vorbereiten und Meike und Kai wollen an ihrer Wetterstation weiterbauen etc. Und ein paar Minuten nach diesem „Kreis" sind alle in der Klasse bzw. auf dem Schulgelände verteilt und mit ihren Vorhaben beschäftigt.

Die Kinder arbeiten nun an ihren eigenen Sachen. Sie können zwar auf Werkzeuge und Informationsmaterial zurückgreifen, bekommen aber keine Aufträge oder Arbeitsblätter, die sie einfach aberledigen können. Schreiben und Lesen brachten sich die Kinder mit der Buchstabentabelle selbst bei, ihr Rechtschreibgespür erweitern sie fortlaufend durch das freie Schreiben von Geschichten und Vorträgen, die sie mit dem Wörterbuch, dem Computer oder durch Hinweise des Lehrers überarbeiten können. Wie beim Schreiben steht auch in Mathematik die freie Produktion an erster Stelle, auf Wunsch kann man sich Anregungen holen bzw. aus Büchern kopieren, aber es gibt auch hier keinen Lehrgang, keine abzuarbeitende Kartei. Der Sachunterricht besteht aus individuellen Vorträgen über Hunde, alte Kulturen, die menschliche Entwicklung, Erlebnisse in fremden Ländern, Experimente etc. Über die vier Jahre war die Fülle an Themen so reichhaltig, dass sie jeden Lehrplan gesprengt hätte. Und es ist wirklich erstaunlich, wie viele Experten es für die verschiedensten Themen in einer Klasse gibt. Man muss sie nur lassen.

Oft zwischendurch, auf jeden Fall aber am Ende des Tages trifft man sich dann zu einem weiteren Kreisgespräch, in dem man sich gegenseitig Arbeiten vorstellt, Vorträge anhört, Absprachen zur Weiterarbeit vornimmt, Fragen stellt usw. Am Schluss fragt der Kreischef dann jedes einzelne Kind nach dem, was es am Tage geschafft habe und wie es das fände. Da es keinerlei Sanktionen gibt, ist dabei genauso ein „Ich hab heut nix geschafft" zu hören wie ein sehr kritischer Umgang mit der eigenen Tagesleistung „Ich hätte heute eigentlich noch mehr schaffen können" oder die wahrheitsgemäße Feststellung „Ich habe heute gelesen, geschrieben, gerechnet, geforscht. Ich hab heut viel geschafft."

6 Ergebnisse im sozialen Bereich

Alle Kinder, die eigentlich schriftlich hatten, dass sie „nicht an der Regelschule beschulbar" seien – ob als Lernbehinderte, Verhaltensoriginelle, Schulverweigerer oder Erziehungsschwierige – erschienen in unserem Unterricht plötzlich gar nicht mehr so „unbeschulbar" oder so „behindert". Alle haben sich im Laufe der Zeit gut gemacht und sind an der Regelschule geblieben:

Mirko, der wie Michael ja von Anfang an in der Klasse war, ist im Laufe der Zeit ruhiger und reifer geworden, nässt nicht mehr ein, hat keine Alpträume mehr und hat gerade in den Ferien meist große Lernsprünge zu verzeichnen. Er geht gerne in die Schule und hat viele Freunde.

Der hyperaktive Michael hat sich schlagartig in seinem aggressiven Verhalten geändert, als die gesamte Klasse nach einem Vorfall im Anschluss an die Weihnachtsferien in der zweiten Klasse über eine Stunde mit ihm überlegt hat, wie man ihm denn nun helfen kann. Seitdem ist er zwar nicht gänzlich unproblematisch, aber im vertretbaren Bereich (es fliegen keine Gegenstände mehr durch die Klasse). Eltern, Ärzte, Therapeuten und Lehrer hätten das alleine nie geschafft. Da bin ich sicher.

Der auf die Schule für Erziehungshilfe wartende Björn ist doch nicht dorthin gekommen, sondern bei uns geblieben. Er war seit seinem Eintritt in unsere Klasse nie ein großes Problem. Er wurde nie zum Lernen gezwungen. Die Anforderungen der Schuljahre macht er weitgehend mit links und ohne sonderlich zu „arbeiten". Aus dem starrsinnigen Kind, das dem Schulleiter direkt im ersten Gespräch sagte: „Glaub ja nicht, ich bin so harmlos, wie ich aussehe", ist ein ziemlich charmanter Mensch geworden, der von Lehrern, Schülern und deren Eltern sehr gemocht wird, vielleicht gerade weil ihm sein etwas eigensinniger Charakter erhalten blieb. Entsprechend positiv ist sogar die erste Resonanz des Gymnasiums, auf das er nun geht.

Mehmet hat trotz seines analphabetischen Umfeldes direkt von Anfang an auf seinem (niedrigen) Niveau so gut gearbeitet, dass er in den letzten Wochen des ersten Schuljahres den gesamten Schulstoff nachgeholt hat. Er ist – nach eigenen Aussagen - begeistert von dieser Klasse, in der er nicht gezwungen ist, stundenlang etwas an der Tafel oder sonstwo verfolgen zu müssen, was er so gar nicht verstehen kann (sprachlich und inhaltlich). Die Einweisung auf die Schule für Lernbehinderte konnte zurückgenommen werden, er hat in der weiterführenden Schule Noten zwischen 2 und 3.

Kai ging direkt nach dem ersten Tag bei uns wieder gerne zur Schule, lebte – von den anderen Kindern problemlos toleriert – ein paar „Eigenheiten" aus, arbeitete immer mehr, und auch bei ihm ist die Resonanz der weiterführenden

Schule schließlich so gut, dass die Eltern nach den bisherigen Schulerfahrungen ziemlich sprachlos über dieses „Wunder" sind.

7 Ergebnisse im fachlichen Bereich

Interessant war bei der ausführlichen Evaluation dieses Unterrichts (vgl. Peschel 2003), dass die verblüffenden Ergebnisse im sozialen Bereich nicht auf Kosten der schulischen Leistungen der Klasse gingen, sondern dass vermutlich gerade die Betonung der emotionalen, sozialen und kommunikativen Kompetenzen der Kinder durch das selbstgesteuerte Lernen weitaus überdurchschnittliche Ergebnisse im fachlichen Bereich zur Folge hatte. Trotz der durchschnittlichen Voraussetzungen bei der Einschulung wechselten drei Viertel der Kinder, die ihre gesamte Grundschulzeit in der Klasse verbracht haben, auf das Gymnasium, kein Kind wurde auf die Hauptschule überwiesen – und das obwohl viele Kinder eigentlich als nicht an der Regelschule beschulbar galten.

So ergeben sich für diese Kinder in den Bereichen des Rechtschreibens, der Lesesicherheit und des Leseverständnisses Prozentränge, die mit Durchschnittswerten bis 73 hochsignifikant über dem Mittelwert der Eichstichprobe liegen – und das ohne eine Stunde Rechtschreib- oder Leseunterrichts durch den Lehrer. Auch beim „Rechnenlernen", bei dem man gemeinhin von einer engen Beziehung zwischen einer eher lehrerzentrierten bzw. lehrergesteuerten Unterrichtsgestaltung und positiven mathematischen Leistungen ausgeht, werden sehr überdurchschnittliche Ergebnisse erbracht. Die Kinder beherrschen zu allen Testzeitpunkten schon Stoff, den sie in Bezug auf den Zahlenraum bzw. die Operationen und Verfahren eigentlich noch nicht können müssten. In Normtests liegen die Ergebnisse oft sogar als Durchschnittswert hochsignifikant im oberen Bereich der Eichstichproben (PR 75-100). In einer TIMSS-Nachuntersuchung schnitt die Klasse sogar als beste Klasse aller getesteten Klassen ab.

8 Was ist guter Unterricht?

Ein Unterricht, der die emotionalen, sozialen und kommunikativen Kompetenzen von Menschen vor alle Didaktiken und Taktiken zur Wissensvermittlung setzt, scheint gerade auch in diesem Bereich überdurchschnittlich erfolgreich zu sein. Es ist mit einer einzigen Fallstudie natürlich nicht möglich zu beweisen, dass ein auf den oben genannten Kompetenzen fußender Unterricht generell besser ist als andere Lehr-Lernformen, das Beispiel zeigt aber das erstaunlich hohe Potenzial dieses Ansatzes und widerlegt eindrucksvoll gängige Allgemeinurteile, die die oben genannten Kompetenzen als unwichtig oder sogar schädlich für effektiven Unterricht erklären. Folgt man allerdings zentralen Untersuchungen über die Merkmale effektiven Unterrichts (vgl. Weinert/Helmke 1997; May 1998), ist dieser gekennzeichnet durch: ein direktives Lehrerverhalten, starke Orientierung auf den Lehrstoff mit strukturierter Lehrerdarbietung, starkes Einfordern von Disziplin und größtmögliche Einschränkung nicht unterrichtsbezogener Schüleraktivitäten. Unwichtig oder nur für bestimmte Schülergruppen sinnvoll erscheinen nach diesen Studien eine Lehrerrolle als Vertrauensperson oder persönlicher Ansprechpartner, Spielraum für selbstständiges Arbeiten, das Aufgreifen von Schülerideen, die Unterrichtsatmosphäre und das soziale Klima.

Diese Ergebnisse stehen im völligen Widerspruch zum oben vorgestellten Konzept. Analysiert man deshalb die angesprochenen Studien einmal näher, so stellt man fest, dass durch die statistische Mittelung eine künstliche Abstraktion erfolgt, die die real vorkommenden Typen vertuscht und zu gravierenden Fehlschlüssen führen kann. Weiterhin wurden m. E. ausschließlich lehrerzentriert unterrichtete Klassen untersucht – für das oben vorgestellte Konzept wären gar keine Stichproben der angestrebten Größenordnung auffindbar. Von daher ist es nicht erstaunlich, dass dieser Unterricht dann am effektivsten ist, wenn er die eigenen Zielsetzungen bzw. Grundlagen nicht verletzt – und ein Bild von Schule stützt, bei der emotionale, soziale und kommunikative Kompetenzen keine bzw. eine vernachlässigbare Rolle spielen.

Falko Peschel hat das in diesem Beitrag angesprochene Konzept u. a. in seinen Büchern zum „Offenen Unterricht" (Peschel 2002) ausführlich und mit vielen praktischen Beispielen dargestellt. Außerdem liegt auch eine umfangreiche wissenschaftliche Evaluation seines Konzepts vor, die hochsignifikant überdurchschnittliche Leistungen in gesamter Breite feststellt, aber vor allem auch die integrative Förderung von Kindern aufzeigt, für die eigentlich ein sonderpädagogischer Förderbedarf festgestellt wurde (vgl. Peschel 2003).

Literatur

Brügelmann, H. (1996/97): „Öffnung des Unterrichts" aus der Sicht von LehrerInnen. OASE-Bericht Nr. 3 und Nr. 3a. Siegen: Universität Siegen.
Brügelmann, H. (2005): Schule verstehen und gestalten. Lengwil: Libelle.
Deci, E. L./ Ryan, R. M. (1993): Die Selbstbestimmungstheorie der Motivation und ihre Bedeutung für die Pädagogik. In: Zeitschrift für Pädagogik, H. 2., 223-238.
Gervé, F. (1997a): Freie Arbeit in der Grundschule. Eine praxisbegleitende Fortbildungskonzeption zur Steigerung der Innovationsrate. Dissertation. Karlsruhe.

Gervé, F. (1997b): Zur Praxis der freien Arbeit in der Grundschule. Situationsanalyse zur Entwicklung einer innovationswirksamen Fortbildungskonzeption. OASE-Bericht Nr. 39. Siegen: Universität Siegen.

May, P. (1998): Welche schulische Förderung ist erfolgreich? Unv. Manuskript. Hamburg.

Peschel, F. (2002): Offener Unterricht – Idee, Realität, Perspektive und ein praxiserprobtes Konzept zur Diskussion. Teil I: Allgemeindidaktische Überlegungen. Teil II: Fachdidaktische Überlegungen. Baltmannsweiler: Schneider Verlag Hohengehren.

Peschel, F. (2003): Offener Unterricht – Idee, Realität, Perspektive und ein praxiserprobtes Konzept in der Evaluation. Baltmannsweiler: Schneider Verlag Hohengehren.

Weinert, F. E./Helmke, A. (Hrsg.) (1997): Entwicklung im Grundschulalter. Weinheim: Beltz.

Zehnpfennig, H./Zehnpfennig, H. (1992): Was ist „Offener Unterricht". In: Landesinstitut für Schule und Weiterbildung (Hrsg.): Schulanfang.. Soest: Landesinstitut für Schule und Weiterbildung, 46-60.

Die Förderung der Selbstregulation durch Hausaufgaben: Herausforderungen und Chancen

Ulrich Trautwein und Oliver Lüdtke

1 Einleitung

Hausaufgaben (HA) sind von der Lehrkraft erteilte Arbeitsaufträge, die von den Schülern außerhalb der Unterrichtsstunden erledigt werden sollen. Hausaufgaben werden in der Regel von den Lehrkräften erteilt, kontrolliert und besprochen und beinhalten damit Elemente der Fremdbestimmung und externen Handlungsregulation. Obwohl die HA-Erledigung aufgrund der Vorgabe der Lerninhalte durch die Lehrkraft nicht selbst*bestimmt* ist, erfolgt sie selbst*reguliert*, weil die Schülerinnen und Schüler selbst – ggf. zusammen mit ihren Eltern – entscheiden, welchen Teil der HA sie wie, wann und mit welcher Zielstellung erledigen. Aus dieser Perspektive ist die Erledigung der Hausaufgaben eine wichtige Form selbstregulierten Lernens (vgl. Corno 1994, 2000; Perels/Löb/Schmitz/Haberstroh 2006; Trautwein/Köller 2003). Das selbstregulierte Lernen stellt dabei nicht nur Mittel zur positiven Leistungsentwicklung (auch „didaktisch-methodisches" Kriterium genannt) dar; vielmehr soll auch das selbstregulierte Lernen gelernt werden („erzieherisches" Kriterium). In der Hausaufgabensituation begegnen die Schülerinnen und Schüler meist bereits in der Grundschule den Anforderungen einer selbstregulativen Beschäftigung mit Lerninhalten; die Hausaufgabenerledigung ist in gewissem Sinne eine frühe Manifestation selbstregulativer Beschäftigung mit Lernstoff, die in modernen Gesellschaften zunehmend als Teil des lebenslangen Lernens gefordert wird. Was mit und an den Hausaufgaben gelernt werden soll, ist also eine wichtige überfachliche Kompetenz, bei deren Förderung – ähnlich wie im Falle der sozialen, emotionalen und kommunikativen Kompetenzen – regelmäßig Defizitdiagnosen gestellt werden.

Ungeachtet einer insgesamt positiven Bewertung von Hausaufgaben durch Lehrkräfte, Schülerschaft und Eltern sind Hausaufgaben keineswegs unumstritten. HA-Gegner befürchten eine zeitliche Überlastung der Schüler, nehmen eine Verstärkung von Chancenungleichheiten aufgrund differentieller häuslicher Unterstützung bei den HA wahr und argumentieren, dass die HA-Vergabe negative motivationale Effekte habe und die Schüler-Eltern-Beziehung beeinträchtige (vgl. Nilshon 2001). Mit der Einführung der Ganztagsschule wird entsprechend auch von vielen Eltern die Hoffnung verbunden, dass die Hausaufgabenerledigung systematisch in die Nachmittagsbetreuung eingebunden wird, was zur Entlastung der Eltern führe. Der vielleicht wichtigste Kritikpunkt an den Hausaufgaben ist jedoch der, dass sie vielfach nicht das erbringen, was von ihnen erwartet wird, nämlich zu einer Leistungssteigerung beizutragen sowie die Schülerinnen und Schülern zu selbstregulierten Lernerinnen und Lernern zu machen.

Der letztgenannte Punkt, die Förderung von selbstständiger bzw. selbstregulierter Betätigung durch die Hausaufgaben findet sich in allen Bundesländern in den Bestimmungen zu der Vergabe von Hausaufgaben. Und in der Tat stellen Hausaufgaben bzw. verwandte Lernsettings, bei denen keine direkte Anleitung durch eine Lehrkraft stattfindet, aus pädagogisch-psychologischer Sicht wichtige Gelegenheiten zur Einübung von selbstregulativen Fähigkeiten. Allerdings wäre es naiv zu glauben, dass Fähigkeiten der Selbstregulation automatisch als Nebenprodukt der Hausaufgabenvergabe durch die Lehrkräfte abfallen. Ebenso sollte man nicht davon ausgehen, dass häusliche Unterstützungs- bzw. Kontrollmaßnahmen durch Eltern in jedem Fall hilfreich sind. Will man das Hausaufgabenengagement der Schülerinnen und Schüler fördern und ihre selbstregulativen Kompetenzen stärken, ist es entscheidend zu verstehen, was eine gelungene Selbstregulation ausmacht, welche Determinanten die Qualität des Hausaufgabenverhaltens bestimmen und wie man diese Fähigkeiten fördern kann.

In diesem Beitrag untersuchen wir die Frage, inwieweit Hausaufgaben zur Förderung der Selbstregulation als wichtiger Kompetenz von Schülerinnen und Schülern beiträgt. Hierzu geben wir zunächst einen kurzen Überblick über den Status Quo bei den Hausaufgaben; dieser Überblick macht ersichtlich, dass das Potenzial der Hausaufgaben als Instrument der Förderung von Selbstregulation suboptimal genutzt wird. Daran anschließend stellen wir eine Systematik von Zielen der Hausaufgabenvergabe vor. In einem letzten Schritt beschreiben wir Interventionsansätze, mit deren Hilfe das Potenzial von Hausaufgaben besser genutzt werden soll.

2 Der Status Quo

Dass Hausaufgaben oftmals eher ein Teil eines Problems denn als ein Teil seiner Lösung zu betrachten sind (vgl. Corno 1996, 2000), ist gut bekannt. Eine besonders umfassende Abrechnung mit der Hausaufgabenpraxis an Schulen in

Deutschland legte Schwemmer (1980) vor. Schwemmer, selbst langgedienter Lehrer, zog für seine Analyse sowohl die Ergebnisse publizierter wissenschaftlicher Studien als auch Ergebnisse einer eigenen Schülerbefragung heran, in der die Schüler ein negatives Hausaufgabenerlebnis berichten sollten. Diese Befunde kontrastierte Schlemmer mit den Hausaufgabenrichtlinien der Bundesländer. In seiner vernichtenden Kritik prangerte Schwemmer unter anderem an, dass Hausaufgaben eine Zeitverschwendung seien, oftmals zur Disziplinierung und Bestrafung von Schülerinnen und Schülern verwendet würden sowie die Eltern-Kind-Beziehung belasten würden. Hausaufgaben würden oftmals geradezu eine Aufforderung zur Unehrlichkeit darstellen. Schwemmer nahm zudem eine Überlastung vieler Kinder wahr, die einer erlernten Hilflosigkeit Vorschub leiste anstatt selbstständiges Lernen zu fördern. Hausaufgaben würden oftmals zu einer Überforderung und – mittelbar – zu psychischen Störungen führen und eine Barriere bei der Verwirklichung des Spielbedürfnisses darstellen. Man wird Schwemmer nicht in allen Einzelheiten folgen wollen – insbesondere der von ihm verwendete Ansatz zur Erfassung der Erfahrungen mit Hausaufgaben, bei dem explizit nach negativen Erlebnissen gefragt wurde, lässt keine balancierte Bewertung der positiven und negativen Aspekte von Hausaufgabe erwarten. Gleichwohl bietet das Buch eine Fundgrube für kritische Anfragen an die Hausaufgabenpraxis, deren Aktualität und empirische Bewährung im Folgenden im Spiegel neuerer Untersuchungen geprüft werden sollen. Vorwegzunehmen ist hier allerdings, dass es noch immer an einer ausreichenden Zahl wissenschaftlich fundierter Studien zum Thema Hausaufgaben fehlt.

Insgesamt überwiegt bei Schülerinnen und Schülern die Auffassung, dass HA einen sinnvollen Bestandteil des Unterrichts darstellen (vgl. Cooper 1989; Cooper/Lindsay/Nye/Greathouse 1998). Gleichzeitig werden HA jedoch oftmals als langweilig und belastend erlebt. Die Beurteilung der HA fällt dabei in aller Regel negativer aus als die Beurteilung des Schulunterrichts (vgl. Leone/Richards 1989). Zudem sinken im Laufe der Sekundarstufe I sowohl das HA-Engagement (im Sinne von sorgfältig erledigten Hausaufgaben) als auch die HA-Motivation ab (vgl. Trautwein/Lüdtke/Kastens/Köller 2006), während die für die Hausaufgaben benötigte Zeit im Laufe der Schulzeit zunimmt. Ergänzt man die Hausaufgabenzeit um eigeninitiiertes Lernen für Klassenarbeiten bzw. Wiederholung alten Stoffs, so kommen eine Reihe von Schülerinnen und Schülern der Sekundarstufe auf mehrere Stunden täglich (vgl. Wagner/Spiel 1999). Nicht alle Schülerinnen und Schüler bearbeiten alle aufgegebenen HA mit vollem Einsatz. In einer Studie, in der wir rund 500 Acht- und Neuntklässler aus der Stadt Braunschweig befragten, gaben die Schülerinnen und Schüler im Mittel an, rund 75% ihrer Mathematik-HA ernsthaft zu bearbeiten. Die Prozentzahlen für Deutsch und Englisch lagen unwesentlich darunter, während in den Nebenfächern nach Auskunft der Schüler zum Teil nur rund 50% der erteilten Aufgaben ernsthaft bearbeitet wurden. Mehr als ein Drittel der Schülerinnen und Schüler stimmte der Aussage „Ich schreibe die Hausaufgaben in Mathematik oft von anderen in der Schule ab" zu; ähnliche Prozentsätze fanden sich für Englisch, etwas geringere für Deutsch. Obschon auch die Nichtbearbeitung von Hausaufgaben das Ergebnis von Selbstregulationsstrategien sein kann, bleibt festzuhalten, dass aus Sicht von Lehrkräften die genannten Zahlen Optimierungsbedarf anzeigen.

Aber auch wenn Schülerinnen und Schüler ihre Hausaufgaben erledigen, muss dies kein Hinweis auf gelungene Selbstregulationsprozesse darstellen. Vielfach dürfte es bei der Hausaufgabenbearbeitung vielmehr zu verschenkter, ineffizient genutzter Zeit kommen. Für diese Vermutung gibt es inzwischen zahlreiche Anhaltspunkte (vgl. Trautwein 2007): Erstens findet sich nur ein schwacher Zusammenhang zwischen dem Zeitaufwand für die Hausaufgaben und der berichteten Sorgfalt der Hausaufgabenerledigung, selbst bei statistischer Kontrolle von kognitiver Leistungsfähigkeit. Zweitens steht die aufgewendete Zeit in einem nicht-signifikanten oder negativen Zusammenhang mit der Leistungsentwicklung, auch bei Kontrolle der Ausgangsleistung. Drittens zeigte sich, dass gerade auch bei ungünstigen motivationalen Voraussetzungen, die sich beispielsweise in einer fachspezifisch ausgeprägten erlebten Hilflosigkeit äußern, besonders lange Hausaufgabenzeiten berichtet werden (vgl. Trautwein/Lüdtke/Schnyder/Niggli 2006), die aber nicht als ergiebig erlebt werden. Entsprechend lässt sich auch beobachten, dass Schülerinnen und Schüler in ihrer Hausaufgabenbearbeitung bewusst oder unbewusst eine wichtige Zielsetzung der Hausaufgabenvergabe unterlaufen, die darin besteht, bei Defiziten kompensatorisch zu wirken – Schülerinnen und Schüler berichten den größten Einsatz bei Hausaufgaben gerade in solchen Fächern, in denen sie ohnehin vergleichsweise leistungsstark sind (vgl. Trautwein/Lüdtke 2007).

Lehrkräfte schenken den Hausaufgaben typischerweise keine übergeordnete Beachtung. Insgesamt wird der Umgang von Lehrkräften mit HA sowohl von den betroffenen Schülerinnen und Schülern als auch von Experten als verbesserungsfähig eingeschätzt, obgleich es spürbare Unterschiede zwischen einzelnen Lehrkräften gibt. Schülerinnen und Schüler in Klassen mit unterschiedlichen Fachlehrern unterscheiden sich – auch bei Berücksichtigung von Schulform und Schulleistung – bedeutsam in ihrer HA-Motivation und HA-Bearbeitung (vgl. Lipowsky/Rakoczy/Klieme/Reusser/Pauli 2004; Schnyder/Niggli/Cathomas/Trautwein/Lüdtke 2006). Eine systematische Untersuchung der Hausaufgabenqualität kommt erst langsam in Gang. Potenziell relevante Merkmale umfassen u.a. die Einstellung der Lehrkräfte zu den Hausaufgaben, die Sorgfalt der Vorbereitung, die Einbindung in den Unterricht, die Quantität und Qualität der Aufgaben sowie die Kontrolle der Hausaufgaben (vgl. z.B. Lipowsky et al. 2004). In einer Längsschnittstudie mit 63 Lehrkräften und ihren knapp 1300 Achtklässlern in der Schweiz untersuchten Trautwein, Lüdtke, Schnyder und Niggli (2007) den Zusammenhang zwischen Einstellungen und selbstberichtetem HA-Verhalten von Lehrkräften auf der einen Seite und Anstrengung, Ärger und Motivation bei der Hausaufgabenerledigung durch die Schülerinnen und Schüler auf der anderen Seite. In dieser Studie erwies sich ein Hausaufgabenstil auf Seiten der Lehrkräfte, der die Förderung der Selbstregulation der Schülerinnen und Schüler als wichtigen Bestandteil der Hausaufgabenqualität betrachtete, als günstig. Hausaufgabenverhalten, -motivation und -emotionen entwickelten sich bei Schülerinnen und Schülern derjenigen Lehrkräfte besonders gut, die sich vergleichsweise wenig Beteiligung der Eltern wünschten, vergleichsweise wenig kontrollierend agierten und die Hausaufgaben nicht nur als Beitrag zur Leistungsverbesserung, sondern speziell auch als Möglichkeit zur Entwicklung von Motivation und Selbstregulation betrachteten.

Aber nicht nur bei den Lehrkräften ist ein suboptimaler Umgang mit Hausaufgaben zu beobachten, auch die häusliche Lernsituation ist oftmals verbesserungswürdig. Eltern sind mehrheitlich von der Nützlichkeit von HA überzeugt, und insbesondere die Eltern von Grundschülern sehen sich in der Pflicht, die HA-Erledigung zu begleiten (vgl. Wild 2004). Aber während es unumstritten ist, dass die „Bildungsnähe" der Eltern insgesamt einen großen Effekt auf die Entwicklung schulischer Einstellungen, Verhaltensweisen und Schulleistungen der Kinder hat, hat sich das elterliche Engagement bei der HA-Erledigung als zweischneidiges Schwert erwiesen, da je nach Form der Unterstützung sowohl erwünschte als auch unerwünschte Effekte zu verzeichnen sind (vgl. ebd.).

Die Qualität des elterlichen HA-Verhaltens wird häufig in Anlehnung an die Selbstbestimmungstheorie in mehrere Dimensionen (z.B. autonomieunterstützend, strukturgebend, leistungsorientierter Druck und emotionale Unterstützung) unterteilt (vgl. ebd.). Die meisten Eltern, die die HA-Erledigung begleiten, zeigen sowohl Verhaltensweisen, die als wünschenswert angesehen werden, als auch Elemente, die als wenig lernförderlich gelten und von einer primär ergebnisorientierten Unterstützung über fehlerhafte inhaltliche Erklärungen bis hin zu unnötigen Einmischungen, negativen Rückmeldungen und kontrollierenden Verhaltensweisen reichen (vgl. Helmke/Schrader/Lehneis-Klepper 1991; Wild 2004). Dysfunktionale elterliche HA-Unterstützung scheint dabei häufig von als unzureichend erlebten Schulleistungen der Schüler ausgelöst zu werden (vgl. Helmke/Schrader/Hosenfeld 2004; Niggli/Trautwein/Schnyder/Lüdtke/ Neumann 2007).

3 Elemente von Selbstregulation

Die Förderung der Selbstregulation setzt eine genaue Bestimmung der konstituierenden Elemente der Selbstregulation sowie Annahmen darüber, wie die Selbstregulation gefördert werden kann, voraus. Analysiert man den Diskurs zu Hausaufgaben, so kristallisieren sich drei relativ klar unterscheidbare Elemente heraus: Es wird zwischen der Entwicklung genereller Arbeitstugenden im Sinne eines „Arbeitsethos" bzw. der „Gewissenhaftigkeit", der Anregung von Interesse und Förderung eines leistungsförderlichen Selbstbilds sowie dem „Lernen des Lernens" als Selbstregulationsstrategien im engeren Sinne unterschieden.

Bei der *Gewissenhaftigkeit* bzw. dem *Arbeitsethos* handelt es sich um eine relativ überdauernde Personeneigenschaft. Gewissenhafte Menschen sind ordentlich, zuverlässig, hart arbeitend, diszipliniert, pünktlich, penibel, ehrgeizig und systematisch. Es handelt sich demnach um klassische Arbeitstugenden (vgl. Borkenau/Ostendorf 1993). Gewissenhafte Schülerinnen und Schüler neigen dazu, die HA auch bei ungünstigen motivationalen Bedingungen besser zu erledigen als weniger gewissenhafte Mitschüler. Beispielsweise findet sich bei Schülerinnen und Schülern mit hoher Gewissenhaftigkeit ein vergleichsweise geringer Unterschied zwischen der Anstrengung in der Schule und bei den Hausaufgaben (vgl. Trautwein et al. 2006). Zudem ist ihr HA-Verhalten im Vergleich zu weniger gewissenhaften Mitschülern weniger stark von der wahrgenommenen HA-Kontrolle durch die Fachlehrer abhängig (vgl. Trautwein/Lüdtke 2007). Obschon die Förderung des Arbeitsethos eine oftmals genannte Zielstellung der HA-Vergabe und bisweilen auch eine Rechtfertigung für eine bestimmte Art von HA ist („die Schüler müssen lernen sich durchzubeißen, selbst wenn es keinen Spaß macht"), ist bislang empirisch völlig ungeklärt, ob es einen Zusammenhang zwischen Hausaufgabenvergabe und -erledigung sowie der Entwicklung von Gewissenhaftigkeit gibt. Wenn überhaupt, dann dürfte es sich um kumulative Prozesse handeln, die sich über einen längeren Zeitraum abspielen.

Sehr viel direkter förderbar sind das *Interesse* sowie die *Ausbildung eines leistungsförderlichen Selbstbilds* als wichtige Bestandteile einer relativ stabilen Lernmotivation. Will man diese Komponenten theoretisch genauer fassen, so bietet sich ein Rückgriff auf die sogenannte Erwartungs-Wert-Theorie (vgl. Eccles/Wigfield 2002) an. Die Erwartungskomponente drückt aus, dass eine Person glaubt, zielführendes Verhalten auch erfolgreich ausführen zu können. Die Wertkomponente umfasst mehrere Facetten (vgl. Eccles/Wigfield 2002; Pintrich/de Groot 1990): Wie wichtig ist es einer Person, in dem jeweiligen Bereich gute Leistungen zu erzielen (*attainment value*)? Macht ihr die Tätigkeit auch Spaß (*intrinsic value*)? Verspricht sie sich einen langfristigen Nutzen aus der betreffenden Tätigkeit (*utility value*)? Oder erfordert die Tätigkeit einen unverhältnismäßig großen Aufwand (*cost*)? Die Erwartungs- und Wertkomponenten weisen eine ausgeprägte Bereichspezifität auf; wer beispielsweise einen Nutzen in der Erledigung der Hausaufgaben in Englisch sieht, muss das nicht unbedingt auch in Mathematik tun (vgl. Trautwein/Lüdtke 2007). Die Förderung der Erwartungs- und Wertkomponenten kann ein „Nebenprodukt" qualitätsvoller Hausaufgaben sein (vgl. Trautwein et al. 2006), aber auch explizit im Rahmen einer Unterrichtseinheit bzw. in Zusammenhang mit einem Trainingsprogramm angegangen werden (z.B. Zimmerman/Bonner/Kovach 1996).

Zu den *Selbstregulationsstrategien im engeren Sinne* gehören kognitive und metakognitive Lernstrategien sowie motivationale Selbstregulationsfähigkeiten (vgl. Artelt 2000; Boekaerts 1999; Landmann/Schmitz 2007; Schwinger/von der Laden/Spinath 2007). Metakognitive Kompetenzen umfassen das Wissen über die eigenen Fähigkeiten sowie die Planung, Überwachung und Korrektur von Lernvorgängen; Schülerinnen und Schüler können beispielsweise den Grad des Lernens überprüfen, indem sie die Kerngedanken eines Textes wiederzugeben versuchen. Kognitive Lernstrategien kennzeichnen dagegen den Umgang mit dem Lernmaterial; beispielsweise können Schülerinnen und Schüler wichtige Textpassagen unterstreichen bzw. ein elaboriertes Karteikastensystem zum Erwerb von Vokabeln in einer Fremdsprache verwenden. Aspekte der motivationalen Selbstregulation umfassen beispielsweise realistische Zielsetzungen, angemessene Selbstbelohnungsstrategien sowie den Einsatz günstiger Attributionen bei Erfolg und Misserfolg. Der Einsatz solcher Strategien wird spätestens dann sinnvoll bzw. notwendig, wenn ein Lerner beim Lernprozess auf Schwierigkeiten und Hindernisse stößt. Schülerinnen und Schüler erwerben Selbstregulationsstrategien bei der Bewältigung von Lernaufträgen teilweise in Eigenregie; es besteht aber Einigkeit, dass dabei eine Unterstützung durch die Lehrkräfte und auch ein systematisches Einüben sinnvoll ist. Herausforderungen bestehen dabei darin, dass der Einsatz von Selbstregulationsstrategien nicht in jeder Lernsituation adaptiv ist, da der Strategieeinsatz selbst den Einsatz von kognitiven Ressourcen verlangt, dass unklar ist, ab welchem Alter ein explizites Training von Lernstrategien sinnvoll ist, und dass es wahrscheinlich deutliche Unterschiede zwischen Schülerinnen und Schülern in Hinblick auf die Präferenz und Nützlichkeit der Anwendung unterschiedlicher Lernstrategien gibt. Die Förderung selbstregulativer Strategien im engeren Sinne ist zentrales Ziel einer Reihe von Trainingsprogrammen, die in jüngerer Zeit vorgestellt wurden (im Überblick Landmann/Schmitz 2007); wie umfangreich sie im herkömmlichen Unterricht erlernt und eingeübt werden, hängt offenbar stark von den jeweiligen Klassen- bzw. Fachlehrern ab.

4 Förderung einer selbstregulierten Hausaufgabenpraxis
4.1 Zentrale Herausforderungen in der Hausaufgabenpraxis

Der Umgang mit Hausaufgaben stellt Lehrkräfte vor einige wichtige Entscheidungen. Eine gelungene Hausaufgabenpraxis bedarf der Reflexion von Zielen der Hausaufgaben, des Wissens, wie diese Ziele erreicht werden können, und eines hohen Maßes an Vorbereitung und Nachbereitung der Hausaufgaben. Zudem ist es wichtig, dass mit den Eltern dezidiert deren Rolle im Hausaufgabenprozess besprochen – und ggf. eingeübt – wird.

Als kaum lösbare Herausforderung empfinden viele Lehrkräfte und Eltern die doppelte Zielsetzung der Hausaufgabenvergabe, die sowohl die Förderung von Leistung als auch die Förderung von Selbstregulation umfasst. Oft genug wird hier sogar ein Widerspruch wahrgenommen, der sich in folgender Argumentation ausdrückt: „Entweder man sorgt durch Kontrolle und Druck dafür, dass die Schülerinnen und Schüler die Hausaufgaben erledigen und in Hinblick auf die Leistung davon profitieren, oder man lässt sie unter Wegfall von Kontrollen selbstregulative Strategien einüben, braucht sich dann aber über eine unzureichende Leistungsentwicklung nicht zu wundern". Insbesondere bei leistungsschwächeren Schülerinnen und Schülern, deren Hausaufgabenerledigung defizitär ist, wird dieser Zielkonflikt erlebt und – gerade auch von Eltern – zugunsten der (erhofften) Leistungssteigerung entschieden, die man durch erhöhte Kontrolle zu erreichen versucht (vgl. Helmke et al. 2004; Niggli et al. 2007).

So nachvollziehbar dieser Prozess ist, so deutlich spiegelt er auch ein fehlendes Verständnis von Selbstregulation wider. Zum einen ist es gerade die frühzeitige und bewusste Förderung der Elemente der Selbstregulation, die in Hinblick auf Motivationsschwierigkeiten präventiv wirkt. Ganz generell führen ein hohes Maß an Interesse und Kompetenzempfinden zu langfristig anhaltender Motivation, und Strategien der Selbstregulation im engeren Sinne helfen, auch als schwierig bzw. langweilig erlebte Hausaufgaben zu bewältigen. Zum anderen wird auch bei aktuellen Lernschwierigkeiten eine Strategie besonders erfolgreich sein, die den Ausgleich von Defiziten in der Selbstregulation einbezieht. Fehlt es (temporär) an einer intrinsischen Motivation, schließt die Förderung von Selbstregulation die substitutive Verwendung extrinsischer Anreize nicht aus (vgl. Keller 2001; Weinert 1996). Beachtet werden sollte hierbei jedoch einerseits, dass auch bei extrinsischen Lernanreizen eine aktive Beschäftigung mit Lerninhalten erfolgt (Aktivierungsprinzip) und dass diese äußeren Lernanreize nach Möglichkeit zugunsten der Selbstregulation überflüssig werden (Transformationsprinzip). Ein Beispiel: In vielen Fällen bietet es sich bei Jugendlichen mit Lernschwierigkeiten an, auf eine tägliche Kontrolle der Hausaufgaben durch die Eltern zugunsten eines Lernvertrags zu verzichten, in dem das Erreichen konkreter Lernziele mit bestimmten Belohnungen verknüpft wird. Lehrkräfte können das Hausaufgabenengagement spürbar steigern, indem sie qualitätsvolle Hausaufgaben erteilen (vgl. Trautwein et al. 2006). Aber wie sehen solche Hausaufgaben aus? Sollten Hausaufgaben am besten immer interessant sein? Es steht wohl außer Frage, dass das Spaßpotenzial von Hausaufgaben bislang nicht völlig ausgereizt ist – gerade gut angeleitete längerfristige Projektaufgaben, die Schülerinnen und Schüler auch in Form von Gruppenarbeit zu bewältigen haben, bieten offenbar große Chancen für als interessant empfundene selbstregulierte, kognitiv anregende Tätigkeiten. Aber Lehrkräfte dürfen und müssen auch „langweilige" Routineaufgaben und anstrengende, fordernde Individualaufgaben erteilen, sowohl in der Schule als auch bei den Hausaufgaben. Schülerinnen und Schüler sollen ja auch lernen, solche unangenehmen Herausforderungen unter Nutzung ihres Vorwissens und ihrer selbstregulativen Kompetenzen zu meistern. Schülerinnen und Schüler erwarten aber zu Recht, dass sie auf solche Aufgaben hinreichend vorbereitet werden; sie haben ein Anrecht darauf zu wissen, warum das, was sie lernen sollen, wichtig oder nützlich ist – „Lernzumutungen" müssen einen nachvollziehbaren Sinn haben. Wenn Lehrkräfte bei der Erteilung der Hausaufgaben potenzielle Nebenwirkungen auf die Erwartungs- und Wertüberzeugungen der Schülerinnen und Schüler mitbedenken, ersparen sie sich viele negative Überraschungen.

Weitere Herausforderungen für Lehrkräfte können hier nur angeschnitten werden. So ist beispielsweise der Umgang mit Unterrichtszeit zu nennen. Hausaufgaben „verlängern" die Lernzeit, indem zusätzliche außerunterrichtliche Zeitkontingente in Anspruch genommen werden. Allerdings ist es eine Milchmädchenrechnung, die Hausaufgabenzeit einfach auf die Unterrichtszeit aufzuschlagen, denn Hausaufgaben müssen im Unterricht vorbereitet und nachbereitet werden, was einen Teil der wertvollen Unterrichtszeit „kostet". Die sorgfältige, aber zeitlich nicht überdehnte Einbindung in den Unterricht ist zweifelsohne ein Qualitätsfaktor (vgl. Lipowsky et al. 2004). In Forschungsprojekten hat sich zudem eine individualisierte Rückmeldung auf eingesammelte Hausaufgaben, bei der nicht die Kontrolle im Vordergrund steht, als förderlich erwiesen (vgl. Elawar/Corno 1985). Ein Dilemma stellt zudem die Hausaufgabenvergabe an leistungsschwächere Schüler dar. Sie benötigen in der Regel für dieselben Aufgaben mehr Zeit als die leistungsstärkeren Mitschüler und erleben die Hausaufgaben als besonders belastend, da es ihnen an Vorwissen und oft auch an günstigen motivationalen Rahmenbedingungen fehlt. Einer kurzfristigen Entlastung, die durch weniger Hausaufgaben erreicht werden könnte, stehen allerdings langfristig negative Folgewirkungen für die Leistungsentwicklung entgegen. Es gilt daher, dass Lehrkräfte an dieser Stelle über eine Individualisierung der

Hausaufgaben sowie über eine gezielte Förderung von Selbstregulation günstigere Lernbedingungen schaffen können, während eine Reduzierung der außerunterrichtlichen Lerngelegenheiten nicht angezeigt ist.

4.2 Gezielte Selbstregulationstrainings

Seit einigen Jahren werden verstärkt Trainings entwickelt, die die Selbstregulationsfähigkeiten der Schülerinnen und Schüler stärken sollen. Diese Tainings werden entweder von der Lehrkraft im Rahmen des Unterrichts implementiert oder durch externe Trainer durchgeführt. Eine Reihe dieser Trainings fokussiert speziell die Hausaufgabensituation. Wesentliche Impulse gingen hierbei von den Arbeiten von Zimmerman (2000; Zimmerman et al. 1996) und Schmitz (2001) aus. An dieser Stelle soll auf die Konzeption der Gruppe um Bernhard Schmitz eingegangen werden (vgl. Landmann/Schmitz 2007, für eine ausführliche Darstellung).

Das Prozessmodell der Selbstregulation von Schmitz (2001; Perels/Löb/Schmitz/Haberstroh 2006) postuliert, dass die Qualität einer bestimmten Lernhandlung eine Folge des jeweils vorliegenden motivationalen Zustands sowie der Anwendung von selbstregulativen Strategien ist. Es wird eine Aufteilung des Lernprozesses in drei Phasen vorgenommen. Die präaktionale Phase steht vor der eigentlichen Hausaufgabenbearbeitung. In ihr setzen sich die Schülerinnen und Schüler unter Berücksichtigung der Aufgabenstellung, der Situation und den persönlichen Gegebenheiten bestimmte Ziele, die sich z.B. auf die Lernzeit oder das Verstehen einer Lerneinheit beziehen können. Konkrete und anspruchsvolle Ziele, denen sich die Lerner verpflichtet fühlen, gehen mit höherer Leistung in der anschließenden aktionalen Phase einher. Eine wichtige Rolle spielen in der präaktionalen Phase emotionale und motivationale Zustände. In der aktionalen Phase findet die eigentliche Aufgabenbearbeitung statt. Hier gilt es, den Lernvorgang mit der nötigen Konzentration über einen angemessenen Zeitraum aufrecht zu erhalten. Neben dem Zeitaspekt kommt der Qualität des Lernprozesses besondere Wichtigkeit zu, die sich u.a. in der Nutzung adäquater kognitiver Lernstrategien (z.B. Wiederholung), metakognitiver Lernstrategien (z.B. Überwachung des Zielerreichungsprozesses) und ressourcenbezogener Strategien (z.B. Aufmerksamkeit steuern, Lernumgebung verändern) ausdrücken sollte. Die postaktionale Phase gilt der Reflexion der Handlung und ihrer Konsequenzen. Einen zentralen Parameter stellt der Vergleich von dem vorher gesetzten Ziel mit dem tatsächlich erreichten Resultat dar. Die Handlungs- und Ergebnisbewertung, bei der auch Kausalattributionen zum Einsatz kommen, geht mit positiven bzw. negativen emotionalen Zuständen einher. Je nach Bewertung kann es in Hinblick auf zukünftige Lernhandlungen zu einer Zielmodifikation oder einer Strategiemodifikation kommen. Nach der Konzeption von Schmitz lassen sich die Komponenten aller drei Phasen der Selbstregulation durch Trainingsmaßnahmen in ihrer Wirksamkeit steigern. Schmitz und Kollegen haben deshalb umfassende Trainingsprogramme entwickelt, deren Adressaten vornehmlich die Schülerinnen und Schüler, aber auch Lehrkräfte und Eltern sind. Zur Überprüfung des Prozessmodells haben Schmitz und Kollegen (im Überblick Landmann/Schmitz 2007) Tagebuchstudien eingesetzt, in denen die Teilnehmerinnen und Teilnehmer zu verschiedenen Zeitpunkten der Lernhandlung Angaben zu motivationalen Zuständen sowie verwendeten Selbstregulationsstrategien machen sollten. Insgesamt betrachtet stützen die Befunde dieser Studien die zentralen Annahmen des Selbstregulationsmodells und zeigen, dass die unterschiedlichen Elemente der Selbstregulation tatsächlich trainierbar sind.

5 Ausblick

Es besteht im Großen und Ganzen Einigkeit darüber, dass die Hausaufgabenvergabe ihre Rechtfertigung ganz wesentlich durch ihr Potenzial in Hinblick auf das selbstständige Lernen erfährt. Wie auch bei der Diskussion um die Förderung sozialer, emotionaler und kommunikativer Kompetenzen lässt sich jedoch kritisch nachfragen, inwieweit die gegenwärtige Praxis zu gelingenden Lernprozessen beiträgt. Unserer Auffassung nach bieten Hausaufgaben in der Tat das Potenzial, selbstregulative Lernprozesse zu schulen, aber von einem Automatismus ist nicht auszugehen. Verbesserungen der Unterrichtspraxis sind ebenso angezeigt wie der Einsatz von Trainingsprogrammen, deren Effektivität und Effizienz jedoch weiter gestärkt und empirisch geprüft werden sollte. Auch in Hinblick auf die breitflächige Einführung von Ganztagsschulen besteht der Bedarf, Modelle zur Förderung von Selbstregulation im Rahmen einer veränderten Hausaufgabenpraxis zu entwickeln und empirisch zu prüfen (vgl. Holtappels/ Klieme/Rauschenbach/Stecher 2007).

Literatur

Artelt, C. (2000): Strategisches Lernen. Münster: Waxmann.
Boekaerts, M. (1999): Self-regulated learning: Where we are today. In: International Journal of Educational Research 31, 445-457.
Boekaerts, M./Pintrich, P./Zeidner, M. (Hrsg.) (2000): Handbook of self-regulation. San Diego, CA: Academic Press.

Borkenau, P./Ostendorf, F. (1993): Ein Fragebogen zur Erfassung fünf robuster Persönlichkeitsfaktoren. In: Diagnostica 37, 29-41.
Cooper, H. (1989): Homework. White Plains, NY: Longman.
Cooper, H./Lindsay, J. J./Nye, B./Greathouse, S. (1998): Relationships among attitudes about homework, amount of homework assigned and completed, and student achievement. In: Journal of Educational Psychology 90, 70-83.
Corno, L. (1994): Student volition and education: Outcomes, influences, and practices. In: Schunk, D. H.; Zimmerman, B. J. (Hrsg.): Self-regulation of learning and performance. Hillsdale, NJ: Erlbaum, 229-251.
Corno, L. (1996): Homework is a complicated thing. In: Educational Researcher 25, 27-30.
Corno, L. (2000): Looking at homework differently. In: The Elementary School Journal 100, 529-548.
Doll, J./Prenzel, M. (Hrsg.) (2004): Studien zur Verbesserung der Bildungsqualität von Schule: Lehrerprofessionalisierung, Unterrichtsentwicklung und Schülerförderung. Münster: Waxmann.
Eccles, J. S./Wigfield, A. (2002): Motivational beliefs, values, and goals. In: Annual Review of Psychology 53, 109-132.
Elawar, M. C./Corno, L. (1985): A factorial experiment in teachers' written feedback on student homework: Changing teacher behavior a little rather than a lot. In: Journal of Educational Psychology 77, 162-173.
Helmke, A./Schrader, F.-W./Hosenfeld, I. (2004): Elterliche Lernunterstützung und Schulleistungen ihrer Kinder. Bildung und Erziehung 57, 251-277.
Helmke, A./Schrader, F.-W./Lehneis-Klepper, G. (1991): Zur Rolle des Elternverhaltens für die Schulleistungsentwicklung ihrer Kinder. In: Zeitschrift für Entwicklungspsychologie und Pädagogische Psychologie 23, 1-22.
Holtappels, H.-G./Klieme, E./Rauschenbach, T./Stecher, L. (Hrsg.) (2007). Ganztagsschule in Deutschland. Ergebnisse der Ausgangserhebung der „Studie zur Entwicklung von Ganztagsschulen" (StEG). Weinheim: Juventa.
Keller, G. (2001): Ich will nicht lernen! Motivationsförderung in Elternhaus und Schule. Bern: Huber.
Landmann, M./Schmitz, B. (2007): Selbstregulation erfolgreich fördern. Praxisnahe Trainingsprogramme für effektives Lernen. Stuttgart: Kohlhammer.
Lenzen, D./Baumert, J./Watermann, R./Trautwein, U. (Hrsg.) (2004): PISA und die Konsequenzen für die erziehungswissenschaftliche Forschung. Wiesbaden: VS Verlag für Sozialwissenschaften.
Leone, C. M./Richards, M. H. (1989): Classwork and homework in early adolescence: The ecology of achievement. In: Journal of Youth and Adolescence 18, 531-548.
Lipowsky, F./Rakoczy, K./Klieme, E./Reusser, K./Pauli, C. (2004): Hausaufgabenpraxis im Mathematikunterricht – eine Thema für die Unterrichtsqualitätsforschung? In: Doll, J.; Prenzel, M. (Hrsg.): Studien zur Verbesserung der Bildungsqualität von Schule: Lehrerprofessionalisierung, Unterrichtsentwicklung und Schülerförderung. Münster: Waxmann, 250-266.
Niggli, A./Trautwein, U./Schnyder, I./Lüdtke, O./Neumann, M. (2007): Elterliche Unterstützung kann hilfreich sein, aber Einmischung schadet: Familiärer Hintergrund, elterliches Hausaufgabenengagement und Leistungsentwicklung. In: Psychologie in Erziehung und Unterricht 54, 1-14.
Nilshon, I. (2001): Hausaufgaben. In: Rost, D. H. (Hrsg.): Handwörterbuch Pädagogische Psychologie. Weinheim: Beltz, 231-238.
Perels, F./Löb, M./Schmitz, B./Haberstroh, J. (2006): Hausaufgabenverhalten aus der Perspektive der Selbstregulation. In: Zeitschrift für Entwicklungspsychologie und Pädagogische Psychologie 38, 175-185.

Pintrich, P. R./De Groot, E. V. (1990): Motivational and self-regulated learning components of classroom academic performance. In: Journal of Educational Psychology 82, 33-40.

Rost, D. H. (Hrsg.) (2001): Handwörterbuch Pädagogische Psychologie. Weinheim: Beltz.

Schmitz, B. (2001): Self-Monitoring zur Unterstützung des Transfers einer Schulung in Selbstregulation für Studierende – Eine prozessanalytische Untersuchung. In: Zeitschrift für Pädagogische Psychologie 15, 181-197.

Schnyder, I./Niggli, A./Cathomas, R./Trautwein, U./Lüdtke, O. (2006): Wer lange lernt, lernt noch lange nicht viel mehr: Korrelate der Hausaufgabenzeit im Fach Französisch und Effekte auf die Leistungsentwicklung. In: Psychologie in Erziehung und Unterricht 53, 107-121.

Schunk, D. H./Zimmerman, B. J. (Hrsg.) (1994): Self-regulation of learning and performance. Hillsdale, NJ: Erlbaum.

Schwemmer, H. (1980): Was Hausaufgaben anrichten. Paderborn: Schöningh.

Schwinger, M./von der Laden, T./Spinath, B. (2007): Strategien zur Motivationsregulation und ihre Erfassung. In: Zeitschrift für Entwicklungspsychologie und Pädagogische Psychologie 39, 57-69.

Trautwein, U./Köller, O. (2003): The relationship between homework and achievement: Still much of a mystery. In: Educational Psychology Review 15, 115-145.

Trautwein, U. (2007): The homework-achievement relation reconsidered: Differentiating homework time, homework frequency, and homework effort. Learning and Instruction 17, 372-388.

Trautwein, U./Lüdtke, O. (2007): Students' self-reported effort and time on homework in six school subjects: Between-student differences and within-student variation. In: Journal of Educational Psychology 99, 432-444.

Trautwein, U./Lüdtke, O./Kastens, C./Köller, O. (2006): Effort on homework in grades 5 through 9: Development, motivational antecedents, and the association with effort on classwork. In: Child Development 77, 1094-1111.

Trautwein, U./Lüdtke, O./Schnyder, I./Niggli, A. (2006): Predicting homework effort: Support for a domain-specific, multilevel homework model. In: Journal of Educational Psychology 98, 438-456.

Trautwein, U./Lüdtke, O./Schnyder, I./Niggli, A. (2007): Development in students' homework effort, emotion, and motivation in Grade 8: What teachers think and do about homework makes a difference. Manuscript submitted for publication.

Wagner, P./Spiel, C. (1999): Arbeitszeit für die Schule – zu Variabilität und Determinanten. In: Empirische Pädagogik 13, 123-150.

Weinert, F. E. (1996): Für und Wider die „neuen Lerntheorien" als Grundlagen pädagogisch-psychologischer Forschung. In: Zeitschrift für Pädagogische Psychologie 10, 1-12.

Wild, E. (2004): Häusliches Lernen. Forschungsdesiderate und Forschungsperspektiven. In: Lenzen, D.; Baumert, J.; Watermann, R.; Trautwein, U. (Hrsg.): PISA und die Konsequenzen für die erziehungswissenschaftliche Forschung. Wiesbaden: VS Verlag für Sozialwissenschaften, 37-64.

Zimmerman, B. J. (2000): Attaining self-regulation: A social cognitive perspective. In: Boekaerts, M.; Pintrich, P.; Zeidner, M. (Hrsg.): Handbook of self-regulation. San Diego, CA: Academic Press, 13-39.

Zimmerman, B. J./Bonner, S./Kovach, R. (1996): Developing self-regulated learners: Beyond achievement to self-efficacy. Washington, DC: American Psychological Association.

ment
(Des-)Integration jugendlicher Migrantinnen und Migranten – Schule und Jugendverbände als Vermittler sozialer Kompetenzen

Marius Harring

1 Einleitung

Betrachtet man die heutige Lebenssituation Jugendlicher mit einem Migrationshintergrund, so sind die Lebenslagen dieser Generation der Migrantinnen und Migranten durch eine deutliche Heterogenität geprägt. Folglich lässt es sich nicht pauschalisierend von *der* Migrantin bzw. *dem* Migranten sprechen. Vielmehr sind diese Heranwachsenden durch unterschiedliche Lebensverläufe charakterisiert, damit stark individualisiert. Trotz dieser unterschiedlichen Lebensbiografien sind in einem negativen Sinne auch Gemeinsamkeiten auszumachen: Für die Mehrzahl der jugendlichen Migrantinnen und Migranten ist der Alltag in widersprüchlicher Weise von gesellschaftlichbedingter Segregation, Zuschreibung, Ausgrenzung und Desintegration gekennzeichnet. Soziale Benachteiligung in unterschiedlichen Lebenskontexten wird häufig genauso erfahren, wie der erschwerte Zugang zu sozialrelevanten Ressourcen, wie etwa dem Bildungs- und Ausbildungssektor, aber auch dem Bereichen der Freizeit. Gemäß dieser Ausgangslage sind ihre Möglichkeiten, sich gesellschaftlich einzubringen und zu engagieren teilweise bedeutend eingeschränkt, die Chance auf eine gelungene Integration sozialstrukturell beengt.

Aufgrund einiger öffentlichkeitswirksamer Studien, die vor allem die mangelnde Bildungsbeteiligung von Schülergruppen mit sozialen und ökonomischen Benachteiligungen aufzeigen – obgleich diese im Vergleich zu früheren Untersuchungen, z.B. in den 1970er Jahren, aus wissenschaftlicher Perspektive keine neuen Erkenntnisse darstellen – wird zwischenzeitlich der Ruf nach Integration dieser Personengruppe lauter und spiegelt sich aktuell auch politisch in zahlreichen Interventionen, Programmen und Maßnahmen, wie etwa dem nationalen Integrationsplan, zahlreichen Integrationsgipfeln, unzählbaren Podiumsdiskussionen, aber auch Publikationen – nur um einige wenige zu nennen –, wider. Im Zentrum aller Diskussion steht die Frage nach Handlungsmöglichkeiten, um der propagierten Desintegration der betroffenen Kinder und Jugendlichen etwas zu entgegnen. Konsens besteht allenfalls darin, *Bildung* im Hinblick auf die Zukunftsausrichtung und Zukunftschancen von Kindern und Jugendlichen mit Migrationshintergrund als zentralen Faktor zu sehen. *Bildung* jedoch ganzheitlich verstanden – neben dem Erwerb von Fachkompetenz kann auch die Vermittlung sozialer, emotionaler und kommunikativer Kompetenzen einen Beitrag zur Integration leisten.

Vor dem Hintergrund dieser Debatte zur nachhaltigen Integration von Kindern und Jugendlichen mit einer eigenen oder familiärbedingten Migrationsgeschichte kommt heute der Institution Schule, die als Lern- und Lebensraum fungiert und damit die Erreichbarkeit aller Kinder und Jugendlichen bis zu einem bestimmten Alter garantiert, eine hohe Bedeutung und gleichzeitig eine enorme Integrationsfunktion zu, und zwar in einem größeren Maße, als dies noch vor einigen Jahrzehnten der Fall gewesen ist.

Die besten Vorrausetzungen hierfür scheint speziell die Ganztagsschule zu bieten. Ausgehend von dieser Konstellation zeigen bereits die ersten Ergebnisse der „Studie zur Entwicklung von Ganztagsschulen in Deutschland" (StEG) auf, dass diese Art des schulischen Angebots eine hohe Wirkung auf Integration und Partizipation und daraus resultierend vermutlich auch auf Bildungsprozesse von so genannten benachteiligten Schülerinnen und Schülern mit sich bringen kann. Zudem haben Ganztagsschulen – so die ersten Befunde – einen etwas höheren Anteil an Migrantinnen und Migranten als andere Schulen. Folglich kann es erstmalig gelingen, einen Großteil von Kindern und Jugendlichen eines nichtdeutschen kulturellen Hintergrundes nachhaltig mit derartigen Maßnahmen zu erreichen. Parallel dazu ist jedoch auch zu konstatieren, dass die Angebotslage gerade im offenen Ganztagsschulbereich in vielen Fällen – entgegen des ursprünglichen Gedankens und aufgrund finanzieller Engpässe – keineswegs auf qualitativ anspruchsvollen Bildungsangeboten basiert, sondern häufig vielmehr einen Betreuungscharakter ausweist.

Entsprechend gilt es, die von der StEG-Studie aufgezeigten positiven Entwicklungen und die damit einhergehenden Potenziale zu nutzen. Dazu bedarf es aber zunächst einer Optimierung der Angebotslage: Nur wenn es gelingt schulische und außerschulische Institutionen für eine Kooperation zu gewinnen, kann ein umfassendes Konzept von Bildung – und nicht ausschließlich Betreuung – im Lebensraum Schule verwirklicht werden.

In dem folgenden Beitrag sollen basierend auf der Darstellung offensichtlicher Desintegrationstendenzen in drei zentralen Lebenskontexten jugendlicher Migrantinnen und Migranten die Auswirkungen dieser Entwicklungen auf die Schule und damit auch ihre „neue" Rolle thematisiert werden. Denn Kinder und Jugendliche transportieren die in den jeweiligen Lebensräumen gemachten Sozialisationserfahrungen in die jeweils anderen Bereiche und verändern damit selbst ihre Umwelt aktiv – die Institution Schule stellt dabei keineswegs einen isolierten Ort dar, der von gesellschaftlichen Veränderungen untangiert bliebt, vielmehr wird auch sie mit den an sie gerichteten Anforderungen konfrontiert und muss auf diese reagieren. In diesem Zusammenhang werden die Notwendigkeiten sowie Möglichkeiten einer effizienten Kooperation zwischen schulischen und außerschulischen Institutionen am Beispiel der Zusammenarbeit zwischen Schule und Jugendverbänden diskutiert, bevor abschließend der Einfluss der Jugendverbände auf die – für die Integration nicht unbedeutende – Vermittlung sozialer, emotionaler und kommunikativer Kompetenzen und deren Wirkung auch auf formale Kompetenzbereiche aufgezeigt wird.

2 Ausgangslage – Desintegrationsprozesse von Jugendlichen mit einem Migrationshintergrund in drei Lebenskontexten

In der Bundesrepublik Deutschland leben insgesamt 15,3 Millionen Migrantinnen und Migranten – das entspricht einem Anteil von 19% an der bundesdeutschen Bevölkerung. Damit hat fast ein Fünftel der Bevölkerung in Deutschland einen Migrationshintergrund[1].

Abb. 1: Kinder und Jugendliche unter 25 Jahren nach Migrationshintergrund – Angaben in %

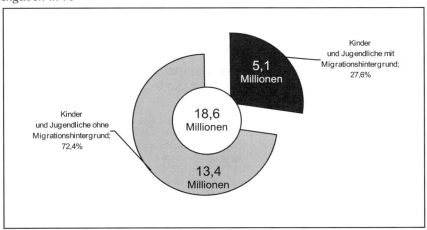

---

[1] Die Daten basiert auf einer Sonderauswertung des Mikrozensus 2005 zum Thema Gender und Migration (vgl. hierzu auch die Fußnote 2).

Bezogen auf Kinder und Jugendliche wächst der Anteil von heranwachsenden Migrantinnen und Migranten gemessen an der Gesamtbevölkerung kontinuierlich an: Mehr als fünf Millionen der in Familien lebenden Kinder unter 25 Jahren weisen heute bereits einen Migrationshintergrund auf. Damit hat prozentual gesehen jedes vierte unter 25-jährige Kind eine Migrationsgeschichte.

Bezogen auf die verschiedenen Altersstufen der Kinder wird deutlich, dass mit abnehmenden Alter der ledigen Kinder der prozentuale Anteil der Heranwachsenden mit einem Migrationshintergrund an allen Kindern dieses Alters im Verhältnis zu denen ohne Migrationsgeschichte ansteigt und einen Höhepunkt bei Kleinkindern erreicht. Von den insgesamt 3,1 Millionen Kindern unter 5 Jahren haben mehr als eine Million einen Migrationshintergrund. Damit lebt jedes dritte Kind (33,1%) im Alter unter 5 Jahren in einer Migrationsfamilie. Bei dieser Entwicklung ist allerdings zu berücksichtigen, dass sich diese regionalbezogen höchst unterschiedlich verhält. Laut der Beauftragten der Bundesregierung für Migration, Flüchtlinge und Integration (2005, 150) erreicht die Zahl der Kinder mit einem Migrationshintergrund in einigen Großstädten bereits einen prozentuellen Anteil von mehr als 40% an allen Kindern und Jugendlichen.

Vor dem Hintergrund des wachsenden Anteils der Bevölkerung mit einem Migrationshintergrund soll im Folgenden explizit die Lebens- und Familiensituation, die Bildungslage sowie das Freizeitverhalten von jugendlichen Migrantinnen und Migranten und die in diesen Lebensräumen zu beobachtenden Ausgrenzungsprozesse analysiert werden.

2.1 Kontext: Familie[2]

Der Familie als der primären Sozialisationsinstanz kommt für die Entwicklung von Kindern und Jugendlichen eine entscheidende Bedeutung zu. Im Hinblick

---

[2] Dieses Kapitel basiert auf der Sonderauswertung des Mikrozensus 2005. Auf jener Grundlage können erstmalig fundierte Aussagen zu den Unterschieden zwischen Familien mit einer deutschen Bezugsperson und Familien, die zwar amtlich die deutsche Staatsbürgerschaft besitzen, gleichzeitig aber auch einen Migrationsstatus innehaben, getroffen werden. Für eine detailliertere Betrachtung vgl. Bandorski/Harring/Karakaşoğlu/Kelleter (2008).
Im Rahmen bisheriger einschlägiger empirisch-quantitativer Studien (vgl. z.B. Mikrozensus und die dazugehörige Sonderauswertung „Familie im Spiegel amtlicher Statistik") sowie der amtlichen Berichte zu familiären Lebensformen, Familienstrukturen, wirtschaftlichen Konstellation und demographischen Entwicklung von Familien (vgl. z.B. 6. und 7. Familienbericht der Bundesregierung) ist der Fokus lediglich auf den Unterschied zwischen deutschen und ausländischen Personengruppen gelegt worden. Migrantinnen und Migranten mit einer deutschen Staatsbürgerschaft fanden – trotz ihrer besonderen Stellung im Hinblick auf Integration und Partizipation an gesellschaftlichen Prozessen – aufgrund des Mangels an validen Daten bislang keine explizite Beachtung.

auf die Zusammensetzung und die Struktur der Familie lassen sich allerdings in der Bevölkerungsgruppe mit einem Migrationshintergrund im Vergleich zu derjenigen ohne jegliche Migrationserfahrung deutliche Unterschiede feststellen, die wiederum den Bildungs- und Sozialisationsprozess der Heranwachsenden gravierend prägen.

Zwar bleibt das Phänomen des seit Jahrzehnten in der bundesdeutschen Gesellschaft beobachteten sozialen Wandlungsprozesses und der Veränderung gesetzlicher Regelungen sowie der damit einhergehen Auflösung und Entkopplung des bürgerlichen Familienmusters, nicht ausschließlich auf den Personenkreis ohne Migrationshintergrund beschränkt, sondern tangiert im Zuge von Individualisierungs- und vor allem soziodemografischen Anpassungsprozessen auch immer stärker die Bevölkerungsgruppe mit einem Migrationshintergrund. Dementsprechend lassen sich auch in der Gruppe der Menschen mit einem Migrationshintergrund – wenn auch nicht in dem Ausmaß wie in der Bevölkerung ohne Migrationhintergrund – deutliche Tendenzen zu einer Pluralisierung von Lebensformen konstatieren.

Dennoch sind trotz dieser scheinbaren Angleichung an die deutsche Bevölkerung insbesondere unter Menschen mit einer nicht-deutschen kulturellen Herkunft viel stärker familiäre Verwurzelungen und Orientierungen an traditionelle Familienmuster zu beobachten. Als Indikatoren für dieses feste familiäre Gefüge können die hohen Heiratsziffern, eine niedrige Scheidungsrate und eine nicht unerheblich hohe Anzahl an Kindern innerhalb der Bevölkerung mit einem Migrationshintergrund gesehen werden: Während lediglich die Hälfte aller Personen ohne eigene oder familiärbedingte Migrationsgeschichte verheiratet sind, trifft dies auf rund zwei Drittel aller Migrantinnen und Migranten zu. Darüber hinaus ist bei Personen mit einem Migrationshintergrund – hier vor allem bei Frauen – eine in der eigenen Biografie frühere Heiratsneigung zu beobachten.

Insgesamt gesehen ist bei der Personengruppe mit einem Migrationshintergrund – hier allerdings aber auch abhängig von der nationalen Herkunft – eher ein klassisches Beziehungsgefüge mit einer höheren Anzahl an Kindern festzustellen. Entsprechend sind alternative Familienformen, wie z.B. die Ein-Eltern-Familie oder die Lebensgemeinschaft ohne Kinder – auch in der jüngeren Population im Alter von 18 bis unter 35 Jahren – im Gegensatz zu der altersgleichen deutschen Bevölkerung ohne Migrationshintergrund verhältnismäßig gering ausgeprägt. Dabei wird die Wahl einer Lebenspartnerin bzw. eines Lebenspartners in aller Regel innerhalb eigener kultureller Grenzen vollzogen. Sobald binationale Partnerschaften eingegangen werden, so beschränken sich diese mehrheitlich auf deutsche Ehepartner. Dies hat zur Folge, dass, mehr noch als in anderen Lebenskontexten, im Bereich der Familiengründung eine deutlichere Orientierung an der nationalen Herkunft stattfindet.

Zudem hat in der Bevölkerungsgruppe mit einem Migrationshintergrund das gesamte Verwandtschaftsnetzwerk eine enorme soziale und emotionale Unterstützungsfunktion, die auch für heranwachsende Migrantinnen und Migranten von sozialisatorischer Bedeutung ist. Entsprechend wird laut einer eigenen im Land Bremen durchgeführten Studie[3] die Bedeutung der Eltern als Ansprechpartner bei Belastungen und Problemen von Jugendlichen mit einem Migrationshintergrund enorm hoch eingeschätzt: 69,3% von ihnen geben die Mutter als eine sehr wichtige Ansprechperson an. Bei der deutschen Vergleichsgruppe ist dies bei lediglich jedem Zweiten der Fall. Auch die Großeltern erhalten bei jugendlichen Migrantinnen und Migranten einen höheren Stellenwert: 26% beurteilen die Großeltern in ihrem Leben als sehr wichtig. Im Gegensatz dazu wird bei Schülerinnen und Schülern mit einem deutschen Hintergrund diese Aussage von nur etwa jedem Zehnten (11,7%) geteilt. Diese feste Einbindung in das familiäre Netzwerk, bietet laut Mansel (2006, 34) zwar einerseits Rückzugsmöglichkeiten, schafft Sicherheit und ermöglicht den Kontakt und die Identifikation mit Personen in vergleichbaren Lebens- und Problemkonstellationen. Anderseits zieht dies auch Isolation gegenüber der Restbevölkerung nach sich. Kontakte zur einheimischen Bevölkerung sind dahingehend erforderlich, damit diese auch „funktional im Sinne der sozialen Integration wirken" (ebd., 34) können.

Die Desintegrations- und Isolationsprozesse werden zudem durch einen, im Vergleich zu der einheimischen Bevölkerung, häufig niedrigeren sozioökonomischen Status der Migrantenfamilien verstärkt. Aufgrund der finanziellen Lage sowie der eigenen Bildungs-, Ausbildungs- und Berufssituation müssen diese Familien häufig zu einer multipel deprivierten Personengruppe gezählt werden, deren Chancen und die ihrer Kinder auf gesellschaftliche, soziale und kulturelle Partizipation vermindert sind und deren Risikolagen sich im Zuge von Armut und sozialer Disparität im Laufe der Zeit verfestigen.

2.2 Kontext: Bildung

Im Zuge des gesellschaftlichen Wandels von der Industrie- zu Wissensgesellschaft besteht Einigkeit darüber, dass Bildung in der postmodernen Gesellschaft im Hinblick auf die Zukunftsausrichtung und Zukunftschancen von Kindern und

---

[3] Die Studie ist im Zuge des Projektes „Kooperation Jugendverbände und Schule" im Arbeitsbereich Bildung und Sozialisation des Fachbereichs Erziehungs- und Bildungswissenschaften der Universität Bremen gemeinsam mit dem Bremer Jugendring Ende 2006 an vier Bremer Schulzentren durchgeführt worden. Die Gesamtergebnisse werden im Rahmen einer Dissertation im Jahr 2009 vorgestellt.

Jugendlichen eine zentrale Stellung innehat. Sie ist die entscheidende Ressource für Beschäftigung und Einkommen und muss daraus resultierend als Schlüssel für die Positionierung und die soziale Integration in der Erwachsenengesellschaft gesehen werden (vgl. Palentien 2004, 302). Allerdings sind die Zugänge zu Bildung ungleich verteilt. So betrifft ein zentrales im Kontext der Schule existierendes und nicht zuletzt durch die PISA-Studie aufgezeigtes Problem die Bildungsbenachteiligung von Schülergruppen mit sozialen und ökonomischen Disparitäten: Die Ergebnisse aller aktuellen Schulleistungsuntersuchungen (wie etwa PISA 2000, 2003 und 2006; IGLU 2001 und 2006) zeigen deutlich auf, dass der Bildungserfolg in der Bundesrepublik Deutschland in einem signifikanten Zusammenhang zu der Ethnizität und der sozialen Positionierung der Herkunftsfamilie steht: Fast 50% der Jugendlichen, deren Eltern beide zugewandert sind, überschreiten im Lesen nicht die elementare Kompetenzstufe I, obwohl über 70% von ihnen die gesamte Schullaufbahn in Deutschland absolviert haben (vgl. PISA 2000). Zusätzlich scheinen sich die sprachlichen Defizite auch auf die Leistungen in Mathematik und den Naturwissenschaften auszuwirken. Unzureichendes Leseverständnis beeinträchtigt also auch den Kompetenzerwerb in den Sachfächern (vgl. PISA 2000, 2003 und 2006). Diese Kompetenzdefizite im formalen Bereich spiegeln sich auch in der Bildungsbeteiligung wider. So findet man laut Stanat (2006, 190) bei der Schülergruppe mit einem Migrationshintergrund eine Bildungsbeteiligung vor, wie sie in Deutschland in der Gesamtbevölkerung um etwa 1970 anzutreffen war. Während der Hauptschulbesuch etwa 50% beträgt, macht ein relativer Gymnasialbesuch von 15% die Distanz der Heranwachsenden aus Zuwandererfamilien zu dieser Schulform sichtbar. Eine grundsätzliche Verbesserung der negativen Bildungssituation von jugendlichen Migrantinnen und Migranten ist auch laut der aktuellen PISA-Studie 2006 nicht zu erkennen. Darüber hinaus macht die IGLU-Studie bei der Analyse der Übergangsempfehlungen vom Primarbereich in die Sekundarstufe I deutlich, dass die Chancen eines Kindes deutscher Eltern 2,3-mal höher sind, eine Gymnasialempfehlung zu bekommen, als die eines Kindes mit Migrationshintergrund (vgl. Bos et al. 2007, 289). Die Autoren der PISA-Studie postulieren an dieser Stelle, dass die mangelnde Beherrschung der deutschen Sprache auf einem dem jeweiligen Bildungsgang angemessenen Niveau – damit also die Sprachkompetenz – für Jugendliche mit einem Migrationshintergrund die entscheidende Hürde in ihrer Bildungskarriere darstellt (vgl. Baumert et al. 2001). Daneben ist zu berücksichtigen, dass der Migrationsstatus in aller Regel mit einer niedrigeren Sozialschichtzugehörigkeit einhergeht.

Dementsprechend sind Kinder und Jugendliche mit einem Migrationshintergrund zu den Verlierern des deutschen Bildungssystems zu zählen: Während einerseits der Gymnasialbesuch überproportional häufig deutschen Schülerinnen und Schülern höherer Sozialschichtgruppen vorbehalten bleibt, wird andererseits die Hauptschule zunehmend zu einem Sammelbecken insbesondere für Schülergruppen aus bildungsfernen Familien und ausländischer Herkunft.

Diese ungünstigen Ausgangsbedingungen bleiben keineswegs auf den schulischen Sektor beschränkt. Vielmehr setzen sich die schlechteren Chancen gerade bei denjenigen Jugendlichen fort, die bereits in ihrer bisherigen Schullaufbahn Benachteiligung und Desintegration erlebt haben, womit eine Verfestigung schulischer Ungleichheitslagen oftmals zu einem späteren biografischen Zeitpunkt im Bereich der Ausbildung und der Arbeit zu konstatieren ist.

Die bisherigen Bemühungen um die soziale und bildungskontextuelle Integration dieses Personenkreises scheinen überwiegend erfolglos geblieben zu sein.

2.3 Kontext: Freizeit

Zwar ist im Mainstream der aktuellen Debatte um Bildung schon lange ein Einvernehmen darin zu erkennen, dass Bildungsprozesse keineswegs nur ausschließlich in der Schule stattfinden, allerdings entwickelt sich dieser Blick auf das Kind und den Jugendlichen erst allmählich. Im deutschsprachigen Raum haben Studien, wie z.B. die des Deutschen Jugendinstituts (vgl. Furtner-Kallmünzer et al. 2002), neben zahlreichen weiteren Arbeiten (vgl. hierzu u.a. Dohmen 2001; bmfsfj 2002, 153 ff.; Otto/Rauschenbach 2004; bmfsfj 2005; Rauschenbach/Düx/Sass 2006; Tully 2006; Harring/Rohlfs/Palentien 2007), aufgezeigt, dass das Lernen im schulischen Kontext – trotz aller Reformbemühungen – nur einen Bruchteil aller Bildungsprozesse im Jugendalter ausmacht und damit eine Ausweitung des Bildungsbegriffs geprägt. Demnach findet der Großteil aller Bildungsprozesse in außerschulischen Kontexten und Interaktionen statt. Der Freizeitbereich hat also auf den Erwerb von Wissen einen enormen Einfluss. Hier kommt insbesondere den informellen und nicht-formellen Bildungsorten und -prozessen eine zentrale Bedeutung zu.

Vor dem Hintergrund dieser Erkenntnis und der besonderen Integrationsfunktion von Freizeit entsteht auch die Notwendigkeit die – bisher kaum beachtete – Freizeitsituation von Kindern und Jugendlichen mit nicht-deutscher ethnisch-kultureller Herkunft zu untersuchen: Laut der bereits genannten aktuell im Land Bremen durchgeführten Studie zu Lebenswelten Jugendlicher lassen sich zwischen Jugendlichen mit und ohne Migrationshintergrund bedeutende Unterschiede im Freizeitverhalten konstatieren. Im Rahmen dieser Studie sind Schülerinnen und Schüler aller Schulformen im Alter von 10 bis 22 Jahren mittels eines standardisierten Fragebogens zu ihrem Freizeitverhalten inner- und außerhalb der Schule befragt worden. Der Anteil der Schülerinnen und Schüler mit einem Migrationshintergrund beläuft sich auf 41,9%. Eine Betrachtung dieser Kinder und Jugendlichen verdeutlicht, dass sie im Vergleich zu Heranwachsenden ohne eigene oder familiärbedingte Migrationserfahrung in allen Altergruppen tendenziell weniger über frei verfügbare Zeit entscheiden können, stärker im familiären Gefüge eingebunden sind und sich signifikant seltener in formellen und institutionellen Vereinigungen organisieren. Zudem verfahren die Jugendlichen bei der Wahl von Freundschaftspartnern in Bezug auf die soziale und nationale Zugehörigkeit und Herkunft streng selektiv. Auch Thole (2002) macht deutlich, dass das Kriterium „soziale und ethnische Herkunft" für die Konstituierung von jugendlichen Peer Groups bedeutungsvoll ist (vgl. Thole 2002, 673). Die Gruppenkonstellation spiegelt folglich die gesellschaftliche und soziale Zuordnung wider. Entsprechend belegt eine Studie zu *inter*ethnischen Freundschaften im Jugendalter die mehrheitlich dominierende *intra*ethnische Peerorientierung Jugendlicher sowohl deutschen als auch ausländischen Hintergrunds. Kontakte zu Peers einer andersethnischen Gruppe bestehen eher in einer moderaten Weise: nur ein Drittel aller befragten sowohl deutschen als auch ausländischen Heranwachsenden gibt an, einen Freund bzw. eine Freundin einer anderen Nationalität zu haben. Im Umkehrschluss bedeutet dies, dass etwa zwei Drittel aller Peerinteraktionen ausschließlich innerhalb des eigenen ethnischnationalen Kontextes stattfinden. Die bestehenden interkulturellen Peerbeziehungen fallen zu 90% gleichgeschlechtlich aus (vgl. Reinders 2003, 89 ff., Reinders 2004).

Im Hinblick auf die organisierte Freizeitgestaltung zeigt die eigene Untersuchung die Unattraktivität der Mitgliedschaft in einer Jugendorganisation, einem Jugendverband oder einem Verein für 10- bis 22-jährige Migrantinnen auf: Zwar ist zu beobachten, dass sich insgesamt weniger Heranwachsende mit einem Migrationshintergrund in einem Jugendverein engagieren und organisieren, als dies unter den Altersgleichen ohne Migrationshintergrund der Fall ist – hier beträgt der prozentuelle Mehranteil fast 12%. Allerdings ist diese Differenz zwischen Jugendlichen mit und ohne Migrationshintergrund auf die geringere Beteiligung von jugendlichen Migrant*innen* an organisierten Freizeitangeboten zurückzuführen. Lediglich 31,3% der befragten weiblichen Heranwachsenden mit einem Migrationshintergrund weisen eine Mitgliedschaft in einem Jugendverein oder einer Kinder- bzw. Jugendgruppe auf. Im Vergleich dazu handelt es sich bei den Mädchen *ohne* Migrationshintergrund um 53,8%, die sich damit in Bezug auf eine Vereinsmitgliedschaft kaum von ihren männlichen Altersgenossen unterscheiden (vgl. Tab. 1).

Parallel hierzu stellt sich aber auch die Situation unter den Jugendlichen mit Migrationshintergrund abhängig von ihrer regionalen Herkunft sehr heterogen dar: Insbesondere Heranwachsende eines türkischen Migrationshintergrundes und aus dem Mittleren und Nahen Osten sind signifikant seltener Mitglieder in Vereinen. 36,4% der Jugendlichen türkischer Herkunft und weniger als jeder Dritte (30,4%) mit einer aktuellen oder vormaligen Staatsangehörigkeit eines Landes des Nahen bzw. Mittleren Ostens sind in einem Verein oder einer Kinder- bzw. Jugendgruppe aktiv.

Tab. 1: Mitgliedschaft in einem Verein oder einer Kinder- bzw. Jugendgruppe –
Jugendliche im Alter von 10 bis 22 Jahren nach Geschlecht und Herkunft; n=520
(Angaben in %)

Jugendliche nach Herkunft	Gesamt	Männlich	Weiblich
Gesamt	50,6%	57,7%	44,3%
ohne Migrationshintergrund	55,3%	57,0%	53,8%
Mit Migrationshintergrund	43,9%	58,6%	31,3%
davon:			
Türkei	36,4%	47,4%	26,2%
Osteuropa	64,0%	85,7%	36,4%
Ehemaliges Jugoslawien	43,8%	62,5%	25,0%
Mittlerer und Naher Osten	30,4%	57,1%	18,8%

Dagegen scheinen Jugendliche osteuropäischer Herkunft in einem direkten Vergleich zu Altersgleichen sowohl mit als auch ohne Migrationshintergrund überproportional häufig eine Vereinsmitgliedschaft zu präferieren. Fast zwei Drittel (64%) dieser Jugendlichen besuchen in ihrer Freizeit einen Verein oder eine Kinder- bzw. Jugendgruppe. Dabei ist in allen Migantengruppen in Bezug auf die Vereinsmitgliedschaft eine deutliche Dominanz der Jungen zu erkennen: Während beispielsweise fast 9 von 10 der osteuropischen Migrantenjungen (85,7%) einer organisierten Freizeit nachgehen, trifft dies auf nicht einmal jede fünfte Migrantin (18,8%) aus dem Nahen oder Mittleren Osten zu.

Unabhängig von der regionalen Herkunft, kennt mehr als die Hälfte (57%) der befragten Kinder und Jugendlichen mit einem Migrationshintergrund keine Mitarbeiterin bzw. keinen Mitarbeiter von Jugendverbänden, Jugendclubs oder Jugendzentren, fast drei Viertel (73%) besuchen in ihrer Freizeit nie einen Jugendverband und die überwiegende Mehrheit von 97% gibt den Jugendverband nicht als Treffpunkt von Freunden bzw. der Freizeitcliquen an. Darüber hinaus sind der Mehrheit (57,9%) der Migrantinnen und Migranten die Jugendverbände und ihre Aufgaben sowie Angebote völlig unbekannt. Ganz im Gegensatz dazu scheinen Jugendlichen ohne Migrationshintergrund besser informiert zu sein.

Mehr als zwei Drittel dieser Jugendlichen (68,1%) wissen, was ein Jugendverband ist. Die Ergebnisse machen deutlich, dass ähnlich dem Bereich der formalen Bildung, in dem Migrantinnen und Migranten oft zu den Verlierern des deutschen Bildungssystem zu zählen sind (vgl. Baumert et al. 2006), sich auch der Bereich der nicht-formellen Bildung durch Ausgrenzung und Nicht-Teilnahme insbesondere dieser Gruppe zu charakterisieren scheint.

Nach der Analyse der vorliegenden Daten sind die Gründe für die mangelnde Inanspruchnahme nicht in einem fehlenden Interesse und einer grundsätzlichen inhaltlich motivierten Distanz seitens der Jugendlichen zu sehen, sondern vielmehr einerseits auf einen weitgehend niedrigen Bekanntheitsgrad der im Stadtteil verorteten offnen Bildungs- und Freizeitangebote und andererseits auf deren Angebotsausrichtung zurückzuführen. Denn Jugendliche verfahren im Hinblick auf die Wahl der ihnen zur Verfügung stehenden Angebote höchst selektiv: So sind auch die bisherigen von der Schule im Nachmittagsbereich angebotenen Freizeitmöglichkeiten weitgehend unbekannt oder tangieren die Bedürfnisse der meisten Schülerinnen und Schüler kaum. Weniger als die Hälfte (47,8%) der befragten Schülerinnen und Schüler mit Migrationshintergrund kennen die Freizeitangebote an ihrer Schule und nur ein Fünftel (21,1%) nehmen diese Angebote in Anspruch. Andere aktuelle Studien bestätigen diese Ergebnisse und zeigen hierzu, dass ein großer Teil der Kinder und Jugendlichen mit nicht-deutscher ethnisch-kultureller Herkunft seine Freizeitaktivitäten vorrangig im Kontext der eigenen Ethnie verbringt (vgl. Boos-Nünning/Karakaşoğlu 2005, 437).

Zusammenfassend ist eine fehlende Repräsentanz von Kinder und Jugendlichen mit Migrationshintergrund in zahlreichen Angeboten der Kinder- und Jugendarbeit zu konstatieren. Die Motive für die verhältnismäßig geringe Verbandsmitgliedschaft und Inanspruchnahme von Angeboten der Jugendverbandsarbeit seitens der Kinder und Jugendlichen mit einem Migrationshintergrund sind dabei keineswegs intrinsisch, sondern vielmehr extrinsisch, in einer unzureichend an den Bedürfnissen der Migrantenjugendlichen ausgerichteten Angebotsstruktur, aber auch in familiärbedingten Ausgangslagen und Orientierungen begründet.

3 Die „neue" Rolle der Schule

Die für die Gruppe der jugendlichen Migrantinnen und Migranten aufgezeigten (a) schlechten Ausgangspositionen aufgrund eines familiärbedingten niedrigen sozioökonomischen Status', (b) Desintegrationstendenzen und Disparitäten auf dem formalen Bildungssektor sowie (c) Zugangsbarrieren zum nicht-formellen Bereich der organisierten Freizeitgestaltung gehen mit einer Chancenungleichheit einher, die laut King (2008, 343) für die betroffenen Kinder und Jugendlichen zu enormen psychosozialen Belastungen und Anforderungen führen. Überhaupt sind Schülerinnen und Schüler, die den so genannten bildungsfernen und damit auch stigmatisierten Schichten zugehören, selbst bei ähnlichem Leistungsstand und identischen Zielvorstellungen, höheren psychosozialen Hindernissen ausgesetzt als Heranwachsende aus Akademikerfamilien.

Diese Ungleichbehandlung darf nicht aus dem gesellschaftlichen Bewusstsein segregiert und damit auch keinesfalls nur als ein Problem von Minderheiten verstanden werden. Vielmehr bedarf es der Reaktion und Handlungskompetenz auf unterschiedlichen gesellschaftlichen und institutionellen Ebenen – der Schule als einem möglichen Bindeglied zwischen formellen, nicht-formellen und informellen Bildungsorten kommt hier seit einiger Zeit eine besondere Rolle zu. Dies ist der Fall, da im Vergleich zu früheren Generationen heutige Kinder und Jugendliche – unabhängig von der Staatsangehörigkeit und dem sozialen sowie kulturellen Hintergrund – eine immer längere Zeitdauer ihrer Biografie in Bildungseinrichtungen jeglicher Art verbringen, womit neben der Familie der Institution Schule für die Entwicklung von Kindern und Jugendlichen ein immer größer werdender Stellenwert zukommt. Vor dem Hintergrund des sozialen Wandels und der veränderten Lebensbedingungen heutiger Familien hat sich der alltägliche Lern- und Lebensraum „Schule" weitgehend verändert, stellt gleichzeitig aber auch die letzte Institution in der heutigen Gesellschaft dar, die pflichtmäßig von allen Kindern besucht wird.

Ausgehend von diesem hohen sozialräumlichen Wirkungscharakter der Schule kommt dieser eine enorme Integrationsfunktion zu. Folglich wird nicht nur die Erziehungsarbeit, sondern auch die überfachliche Bildungsarbeit zunehmend in den Zuständigkeitsbereich der Schule verlagert. Als eine der zentralen Aufgaben der Schule muss hier „neben der Vermittlung von grundlegenden Kompetenzen auch die Förderung von positiven Einstellungen zum Lernen und zur Bildung insgesamt" (Prenzel et al. 2007, 339) gesehen werden. Entsprechend dieser Entwicklung müssen die heutigen Lehrerinnen und Lehrer neben den fachlichen und den didaktischen Kenntnissen immer häufiger auch spezielle pädagogische Handlungskompetenzen aufweisen, um auch im informellen Bereich Bildungsprozesse zu initiieren und Disparitäten der außerschulischen Sozialisationsinstanzen, wie etwa Familie oder Peer Group zu kompensieren. Das Rollenspektrum der Schule ist zum einen weiter und zum anderen unbestimmter geworden. Eine „moderne", auf die Bedürfnisse der Schülerinnen und Schüler abzielende Schule muss nicht nur offene und produktive Räume zum eigenständigen Ausprobieren, zum Erfahrungslernen und zur Selbstverwirklichung bieten, sondern auch die Fähigkeiten wie etwa soziales Verantwortungsbewusstsein, gewaltfreie Konfliktlösungskompetenz und Selbstsicherheit vermitteln und diese in das Zentrum des eigenen schulpädagogischen Konzeptes stellen (vgl. Olk/Speck 1999, 15 f.). Mit dem Umbruch des Rollenverständnisses von Schule geht auch eine Veränderung des Curriculums und der Struktur des Unterrichts einher. „Es wird ein Unterricht entworfen, der sich von der Fächersystematik trennt und an komplexen, altersangemessenen Problemen orientiert ist, die zugleich die Schlüsselprobleme der Gesellschaft sind. Gleichzeitig sollen alternative Lernorte außerhalb der Schule einbezogen und ein flexibler Zeitrhythmus gefunden werden, der kognitives, praktisches und sinnliches Lernen in einem Prozess des sozialen Aushandelns verbindet. Dieser Unterricht ist in eine Schulgemeinde eingebettet, deren Umgangsformen diese Lern- und Lebensgemeinschaft tragen. Es entsteht der Entwurf eines ganzheitlichen Erziehungs- und Bildungsprozesses in einer pädagogisch gestalteten Lebenswelt der Schule, die die ganze Person des Schülers umfasst" (Baumert et al. 2005, 110). Die Rolle der Lehrerinnen und Lehrer beschränkt sich somit längst nicht mehr primär auf die Wissensvermittlung und Erziehung, sondern tangiert immer stärker u.a. die Rolle des Sozialpädagogen, des Therapeuten oder des Familienberaters. Damit sehen sich Lehrerinnen und Lehrer verstärkt multiplen Problemkonstellation und damit auch neuen Belastungen und Anforderungen ausgesetzt, denen sie alleine nicht nachkommen können.

4 Kooperation zwischen Jugendverbänden und Schulen – ein Plädoyer

Vor dem Hintergrund der aufgezeigten Entwicklung kommt heute nicht nur in der theoretisch geführten Bildungsdiskussion – neben Orten und Prozessen der formellen Bildung – der nicht-formellen und informellen Bildung ein wachsender Stellenwert für die Lebensgestaltung und die Zukunftschancen von Kindern und Jugendlichen zu, sondern findet auch vielfältige Konsequenzen für die schulische Praxis: Die Institution Schule muss, um sowohl den von „Innen" gestellten eigenen Ansprüchen als auch den von „Außen" an sie gerichteten pädagogischen und gesellschaftlichen Anforderungen zu entsprechen, nicht nur fachliche Gesichtspunkte ins Zentrum ihrer Arbeit stellen, sondern verstärkt – auch im Hinblick auf die Förderung und soziale Unterstützung aller Schülerinnen und Schüler – eine Zusammenarbeit mit außerschulischen Expertinnen und Experten, „eine Öffnung von Schule", anstreben. Damit kann zur Realisierung eines umfassenden Konzeptes von Bildung die Kooperation von Schule mit anderen informellen und nicht-formellen Bildungsinstitutionen, wie z.B. Kinder- und Jugendhilfe, für beide Einrichtungen eine Chance und Bereicherung zugleich bedeuten. Speziell dem Bereich der Jugendarbeit bzw. Jugendverbandsarbeit, als einem möglichen Kooperationspartner von Schule, kommt hier eine zentrale Rolle zu.

Ziel muss es sein, die Kompetenzen der Jugendverbände in den Lern- und Lebensraum Schule einzubringen, um institutionsübergreifend gemeinsam neue Wege des Lernens und Lehrens zu erproben und langfristig den Schulalltag und den Freizeitbereich von Schülerinnen und Schülern, nicht nur derer mit Migrationshintergrund, durch die Integration von mehr Angeboten an Ruhe-, Freizeit- und Lernphasen sowohl in den Vormittags- als auch in den Nachmittagsbereich innerhalb der Schule attraktiver zu gestalten.

Um eine funktionierende Kooperation zu erreichen, erfordert es allerdings, neben eines auf der schulstrukturellen Ebene fest verankerten schulpädagogischen Konzeptes, der Adäquanz zwischen schulischen Bedürfnissen und den Angeboten der Jugendverbände. Es geht also darum, die vorhandenen Ressourcen und die Ausrichtung der Angebots- und Nachfrageseite aufeinander abzustimmen und entsprechend festzulegen, welche Kompetenzen und Potentiale Jungendhilfe speziell in den schulischen Bereich einbringen kann. Darüber hinaus bedarf es der vorherigen Klärung, wie die Erreichbarkeit von benachteiligten Schülergruppen, wie etwa von Kindern und Jugendlichen mit Migrationshintergrund verbessert und damit bestimmte Schwierigkeiten und Zugangsbarrieren reduziert werden können[4].

Gelingen diese für die Kooperation notwendigen Umsetzungsschritte kann eine in die Institution Schule integrierte und auf den Lern- und Lebensraum Schule sowie auf die Bedürfnisse der Schülerinnen und Schüler ausgerichtete Jugendverbandsarbeit nicht nur den Bekanntheitsgrad und die Wahrnehmung von Jugendverbänden bei Schülerinnen und Schülern steigern, sondern auch die Attraktivität von Schule erhöhen. Gleichzeitig können auf diesem Wege sowohl formelle als auch nicht-formelle und informelle Bildungszugangschancen der bislang benachteiligten Schülergruppen mit einem Migrationshintergrund verbessert und eine gezielte Förderung von sozialen Kompetenzen realisiert werden.

---

[4] Hinsichtlich einer konkreten Umsetzung eines Kooperationsprojektes zwischen Schulen und Jugendverbänden vgl. Harring/Rohlfs (2008).

5 Die Rolle der Jugendverbände bei der Vermittlung sozialer Kompetenzen

Im Zuge der aktuell geführten Debatte um die in einigen Bundesländern neuerdings wieder in das Schulbewertungssystem eingegliederten Kopfnoten, wird die Frage nach der entsprechenden Zertifizierung der sozialen Kompetenzen gestellt – bisher ohne einen Konsens bezüglich einer gerechten und fachkompetenten Benotung erzielt zu haben. Einigkeit besteht allenfalls darin, soziale Kompetenzen als Schlüsselqualifikationen zu begreifen, die eine Person erst als handlungskompetent darstellen lässt. Nahezu unberücksichtigt bleibt dabei allerdings die Frage nach der konkreten Vermittlung dieser Kompetenzen im Lebensraum Schule. Zwar wurden auch bislang im Rahmen von schulischen Prozessen soziale Kompetenzen vermittelt, diese begrenzten sich jedoch primär auf traditionell-klassische Kompetenzbereiche und zielten überwiegend auf die Förderung von etwa Disziplin, Ordnung oder Pünktlichkeit ab. Soziale Kompetenzbereiche, die darüber hinausgehen und folglich die emotionalen und kommunikativen Fähigkeiten und Fertigkeiten von Schülerinnen und Schülern betreffen, werden im schulkontextuellen Alltag häufig entweder nur am Rande oder aus pädagogischer Sicht eher indirekt vermittelt. So stellt Schule, aufgrund der Erreichbarkeit aller Kinder und Jugendlichen, für die Entstehung von sozialem Verständnis und Selbstverständnis sowie für den Aufbau sozialer Kompetenzen und moralischer Haltungen zwar den sozialen Raum zur Verfügung, wird aber nicht selten bislang zum „passiven" Akteur degradiert.

Nicht zuletzt deshalb kann, im Sinne einer ganzheitlichen Bildung von Kindern und Jugendlichen, die Kooperation von Schule mit außerschulischen Institutionen als Chance und Bereicherung verstanden werden: Jugendverbände weisen, aufgrund ihrer Ausrichtung und ihres Auftrags, die nötige Kompetenz und Erfahrung auf, verfügen über ein reichhaltiges methodisches Repertoire an Konzepten und können somit als „aktive" Experten für die Vermittlung sozialer Kompetenzen verstanden werden. „In Jugendverbänden geschieht Bildung zum einen durch konkrete Bildungsangebote, zum anderen durch die Organisation von Bildungsprozessen, insbesondere eines anregungsreichen Umfeldes, das Bildungsgelegenheiten schafft. Die Jugendverbände gestalten Angebote, die der Entwicklung junger Menschen förderlich sind, die an ihre Interessen anknüpfen und neue wecken, die zur Selbstbestimmung befähigen und zur gesellschaftlichen Mitverantwortung anregen" (Hoffmeier 2005, 6). Basierend auf einer freiwilligen und nicht leistungsbezogenen Teilnahme Jugendlicher stehen also, neben dem zielorientierten Arrangement von nicht-formellen Bildungsgelegenheiten, auch emotionale und sozial-kommunikative Grundelemente des sozialen Verhaltens im Zentrum der Jugendverbandsarbeit. Hierzu gehört in erster Linie die Förderung der Partizipationsfähigkeit. Darüber hinaus aber auch weiterer sozialer Kompetenzen, wie etwa der Team-, Kompromiss- und Kritikfähigkeit, damit der Beziehungskompetenz insgesamt (vgl. ebd.). Das Ziel bzw. das zentrale Anliegen der Jugendarbeit besteht also in der Förderung der Persönlichkeitsentwicklung junger Menschen, welches auch gesetzlich im §11 des KJHG fest verankert ist. Entsprechend geht die Funktion der Jugendverbände über die Errichtung von Freizeiträumen weit hinaus und beinhaltet auch nicht ausschließlich unmittelbar beobachtbare Elemente, sondern ist auf eine Integration und Eingliederung in die (Erwachsenen-)Gesellschaft ausgelegt. Gemäß der vorgenommenen Klassifizierung sollen im Folgenden – ohne den Anspruch auf Vollständigkeit zu erheben –, zwei unterschiedliche, aber auch zentrale Ebenen der Kompetenzentwicklung bzw. -vermittlung detaillierter betrachtet werden:

Partizipationsfähigkeit
Unter dem Begriff der „Partizipation" ist die gesellschaftliche Teilhabe und Teilnahme, hier speziell von Kindern und Jugendlichen und ihrer expliziten Berechtigung zur Mitsprache, Mitwirkung und Mitbestimmung zu verstehen. Hierzu gehört die eigene Meinung zu formulieren, Argumente auszutauschen und damit nicht nur als gleichberechtigter Partner bei Entscheidungsprozessen zu fungieren, sondern zudem aktiv die eigenen Lebenskontexte zu gestalten und zu prägen (vgl. Zinser 2005, 158). Laut Harring/Palentien/Rohlfs (2007) muss es auch das Ziel einer demokratischen Gesellschaft sein, „Kinder und Jugendliche an allen wesentlichen Entscheidungen in ihrer Lebenswelt direkt zu beteiligen. Erleben sie in Familie, Kindergarten, Schule und Medien, aber auch in Nachbarschaft und Gemeinde, dass ihre Stimme zählt und ihre Meinung gehört wird, dann entwickelt sich hierüber eine Beteiligungskultur, die für eine demokratisch verfasste Gesellschaft als Grundvoraussetzung bezeichnet werden kann" (Harring/Palentien/Rohlfs 2007, 480). Demnach sind also auch Kinder und Jugendliche als aktive Akteure und Experten ihrer Lebenswelten zu verstehen und daran anknüpfend muss ihnen auch Raum zur Gestaltung ihrer Lebenswirklichkeit geben werden.

Vor diesem Hintergrund unterscheidet Zinser (2005, 160) zwischen drei verschiedenen, den so genannten repräsentativen, projektorientierten und offenen Beteiligungsformen, die Kinder und Jugendliche befähigen, aktive Mitbestimmung einzuüben: Repräsentative Beteiligungsformen implizieren zum einen auf Kinder- und Jugendinteressen ausgerichtete und zum anderen von Heranwachsenden selbst verwaltete Gremien, wie z.B. Kinder- und Jugendparlamente, im Rahmen derer gewählte Vertreterinnen und Vertreter für die unterschiedlichen Interessen von Altersgleichen eintreten. Im Unterschied dazu sind projektorientierte Beteiligungsformen in Bezug auf das zu behandelnde Thema klar umrissen und konzentrieren sich darauf, Kinder und Jugendliche im Zuge von zeitlich begrenzter Projektarbeit, wie z.b. der Veränderung und Gestaltung von Freizeitflächen, einzubeziehen. Offene Formen der Beteiligung charakterisieren sich durch eine für alle interessierten Kinder und Jugendlichen frei zugänglich gemachte Plattform und ermöglichen so ein spontanes Engagement. Diese Form der Partizipation kann z.b. durch (internetgestützte) Kinder- und Jugendforen realisiert werden. In allen drei Bereichen ist allerdings auch eine professionelle Begleitung Erwachsener notwendig.

Anhand aufgezeigter Maßnahmen können Jugendliche auch in schulischen Kontexten – sowohl auf der Schüler-, Klassen- als auch Schulebene, z.B. in Form eines Schüler- oder Klassenrats – unter Anleitung und Hilfestellung der Mitarbeiterinnen und Mitarbeiter von Jugendverbänden sowie ausgebildeter Partizipationsmoderatoren dazu befähigt werden, die sozialen Zusammenhänge zu erkennen und durch Partizipation die Gesellschaft mitzugestalten (vgl. Pauli 2006, 44). Dies bietet eine besondere Chance für Kinder und Jugendliche, die mit den aufgezeigten Desintegrationsprozessen alltäglich konfrontiert werden: Speziell Schülerinnen und Schüler mit einem Migrationshintergrund, die in unterschiedlichen Bereichen häufig von Partizipationsmöglichkeiten ausgeschlossen sind, erfahren durch eine im Schulalltag partizipativ gestaltete Jugendarbeit einerseits, dass man sich sehr wohl für ihre Belange, Anliegen und Bedürfnisse interessiert und andererseits, dass es sich auch lohnt, sich für die eigenen Interessen einzusetzen. Darüber hinaus wird bei allen Kindern und Jugendlichen der Blick *für* und der Respekt *vor* den Bedürfnissen anderer geöffnet.

Beziehungsfähigkeit
Beziehungsfähigkeit stellt eine Grundkompetenz des menschlichen Verhaltens dar. Nicht erst Jugendliche, sondern bereits Kinder lernen sowohl auf einer sozialen als auch kommunikativen und emotionalen Ebene mit anderen Menschen in Kontakt zu treten und üben z.B. in einer Beziehungskonstellation unter „Gleichen", im Kontext von Peerbeziehungen (vgl. Harring 2007) ein, wie Beziehungen zu anderen, biologisch nicht verwandten, Menschen konkret aufgebaut werden können, welche unterschiedlichen und vom Individuum abhängenden Verhaltensweisen und Kommunikationsformen zur Aufrechterhaltung einer Beziehung erforderlich sind und wie diese – wenn notwendig – wieder gelöst werden kann. Laut Betz (2004) stellen diese Fähigkeiten Schlüsselqualifikationen und zentrale Ressourcen für die Zukunft eines jeden Menschen dar. Nur durch die Auseinandersetzung mit anderen Personen außerhalb der eigenen Familie können Konfliktstrategien entwickelt, erlernt und eingeübt werden, die in späterer Biografie sowohl in beruflichen als auch in privaten Lebenswelten

eingesetzt werden können und einen zentralen Bestandteil der Beziehungs- und Kommunikationsfähigkeit und damit auch erfolgreichen Teilhabe an gesellschaftlichen Prozessen darstellen (vgl. Betz 2004, 19). Gleichzeitig bilden sie die Grundlage für den Aufbau und die Erhaltung sozialer Netzwerke (vgl. Grundmann et al. 2003, 28).

Grunert (2006, 26) verweist darauf, dass es sich hierbei um einen aktiven Prozess der Ko-Konstruktion handelt – insbesondere im Umgang mit Peers werden bestimmte Regeln nicht nur passiv verinnerlicht, sondern in erster Linie gemeinsam ausgehandelt. Auf diese Weise wird die eigene Argumentationsfähigkeit und Kooperationsbereitschaft sowie darüber hinaus die Empathie – also die Fähigkeit, die Perspektive anderer Menschen einzunehmen – eingeübt.

Die aufgezeigten Gruppenprozesse unter Altersgleichen sind auch für die Jugendarbeit von entscheidender Bedeutung, stellen eine Handlungsmaxime, ein Werkzeug dar, um beispielsweise das im informellen Freizeitbereich und im familiären Sektor beobachtete Kontaktverhalten Jugendlicher (später auch Erwachsener) und die in diesem Zusammenhang stehenden Favorisierungen eigenethnischer Freundschaften und Partnerschaften (vgl. hierzu die Studien von Boos-Nünning/Karakaşoğlu 2005; Reinders 2003, 2004 und 2005; Weiss/Strodl 2007; Bandorski/Harring/Karakaşoğlu/Kelleter 2008) aufzubrechen. Jugendarbeit in Kooperation mit Schule bietet hier einen notwendigen Ort um eine Auseinandersetzung mit Heterogenität und Interkulturalität zu erreichen. Indem die Jugendarbeit im schulkontextuellen Rahmen in gruppenbezogenen Angeboten soziale Prozesse anstößt, wird ein Aufbau von Beziehungen zwischen Jugendlichen mit und ohne Migrationshintergrund – wie sonst nicht gegeben – ermöglicht und damit auch gezielt ein interkultureller Austausch hergestellt.

Diese initiierten interethnischen Kontakte können darüber hinaus einen positiven Einfluss auf den Erwerb der deutschen Sprache haben. So verweist der 12. Kinder- und Jugendbericht (vgl. bmfsfj 2005, 217) darauf, dass insbesondere das informelle Lernen an Freizeitorten mit Gleichaltrigen auch mit dem Erwerb von Sprachkompetenzen einhergeht. Speziell für Kinder und Jugendliche mit einem Migrationshintergrund existieren unter Peers häufig bessere Chancen und Möglichkeiten des Erwerbs einer höheren Sprachkompetenz, als dies im eigenen familiären Kontext der Fall ist. Da in Familien mit einem nicht-deutschen ethnisch-kulturellen Hintergrund in aller Regel die Herkunftssprache als Alltagssprache genutzt wird, stellt laut Reinders (2003) der Umgang mit deutschen Gleichaltrigen für Jugendliche mit einem Migrationsstatus einen positiven Einfluss auf den Erwerb der deutschen Sprache dar.

Anhand dieses Beispiels wird deutlich, wie der Erwerb sozialer Kompetenzen im Rahmen von informellen Bildungsprozessen gleichzeitig auch einen gravierenden Einfluss auf den formellen Bildungssektor haben kann. Die Vermittlung von sozialen, emotionalen und kommunikativen Kompetenzen kann über die Schaffung eines positiven sozialen Klimas innerhalb der Klasse, innerhalb der Schule, auch eine Verbesserung schulischer Leistungen und damit einhergehend eine Verringerung von Schulversagen nach sich ziehen.

Dabei ist der Erwerb sozialer Kompetenzen, wie z.b. der Partizipations- und der Beziehungsfähigkeit, nicht nur bildungsperspektivisch zu begrüßen, sondern birgt letztendlich auch das Potenzial einer nachhaltigen Integration ethnischer Minoritäten, damit explizit von Kindern und Jugendlichen mit einem Migrationshintergrund in die deutsche Gesamtgesellschaft.

6 Fazit

Entsprechend der aufgezeigten Aufgabenvielfalt und Fördermöglichkeiten, die von Jugendverbänden ausgehen, kann eine stärkere Einbindung dieser außerschulischen Angebote in das schulische Konzept nicht nur die an dem Kooperationsprozess beteiligten Institutionen selbst bereichern, sondern vor allem als Chance für eine gelingende Integration der Schülerschaft mit einem Migrationshintergrund gesehen werden. Bislang allerdings stellen Schule und Jugendverbände zwei zentrale gesellschaftliche Bildungssysteme in Deutschland mit mannigfachen Ausrichtungen und Perspektiven dar, die unterschiedliche Lebenswelten von Kindern und Jugendlichen tangieren sowie in ihre Arbeit einbeziehen und dabei weitgehend getrennt von einander agieren – und das, obwohl beide einen Bildungsauftrag innehaben. Laut der StEG-Studie stellen Jugendverbände mit 2,4% nur einen sehr kleinen Anteil an allen Kooperationspartnern von Schule dar (vgl. Arnoldt, 89).

Nur wenn es gelingt schulische und außerschulische Institutionen für eine Kooperation zu gewinnen, kann eine Optimierung der Angebotslage in der Ganztagsschule erreicht und ein umfassendes Konzept von Bildung – und nicht ausschließlich Betreuung – im Lebensraum Schule verwirklich werden sowie daraus resultierend die Entwicklung und Entfaltung von Toleranz, Persönlichkeit und sozialer Integration bei Kindern und Jugendlichen eine gezielte Förderung erfahren. Gleichzeitig werden Bildungsgelegenheiten durch eine zielgerechte Organisation von Bildungsprozessen und die Schaffung eines anregenden Umfeldes ermöglicht.

Ein langfristiges Ziel muss es aber auch sein, schulische und außerschulische Bildungsorte und -prozesse miteinander in Einklang zu bringen, auf einander auszurichten sowie die – im Zuge der PISA-Ergebnisse neu aufgezeigte, aber bereits lange vor der PISA-Studie bestehende – klare Trennung von formellen, informellen und nicht-formellen Bildungsorten zu Gunsten neuer Bildungslandschaften zu überbrücken, um damit schlussendlich von *der einen Bildung,* die nicht mehr länger nach Zuständigkeiten differenziert, zu sprechen. Denn ebenso wie das derzeitige Schulsystem für die Verschärfung von sozialen Disparitäten bei bestimmten Kindern und Jugendlichen verantwortlich gemacht werden kann, verfügt es gleichzeitig auch über das Potenzial, diese Ungleichheiten zu kompensieren, wenn Bildung in der Schule eine Neujustierung erfährt sowie umfassend und vom Kind oder vom Jugendlichen ausgehend gedacht und entwickelt wird. Die Berücksichtigung von informellen Bildungsprozessen im schulischen Kontext kann dabei zu einem höheren Kompetenzerwerb von sozialen Faktoren, damit einer größeren Partizipation an gesellschaftlichen Prozessen sowie zur Verringerung des Risikos von negativen Bildungskarrieren – auch von Kindern und Jugendlichen mit einem Migrationshintergrund – beitragen.

Literatur

Arnoldt, B. (2007): Öffnung von Ganztagsschule. In: Holtappels, H.-G./Klieme, E./Rauschenbach, T./Stecher, L. (Hrsg.): Ganztagsschule in Deutschland. Ergebnisse der Ausgangserhebung der „Studie zur Entwicklung von Ganztagsschulen" StEG. Weinheim und München: Juventa, 86-105.

Bandorski, S./Harring, M./Karakaşoğlu, Y./Kelleter, K. (2008): Der Mikrozensus im Schnittpunkt von Gender und Migration. Möglichkeiten und Grenzen einer sekundär-analytischen Auswertung des Mikrozensus 2005. Bremen.

Baumert, J./Klieme, E./Neubrand, M./Prenzel, M./Schiefele, U./Schneider, W./Stanat, P./Tillmann, K.-J./Weiß, M. (Hrsg.) (2001): PISA 2000: Basiskompetenzen von Schülerinnen und Schülern im internationalen Vergleich. Opladen: Leske + Budrich.

Baumert, J./Cortina, K. S./Leschinsky, A./Mayer, K. U./Trommer, L. (Hrsg.) (2005): Das Bildungswesen in der Bundesrepublik Deutschland. Strukturen und Entwicklungen im Überblick. Reinbek bei Hamburg: Rowohlt.

Baumert, J./Stanat, P./Watermann, R. (Hrsg.) (2006): Herkunftsbedingte Disparitäten im Bildungswesen. Vertiefende Analysen im Rahmen von PISA 2000.

Beauftragte der Bundesregierung für Migration, Flüchtlinge und Integration (Hrsg.) (2005): Sechster Bericht über die Lage der Ausländerinnen und Ausländer in Deutschland. Berlin.

Betz, T. (2004): Bildung und soziale Ungleichheit: Lebensweltliche Bildung in (Migranten-)Milieus. Trier.

Bos, W./Lankes, E.-M./Prenzel, M./Schwippert, K./Walther, G. /Valtin, R. (Hrsg.) (2003): Erste Ergebnisse aus IGLU. Schülerleistungen am Ende der vierten Jahrgangsstufe im internationalen Vergleich. Münster: Waxmann.

Bos, W./Hornberg, S./Arnold,K.-H./Faust, G./Fried, L./Lankes, E.-M./Schwippert, K./Valtin, R. (Hrsg.) (2007): IGLU 2006. Lesekompetenzen von Grundschulkindern in Deutschland im internationalen Vergleich. Münster: Waxmann.

Boos-Nünning, U./Karakaşoğlu, Y. (2006): Viele Welten leben. Zur Lebenssituation von Mädchen und jungen Frauen mit Migrationshintergrung. Münster: Waxmann.

Bundesministerium für Familie, Senioren, Frauen und Jugend (bmfsfj) (Hrsg.) (2000): Sechster Familienbericht. Familien ausländischer Herkunft in Deutschland. Leistungen – Belastungen – Herausforderungen. Berlin.
Bundesministerium für Familie, Senioren, Frauen und Jugend (bmfsfj) (Hrsg.) (2002): Elfter Kinder- und Jugendbericht. Bericht über die Lebenssituation junger Menschen und die Leistungen der Kinder- und Jugendhilfe in Deutschland. Bildung, Betreuung und Erziehung vor und neben der Schule. Berlin.
Bundesministerium für Familie, Senioren, Frauen und Jugend (bmfsfj) (Hrsg.) (2003): Die Familie im Spiegel der amtlichen Statistik. Berlin.
Bundesministerium für Familie, Senioren, Frauen und Jugend (bmfsfj) (Hrsg.) (2005): Zwölfter Kinder- und Jugendbericht. Bericht über die Lebenssituation junger Menschen und die Leistungen der Kinder- und Jugendhilfe in Deutschland. Bildung, Betreuung und Erziehung vor und neben der Schule. Berlin.
Bundesministerium für Familie, Senioren, Frauen und Jugend (bmfsfj) (Hrsg.) (2006): Siebter Familienbericht. Familie zwischen Flexibilität und Verlässlichkeit – Perspektiven für eine lebenslaufbezogene Familienpolitik. Berlin.
Dohmen, G. (2001): Das informelle Lernen. Die internationale Erschließung einer bisher vernachlässigten Grundform menschlichen Lernens für das lebenslange Lernen aller. Hrsg. vom Bundesministerium für Bildung und Forschung. Bonn.
Furtner-Kallmünzer, M./Hössl, A./Janke, D./Kellermann, D./Lipski, J. (Hrsg.) (2002): In der Freizeit für das Leben lernen. Eine Studie zu den Interessen von Schulkindern. Opladen: Leske+Budrich.
Grundmann, M./Groh-Samberg, O./Bittlingmayer, U. H./Bauer, U. (2003): Milieuspezifische Bildungsstrategien in Familie und Gleichaltrigengruppe. In: Zeitschrift für Erziehungswissenschaft, Heft 1, 25-45.
Grunert, C. (2006): Bildung und Lernen – ein Thema der Kindheits- und Jugendforschung? In: Rauschenbach, T./Düx, W./Sass, E. (Hrsg.): Informelles Lernen im Jugendalter. Vernachlässigte Dimensionen der Bildungsdebatte. Weinheim und München: Juventa, 15-34.
Harring, M./Rohlfs, C./Palentien, C. (Hrsg.) (2007): Perspektiven der Bildung. Kinder und Jugendliche in formellen, nicht-formellen und informellen Bildungsprozessen. Wiesbaden: VS Verlag für Sozialwissenschaften.
Harring, M. (2007): Informelle Bildung – Bildungsprozesse im Kontext von Peerbeziehungen im Jugendalter. In: Harring, M./Rohlfs, C./Palentien, C. (Hrsg.) (2007): Perspektiven der Bildung. Kinder und Jugendliche in formellen, nicht-formellen und informellen Bildungsprozessen. Wiesbaden: VS Verlag für Sozialwissenschaften, 237-258.
Harring, M./Palentien, C./Rohlfs, C. (2007): Mut zur „frühen Demokratie" – Wahlrecht ab 16. Politische Orientierung und soziales Engagement Jugendlicher im Kontext veränderter Lebensbedingungen. In: Deutsche Jugend, Heft 11/2007, 475-482.
Harring, M./Rohlfs, C. (2008): Schule entwickeln durch Jugendverbände. In: Lernende Schule – Für die Praxis pädagogischer Schulentwicklung. Seelze: Friedrich Verlag.
Hoffmeier, A. (2005): Offenheit und Mut zum Experimentieren. Kooperation von Schule und Jugendverbänden aus Sicht des Deutschen Bundesjugendring. In: Deutscher Bundesjugendring (Hrsg.): Jugendpolitik, 3/2005, 9-10.
Holtappels, H.-G./Klieme, E./Rauschenbach, T./Stecher, L. (Hrsg.) (2007): Ganztagsschule in Deutschland. Ergebnisse der Ausgangserhebung der „Studie zur Entwicklung von Ganztagsschulen" StEG. Weinheim und München: Juventa.
King, V. (2008): Aufstieg aus der bildungsfernen Familie? Anforderungen in Bildungskarrieren am Beispiel junger Männer mit Migrationshintergrund. In: Henschel, A./Krüger, R./Schmitt, C./Stange, W. (Hrsg.): Jugendhilfe und Schule. Handbuch für eine gelingende Kooperation. Wiesbaden: VS Verlag für Sozialwissenschaften, 333-346.

Mansel, J. (2006): Integration und Individuation von Zuwanderern. Chancen und Barrieren. In: Bibouche, S. (Hrsg.): Interkulturelle Integration in der Kinder- und Jugendarbeit. Orientierungen für die Praxis. Weinheim und München: Juventa, 15-45.

Otto, H.-U./Rauschenbach, T. (Hrsg.) (2004): Die andere Seite der Bildung. Zum Verhältnis von formellen und informellen Bildungsprozessen. Wiesbaden: Verlag für Sozialwissenschaften.

Olk, T./ Speck, K. (1999): Zwischenbericht zur wissenschaftlichen Begleitforschung. Schulsozialarbeit in Sachsen-Anhalt. Zusammenarbeit von Schule und Jugendhilfe - Schulsozialarbeit in Schulen Sachsen-Anhalt. Halle.

Palentien, C. (2004): Kinder- und Jugendarmut in Deutschland. Wiesbaden: Verlag für Sozialwissenschaften.

Pauli, B. (2006): Kooperation von Jugendarbeit und Schule: Chancen und Risiken. Schwalbach: Wochenschau.

Prenzel, M./Baumert, J./Blum, W./Lehmann, R./Leutner, D./Neubrand, M./Pekrun, R./Rolff, H.-G./Rost, J./Schiefele, U. (Hrsg.) (2004): PISA 2003. Der Bildungsstand der Jugendlichen in Deutschland – Ergebnisse des zweiten internationalen Vergleichs. Münster: Waxmann.

Prenzel, M./Artelt, C./Baumert, J./Blum, W./Hammann, M./Klieme, E./Pekrun, R. (Hrsg.) (2007): PISA 2006. Die Ergebnisse der dritten internationalen Vergleichsstudie. Münster: Waxmann.

Rauschenbach, T./Düx, W./Sass, E. (Hrsg.) (2006): Informelles Lernen im Jugendalter. Vernachlässigte Dimensionen der Bildungsdebatte. Weinheim und München: Juventa.

Reinders, H. (2003): Interethnische Freundschaften bei Jugendlichen 2002. Ergebnisse einer Pilotstudie bei Hauptschülern. Hamburg: Kovač.

Reinders, H. (2004): Entstehungskontexte interethnischer Freundschaften in der Adoleszenz. In: Zeitschrift für Erziehungswissenschaft. Heft 1/2004, 121-146.

Reinders, H./Mangold, T./Greb, K. (2005): Ko-Kulturation in der Adoleszenz. Freundschaftstypen, Interethnizität und kulturelle Offenheit im Jugendalter. In: Hamburger, F./Badawia, T./Hummrich, M. (Hrsg.): Migration und Bildung. Über das Verständnis von Anerkennung und Zumutung in der Einwanderungsgesellschaft. Wiesbaden: Verlag für Sozialwissenschaften, 139-158.

Stanat, P. (2006): Schulleistungen von Jugendlichen mit Migrationshintergrund: Die Rolle der Zusammensetzung der Schülerschaft. In: Baumert, J./Stanat, P./Watermann, R. (Hrsg.) (2006): Herkunftsbedingte Disparitäten im Bildungswesen. Vertiefende Analysen im Rahmen von PISA 2000, 189-219.

Statistisches Bundesamt (Hrsg.) (2006): Leben in Deutschland – Haushalte, Familien und Gesundheit. Ergebnisse des Mikrozensus 2005.Wiesbaden.

Thole, W. (2002): Jugend, Freizeit, Medien und Kultur. In: Krüger, H.-H./Grunert, C. (Hrsg.): Handbuch Kindheits- und Jugendforschung. Opladen: Leske+Budrich, 653-684.

Tully, C. J. (Hrsg.) (2006): Lernen in flexibilisierten Welten. Wie sich das Lernen der Jugend verändert. Weinheim und München: Juventa.

Zinser, C. (2005): Partizipation erproben und Lebenswelten gestalten. In: Deinet, U./Sturzenhecker, B. (Hrsg.): Handbuch Offene Kinder- und Jugendarbeit. Wiesbaden: VS Verlag für Sozialwissenschaften, 157-166.

Weiss, H./Strodl, R. (2007): Soziale Kontakte und Milieus – ethnische Abschottung oder Öffnung? Zur Sozialintegration der zweiten Generation. In: Leben in zwei Welten. Zur sozialen Integration ausländischer Jugendlicher der zweiten Generation. Wiesbaden: Verlag für Sozialwissenschaften, 97-130.

Was wissen wir über die Kompetenzentwicklung in Ganztagsschulen?

Falk Radisch, Ludwig Stecher, Natalie Fisch und Eckhard Klieme

Die Ganztagsschule hat in den bildungspolitischen Debatten seit den 1960er Jahren immer wieder eine wichtige Rolle gespielt. Bereits seit der Einführung der Halbtagsschule ist sie zentraler Bestandteil bildungsreformorientierter bzw. reformpädagogischer Bemühungen (vgl. Ludwig 1993a, b). So auch jüngst im Zusammenhang mit der öffentlichen Debatte um die Leistungsfähigkeit des deutschen Bildungssystems seit der ersten PISA-Studie 2000. Durch den verlängerten Zeitrahmen der Ganztagsschule soll eine neue leistungsfähige Lernkultur ermöglicht werden, in der der Unterricht als auch die außerunterrichtlichen Angebote in einem pädagogischen Gesamtrahmen verbunden sind. Mit der Ganztagsschule sind damit auf politisch-pragmatischer Ebene vielfältige Erwartungen verbunden (zur Klassifizierung solcher Erwartungen vgl. etwa Ottweiler 2003; Radisch/Klieme 2004). So stehen mit Blick auf die individuelle Wirkung bei den teilnehmende Schülerinnen und Schülern nicht zuletzt durch die Ergebnisse der PISA-Studien kognitive Wirkungen (verbesserte Schulleistungen usw.) oftmals im Mittelpunkt. Daneben werden aber auch nicht-kognitive Wirkungen thematisiert. Darunter fallen etwa Aspekte der Sozialkompetenzentwicklung, der emotionalen Kompetenz, der Selbstwahrnehmung usw. (siehe unten) Allerdings existieren bislang nur wenige Arbeiten, die der Frage theoretisch oder empirisch/evidenzbasiert nachgehen, ob die Ganztagsschule alle diese Erwartungen einlösen kann[1].

Die bislang geringe theoretische Auseinandersetzung mit den möglichen Wirkungen der Ganztagsschule auf die Schülerinnen und Schüler lässt sich teilweise dadurch auffangen, dass man davon ausgehen kann, dass die program-

---

[1] Ausnahmen bilden hier vor allem neuere Arbeiten, etwa zu einer spezifischen Theorie der Ganztagsschule von Rekus (2003 und 2005) bzw. der Ganztagsbildung (vgl. Coelen 2002, 2003 und 2006; Otto/Coelen 2004) sowie auf empirischer Seite die Ergebnisse der ersten Erhebungswelle der „Studie zur Entwicklung von Ganztagsschulen" (StEG) (vgl. Holtappels/Klieme/Rauschenbach/Stecher 2007), eine Sekundäranalyse zu Daten der IGLU-Studie (vgl. Radisch/Klieme/Bos 2006) sowie Ergebnisse der Evaluation des nordrhein-westfälischen Ganztagsschulprogramms (vgl. Beher et al. 2005).

matischen Vorschläge und Konzeptionen für ganztägiges Lernen sehr eng an Vorstellungen angelehnt sind, die sich seit vielen Jahren in der Reformpädagogik einerseits und in der Schulqualitäts- und Schuleffektivitätsforschung andererseits finden lassen. Entsprechend lässt sich begründen, dass die Merkmale, die eine „gute" oder „gelingende" Ganztagsschule ausmachen, in vielfacher Hinsicht ähnlich gelagert sind wie in Halbtagsschulen (siehe zu Unterschieden zwischen Ganztags- und Halbtagsschulen weiter unten). Auch die Wirkungsketten, über die Lernen und Persönlichkeitsentwicklung unterstützt werden, sind – wenngleich in anderen Lernsettings vermittelt (Unterricht vs. Angebote) – in Ganztagsschulen nicht prinzipiell anders zu konzeptualisieren als in Halbtagsschulen, und die Faktoren, die ganz allgemein für das Lernen im Schulalltag bzw. in institutionalisierten Kontexten wichtig sind, dürften auch in Ganztagsschulen relevant sein. Dies macht es plausibel, theoretische Modelle zur Wirkung von Ganztagsschulen auf allgemeinen Schuleffektivitätsmodellen aufzubauen.

In diesem Beitrag wollen wir der Frage nachgehen, inwieweit die außerunterrichtlichen Bestandteile einer ganztägigen Schulorganisation Wirkungen auf die individuelle Entwicklung der Schülerinnen und Schüler haben. Dazu wird zunächst ein theoretisches Rahmenmodell vorgestellt bevor anschließend bislang vorliegende Befunde aus empirischen Studien zusammengefasst werden.

1 Bildungsqualität und Wirkung außerunterrichtlicher Angebote – ein Modell[2]

Im Rahmen der Studie zur Entwicklung von Ganztagsschulen (StEG) entwickeln derzeit Radisch (in Vorbereitung), Klieme (2007) und Kollegen am Deutschen Institut für Internationale Pädagogische Forschung (DIPF) ein Rahmenmodell zur Bildungsqualität außerunterrichtlicher Angebote als Teil der Ganztagsschule und zur Wirkung der Angebote auf die individuelle Entwicklung der Schülerinnen und Schüler.

Das Modell von Radisch und Klieme stützt sich im Wesentlichen auf das Wirkungsmodell außerschulischer und extracurricularer Programme von Miller (2003). Miller fasst darin zum einen die umfangreichen Forschungsergebnisse zur pädagogischen Qualität und der entwicklungsfördernden Wirkung von „organized activities" zusammen. Gerade in den USA sind in diesem Bereich in den letzten Jahren ausgedehnte Forschungsbemühungen unternommen worden

---

[2] Die folgende Darstellung des Modells findet sich in etwas ausführlicherer Form bei Stecher/Radisch/Fischer/Klieme (2007).

(siehe für Überblicke Miller 2003; Mahoney/Larson/Eccles/Lord 2005; Feldman/Matjasko 2005; Goerlich Zief/Lauver/Maynard 2006; Lauer et al. 2006; Scott-Little/Hamann/Jurs 2002). Zum anderen greift Miller auch auf die einschlägigen Modelle der Schuleffektivitätsforschung (vgl. Scheerens/Bosker 1997) zurück. Diese erfassen die Qualität der pädagogischen Interaktionen in der Schule als ein Ergebnis komplexer institutioneller Struktur- und Prozessbeziehungen (Kontext- und Inputmerkmale). In Millers Modell werden diese Modellbeziehungen auf außerschulische Aktivitäten und Programme adaptiert.

Abb. 1: Modell der Bildungsqualität außerunterrichtlicher Angebote in der Ganztagsschule nach Miller (2003), in Erweiterung durch Radisch (in Vorbereitung) und Klieme (2007)

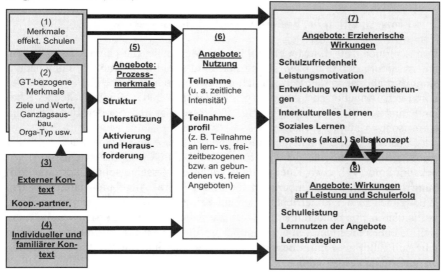

Das Modell unterscheidet, wie in der Schul- und Unterrichtsforschung üblich (vgl. Scheerens/Bosker 1997, 46), zwischen Wirkungsebene (Felder 7 und 8 in Abb. 1), Prozessebene (Felder 5 und 6) und Kontext-/Input-Ebene (Felder 1-4). Auf der Wirkungsebene wird die Bildungsqualität der außerunterrichtlichen Angebote danach bewertet, ob durch die Angebote die mit der Ganztagsschule verbundenen Erwartungen erfüllt werden können. Die Ganztagsschule soll, folgt man Scherr (2004), ein umfassendes Konzept von Bildung und Erziehung einlösen, deren Ziel die umfassende Entwicklung der Persönlichkeit der Heranwachsenden ist. Unter anderem sind soziales und interkulturelles Lernen wesentliche

Bestandteile solcher Lernprozesse. Zu den erwünschten Wirkungen der Angebote zählt in diesem Zusammenhang auch die Reduzierung von problematischen Verhaltensweisen (z. B. Delinquenz, Schulabsentismus etc.).

Im Modell wird davon ausgegangen, dass zwischen den erzieherischen Wirkungen der Angebote und der Leistungsentwicklung der Schülerinnen und Schüler ein wechselseitiger Zusammenhang besteht. Belege dafür zeigen sich etwa im Zusammenhang zwischen Lernmotivation und Schulfreude einerseits und den Schulleistungen der Schülerinnen und Schüler andererseits (vgl. Weinert/Simons/Ahrens 1975; Wendland/Rheinberg 2004; Heinze/Reiss 2004; Köller/Baumert/Schnabel 2000; Köller/Trautwein/Lüdtke/Baumert 2006; Garbe/Lukesch/Strasser 1981).

2 Prozessqualität der außerunterrichtlichen Angebote

Den zentralen Teil des Modells bilden die Merkmale, die charakterisieren, wie die Angebote gestaltet bzw. strukturiert sind (Feld 5 in Abb. 1). Gleichzeitig stellt dies aber auch den Bereich dar, der etwa durch die hohe Heterogenität der konkreten Angebotsgestaltung (vgl. Holtappels 2007; Radisch/Stecher/Klieme/Kühnbach 2007) sehr schwierig zu erfassen ist und für den bislang kaum empirisches Material vorhanden ist.

Radisch, Stecher, Klieme und Kühnbach (2007) gehen davon aus, dass sich die Konstrukte, die aus der Forschung zur Qualität von Unterrichtsprozessen bekannt sind (vgl. etwa Klieme 2006), auch als Ausgangspunkt zur Beschreibung der Qualität von außerunterrichtlichen (Lern-)Angeboten nutzen lassen. Wenngleich in der Unterrichtsforschung keine einheitliche Konzeptualisierung vorhanden ist, so können die drei Grunddimensionen der Unterrichtsqualität, die sich in entsprechenden Arbeiten immer wieder finden lassen und die u. a. von Klieme (2006) als zentral beschrieben werden, so die Autoren, für eine Adaption zu Grunde gelegt werden:

- Verlässlichkeit, Sicherheit und Strukturiertheit der Lernumgebung, ablesbar u.a. an angemessenen und konsistenten Regeln und an klarer, altersangemessener Führung durch Erwachsene [Strukturdimension];
- akzeptierende und respektvolle Beziehungen zu anderen Kindern und Jugendlichen und zu Erwachsenen, die ein Gefühl der Zugehörigkeit geben, positive soziale Normen vermitteln und persönliches Wachstum unterstützen [Unterstützungs- und Orientierungsdimension];

- Herausforderungen und Gelegenheiten zur Entfaltung der körperlichen, intellektuellen, emotionalen und sozialen Fähigkeiten [Herausforderungs- und Aktivierungsdimension].

Als Ausgangspunkt dient den Autoren dabei die Annahme, dass es sich sowohl beim Unterricht als auch bei außerunterrichtlichen (Lern-)Angeboten um pädagogisch gestaltete Lernumgebungen handelt. Gemeinsames Strukturmerkmal von Unterricht und Angeboten ist darüber hinaus, dass sie beide unter der Aufsicht und Verantwortung der Schule stattfinden und auf bestimmbare – wenn auch weit gefasste und durchaus differierende – Lernziele ausgerichtet sind. Entsprechend müssten die aus den Grunddimensionen abgeleiteten Konstrukte und Instrumente sowohl für Unterricht als auch für Angebote einsetzbar sein.

Betrachtet man in diesem Zusammenhang die acht von Mahoney, Larson, Eccles und Lord (2005) und Miller (2003) vorgeschlagenen Merkmale effektiver außerunterrichtlicher Angebote, so können diese tatsächlich mit den drei genannten Konstrukten der Unterrichtsforschung (vgl. Klieme 2006) zusammengeführt werden (vgl. Tab. 1).

Tab. 1: Zusammenführung der „Features of Effective Programs" (vgl. Mahoney/Larson/Eccles/Lord 2005) und der Merkmale guten Unterrichts (vgl. Klieme 2006)

physical and psychological safety	Verlässlichkeit, Sicherheit und Strukturiertheit der Lernumgebung
appropriate structure	
supportive relationships	akzeptierende und respektvolle Beziehungen zu anderen Kindern und Jugendlichen und zu Erwachsenen
opportunities for belonging	
positive social norms	
support for efficacy and mattering	Herausforderungen und Gelegenheiten zur Entfaltung der körperlichen, intellektuellen, emotionalen und sozialen Fähigkeiten
opportunity for skill building	
integration for family, school, and community efforts	

Radisch, Stecher, Klieme und Kühnbach (2007) haben deshalb den Versuch unternommen, für die Konstrukte „Schülerorientierung", „Schüler-Lehrer/Betreuer-Beziehung", „effektive Zeitnutzung" und „Unterstützung" eine Adaptierung auf die außerunterrichtlichen Angebote vorzunehmen und konnten in ihrer

Untersuchung zeigen, dass dieser Versuch – zumindest für die genannten Konstrukte und die gewählten Operationalisierungen – in weiten Teilen gerechtfertigt zu sein scheint. Insbesondere für die Betrachtung von lernbezogenen außerunterrichtlichen Angeboten scheint die Adaptierung der bekannten Konstrukte aus der Unterrichtsforschung angemessen.

Die Arbeit von Radisch, Stecher, Klieme und Kühnbach (2007) ist allerdings nur ein erster Schritt. Es bleiben nach wie vor viele Fragen offen. Es bleibt etwa bislang unklar, ob sich mit Hilfe von Konstrukten der Unterrichtsqualität die Qualität von Angeboten tatsächlich erschöpfend beschreiben lässt oder ob die Engführung des Blickes auf eine Vergleichbarkeit mit dem Unterricht nicht dazu führt, dass spezifische Qualitätsdimensionen außerunterrichtlicher Angebote ausgeblendet wurden. Auch stellt sich die Frage, ob sich für unterschiedliche Arten von Angeboten (etwa explizit als Lernumgebung gestaltete vs. freizeitorientierte Angebote), die gleichen Qualitätsdimensionen finden und beschreiben lassen.

3 Nutzung der Angebote

Der zweite zentrale Aspekt des Modells von Radisch und Klieme – und eine entscheidende Erweiterung gegenüber dem Ansatz von Miller (2003) – ist, dass neben der Prozessqualität der Angebote und deren Wirkung die (tatsächliche) Nutzung der Angebote durch die Schülerinnen und Schüler einbezogen wird. Mit Fiester, Simpkins und Bouffard 2005 lassen sich vier Merkmale der Teilnahme („attendance") unterscheiden: „absolute attendance" – damit ist die Teilnahme an sich gemeint („Ja/Nein"). Bezieht man z.B. mit ein, an wie vielen Tagen in der Woche ein Schüler am Ganztagsbetrieb teilnimmt, so wäre dies „attendance intensity". Hinzu kommen die „Duration", das heißt die Zeitdauer (etwa in Schuljahren oder Schulhalbjahren), die ein Angebot genutzt wird und schließlich die Breite (Breadth) der besuchten Angebote, die sich auf die inhaltliche Spannweite der jeweils besuchten Aktivitäten bezieht.

Repräsentative Daten zur Angebotsnutzung lagen bislang nicht vor. Die „Studie zur Entwicklung von Ganztagsschulen" (StEG) (vgl. Holtappels/Klieme/Rauschenbach/Stecher 2007) liefert hier erste Daten, die zu wichtigen Aspekten Auskunft geben und entsprechende Lücken schließen. So zeigen Züchner, Arnoldt und Vossler (2007, 108) für die „absolute attendance" erhebliche Unterschiede etwa zwischen Schülerinnen und Schülern unterschiedlicher Klassenstufen – in den höheren Klassenstufen geht die Teilnahmequote deutlich gegenüber niedrigeren Klassenstufen zurück. Holtappels (2007, 200) kann mit den Daten von StEG weiterhin zeigen, dass auch die Intensität der wöchentlichen Angebotsnutzung („attendance intensity") stark unterschiedlich ist. In der Grundschule nehmen 61% der Schülerinnen und Schüler, die überhaupt Ganztagsangebote besuchen, diese an allen fünf Wochentagen in Anspruch, 11% nur an einem einzigen Wochentag. In der Sekundarstufe hingegen besucht nur eine Minderheit von 9% der Teilnehmer die Ganztagsangebote an allen fünf Wochentagen. 42% besuchen die Ganztagsangebote nur an einem einzigen Wochentag.

4 Kontextmerkmale

Prozess- und Produktqualität von Angeboten sowie die Frage der Nutzung können nur in Abhängigkeit von externen Faktoren realistisch eingeschätzt werden. Im Modell der Bildungsqualität und Wirkung von außerunterrichtlichen Angeboten sind deshalb auch Faktoren von schulischer Wirksamkeit bzw. Effektivität zu berücksichtigen. Aus der Schuleffektivitäts/Schulqualitätsforschung liegen hierzu zahlreiche Konzepte vor (vgl. Fend 2006; Scheerens/Bosker 1997; Doll/Prenzel 2002, Teddlie/Reynolds 2000). Viele dieser Arbeiten konnten Merkmale identifizieren, die eine effektive Schule kennzeichnen – zunächst unabhängig davon, ob es eine Ganztags- oder eine Halbtagsschule ist.

Gegenüber den Schuleffektivitätsmodellen, die sich in der Regel unabhängig von der Organisationsform auf alle Schulen beziehen lassen oder implizit für Halbtagsschulen bzw. unterrichtliche Zusammenhänge konzipiert wurden, sind für die Ganztagsschule spezifische Erweiterungen notwendig, die sich zunächst auf ganztagsspezifische Schulmerkmale beziehen – etwa die Verbindlichkeit der Teilnahme an den außerunterrichtlichen Angeboten, die Zielsetzung des Ganztagsbetriebes, die konzeptionelle Verankerung des Konzeptes, die Erfahrung mit dem Ganztagsbetrieb usw. Zu den weiteren Besonderheiten der Ganztagsschule gehört, dass hier neben den Lehrkräften in der Regel weiteres (pädagogisches) Personal tätig ist. Die Durchführung und die Qualität der Angebote ist wesentlich von der Ausbildung dieses Personals abhängig. Zu den Qualitätskriterien von Ganztagsschulen gehört in diesem Zusammenhang auch die inhaltliche Verzahnung von außerunterrichtlichen Angeboten und Unterricht. Dazu ist es notwendig, dass die Lehrkräfte und das weitere pädagogisch tätige Personal erfolgreich zusammenarbeiten. Die für die Schulqualität hinlänglich bekannte Bedeutung der Lehrerkooperation (vgl. Steinert et al. 2006) ist in der Ganztagsschule damit auf die Kooperation zwischen den Personen des weiteren pädagogisch tätigen Personals und auf die Kooperation zwischen den Lehrkräften und dem weiteren Personal zu erweitern. Darüber hinaus ist die Ganztagsschule hinsichtlich der Zusammenarbeit mit außerschulischen Kooperationspartnern auf das Vorhandensein geeigneter Partner im kommunalen Umfeld angewiesen. Die Angebotsstruktur des Sozialraums ist damit ein wichtiger externer Faktor für die Gestaltungsmöglichkeiten der einzelnen Schule.

Diese Anmerkungen sollen zur Veranschaulichung des Modells und zur Verdeutlichung einiger Besonderheiten der Ganztagsschule genügen.

5 Empirische Befunde zur Wirkung außerunterrichtlicher Angebote

Während wir in den vorangegangenen Abschnitten anhand des Modells in Abb. 1 die theoretischen Zusammenhänge skizzierten, die im Zusammenhang mit der Bewertung der Wirkung der außerunterrichtlichen Angebote berücksichtigt werden müssen, soll im Folgenden zusammengetragen werden, was bislang über die Wirkung der Ganztagsschule bzw. ihrer Angebote bekannt ist.

5.1 Zusammenfassung älterer Literatur

Radisch und Klieme (2004) und Klieme, Kühnbach, Radisch und Stecher (2005) kommen aufgrund einer unfangreichen Literatursichtung zu dem Schluss, dass im deutschsprachigen und auch im angloamerikanischen Raum nur wenige Studien existieren, mit denen sich evidenzbasierte Aussagen über Wirkungen und Wirkmechanismen in ganztägig arbeitenden Schulen treffen lassen.

Die gefundenen Ergebnisse helfen aber, entsprechend des vorgestellten Modells begründete Hypothesen zu formulieren und zu konkretisieren, in welchen Bereichen Wirkungen von einer ganztägigen Schulorganisation erwartbar sind und auf welchen Wegen diese zustande kommen.

Eine zentrale Erkenntnis, die sich aus den vorliegenden Studien ergibt, ist etwa, dass der erweiterte Zeitrahmen allein keine oder doch nur geringe Wirkungen hervorzurufen vermag (vgl. Radisch/Klieme 2004; Klieme/Kühnbach/ Radisch/Stecher 2005). Der unmittelbare Vergleich zwischen Halbtags- und Ganztagsschulen erbringt zum einen keine durchgängig positiveren Wirkungen auf der Seite der Ganztagsschulen, zum anderen widersprechen sich die referierten Befunde teilweise.

Die in den Literaturberichten präsentierten Ergebnisse weisen ebenfalls darauf hin, dass die Forschung zur Effektivität und Wirkung ganztägiger Schulmodelle auf ein komplexes Bedingungsgefüge stößt. So finden sich oftmals differentielle Effekte nicht nur für unterschiedliche Arten besuchter Angebote, sondern auch für die Schulformen in der Sekundarstufe I oder auch Kinder mit unterschiedlichem sozioökonomischem Hintergrund (vgl. Steinert/Schweizer/Klieme 2003; Ipfling 1981; Lehmann 2002). Wenngleich die Forschungslage nicht eindeutig ist, so weisen die Befunde doch darauf hin, dass Vorteile vor allem für Schülerinnen und Schüler mit Förderbedarf und für Schülerinnen und Schüler mit einem ungünstigeren sozioökonomischen Hintergrund zu erwarten sind. Dieser Befund stützt die Zielsetzung der besseren individuellen Förderung und Unterstützung von Schülern mit Bildungsdefiziten, die vor allem von der Bildungspolitik formuliert wird (vgl. KMK 2002; BMBF 2003).

5.2 Neuere Untersuchungen zu Wirkungen von Ganztagsschulen

Radisch, Klieme und Bos (2006) konnten mit Hilfe einer Nacherhebung die Daten der ersten IGLU-Studie sekundäranalytisch auswerten. Dabei zeigte sich zunächst, dass zum Zeitpunkt der ersten IGLU-Erhebung im Jahr 2001 in knapp einem Viertel der Grundschulen ganztägige Angebote vorgehalten wurden. Allerdings fiel auf, dass dies nur in 10% der Grundschulen an 3 oder mehr Wochentagen der Fall war. Darüber hinaus verbanden lediglich 4% der Grundschulen ein solches „Vollangebot" auch mit einem schriftlichen (pädagogischen) Konzept, das Nachmittag und Vormittag systematisch verknüpft.

Zur Wirkung ganztägiger Angebote auf das Leseverständnis und die Chancengleichheit im Schulsystem (operationalisiert als Stärke des Zusammenhangs zwischen Migrations- und sozialem Hintergrund der Schüler einerseits, ihrem Leseverständnis andererseits) kann folgendes festgehalten werden:

- Schulen mit ganztägigen Angeboten unterschieden sich hinsichtlich des durchschnittlichen Niveaus des Leseverständnisses der Grundschüler nicht von Schulen ohne solche Angebote.
- Der Zusammenhang zwischen sozialem Status und Migrationshintergrund einerseits und Leseverständnis andererseits war in Schulen mit und ohne ganztägige Angebote gleich stark.

Positive oder negative Effekte ganztägiger Angebote auf schulische Leistungen, wie sie in der pädagogischen und bildungspolitischen Diskussion häufig postuliert werden, können für die deutschen Grundschulen des Schuljahres 2000/2001 mit den Daten der IGLU-Studie also nicht nachgewiesen werden.

Radisch, Klieme und Bos (2006) vermuten aber angesichts der großen inhaltlichen Variabilität und individuellen Ausgestaltung der Ganztagsangebote an den einzelnen Schulen, dass sich Effekte zeigen, wenn man qualitative und inhaltliche Merkmale der Ganztagsangebote – und vor allem die individuelle Teilnahme an entsprechenden Angeboten – in die Analysen einbezieht (diese konnten in den IGLU-Sonderauswertungen nicht ausreichend berücksichtigt werden). Mit Hilfe der vorgelegten Analysen lässt sich zunächst zeigen, dass das organisatorische Merkmal „Anzahl der Wochentage, an denen ein Angebot vorgehalten wird" als solches keine Effekte auf die Leseleistung zeigt.

Radisch, Klieme und Bos (2006) konnten darüber hinaus feststellen, dass sich Grundschulen, die eine ganztägige Schulorganisation aufweisen, hinsichtlich des inhaltlichen Spektrums ihrer pädagogischen Angebote von halbtägig geführten Schulen deutlich abheben. Insbesondere wenn „Vollangebote" (an mindestens drei Tagen pro Woche) unterbreitet werden und wenn diese konzeptionell explizit mit dem Vormittagsunterricht verbunden werden, lässt sich eine breitere und stärker auf kognitive Förderung ausgerichtete Angebotspalette feststellen.

Im Rahmen der „Studie zur Entwicklung von Ganztagsschulen" (StEG) (vgl. Holtappels/Klieme/Rauschenbach/Stecher 2007) wurden ebenfalls Analysen zur Wirkung von ganztägigen Schulangeboten auf die individuelle Entwicklung von Schülerinnen und Schülern durchgeführt. Dabei konzentriert sich die Forschergruppe weniger auf Maße der schulischen Lernergebnisse, sondern eher auf solche Zielvariablen, die den nicht-kognitiven Wirkungen zuzurechnen sind. Dazu zählen etwa Aspekte der Sozialkompetenz (Fähigkeit zur Zusammenarbeit, Perspektivübernahme), der Schulfreude (Wohlbefinden in der Schule, Schulinvolvement) und verschiedene Dimensionen der Lern- und Leistungsmotivation (Lernzielorientierung, Vermeidungsleistungsziele) und des empfundenen Nutzens des Besuchs von Ganztagsangeboten (Lernnutzen, sozialer Nutzen).

Im Rahmen erster Analysen, die mit den Daten der ersten Ausgangserhebung durchgeführt wurden, versuchen Radisch, Stecher, Klieme und Kühnbach (2007) zunächst – wie bereits dargestellt wurde – Grunddimensionen der Unterrichtsqualität, wie sie etwa Klieme, Lipowsky, Rakoczy und Ratzka (2006) vorschlagen, auf die Qualität von Angeboten zu übertragen und entsprechende Konstrukte und Instrumente zu adaptieren (vgl. Radisch/Stecher/Klieme/Kühnbach 2007, 230f.). Neben der Überprüfung, inwieweit diese Qualitätsdimensionen des Prozesses mit organisatorischen Merkmalen des Ganztagsbetriebes in Verbindung stehen, wurden durch die Autoren auch Analysen durchgeführt, bei denen die Wirkungsperspektive im Mittelpunkt steht. Der mit der Ausgangserhebung vorliegende querschnittliche Datensatz erlaubt zwar noch „keine eindeutige Zuschreibung von Ursachen zu Wirkungen, aber es lässt sich doch aufklären, welchen (subjektiven) Nutzen die Kinder und Jugendlichen je nach individueller und schulischer Ausgangslage aus dem Besuch der Angebote für sich ziehen" können (vgl. Radisch/Stecher/Klieme/Kühnbach 2007, 251). Dabei unterscheiden die Autoren zwischen zwei Dimensionen des individuell empfundenen Nutzens der Schülerinnen und Schüler: Lernförderlichkeit und sozialer Nutzen (zur Erfassung vgl. Radisch/Stecher/Klieme/Kühnbach 2007, 252ff.). In die Analysen wurden auf individueller Ebene neben der hier interessierenden Variablen der Angebotsbreite das Geschlecht, die Klassenstufe, der Notendurchschnitt, der soziale Hintergrund und der Migrationshintergrund aufgenommen. Auf der Ebene der Schule wurden neben dem Alter der Ganztagsschule, dem konzeptionellen Ausbaugrad und der Organisationsform (offene Ganztagsschule vs. Gebundene Formen) die soziale Komposition, der Migrantenanteil und die Schulform in den Analysen berücksichtigt. Mit Blick auf die ganztagsschulrelevanten Variablen[3] lässt sich festhalten, dass auf individueller Ebene eine intensive Teilnahme am Ganztagsbetrieb einen signifikanten positiven Effekt auf den Lernnutzen hat. Schülerinnen und Schüler, die an mindestens vier Tagen in der Woche am Ganztagsbetrieb teilnehmen, empfinden mehr Lernnutzen als ihre Mitschülerinnen und -schüler, die an weniger Tagen den Ganztagsbetrieb besuchen. Für den sozialen Nutzen lässt sich allerdings kein Effekt der Teilnahmeintensität feststellen.

Auf Schulebene konnten die Autoren ebenfalls signifikante Effekte für ganztagsschul-bezogene Merkmale feststellen. So zeigte sich, dass die Schülerinnen und Schüler in offenen Ganztagsschulen den sozialen Nutzen kritischer einschätzen, gleichzeitig beurteilen sie den Lernnutzen der Angebote etwas besser als dies an Schulen in gebundener Form der Fall ist.

Die Autoren erweitern diese Analysen, indem sie einige der im Beitrag explizierten Dimensionen der Prozessqualität in die Analysen aufnehmen. Dabei werden die Schüler-Betreuer-Beziehung und die Schülerorientierung in den Angeboten jeweils auf beiden Ebenen in das Modell eingeführt. Durch diese Erweiterungen verschieben sich teilweise die Effekte der ganztagsschulbezogenen Variablen. Auf individueller Ebene wird der Zusammenhang zwischen einer intensiven Teilnahme und dem empfundenen Lernnutzen stärker und es zeigt sich ein – wenn gleich deutlich geringerer – positiver Zusammenhang mit dem empfundenen sozialen Nutzen. Für die Schulebene bleibt der Vorteil offener Ganztagsschulen in etwa der gleichen Stärke erhalten, während der negative Zusammenhang mit dem sozialen Nutzen nicht mehr signifikant wird. Stabil bleibt ebenfalls der Befund, dass sich für den konzeptionellen Ausbaugrad keine Zusammenhänge mit sozialem Nutzen oder Lernförderlichkeit der Angebote nachweisen lassen.

---

[3] Weitere interessante Effekte, die von den Autoren identifiziert werden konnten – etwa für den individuellen Migrationshintergrund und den Migrantenanteil auf Schulebene – werden hier ausgeblendet (vgl. Radisch/Stecher/Klieme/Kühnbach 2007, 254ff.).

Die Ergebnisse der ersten Analysen zu Wirkungen im Rahmen von StEG legen also den Schluss nahe, dass entsprechende Effekte – sowohl individueller als auch institutioneller Art – tatsächlich stark von Merkmalen der individuellen Teilnahme und von Qualitätsmerkmalen der Angebote abhängen. Es bleibt allerdings abzuwarten, ob sich die gefundenen Zusammenhänge in weitergehenden Analysen bestätigen lassen. Von besonderem Interesse wird dabei die Berücksichtigung weiterer Wirkungs-Bereiche (Schulfreude, prosoziale Einstellungen usw.) und vor allem auch die Modellierung entsprechender Zusammenhänge mit Hilfe von Längsschnitt-Daten sein, die mit Welle 2 und Welle 3 vorliegen werden.

Literatur

Beher, K./Haenisch, H./Hermens, C./Liebig, R./Nordt, G./Schulz, U. (2005): Offene Ganztagsgrundschule im Primarbereich. Begleitstudie zu Einführung, Zielsetzungen und Umsetzungsprozessen in Nordrhein-Westfalen. Weinheim: Juventa.

BMBF (2003): Ganztagsschulen. Zeit für mehr. Investitionsprogramm „Zukunft Bildung und Betreuung". Bonn: BMBF.

Coelen, T. (2002): „Ganztagsbildung" – Ausbildung und Identitätsbildung von Kindern und Jugendlichen durch die Zusammenarbeit von Schulen und Jugendeinrichtungen. In: Neue Praxis, 1(32), 53-66.

Coelen, T. (2003): Ganztagsbildung in der Wissensgesellschaft – Bildung zwischen Schule und Jugendhilfe. In: Appel, S./Ludwig, H./Rother, U./Rutz, G. (Hrsg.): Jahrbuch Ganztagsschule. Neue Chancen für die Bildung. Schwalbach: Wochenschau, 217-226.

Coelen, T. (2006): Ganztagsbildung durch Kooperation von Schulen und Jugendeinrichtungen. In: Bildung und Erziehung, 59(3), 269-284.

Feldman, A. F./Matjasko, J. L. (2005): The role of school-based extracurricular activities in adolescent development: A comprehensive review and future directions. In: Review of Educational Research, 75(2), 159-210.

Fend, H. (2006): Neue Theorie der Schule. Einführung in das Verstehen von Bildungssystemen. Wiesbaden: VS Verlag für Sozialwissenschaften.

Fiester, L. M./Simpkins, S. D./Bouffard, S. M. (2005): Present and accounted for. Measuring attendance in out-of-school-time programs. In: New Directions for Youth Development, 105, 91-107.

Goerlich Zief, S./Lauver, S./Maynard, R. A. (2006): Impacts of After-School Programs on Student Outcomes. A Systematic Review for the Campbell Collaboration.

Heinze, A./Reiss, K. (2004): Mathematikleistung und Mathematikinteressen in differentieller Perspektive. In: Doll, J. (Hrsg.): Bildungsqualität von Schule. Münster: Waxmann, 234-249.

Holtappels, H. G. (2007): Angebotsstruktur, Schülerteilnahme und Ausbaugrad ganztägiger Schulen. In: Holtappels, H. G. /Klieme, E./Rauschenbach, T./Stecher, L. (Hrsg.): Ganztagsschule in Deutschland. Ergebnisse der Ausgangserhebung der „Studie zur Entwicklung von Ganztagsschulen" (StEG). Weinheim: Juventa.

Holtappels, H. G./Klieme, E./Rauschenbach, T./Stecher, L. (Hrsg.): (2007). Ganztagsschule in Deutschland. Ergebnisse der Ausgangserhebung der „Studie zur Entwicklung von Ganztagsschulen" (StEG). Weinheim: Juventa.

Ipfling, H.-J. (Hrsg.) (1981): Modellversuche mit Ganztagsschulen und anderen Formen ganztägiger Förderung. Bonn-Oedekoven: Köllen.

Klieme, E. (2006): Empirische Unterrichtsforschung: aktuelle Entwicklungen, theoretische Grundlagen und fachspezifische Befunde. Einführung in den Thementeil. In: Zeitschrift für Pädagogik, 52(6), 765-773.

Klieme, E. (2007): Die Studie zur Entwicklung von Ganztagsschulen (StEG) und ihr theoretisches Rahmenkonzept. Vortrag gehalten auf der 4. Tagung der Sektion „Empirische Bildungsforschung" der Deutschen Gesellschaft für Erziehungswissenschaft (DGfE) am 20. März 2007 in Wuppertal. Frankfurt a. M.: Deutsches Institut für Internationale Pädagogische Forschung.

Klieme, E./Kühnbach, O./Radisch, F./Stecher, L. (2005): All-Day Learning. Conditions for Fostering Cognitive, Emotional and Social Development. An Expert Report on the Conceptual Foundations and Outcomes of Extended Schools. Gutachten für die Jacobs-Foundation. Frankfurt a. M.: DIPF.

Klieme, E./Lipowsky, F./Rakoczy, K./Ratzka, N. (2006): Qualitätsdimensionen und Wirksamkeit von Mathematikunterricht. Theoretische Grundlagen und ausgewählte Ergebnisse des Projekts „Pythagoras". In: Prenzel, M./Allolio-Näcke, L. (Hrsg.): Untersuchungen zur Bildungsqualität von Schule. Abschlussbericht des DFG-Schwerpunktprogramms. Münster: Waxmann.

KMK (2002): PISA 2000 – Zentrale Handlungsfelder. Zusammenfassende Darstellung der laufenden und geplanten Maßnahmen in den Ländern. [online] Url: http://www.kmk.org/schul/pisa/massnahmen.pdf (Stand Januar 2007).

Köller, O./Baumert, J./Schnabel, K. (2000): Zum Zusammenspiel von schulischem Interesse und Lernen im Fach Mathematik. Längsschnittanalysen in den Sekundarstufen I und II. In: Schiefele, U./Wild, E. (Hrsg.): Interesse und Lernmotivation. Untersuchungen zu Entwicklung, Förderung und Wirkung. Münster: Waxmann.

Köller, O./Trautwein, U./Lüdtke, O./Baumert, J. (2006): Zum Zusammenspiel von schulischer Leistung, Selbstkonzept und Interesse in der gymnasialen Oberstufe. In: Zeitschrift für Pädagogische Psychologie, 20(1/2), 27-39.

Lauer, P. A./Akiba, M./Wilkerson, S. B./Apthorp, H. S./Snow, D./Martin-Glenn, M. L. (2006): Out of School Programs. A Meta Analysis of Effects for At-Risk-Students. In: Review of Educational Research, 76(2), 275-313.

Lehmann, R. H. (2002): Kurze Stellungnahme zur Lernentwicklung an den Ganztagsschulen. Unveröffentlichtes Manuskript vom 25.02.2002. Berlin: Humboldt-Universität.

Ludwig, H. (1993a): Entstehung und Entwicklung der modernen Ganztagsschule in Deutschland. Band 1. Köln: Böhlau.

Ludwig, H. (1993b): Entstehung und Entwicklung der modernen Ganztagsschule in Deutschland. Band 2. Köln: Böhlau.

Mahoney, J. L./Larson, R. W./Eccles, J. S./Lord, H. (Eds.) (2005): Organized Activities as Contexts of Development. Extracurricular Activities, After-School and Community Programs. Mahwah, NJ: Lawrence Erlbaum Ass.

Miller, B. M. (2003): Critical Hours. Afterschool programs and educational success. [online] URL: http://www.nmefdn.org/uploads/Critical_Hours.pdf (Stand 10.10.2006).

Otto, H.-U./Coelen, T. (Hrsg.) (2004): Grundbegriffe der Ganztagsbildung. Beiträge zu einem neuen Bildungsverständnis in der Wissensgesellschaft. Wiesbaden: VS Verlag für Sozialwissenschaften.

Ottweiler, O. (2003): Aktuelle Forderungen nach Ganztagsschulen: Ansprüche – Gründe – Ziele. In: Rekus; J. (Hrsg.): Ganztagsschule in pädagogischer Verantwortung (Vol. 20). Münster: Aschendorff, 4-27.

Radisch, F. (in Vorbereitung): Ganztägige Schulorganisation. Ein Beitrag zur theoretischen Einordnung von Erwartungen und zur empirischen Prüfung von Zusammenhängen. Dissertationsschrift. Frankfurt a. M.: Johann-Wolfgang-von-Goethe-Universität.

Radisch, F./Klieme, E. (2004): Wirkungen ganztägiger Schulorganisation. Bilanz und Perspektiven der Forschung. In: Die deutsche Schule, 96(2), 153-169.

Radisch, F./Klieme, E./Bos, W. (2006): Merkmale und Effekte von Ganztagsschulen. Empirische Forschungsperspektiven und erste Egebnisse anhand der Internationalen Grundschul-Lese-Untersuchung. In: Zeitschrift für Erziehungswissenschaften, (1), 30-50.

Radisch, F./Stecher, L./Klieme, E./Kühnbach, O. (2007): Unterrichts- und Angebotsqualität aus Schülersicht. In: Holtappels, H. G./Klieme, E./Rauschenbach, T. Stecher, L. (Hrsg.): Ganztagsschule in Deutschland. Ergebnisse der Ausgangserhebung der „Studie zur Entwicklung von Ganztagsschulen" (StEG). Weinheim: Juventa, 227-260.

Rekus, J. (2003): Braucht die Ganztagsschule eine spezifische Schultheorie? In: Rekus, J. (Hrsg.): Ganztagsschule in pädagogischer Verantwortung. Münster: Aschendorff, 86-100.

Rekus, J. (2005): Theorie der Ganztagsschule – praktische Orientierungen. In: Ladenthin, V./Rekus, J. (Hrsg.): Die Ganztagsschule. Alltag, Reform, Geschichte, Theorie. Weinheim: Juventa, 279-298.

Scheerens, J./Bosker, R. J. (1997): The Foundations of Educational Effectiveness. Oxford: Pergamon Press.

Scherr, A. (2004): Subjektbildung. In: Otto, H.-U./Coelen, T. (Hrsg.): Grundbegriffe der Ganztagsbildung. Wiesbaden: VS Verlag für Sozialwissenschaften, 85-98.

Scott-Little, C./Hamann, M. S./Jurs, S. G. (2002): Evaluations of after school programs. A metaevaluation of methodologies and narrative synthesis of findings. In: American Journal of Evaluation, 23(4), 387-419.

Stecher, L./Radisch, F./Fischer, N./Klieme, E. (im Erscheinen): Bildungsqualität außerunterrichtlicher Angebote in der Ganztagsschule. In: Zeitschrift für Soziologie der Erziehung und Sozialisation, 27(4).

Steinert, B./Schweizer, K./Klieme, E. (2003): Ganztagsbetreuung und Schulqualität aus der Sicht von Lehrkräften. In: Brunner, J./Noack, P./Scholz, G./Scholl, I. (Hrsg.): Diagnose und Intervention in schulischen Handlungsfeldern. Münster: Waxmann.

Teddlie, C./Reynolds, D. (Eds.) (2000): The International Handbook of School Effectiveness Research. London: Falmer Press.

Weinert, F. E./Simons, H./Ahrens, H. J. (1975): Der direkte Einfluss kognitiver und motivationaler Bedingungen auf Schulleistungen. In: Tack, W. H. (Hrsg.): Bericht über den 29. Kongress der Deutschen Gesellschaft für Psychologie. Göttingen: Hogrefe, 215-219.

Wendland, M./Rheinberg, F. (2004): Welche Motivationsfaktoren beeinflussen die Mathematikleistung? Eine Längsschnittanalyse. In: Doll, J. (Hrsg.): Bildungsqualität von Schule. Münster: Waxmann, 309-328.

Züchner, I./Arnoldt, B./Vossler, A. (2007): Kinder und Jugendliche in Ganztagsangeboten. In: Holtappels, H. G. /Klieme, E./Rauschenbach, T./Stecher, L. (Hrsg.): Ganztagsschule in Deutschland. Ergebnisse der Ausgangserhebung der „Studie zur Entwicklung von Ganztagsschulen" (StEG). Weinheim: Juventa, 106-122.

Kompetenzentwicklung – zur Förderung sozialer, emotionaler und kommunikativer Kompetenzen von Kindern und Jugendlichen durch Mentoring

Carsten Rohlfs

Die Lebensbedingungen von Kindern und Jugendlichen haben sich in den letzten Jahrzehnten in ungeahntem Tempo und in bis dato unbekannter Qualität verändert – Veränderungen, welche die Heranwachsenden selbst, aber auch die Institution Schule vor zahlreiche neue Herausforderungen stellen, Chancen und Risiken mit sich bringen: Der Wandel von Familie, die fortschreitende Mediatisierung, eine veränderte Erziehungskultur verbunden mit deutlich erweiterten Freiheitsräumen, zunehmender Individualisierung und Selbständigkeit und demgegenüber eine längere finanzielle Abhängigkeit vom Elternhaus und damit in gewisser Weise Unselbständigkeit, ein verstärktes Belastungserleben durch soziale Benachteiligung, ein veränderter Lebensraum, die Verschulung und Pädagogisierung von Freizeit oder die Erfahrung von Heterogenität unterschiedlichster Art stellen nur einige Schlaglichter dar, mit denen die Lebenswelten von Kindern und Jugendlichen heute nur ausschnitthaft und selektiv beschrieben werden können (vgl. auch Hurrelmann in diesem Band). Kinder und Jugendliche wachsen in unterschiedlichsten Welten auf und bringen die dort gemachten Erfahrungen auch in die Lebenswelt Schule ein – positive ebenso wie negative, vielfältige in jedem Fall. Entsprechend sehen sich auch die Lehrerinnen und Lehrer mit einer Vielzahl von Anforderungen an ihre Profession, an ihre Rolle im Lern- und Lebensraum Schule konfrontiert, welche die Grenze der Belastbarkeit zuweilen deutlich überschreiten. Damit einher geht die oftmals nur eingeschränkte Wirksamkeit von Fördermaßnahmen, insbesondere dann, wenn individuelle Betreuung notwendig erscheint, diese angesichts der Größe der Lerngruppe jedoch nicht in wünschenswertem Maße möglich ist.

Seit Mitte der 1990er Jahre hat sich in der Bundesrepublik Deutschland eine Vielzahl zumeist außerschulisch initiierter Projekte etabliert, die den Herausforderungen der veränderten Lebensbedingungen von Kindern und Jugendlichen an die Heranwachsenden selbst und an die Institution Schule, an den Beruf der Lehrerin bzw. des Lehrers durch Formen des Mentoring begegnen möchten. Im Mittelpunkt dieser Initiativen stehen stets einzelne Kinder bzw. einzelne Jugendliche, die – mit ihren individuellen Stärken und Schwächen – im Rahmen einer intensiven Eins-zu-Eins-Betreuung durch externe Mentoren gefördert werden sollen. Der folgende Beitrag stellt zunächst die Idee des Mentoring und im Anschluss daran eine Auswahl entsprechender Schülerhilfe- bzw. Patenschaftsprojekte vor, welche das Mentoring-Konzept mit dem Ziel der individuellen Förderung von Kindern und Jugendlichen umzusetzen versuchen. Anhand des im Jahre 2006 an der Universität Bremen initiierten Projektes „Diagnose, Förderung, Ausbildung" (DINA) wird diese Form der Förderung dann für die Entwicklung sozialer, emotionaler und kommunikativer Kompetenzen von Kindern und Jugendlichen im schulischen und außerschulischen Kontext konkretisiert.

1 Mentoring

„Mentoring basiert auf einer individuellen Zweierbeziehung: Eine ältere, erfahrene Person (Mentorin oder Mentor) unterstützt die Entwicklung (…) einer jüngeren, weniger erfahrenen Person (Mentee) (…). Die Mentorin bzw. der Mentor ist im besten Sinne eine beratende Person, zu deren Schlüsselfunktionen u.a. Coaching, Ratgeben, Unterstützung (…) gehören. Es handelt sich um eine verbindliche Beziehung, die idealerweise formalisiert und durch ein qualifizierendes Rahmenprogramm begleitet werden sollte" (ebd.).

Als Odysseus in den Trojanischen Krieg zieht, vertraut er seinen Sohn Telemachos einem Mentor an, der ihn sowohl belehrt als auch eine enge und vertraute Beziehung zu seinem Schützling aufbaut. Bereits im achten Jahrhundert v. Chr. also wird der Begriff des Mentors in Homers Odyssee im Sinne eines Lehrers und Ziehvaters geprägt. Ein scheinbar moderner Terminus, dessen Wurzeln bis in die griechische Antike reichen. Heute wird Mentoring, so scheint es, insbesondere als innovatives Instrument zur Nachwuchsförderung in der Personalentwicklung eingesetzt. In den USA etwa ist diese Methode weit verbreitet, in der Bundesrepublik Deutschland wird dem Mentoring-Konzept von Unternehmen und Organisationen erst in jüngster Zeit zunehmend Bedeutung beigemessen und die flexiblen Gestaltungsmöglichkeiten dieser Strategie zur Förderung der persönlichen und beruflichen Entwicklung für verschiedene Zielgruppen wertgeschätzt (vgl. Wulf 2002, 5). Interessanterweise wurde das Potenzial des Mentoring für die Förderung insbesondere von Kindern im Grundschulalter in schulischen und außerschulischen Kontexten bereits zu Beginn der 90er Jahren des vergangenen Jahrhunderts erkannt (vgl. etwa Garlichs in diesem Band; 2000 und 2007). Die Zahl entsprechender Initiativen – oft, wie unten darzustellen, auch bezeichnet als Patenschafts- oder Schülerhilfeprojekte – nimmt seither stetig zu. Es wird die Notwendigkeit einer intensiven und individuellen Betreuung und Begleitung insbesondere sozial benachteiligter Kinder und Jugendlicher erkannt, die in dieser Form im Schulalltag unter den allzu oft bestehenden Bedingungen nicht leistbar erscheint.

„Mentoring ist eine freiwillige und persönliche Beziehung, die sich je nach beteiligten Personen entwickelt. Jede Mentoringbeziehung ist unterschiedlich und kann verschiedene Teilaspekte abdecken. Dabei legen der Mentor und sein Mentee die Schwerpunkte ihrer Beziehung fest" (ebd., 43).

Die Eins-zu-Eins-Betreuung als individuumsbezogenes Angebot ist die häufigste Form des Mentoring, allerdings sind auch in den Schülerhilfe-Projekten Varianten des Team-Mentoring zu finden, in denen Kinder in Kleingruppen begleitet werden. Der Mentoring-Prozess kann themenorientiert oder inhaltlich offen gestaltet werden und dabei in besonderen Fällen entweder ein gemeinsames Merkmal von Mentor und Mentee voraussetzen (bspw. denselben Migrationshintergrund, dasselbe Geschlecht etc.) oder aber auch einen Unterschied, einen Gegensatz in den Blick nehmen (Cross-Mentoring). Und auch wenn ein Schüler-Mentoring stets freiwilligen Charakter haben sollte, entsteht es gewöhnlich nicht zufällig, sondern im Rahmen einer Projektinitiative, basiert entsprechend auf organisierten Kontakten und vereint unterschiedliche Dimensionen: „die des Modelllernens, der Unterstützung, der Normvermittlung, der Erweiterung der Lebens- und Erfahrungswelt und der gemeinsamen Reflexion – all dies im Rahmen des informellen Lernens" (Esch/Szczesny/Müller-Kohlenberg 2007, 8). Die regelmäßigen Treffen zwischen Mentor und Mentee sollten dabei stets in vertrauter Umgebung, nicht in speziellen und künstlichen Trainings- oder Behandlungsräumen stattfinden, um in ungezwungener Atmosphäre eine vertrauensvolle Beziehung aufbauen zu können, in welcher der Mentor als Modell und Unterstützung wirken kann (vgl. ebd., 9).

Bei positivem Verlauf ist ein Mentoring für alle Beteiligten gewinnbringend: sowohl für den Mentor, den Mentee als auch für die beteiligten Institutionen und Organisationen. Für den Mentee eröffnet es die Möglichkeit, die eigenen Stärken und Schwächen, die eigenen Kompetenzen zu erkennen und weiterzuentwickeln, aber auch für andere sichtbar zu machen. Es eröffnet Räume zur Stärkung des Selbstbewusstseins, Entfaltung von Durchsetzungsvermögen, Klärung individueller Ziele und insgesamt zur persönlichen Weiterentwicklung. Die psychosoziale Entwicklung ist also ebenso Ziel eines Mentoring-Programms wie die Vermittlung und Anwendung von praktischem Handwerkszeug (vgl. Wulf 2002, 11f.). Eine Mentoring-Initiative für Kinder und Jugendliche ermöglicht demnach die Förderung sowohl fachlicher als auch überfachlicher (sozialer, emotionaler und kommunikativer) Kompetenzen, sie ermöglicht eine Entwicklung im schulischen Kontext (aber nicht allein dort) notwendiger Fähigkeiten und Fertigkeiten sowie eng damit verbunden der Persönlichkeit.

Für den Mentor bietet das Konzept die Gelegenheit zur Reflexion und Veränderung des eigenen Verhaltens, der eigenen subjektiven Theorien und Strategien. Die Mentoren üben sich ein in die Rolle eines Coaches, erproben diese in praktischen Handlungsfeldern und erhalten regelmäßig Rückmeldungen von ihren Mentees. Eine erfolgreiche Mentoring-Beziehung hat also grundsätzlich reziproken Charakter. Und somit erfolgt auch der Erfahrungsaustausch in nicht nur eine Richtung. Der Mentor erhält Einblick in ein neues Erfahrungsfeld bzw. gewinnt einen veränderten und erweiterten Blick auf Kontexte, die ihm aus anderer Perspektive bereits bekannt sind, und steigert damit deutlich sein Verständnis für eben diese Zusammenhänge. Die Reflexion und Diskussion der persönlichen Erfahrungen im Austausch mit anderen Mentoren justiert, schärft und korrigiert die neue Perspektive (vgl. Wulf 2002, 12f.). In den etablierten Schülerhilfe- und Patenschaftsprojekten sind es zumeist Lehramtsstudierende des Faches Erziehungswissenschaft die in der Rolle eines Mentors für Schülerinnen und Schüler die Chance wahrnehmen wollen, ein Kind – in der Regel im Grundschulalter – sowie sich selbst über einen längeren Zeitraum in einem intensiven, aber sowohl zeitlich als auch emotional notwendig begrenzten Einzelbetreuungsarrangement zu erleben und den Heranwachsenden in seinen schulischen und außerschulischen Lebenswelten, in seiner Ganzheitlichkeit (unter unbedingter Respektierung der Privatsphäre und Grenzen aller Beteiligten), aber auch Widersprüchlichkeit kennen zu lernen. Eine Chance, die sich im späteren Beruf einer Lehrerin bzw. eines Lehrers in dieser Form vermutlich nicht wieder ergeben wird, gleichzeitig aber eine für das Verständnis von Kindern, Kindheit und Jugend sowie des pädagogischen Handlungsfeldes Schule überaus bereichernde Erfahrung darstellt.

Für die beteiligten Institutionen und Organisationen ist Mentoring ein gewinnbringendes, effektives und zugleich kostengünstiges Instrument zur Förderung von Motivation und Kompetenzen und zugleich eine durch individuelle Bedürfnisse und Interessen geprägte Art der Orientierungshilfe für unterschiedlichste Zielgruppen – wenn denn Aufbau und Pflege einer verlässlichen Mentoring-Beziehung gelingen (vgl. Wulf 2002, 12f.). Für die Schulen eröffnet sich hier ein zusätzliches und wirksames Unterstützungsangebot, getragen insbesondere vom Engagement der involvierten Studierenden, für die universitäre Lehrerbildung ein interessantes Praxisfeld. Die positive Darstellung all dieser Chancen und möglichen Erträge von außerschulisch initiierten Mentoring-Programmen darf jedoch den Blick nicht darauf verschließen, dass in der *Notwendigkeit*, dass Schule sich solcher und ähnlicher Instrumente oftmals bedienen muss, um individuelle Förderung leisten zu können, ein deutlicher Reformbedarf von Schule und Unterricht offenbar wird. Es ist pointiert formuliert ein Paradoxon, dass es wünschenswert wäre, dass der Bedarf an elaborierten Schülerhilfeprojekten dieser Art geringer wäre, womit ihnen nicht Qualität und Nutzen abgesprochen werden soll – im Gegenteil: Es stimmt nachdenklich, wenn eine mögliche Kostenneutralität zu ihrem entscheidenden Qualitätsmerkmal wird oder wenn Mentoring-Initiativen von den Schulen – das zeigen Erfahrungsberichte aus den Projekten – als kurzfristige Notfall-Programme angefragt werden. Sie funktionieren jedoch nicht als Erste-Hilfe-Maßnahme, sondern basieren auf kontinuierlicher Zusammenarbeit (vgl. Faix 2000, 11), in welcher der Mentor als eine Art therapeutischen Begleiter „am Schnittpunkt pädagogischer, schulisch-kognitiver und psychotherapeutischer Betreuung [steht], wobei ihm eine Mittlerfunktion zwischen diesen drei Bereichen zukommt. Er stellt als erwachsener Freund des Kindes eine hilfreiche Bezugsperson dar, die zwischen der schulischen Realität, der äußeren und inneren Realität des Kindes vermittelt, und bietet verlässliche, freundliche, beschützende Qualitäten. (...) Diese korrigierende und haltgebende Beziehungserfahrung hat besonders für jene Kinder eine besondere Bedeutung, die durch ihre Lebensumstände in ihrer Entwicklung bisher kaum stützende Begleitung erfahren haben" (Schaukal-Kappus 2004, 54).

Die gegenwärtig durchgeführten und zumeist von Universitäten initiierten Schülerhilfe-Projekte stellen sich dem beschriebenen Spagat zwischen pädagogischer, schulisch-kognitiver und psychotherapeutischer Betreuung insbesondere benachteiligter Kinder und Jugendlicher – mit bemerkenswerten Erfolgen. Die Projekte eröffnen auf ihre charakteristische Weise Handlungs-, Erfahrungs- und Entwicklungsräume für Schülerinnen und Schüler, Studierende, Universitäten und Schulen. Im Folgenden eine Auswahl aktueller Mentoring-Projekte für Schülerinnen und Schüler in einem kurzen Überblick.

2 Mentoring-Projekte für Schülerinnen und Schüler – eine Auswahl

Als eines der ersten Mentoring-Projekte für Schülerinnen und Schüler wurde im Jahre 1993 an der Universität Kassel das „Kasseler Schülerhilfeprojekt" initiiert. Das Projekt wendet sich primär an Kinder im Grundschulalter, die aus Sicht der Klassenlehrerin bzw. des Klassenlehrers in ihrer Familie einen Mangel an Zuwendung, Aufmerksamkeit und Förderung erfahren. Diese Kinder werden von Studierenden der Universität Kassel für den Zeitraum von mindestens einem Jahr intensiv begleitet und betreut mit dem – bewusst sehr offen formulierten – Ziel, für das Kind förderliche Bedingungen zu schaffen (vgl. Garlichs in diesem Band; 2000 und 2007).

Eine Vielzahl der in der Folge entstandenen Initiativen orientiert sich am „Kasseler Schülerhilfeprojekt" wie etwa das Hamburger Projekt „Kinderpatenschaften" (KIPA) und das „Essener Schülerhilfeprojekt" mit einer gezielten

Begleitung und Förderung von Grundschulkindern aus einkommensarmen und bildungsfernen Milieus. Studierende übernehmen im Essener Projekt für den Zeitraum von einem Jahr die Patenschaft für jeweils ein Kind mit dem wiederum sehr offen gehaltenen Ziel, eine vertrauensvolle Beziehung zwischen Mentor und Mentee aufzubauen und auf dieser Grundlage entwicklungsförderliche Bedingungen herzustellen (vgl. Steins/Maas in diesem Band; Maas 2007; Wallrabenstein 2002a).

Auch im Rahmen des Mitte der 1990er Jahre an der Universität Bielefeld entstandenen Projektes „Schule für alle" begleiten und betreuen Studierende – in der Regel für die Dauer eines Jahres – jeweils ein sozial benachteiligtes Kind zumeist mit dem primären Ziel, der Einleitung eines Verfahrens zur Feststellung des sonderpädagogischen Förderbedarfs präventiv vorzubeugen. Damit sollen die Chancen für sozial benachteiligte Kinder, in der Regelschule zu verbleiben, erhöht, die Bildungschancen vergrößert und gleichzeitig Stigmatisierungsprozessen, die mit der Einweisung in die Förderschule einhergehen, vermieden werden (vgl. Kottmann in diesem Band; 2002 und 2007).

Das „Schülerhilfeprojekt Halle" eröffnet ebenfalls benachteiligten Kindern ein universitäres und Schule ergänzendes Bildungsangebot. Im Zentrum dieses im Jahre 2002 an der Martin-Luther-Universität Halle-Wittenberg ins Leben gerufenen und langfristig angelegten Projektes steht die konkrete Förderung einerseits fachlicher Kompetenzen in den Bereichen Mathematik und Deutsch und andererseits des Sozialverhaltens der Schülerinnen und Schüler. Im Unterschied zu den meisten übrigen Projekten sind es hier Teams von Studierenden des Lehramtes an Sonderschulen und Grundschulen die gemeinsam im Praxisfeld der Grundschule eine Kleingruppe von Kindern betreuen (vgl. Geiling/Sasse in diesem Band und 2007).

Die im Jahre 1999 an der Universität Siegen initiierte Longitudinalstudie „Lernbiografien im schulischen und außerschulischen Kontext" (LISA&KO) setzt einen anderen Akzent, eröffnet aber gleichermaßen Raum für eine intensive Zusammenarbeit von Studierenden und Schülerinnen und Schülern. Ziel dieser Zusammenarbeit ist jedoch nicht primär die Förderung fachlicher oder überfachlicher Kompetenzen, sondern vielmehr die Untersuchung der Lebensbedingungen von Kindern und ihrer (fachlichen) Lernentwicklung im sozialen Kontext. Langfristiges Ziel ist es, die Wechselwirkungen zwischen schulischen und außerschulischen Lebens- und Lernerfahrungen von heutigen Kindern zu rekonstruieren. Über eine Serie von Fallstudien wird die Entwicklung von Kindern und Jugendlichen und die allmähliche Ausdifferenzierung ihres Welt- und Selbstbildes dokumentiert und interpretiert. Wenn somit auch die Studie LISA&KO kein Mentoring-Projekt im eigentlichen Sinne darstellt, so haben die „Forschungspatenschaften", die regelmäßige und verlässliche Begleitung von

Schülerinnen und Schülern durch interessierte und engagierte Studierende über einen längeren Zeitraum durchaus Auswirkungen auch auf die Entwicklung von Kompetenzen – insbesondere sozialer, emotionaler und kommunikativer Art (vgl. Panagiotopoulou/Rohlfs 2001; Brügelmann/Panagiotopoulou 2005; Rohlfs 2006, 2007).

Das Projekt „Balu und Du" wurde im Jahre 2002 von der Universität Osnabrück gemeinsam mit dem Diözesan-Caritasverband Köln ins Leben gerufen und konnte seither an über 20 Standorden in Deutschland und Österreich durchgeführt werden. In diesem Mentoring-Projekt begleiten und fördern junge Erwachsene („Balus") – u.a. Studierende – über den Zeitraum eines Jahres benachteiligte Kinder im Grundschulalter („Moglis") mit dem Ziel, mit ihnen gemeinsam Räume für neue Erfahrungen und außerschulische Lernanregungen zu erschließen, ihre Lernfreude zu wecken und ihnen somit die Chance für eine positive Entwicklung und gesellschaftliche Teilhabe zu eröffnen (vgl. Esch/Szczesny/Müller-Kohlenberg 2007; Esch et al. 2007; Balu und Du 2007).

Die vorgestellten Initiativen zeigen, dass der Schwerpunkt einer Hilfe für Schülerinnen und Schüler durch Mentoring- und Patenschafts-Programme insbesondere im Primarbereich liegt. Die Sekundarstufe ist aus der Konzeption solcher Projekte weitgehend ausgeklammert, da es offenbar, so scheint es, einmal mehr die Grundschulen und die Grundschulpädagogik sind, die sich für Innovationen auch in diesem Kontext zuerst öffnen und Impulse geben für die Entwicklung vielfältiger Ideen und Konzepte auch für die gezielte Förderung von Schülerinnen und Schülern. Diese Impulse sind auch für die Sekundarstufe bemerkens- und umsetzenswert. Denn die Lebensphase Jugend bildet eine Phase extremer Umbrüche und Veränderungen in der Lebens- und Lernbiographie eines jeden Menschen, eine Phase des Übergangs vom Status „Kind" zum Status "Erwachsener". Dieser Übergang stellt die Heranwachsenden vor große Herausforderungen und schwierige Entscheidungsaufgaben, wie etwa im Rahmen der schulischen Bildung und Qualifikation, der Berufswahl und der langfristigen Lebensplanung – Entscheidungen, die weit reichende Konsequenzen auf die gesellschaftliche Integration des Jugendlichen noch im Erwachsenenalter haben, Entscheidungen, in denen Unterstützung, Modell, Rat und Begleitung oft benötigt und selten eingefordert werden. Vor diesem Hintergrund scheint es sinnvoll und notwendig, neben den Grundschulen verstärkt auch die Sekundarstufe in die Konzeptionsüberlegungen von Mentoring-Projekten für Schülerinnen und Schüler einzubeziehen. Dies ist Ausgangspunkt der Bremer Projektinitiative „Diagnose, Förderung, Ausbildung" (DINA) – eines Mentoring-Projektes für Kinder und Jugendliche.

3 Das Projekt „Diagnose, Förderung, Ausbildung" (DINA)

3.1 Projektidee und Rahmung

Im Mittelpunkt des im Jahre 2006 an der Universität Bremen im Fachbereich Erziehungs- und Bildungswissenschaften initiierten Projektes „Diagnose, Förderung, Ausbildung" (DINA) steht die Idee, Studierende des Faches Erziehungswissenschaft in Kooperation mit Schulen im Land Bremen als Mentoren insbesondere für solche Schülerinnen und Schüler auszubilden, für die ein besonderer Förderbedarf im Bereich ihrer sozialen, emotionalen und kommunikativen Kompetenzen diagnostiziert wurde. Das Mentoring gestaltet sich in Form einer Eins-zu-Eins-Betreuung in Tandems von Studierenden und Schülerinnen bzw. Schülern. Die Einbindung der Studierenden in die Projektarbeit ist für die Initiative also konstitutiv.

Das Projekt DINA ist ein Teilprojekt des seit 2004 im Land Bremen durchgeführten Projektes „Schule macht sich stark" (SMS), in dessen Rahmen ausgewählte Schulen mit einem besonders hohen Anteil an Migrantinnen und Migranten dabei unterstützt werden, systematische Prozesse der Unterrichts- und Schulentwicklung zu planen und umzusetzen. Die am Projekt DINA beteiligten Schulen zählen dabei zu der Kontrollgruppe, zu der Gruppe von Schulen also, die bislang nicht von einer gezielten Unterstützung im Rahmen des SMS-Projektes profitieren konnten. Zudem ist das Projekt „Diagnose, Förderung, Ausbildung" eingebettet in die regelmäßigen Erhebungen der Studie „Aspekte der Lernausgangslage und der Lernentwicklung" (LAU), die vom Institut zur Qualitätsentwicklung im Bildungswesen der Humboldt-Universität zu Berlin in Kooperation mit dem Max-Planck-Institut für Bildungsforschung Berlin und der Friedrich-Alexander-Universität Erlangen-Nürnberg in Bremen durchgeführt werden. Die wissenschaftliche Begleitung soll einen Teil der Evaluation des Projektes vor dem Hintergrund der im Folgenden beschriebenen Ziele ermöglichen.

3.2 Projektziele

Die Ziele des Projektes liegen auf drei unterschiedlichen Ebenen, die eng miteinander verwoben sind, sich wechselseitig beeinflussen. Erstes und zentrales Ziel ist die Förderung sozialer, emotionaler und kommunikativer Kompetenzen von Schülerinnen und Schülern (sog. soft skills), die für ihre schulischen Leistungen, das schulische Zusammenleben, das soziale Klima innerhalb der Klassen, innerhalb der Schule sowie die soziale Integration von Kindern und Jugendlichen von großer Bedeutung sind (vgl. z.B. Raver 2002; Blair 2002; Eisenberg/Fabes 1999). Zahlreiche Studien – bspw. von Petermann/Wiedebusch 2003; Tillmann et al. 2000; Pieper 1999; Schubarth et al. 1996 – zeigen, dass eine Förderung überfachlicher Kompetenzen zu einer Verbesserung auch fachlicher Leistungen führen kann. Von großer Bedeutung erscheint in diesem Zusammenhang die Einstellung zur Bildung, die als eine Art Mediator fungieren, d.h. ein vermittelndes Bindeglied zwischen fachlicher und überfachlicher Kompetenzentwicklung darstellen kann (vgl. Abb. 1).

Abb. 1: Kompetenzentwicklung

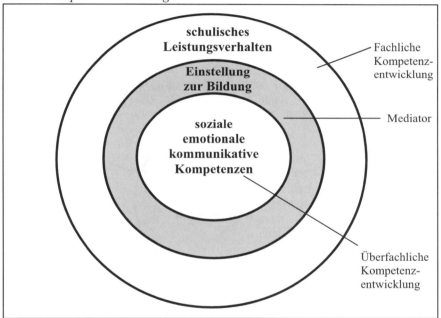

In der theoretischen Rahmung des Projektes (wie auch des vorliegenden Bandes) wird eine Typologienbildung vorgenommen und zwischen sozialen, emotionalen und kommunikativen Kompetenzen unterschieden (vgl. Lexikon Pädagogik 2007, 413f.; de Boer in diesem Band), um einen differenzierteren Zugang zu dem doch recht konturlosen Feld der überfachlichen Kompetenzen zu eröffnen, damit die Projektziele nicht im viel vernommenen und inhaltlich oft verschwommenen „soft skills-talk" (Reichenbach in diesem Band) verblassen. Dies bedeutet jedoch nicht, dass die Termini nicht eng miteinander verbunden sind,

Schnittmengen aufweisen und je nach Verwendungszusammenhang und Bedeutungsmoment eine Subkategorie des oder der jeweils anderen darstellen können. Die Unterscheidung zwischen sozialen, emotionalen und kommunikativen Kompetenzen lässt sich demnach am sinnvollsten durch ein dynamisches Modell begreifen (vgl. Abb 2.).

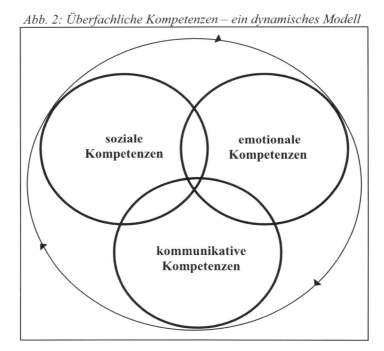

Abb. 2: *Überfachliche Kompetenzen – ein dynamisches Modell*

Der Begriff der „sozialen Kompetenz" bezieht sich dabei – und dies allein mutet schon verschwommen genug an – auf eine gesellschaftlich wie individuell erwünschte, positive Gestaltung von Sozialkontakten und Beziehungen. Ein sozial kompetentes Verhalten im Umgang mit anderen Menschen schließt dabei sowohl kognitive Dimensionen, wie das Wissen über bestimmte Verhaltensregeln und Konventionen, als auch konkrete Handlungskomponenten, Fähigkeiten und Fertigkeiten im zwischenmenschlichen Umgang ein und berührt schließlich auch die affektive Ebene der Interaktion (vgl. Oerter 2002; Kanning 2005). Hier schließt der Terminus der „emotionalen Kompetenz" an und beschreibt einen Lernprozess, in dessen Rahmen sich die persönliche Fähigkeit, sowohl mit den eigenen als auch den Gefühlen anderer umgehen zu können, mehr und mehr entwickelt (vgl. Friedlmeier 1999; Havinghurst 1972; Dreher/Dreher 1985). Emotionale Kompetenz impliziert also, „sich seiner eigenen Gefühle bewusst zu sein, Gefühle mimisch oder sprachlich zum Ausdruck zu bringen und eigenständig zu regulieren sowie die Emotionen anderer Personen zu erkennen und zu verstehen" (Petermann/Wiedebusch 2003). Die „kommunikative Kompetenz" ist damit eng verbunden, und unter dieser versteht Ganser (2005) „sprachliche Ausdrucksfähigkeit, Teamfähigkeit, Moderation, Selbstdarstellung, persönliche(r)[n] Umgang innerhalb von Partnerschaft und sozialen Beziehungen". Hier schließt sich der Kreis zur Sozialkompetenz. Im Fokus aber stehen in diesem Kontext die bewusste und kompetente Teilhabe an Kommunikations- und Interaktionsprozessen – auch zunehmend interkultureller Art (vgl. etwa Luchtenberg 1999) – sowie deren mögliche Steuerung – eben durch eine ausgeprägte kommunikative Kompetenz. Es ist also insbesondere eine Frage der Perspektive, der Fokussierung, ob nun primär soziale, emotionale oder kommunikative Dimensionen des soft skills-Begriffes in den Blick genommen werden.

Die Ergebnisse aktueller Untersuchungen – wie etwa von Rauschenbach/Otto 2004 und Otto/Coelen 2004 – zeigen nun, dass ein unzureichender oder nicht stattfindender Transfer zwischen Bildungsprozessen in den pädagogisch relevanten Institutionen wie Familie, Kindergarten, Grund- und Sekundarschulen, Jugendeinrichtungen, Medien und Peers, dazu führen kann, dass sich ungünstige Bedingungen insbesondere des informellen Bereichs als negative Einflussfaktoren auch für die anderen Bereiche manifestieren. Aus einer unzureichenden Vermittlung sozialer, emotionaler und kommunikativer Kompetenzen bspw. im familialen Sektor können somit ungünstige Bedingungen auch für die anderen Sektoren entstehen. Ein Mentoring-Programm, das sowohl die schulischen als auch außerschulischen Lebenswelten der Kinder und Jugendlichen in den Blick nimmt, erscheint vor diesem Hintergrund als eine Erfolg versprechende Strategie zur Förderung überfachlicher Kompetenzen.

Das zweite Ziel des Projektes DINA liegt in der Unterstützung und Entlastung von Lehrerinnen und Lehrern in konkreten Situationen des Schulalltags durch die Zusammenarbeit mit den Studierenden, in der Entwicklung eines differenzierteren und erweiterten Blickes auf ihre Schülerinnen und Schüler durch die Einbeziehung einer „Außenperspektive" und in der Stärkung ihrer diagnostischen Kompetenzen. Der Wandel der Bedingungen des Aufwachsens von Kindern und Jugendlichen (vgl. etwa Hurrelmann in diesem Band) führt zu einem Wandel auch der Anforderungen an Schule und Unterricht und damit eng verbunden an das Aufgaben- und Rollenspektrum von Lehrerinnen und Lehrern. In diesem zunehmend weiten, diffusen und von Erwartungen an Verantwortungsübernahme unterschiedlichster Art geprägten Feld steht die Lehrerin bzw.

der Lehrer in einem Spannungsfeld aus Pädagogik, Sozialpädagogik, Familienberatung, Einzel- und Gruppentherapie, Lebenshilfe, Entertainment, Lernbegleitung und -beratung und dennoch oft immer noch auch Wissensvermittlung. Diese Rollenvielfalt und -divergenz führt zu einem problematischen Belastungserleben einer bemerkenswerten Zahl von Lehrerinnen und Lehrern, aus dem nachhaltige psychische und psychosomatische Beeinträchtigungen resultieren können. Als sinnvolle Konsequenzen erscheinen demnach einerseits die Entlastung der Lehrerinnen und Lehrer im Schulalltag und andererseits die Weiterentwicklung notwendiger diagnostischer und Handlungskompetenzen verbunden mit einer Sensibilisierung für den persönlichen Nutzen einer stetigen Weiterqualifizierung über die gesamte Berufslaufbahn hinweg – wie in anderen Berufsfeldern schon seit längerer Zeit üblich (vgl. Bohnsack 1999, 25).

Das dritte Projektziel liegt in der Stärkung erziehungswissenschaftlicher Anteile im Rahmen der Lehrerinnen- und Lehrerausbildung verbunden mit der Etablierung einer besonderen Art schulischer und außerschulischer Praxiserfahrung für die Studierenden durch die intensive Betreuung eines Kindes bzw. Jugendlichen, gerahmt durch die Mitarbeit im Unterricht der Lerngruppe dieser Schülerin bzw. dieses Schülers. Angehende Lehrerinnen und Lehrer sollten frühzeitig auf die oben skizzierten veränderten Anforderungen an ihren zukünftigen Beruf vorbereitet werden. Die Beschäftigung mit Kindern und Jugendlichen, für die ein besonderer Förderbedarf im Kontext ihrer überfachlichen Kompetenzen diagnostiziert wurde, darf nicht exklusiv von der Förder- oder Sonderpädagogik reklamiert, sondern muss verstärkt auch als Gegenstand der allgemeinen Lehrerbildung erkannt werden (vgl. Hänsel 2002, 129). Dazu bedarf es eines intensiven Praxisbezuges, denn die Sensibilisierung für die Bedürfnisse, Interessen und Probleme von Kindern und Jugendlichen heute, für die Chancen und Risiken, die ihre Lebenswelten bereit halten, kann eine theorieorientierte Ausbildung allein nicht leisten, sondern verlangt vielmehr ein wirkliches Kennenlernen dieser Welten, ein Erfahren ihrer Vielfalt und Widersprüchlichkeit (vgl. Rohlfs 2006).

Vor diesem Hintergrund wird neben der Erschließung neuer Praxisfelder insbesondere auch ein stärkerer Diskurs zwischen eben dieser Praxis und der Theorie angestrebt: Ein Problem in pädagogischen Handlungsfeldern ist die spürbare Spannung zwischen wissenschaftlicher Erkenntnis und persönlicher Erfahrung einerseits sowie zwischen erziehungswissenschaftlicher Theorie und fachwissenschaftlicher Ausbildung andererseits. Ziel des Projekts ist es, dieser Problematik bereits während der universitären Ausbildung zu begegnen. Eine solche Form des erziehungswissenschaftlichen Studiums aber, das die Kluft zwischen Theorie und Praxis zu überwinden hilft, ist noch immer eine Utopie (vgl. Bohnsack 1999, 23), und muss auch in dem Bemühen um eine international vergleichbare, polyvalente und konsekutive Lehrerbildung vielerorts Illusion bleiben. Allerdings verlangt die Leitidee der Polyvalenz (vgl. etwa Köhler 1999) nach einem Studium, das inhaltlich nicht mehr allein auf eine spätere Tätigkeit als Lehrerin bzw. Lehrer ausgerichtet ist und dessen Abschluss ein breites Spektrum beruflicher Alternativen eröffnet. Es erfordert somit auch polyvalente Praktika, die weit mehr als nur schul- und unterrichtsbezogene Praxisfelder erschließen. Auch hier erscheint ein im schulischen wie außerschulischen Kontext angesiedeltes Mentoring-Programm als ein Erfolg versprechendes Instrument zur Veränderung des erziehungswissenschaftlichen Studiums und Realisierung des Polyvalenzanspruchs in der Studienpraxis. Im Folgenden soll nun die konkrete Umsetzung der dargestellten theoretischen Vorüberlegungen in die Projektpraxis aufgezeigt werden.

3.3 Konkrete Umsetzung

Das Projekt „Diagnose, Förderung, Ausbildung" gliedert sich in einzelne, in sich geschlossene Durchgänge von der Dauer eines Jahres und innerhalb dieser Laufzeit in jeweils drei Module. Im ersten Modul „Diagnose" werden die überfachlichen Kompetenzen von Schülerinnen und Schülern gezielt und systematisch in den Blick genommen – in den Blick ihrer Lehrerinnen und Lehrer. Über eine Anwendung der Methoden Beobachtung, Fragebogenerhebung und Test werden also Stärken und Probleme der Kinder und Jugendlichen im Bereich ihrer soft skills diagnostiziert und erst dann individuelle Fördermaßnahmen für solche Schülerinnen und Schüler entwickelt, für die hier ein besonderer Förderbedarf erkannt wird. Vorbereitend werden die Lehrerinnen und Lehrer im Rahmen mehrerer Projekttage mit den einzusetzenden Diagnoseverfahren vertraut gemacht.

Die Ergebnisse der Diagnose sind also Grundlage und Voraussetzung für die konkrete Förderung im zweiten Modul „Begleitung und Intervention", das mit einer Dauer von neun Monaten den eigentlichen Kern des Projektes darstellt und in dessen Zentrum das konkrete Mentoring, die Begleitung „ausgewählter" Schülerinnen und Schüler durch Studierende steht. Wichtig ist es, dass die Studierenden zuvor intensiv auf ihre Aufgaben als Mentoren vorbereitet wurden und auch im Mentoring-Prozess selbst betreut und begleitet werden. So finden sie im Projekt stets Anlaufstellen für offene Fragen und aktuelle Probleme und erhalten im Rahmen eines regelmäßig stattfindenden universitären Seminars Raum für den Austausch, die Reflexion und Diskussion persönlicher, individuell unterschiedlicher und doch oft vergleichbarer Erfahrungen. Zudem werden die Praxiserfahrungen hier mit theoretischen Überlegungen und Modellen konfrontiert und verknüpft. Der professionelle Umgang mit Nähe und Distanz in pädagogischen Prozessen und Beziehungen etwa ist ein in diesem Zusammenhang bedeutsames und oft nachgefragtes Thema, welches durch systematische Reflexion des eigenen pädagogischen Handelns bspw. in Form von teambezogener Fallarbeit oder Supervision sehr eindrücklich erschlossen (vgl. Helsper 1995, 26) und ausgehend von konkreten Erfahrungen letztlich auch theoretisch durchdrungen werden kann.

Nach einer Hospitationsphase, in welcher die Studierenden einen ersten Eindruck von der Schule, den beteiligten Lernguppen, den Lehrerinnen und Lehrern und den zu begleitenden Schülerinnen und Schülern in der Lebens- und Lernwelt Schule erhalten, beginnt das eigentliche Mentoring mit dem sog. Matching, in dessen Rahmen sich Studierende und Schülerinnen und Schüler zu Tandems zusammenfinden. Die Kinder und Jugendlichen wurden von ihren Lehrerinnen und Lehrern zwar für das Programm vorgeschlagen, ihre Teilnahme ist aber unbedingt freiwilliger Art. Im Anschluss an die Zusammenführung der Teams beschäftigen sich die Studierenden gezielt mit ihren Mentees, unterstützen diese vormittags im Unterricht und begleiten sie auch nachmittags, helfen etwa bei den Hausaufgaben. Hierdurch soll ein intensiver und verbindlicher Kontakt entstehen, durch den die Kinder und Jugendlichen die Studierenden langfristig als zuverlässige und vertrauensvolle Bezugspersonen ernst nehmen. Vor diesem Hintergrund konkretisieren Mentoren und Mentees gemeinsam Intensität, Umfang und Form des Mentorings und halten ihre Vereinbarungen vertraglich fest, um die Verbindlichkeit der Maßnahme für alle Beteiligten zu verdeutlichen.

Im Rahmen der darauf folgenden Begleit- und Förderphase wird zunächst an den zuvor diagnostizierten Stärken der Kinder und Jugendlichen angeknüpft, um die Schülerinnen und Schüler nicht mit einer Defizitorientierung zusätzlich zu belasten, sondern vielmehr eine positive Beziehungsatmosphäre zu schaffen, in welcher dann auch individuelle Probleme gemeinsam in den Blick genommen werden können. Der schulische Kontext wird hierbei ebenso berücksichtigt wie der außerschulische. Die Studierenden begleiten die Kinder und Jugendlichen also bspw. in die Familie, lassen sich das Wohnumfeld und Lieblingsorte zeigen, lernen Freundinnen und Freunde kennen, begleiten Vereinsaktivitäten und initiieren stets auch außergewöhnliche Aktivitäten wie den Besuch eines Zoos, des Kinos, der Kinder-Uni etc. Neben der gemeinsamen Beschäftigung mit individuell abgestimmten Instrumenten zur Förderung sozialer, emotionaler und kommunikativer Kompetenzen sind also insbesondere diese ganzheitliche Begleitung, die gemeinsamen Erlebnisse, die Erfahrung einer verlässlichen Beziehung, die Erfahrung von Unterstützung in verschiedensten Bereichen und damit das Erleben eines positiven Modells für die Gestaltung von sozialen Beziehungen, die bedeutsamsten und wirkungsvollsten Momente für eine Kompetenz-Bildung in diesem Kontext.

Im abschließenden Modul „Evaluation" wird der Mentoring-Prozess noch einmal gemeinsam reflektiert, die Förderung auf ihren Erfolg hin überprüft und ggf. für den folgenden Durchgang entsprechend verändert und verbessert. Die Evaluation stellt in diesem Zusammenhang eine Weiterentwicklung der eigenen Praxis dar – sie dient der Qualitätsentwicklung. Wie im ersten Modul „Diagnose" finden auch hier die Methoden Beobachtung, Fragebogenerhebung und Test Anwendung. Darüber hinaus erfolgt die Evaluation in den ersten Projektdurchgängen über eine Sekundäranalyse von Daten aus der Studie „Aspekte der Lernausgangslage und der Lernentwicklung" (LAU), an deren Erhebungen auch die in das Projekt DINA involvierten Kinder und Jugendlichen vor und nach dem Mentoring teilnehmen. Nicht zuletzt erstellen auch die Studierenden ein detailliertes Portrait der von ihnen begleiteten Schülerinnen und Schüler, dokumentieren dies in Form einer Fallstudie als Studienabschlussarbeit und leisten damit eine sehr dichte und ertragreiche Form der Evaluation.

4 Ein erstes Resümee

Auch wenn die Evaluation erst eines Durchganges des Projektes „Diagnose, Förderung, Ausbildung" durchgeführt worden ist, lässt sich vor allem aufgrund des regelmäßigen Austausches zwischen den Mentoren und der Projektleitung in einem ersten Resümee festhalten, dass sich das Prinzip des Mentoring, der Patenschaften bereits jetzt als ein sehr geeignetes Konzept zur Förderung der sozialen, emotionalen und kommunikativen Kompetenzen sowohl von Kindern als auch Jugendlichen erwiesen hat. Dies liegt vor allem darin begründet, dass ein erfolgreiches Mentoring auf dem bemerkenswerten Engagement der Mentoren für ihre Mentees, für die Mentoring-Beziehung gründet: „Gerade soziales Lernen ist an personale Bezüge gebunden" (Esch et al. 2007). Die Kinder und Jugendlichen erleben hier ein in vielerlei Hinsicht positives Vorbild. Sie erleben die Bereicherung des Alltags durch jemanden, der ihnen wirkliche Beachtung schenkt, der sie ernst nimmt, der sich um sie kümmert, der sie unterstützt, der an ihnen interessiert ist, der ihnen vertraut und dem auch sie vertrauen können. Diese Erfahrung ist für viele Heranwachsende von besonderem Wert, und das Einlassen auf die Beziehung zu dem Mentor, das Erleben gegenseitiger Wertschätzung, Anerkennung, aber auch Kritik und die Entwicklung gegenseitigen Vertrauens ist sowohl die Voraussetzung für das gemeinsame Arbeiten als auch zugleich ein erster Erfolg, ein erster und bedeutsamer Schritt auf dem Weg persönlicher Weiterentwicklung.

In dieser Beziehung darf allerdings nicht außer Acht gelassen werden, dass die Verbindung zwischen Mentor und Mentee einen besonderen Charakter hat: den Charakter einer zeitlich limitierten Patenschaft. Dies gilt es, für alle Beteiligten transparent zu machen und stets zu reflektieren. Es gilt für die pädagogisch Handelnden, sich zu „begrenzen" (Helsper 1995, 26) und dennoch – oder gerade deswegen – eine der Beziehung entsprechende Nähe zu ermöglichen. Entscheidend hierfür ist die

> „Verlässlichkeit, die Orientierung an Gerechtigkeit und einer einfühlenden Fürsorge, die zugleich um ihre Grenzen weiß. Ergebnis ist Vertrauen, das über ungewisse und prekäre pädagogische Handlungen erzeugt und erneuert werden muß. Es nimmt im professionellen pädagogischen Handeln jene Stelle ein, die in intimen Beziehungen der Liebe oder der Freundschaft vorbehalten ist." (ebd.)

Vor diesem Hintergrund kann ein Mentoring gelingen, das letztendlich nicht zu Enttäuschungen führt, sondern vielmehr die Chance für eine besondere Art der Förderung und Stärkung auch von Kindern und Jugendlichen eröffnet. Das Projekt „Diagnose, Förderung, Ausbildung" (DINA) versucht, diese Chance zu nutzen.

Literatur

Blair, C. (2002): School readiness: Integrating cognition and emotion in neurobiological conceptualization of children's functioning at school entry. In: American Psychologist, 57, 111-127.

Bohnsack, F. (1999): Gründe für eine veränderte Lehrerausbildung heute. In: Zentrum für Schulforschung und Fragen der Lehrerbildung (ZSL) der Martin-Luther-Universität Halle-Wittenberg (Hrsg.): Zukunft der Lehrerausbildung. Neuere Konzepte in der Diskussion. Halle/Saale, 19-25.

Brügelmann, H./Panagiotopoulou, A. (2005): Kindheits- und Grundschulforschung – zwei Welten? Versuche eines Brückenschlags im Projekt „Lernbiografien im schulischen und außerschulischen Kontext". In: Breidenstein, G./Prengel, A. (Hrsg.): Schulforschung und Kindheitsforschung – ein Gegensatz? Opladen: Leske+Budrich, 71-94.

Dreher, E./Dreher, M. (1985): Entwicklungsaufgaben im Jugendalter: Bedeutsamkeit und Bewältigungskonzepte. In: Liepmann, D./Stiksrud, A. (Hrsg.): Entwicklungsaufgaben und Bewältigungsprobleme in der Adoleszenz. Göttingen et al.: Hogrefe, 56-70.

Eisenberg, N./Fabes, R. (1999): Emotion, emotion-related regulation and quality of socioemotional functioning. In: Balter, L./Tamis-LeMonda, C. (Eds.): Child psychology: A handbook of contemporary issues. Philadelphia: Psychology Press, 318-335.

Esch, D./Szczesny, M./Müller-Kohlenberg, H. (2007): Balu und Du. Ein Präventionsprogramm zur Vermeidung von Devianz, Desintegration und Gewalt im Jugendalter. Projektbeschreibung. [online] URL: http://www.paedagogik.uni-osnabrueck.de/lehrende/mueller-kohlenberg/sozialpaedagogik /baluunddu07.pdf [Stand 11.03.2006].

Esch, D. et al. (2007): Balu und Du. Ein Mentorenprojekt für benachteiligte Kinder im Grundschulalter. In: Heinzel, Friederike/Garlichs, Ariane/Pietsch, Susanne (Hrsg.): Lernbegleitung und

Patenschaften. Reflexive Fallarbeit in der universitären Lehrerausbildung. Bad Heilbrunn: Klinkhardt, 132-144.

Faix, T. (2000): Mentoring. Neukirchen-Vluyn: Aussaat-Verlag.

Friedlmeier, W. (1999): Emotionsregulation in der Kindheit. In: Friedlmeier, W./Holodynski, M. (Hrsg.): Emotionale Entwicklung. Heidelberg: Spektrum, 197-218.

Friedlmeier, W./Holodynski, M. (Hrsg.): Emotionale Entwicklung. Heidelberg: Spektrum.

Ganser, B. (2005): Kooperative Sozialformen im Unterricht. Ein unverzichtbarer Beitrag zur inneren Schulentwicklung. Dissertation. Erlangen, Nürnberg.

Garlichs, A. (2000): Schüler verstehen lernen. Das Kassler Schülerhilfeprojekt im Rahmen einer reformorientierten Lehrerausbildung. Donauwörth: Auer.

Garlichs, A. (2007): Auf dem weg zum Kasseler Schülerhilfeprojekt. In: Heinzel, F./Garlichs, A./Pietsch, S. (Hrsg.): Lernbegleitung und Patenschaften. Reflexive Fallarbeit in der universitären Lehrerausbildung. Bad Heilbrunn: Klinkhardt, 21-31.

Geiling, U./Sasse, A. (2007): Bildungsförderung benachteiligter Kinder im Grundschulalter durch Studierende. In: Heinzel, F./Garlichs, A./Pietsch, S. (Hrsg.): Lernbegleitung und Patenschaften. Reflexive Fallarbeit in der universitären Lehrerausbildung. Bad Heilbrunn: Klinkhardt, 62-74.

Hänsel, D. (2002): Auffällige Kinder – Herausforderung für Schule. In: Kottmann, B./Miller, S./Standop, J. (Hrsg.): Leben lernen – Wie verändert sich Schule? Ostfriesische Hochschultage 16.-17. November 2000. Tagungsbericht für die Praxis. Oldenburg: Carl von Ossietzky Universität Oldenburg, 113-131.

Havighurst, R. J. (1972): Developmental tasks and education. New York: McKay.

Heinzel, F./Garlichs, A./Pietsch, S. (Hrsg.) (2007): Lernbegleitung und Patenschaften. Reflexive Fallarbeit in der universitären Lehrerausbildung. Bad Heilbrunn: Klinkhardt.

Helsper, W. (1995): Pädagogisches Handeln in den Antinomien der Moderne. In: Krüger, H.-H./Helsper, W. (Hrsg.): Einführung in Grundbegriffe und Grundfragen der Erziehungswissenschaft. Opladen: Leske+Budrich.

Kanning, U. P. (2005): Soziale Kompetenzen. Entstehung, Diagnose und Förderung. Göttingen et al.: Hogrefe.

Köhler, G. (1999): Professionalität und Polyvalenz. GEW Positionen zur Reform der LehrerInnenbildung. In: Zentrum für Schulforschung und Fragen der Lehrerbildung (ZSL) der Martin-Luther-Universität Halle-Wittenberg (Hrsg.): Zukunft der Lehrerausbildung. Neuere Konzepte in der Diskussion. Halle/Saale, 26-38.

Kottmann, B. (2000): „Schule für alle" als Reformprojekt der Lehrerbildung: Studierende leisten Einzelhilfe bei benachteiligten Kindern. In: Kottmann, B./Miller, S./Pein, B. (Hrsg.): Lehrerbildung an der Universität Bielefeld. Dokumentation des Symposions „Die Zukunft liegt in der Lehrerbildung" im November 1999. Aachen: Shaker, 97-108.

Kottmann, B. (2002): Pädagogische Einzelfallarbeit von Studierenden mit benachteiligten Kindern: das Projekt „Schule für alle". In: Kottmann, B./Miller, S./Standop, J. (Hrsg.): Leben lernen – Wie verändert sich Schule? Ostfriesische Hochschultage 16.-17. November 2000. Tagungsbericht für die Praxis. Oldenburg: Carl von Ossietzky Universität Oldenburg, 133-146.

Kottmann, B. (2007): Das Bielefelder Projekt „Schule für alle". Prävention von Selektion und Förderung benachteiligter Kinder durch Studierende. In: Heinzel, F./Garlichs, A./Pietsch, S. (Hrsg.): Lernbegleitung und Patenschaften. Reflexive Fallarbeit in der universitären Lehrerausbildung. Bad Heilbrunn: Klinkhardt, 32-42.

Luchtenberg, S. (1999): Interkulturelle Kommunikative Kompetenz. Opladen: Leske+Budrich.

Maas, M. (2207): Das Essener Schülerhilfeprojekt. In: Heinzel, F./Garlichs, A./Pietsch, S. (Hrsg.): Lernbegleitung und Patenschaften. Reflexive Fallarbeit in der universitären Lehrerausbildung. Bad Heilbrunn: Klinkhardt, 43-61.

Oerter, R. (2002): Kindheit. In: Oerter, R./Montada, L. (Hrsg.): Entwicklungspsychologie. Ein Lehrbuch. Weinheim: Beltz.

Otto, H.-U./Coelen, T. (2004): Grundbegriffe zur Ganztagsbildung. Beiträge zu einem neuen Bildungsverständnis in der Wissensgesellschaft. Wiesbaden: GWV-Fachverlage.

Panagiotopoulou, A./Rohlfs, C. (Hrsg.) (2001): Lernbiografien im sozialen Kontext. Dokumentation und Auswertung einer internationalen Fachtagung in Siegen vom 06. bis 08. September 2000. Siegen: Universität Siegen.

Petermann, F./Wiedebusch, S. (2003): Emotionale Kompetenz bei Kindern. Göttingen et al.: Hogrefe.

Pieper, E. (1999): Eine für alle? Eine empirische Studie zur differenziellen Wirkung einer Kompetenzförderung bei Kindern mit unterschiedlichem sozioökonomischen Status. Dissertation. Bielefeld.

Rauschenbach, T. et al. (2004): Konzeptionelle Grundlagen für einen Nationalen Bildungsbericht – Non-formale und informelle Bildung im Kindes- und Jugendalter. Herausgegeben vom Bundesministerium für Bildung und Forschung. Berlin.

Raver, C. (2002): Emotions matter: Making the case for the role of young children's emotional development for early school readiness. In: Social Policy Report, 16, 3-18.

Rohlfs, C. (2006): Freizeitwelten von Grundschulkindern. Eine qualitative Sekundäranalyse von Fallstudien. Weinheim; München: Juventa.

Rohlfs, C. (2007): Freizeitwelten von Grundschulkindern. Eine Sekundäranalyse von Fallstudien. In: Heinzel, F./Garlichs, A./Pietsch, S. (Hrsg.): Lernbegleitung und Patenschaften. Reflexive Fallarbeit in der universitären Lehrerausbildung. Bad Heilbrunn: Klinkhardt, 193-207.

Schaukal-Kappus, H. (2004): Therapeutische Begleiter. In: Garlichs, Ariane (Hrsg.): Lernbegleitung und Patenschaften. Kassel: Universität Kassel, 50-55.

Schubarth, W./Kolbe, F.-U./Willems, H. (Hrsg.) (1996): Gewalt an Schulen. Ausmaß, Bedingungen und Prävention. Quantitative und qualitative Untersuchungen in den alten und neuen Ländern. Opladen: Leske+Budrich.

Schubarth, W. (2003): Formen, Möglichkeiten und Grenzen der Gewaltprävention. Schulische und außerschulische Präventionskonzepte und deren Beitrag zur Entwicklung von Konfliktfähigkeit bei Jugendlichen. In: Raithel, J./Mansel, J. (Hrsg.): Kriminalität und Gewalt im Jugendalter. Hell- und Dunkelfeldbefunde im Vergleich. Weinheim; München: Juventa, 300-316.

Steins, G. (2004): Das Essener Schülerhilfeprojekt. Pädagogisches Konzept. [online] URL: http://www.uni-essen.de/fb2gst/kinderschutzbund.doc [Stand 15.02.2006]

Tillmann, K.-J. et al. (2000): Schülergewalt als Schulproblem. Verursachende Bedingungen, Erscheinungsformen und pädagogische Handlungsperspektiven. Weinheim; München: Juventa.

Wallrabenstein, W. (2002a): Grundlegende Überlegungen zur Initiierung eines Projektes Kinderpatenschaften. [online] URL: http://www.erzwiss.uni-hamburg.de/kipa/KIPATeil1.PDF [Stand 11.03.2006]

Wallrabenstein, W. (2002b): Die Ziele des Projektes für die Kinder. [online] URL: http://www.erzwiss.uni-hamburg.de/kipa/ZielederKinder.PDF [Stand 11.03.2006].

Wenzel, H. (1999): Qualifizierung von Lehrerinnen und Lehrern – wohin geht die Diskussion zur Neuordnung der Lehrerausbildung? In: Zentrum für Schulforschung und Fragen der Lehrerbildung (ZSL) der Martin-Luther-Universität Halle-Wittenberg (Hrsg.): Zukunft der Lehrerausbildung. Neuere Konzepte in der Diskussion. Halle/Saale, 4-18.

Wulf, M. (2002): Mentoring – Eine Anleitung zum Doing. Beiträge aus der Forschung. Bd. 129. Dortmund: Landesinstitut Sozialforschungsstelle (sfs).

Zimmermann, P. (1999): Emotionsregulation im Jugendalter. In: Friedlmeier, W./Holodynski, M. (Hrsg.): Emotionale Entwicklung. Heidelberg: Spektrum, 219-240.

Persönlichkeits- und Kompetenzentwicklung im Kasseler Schülerhilfeprojekt

Ariane Garlichs

Der Aufbau individueller Förderkompetenz ist eine Kernaufgabe zeitgemäßer Lehrerausbildung, um Schülerinnen und Schüler bis an ihre Leistungsgrenze zu führen und gleichzeitig das deutsche Bildungswesen von einem sozialselektiven in ein primär förderorientiertes System zu transformieren. Dies gilt grundsätzlich für alle Lehrämter unabhängig von Schulstufe und Studienfach, auch wenn im Einzelnen unterschiedliche Modelle praktiziert werden. Hier kann lediglich eines vorgestellt werden. Die Angemessenheit solcher Modelle bemisst sich nach dem Ausbildungskontext – also z.b. dem Studiengang – und dem Ziel der Förderung. Welche Art von Förderung ist gemeint? Wird eine weitgehend ganzheitliche, umfassende Förderung angestrebt oder sollen besondere (z.b. fachliche) Lerndefizite ausgeglichen werden? In theoretischer Hinsicht geht es um Fragen allgemeinpädagogischer, sozialpädagogischer, sonderpädagogischer, fachdidaktischer oder entwicklungstheoretischer Art, in praktischer Hinsicht um Handlungskonzepte für künftige Lehrerinnen und Lehrer im Zusammenhang mit einer konkreten Aufgabe.

1 Lehramtsstudierende brauchen Kontakt zu Kindern

Wie soll man begreifen, dass jedes Kind einzigartig ist, wenn man im Alltag nur wenig Umgang mit Kindern hat? Während meiner Lehrerausbildung in den fünfziger Jahren gab es in den Familien, der Nachbarschaft und auf den Straßen viel mehr Kinder als heute. Wenn man wollte, konnte man nebenbei eine Menge über Kinder und Kindheiten erfahren. Später, in meiner Dorfschulzeit wohnte ich im Schulort (es gab noch das Institut der Residenzpflicht), machte meine Wege zum Lebensmittelgeschäft zu Fuß und stieß unterwegs immer wieder auf Kinder, deren Alltagsleben ich beiläufig beobachten konnte. Dabei fiel mir auf, wie anders sich manche Kinder im Freien verhielten, als ich sie in der Schule erlebte. Warum z.B. saß Gernot still vor mir, wenn er draußen voll Temperament den Räuberhauptmann spielte? Hing das mit meinem Unterricht zusammen, mit den Klassenkameraden oder mit dem Leistungsdruck durch seine Eltern? Ich wollte es herausfinden.

2 Versuche, das Lehrerstudium mit Leben zu erfüllen

1972 nahm ich meine Tätigkeit in der Lehrerausbildung an der Gesamthochschule Universität Kassel auf und überlegte mir, wie man Studierende und Kinder miteinander in Kontakt bringen kann – auch außerhalb der verpflichtenden Schulpraktika.

Eine erste Annäherung: In den Jahren ab 1975 entstand die Idee eines „Grundschulpädagogischen Labors", in dem didaktische Szenarien konkret entwickelt und mit Kindern erprobt werden konnten. Die Konzeption, die von Herbert Hagstedt entfaltet wurde, war von Anfang an recht offen. Es sollte ausreichend Zeit und Raum für Situationen geben, in denen Studenten mit und ohne Kinder dort etwas arrangieren und Erfahrungen machen konnten. Je spezifischer die Lernarrangements waren, desto besser ließen sie sich mit systematischer Beobachtung verbinden. Wenn z.B. Kinder im Alter von 6 bis 8 Jahren mit einem sonderbaren physikalischen Phänomen konfrontiert wurden und dazu ihre Vermutungen äußerten, konnte man ihnen beim Denken gleichsam zusehen. Das hat im Rahmen einer Versuchsreihe, die über mehrere Jahre wiederholt und ausgewertet wurde, vertiefte Einblicke in kindliche Denkprozesse ermöglicht (vgl. Hagstedt 1985).

Das Grundschullabor ließ sich als Experimentierfeld für didaktische Forschung trefflich nutzen. So fruchtbar diese Arrangements für Beobachtung und Forschung waren, eines konnten sie nicht leisten: die kritische Selbstreflexion des verantwortlichen Erwachsenen (Student/in oder Hochschullehrer/in), der ein bestimmender Faktor für das Arrangement blieb, das nicht zur Disposition stand. Noch eine zweite Grenze hinsichtlich der Erkenntnismöglichkeiten ist solchen Beobachtungsarrangements implizit: Der Alltag des Kinderlebens wird gar nicht erst in den Blick genommen; er bleibt außen vor. Man muss nichts über die Kinder wissen, über ihren Lebenszusammenhang und ihre Mentalitäten und kann dennoch in einem didaktischen Szenarium fruchtbar mit ihnen kooperieren. Das deckt sich vielfach mit anderen unterrichtlichen Inszenierungen und wäre nicht erwähnenswert, wenn sich nicht unter der Hand die Vorstellung bilden würde, dass man so die agierenden Kinder hinreichend kennen gelernt hätte, von denen man in Wirklichkeit nur sehr wenig weiß. Das vermeintliche Wissen (mit einem lehrer- oder forscherspezifischen Blick) muss erst in seiner Begrenztheit erfahren werden, um das Bedürfnis nach einem fundierteren Verstehen von Kindern zu entwickeln.

Eine zweite Annäherung: In einem Seminar über „Schulalltag und Lebenssituation 6- bis 10-jähriger Kinder"[1] wurde den Teilnehmern die Aufgabe gestellt, ein Kind ihrer Wahl eine ganze Woche lang zu begleiten – vom Beginn des Tages bis zum Schlafengehen. Abends wurde mit den Kindern gemeinsam der Tag rekonstruiert und reflektiert. Daraus entstanden Tagespläne, die Auskunft über Aktivitäten, Bewegungsräume und Kontaktpartner der Kinder gaben. Aufgabe der Studenten war es, anschließend „Wochenportraits" zu erstellen, die im Seminar fallweise vorgestellt und diskutiert wurden. Thema war immer wieder, wie sich Lebenswelt und Schulsituation zueinander verhielten: in Spannung zueinander standen, sich ergänzten, widersprachen oder sogar blockierten. In diesem Seminar gab es eine bunte Mischung von Fällen, wie sie in dieser Form in der Sozialforschung selten zu finden ist; für uns aber wichtige Anstöße des Nachdenkens gab.

Die Wochenportraits waren für alle Beteiligten ein eindrucksvoller Beleg über Veränderungen von Kindheit gegenüber eigenen biografischen Erfahrungen und regten Diskussionen über Norm- und Wertvorstellungen an, über „gute" Kindheit, Schule und Familie, wie sie jeder von uns mit sich herumträgt und mehr oder weniger unbewusst in seinem Handeln reproduziert. Eine Grenze hatte jedoch auch diese Annäherung: Der Ausschnitt von einer Woche ist zu kurz, um *Veränderungen und Entwicklungen* beobachten zu können. Eigentlich sollte aber die *Entwicklungsperspektive* eine zentrale Perspektive in der professionellen Arbeit mit Kindern sein und Wahrnehmung und Handeln bestimmen.

Eine dritte Annäherung: Gegen Ende eines fünfwöchigen Schulpraktikums in einer großen Stadtschule wurden die Studentinnen von mehreren Kindern gebeten, ihnen ihre privaten Telefonnummern zu geben. Die meisten Kinder hatten das Herz der Studentinnen gewonnen, sich freundlich und umgänglich gezeigt, so wurde ihnen der Wunsch gerne erfüllt. Eine Studentin geriet später in eine für sie unerträgliche Situation. Nadine, das Kind, dem sie ihre Telefonnummer hinterlassen hatte, meldete sich, wann immer sie das Bedürfnis nach Kontakt hatte. Sie war tagsüber und auch nachts oft allein. Eines Nachts rief sie um 2 Uhr an, sie hätte Angst allein in der Wohnung: *Bitte, bitte komm doch, du musst mir das versprechen!* Das Kind bettelte und weinte. Die Studentin konnte und wollte dem Wunsch nicht nachgeben, hatte aber ein ungutes Gefühl und war um ihren Schlaf gebracht. Für mich wurde aus diesem und ähnlichen Berichten zweierlei deutlich:

---

[1] gemeinsam durchgeführt mit meinen Kollegen Leuzinger-Bohleber und Hagstedt

- Es gibt viele Kinder in unserer Gesellschaft, die nach mehr Zuwendung, Zeit und Aufmerksamkeit durch verständnisbereite, geduldige Erwachsene „hungern".
- Es gibt StudentInnen, die von sich aus geneigt sind, diesen Kindern Zeit zu schenken, aber keine Unterstützung finden, wenn sie sich in unlösbare Probleme verwickeln.

An dieser Stelle setzte das Kasseler Schülerhilfeprojekt ein, das im Kern beabsichtigt, dass Studierende Kindern, die es brauchen und wünschen, Zeit, Aufmerksamkeit und Zuwendung schenken (dabei offen sind für deren Lebens- und Lernprobleme) und gleichzeitig eigene Erfahrungen machen möchten. In der Arbeit mit den Kindern sollten sie eine realistische Einschätzung ihrer Hilfemöglichkeiten gewinnen und die Notwendigkeit von Abgrenzung kennen lernen, wie sie in jeder professionelle Rolle zwingend erforderlich ist. Die Entwicklung individueller Förderkompetenz steht dabei in einem Wechselverhältnis mit der Persönlichkeitsentwicklung, d.h. der Entwicklung sozialer, emotionaler und kommunikativer Kompetenzen.

3 Ein Praxisprojekt als Mitte des Studiums

1993 wurde das „Schülerhilfeprojekt"[2] aus der Taufe gehoben, das gleichzeitig ein Ausbildungsprojekt für Lehramtsstudierende werden sollte. Im Zusammenhang mit der Übernahme einer verantwortlichen Aufgabe, die Regelmäßigkeit, Verlässlichkeit, Pünktlichkeit, Verschwiegenheit u.a. einschließt, sollten sie für und mit ihrem „Patenkind" förderliche Bedingungen herstellen (in Schule und Freizeit), seinen Horizont und sein Selbstbewusstsein erweitern und ihm beistehen, wo immer es sinnvoll und notwendig war. Diese mit Absicht sehr offen gehaltene Aufgabe war nur leistbar durch ein dichtes Netz an Begleitveranstaltungen, in denen sich die Studierenden kontinuierlich über ihre Erfahrungen, Beobachtungen und Vorhaben austauschen konnten und jederzeit praktische Handlungsunterstützung erhielten (für Lernprobleme in der „didaktischen Werkstatt", bei anderen Problemen in der Supervision). Vier parallele Kleingruppen mit je sechs Studentinnen (in einzelnen Fällen auch mehr) bildeten die „Homebase" für das Projekt. In jeder der Gruppen spiegelten sich (mindestens) sechs Kindheitsgeschichten. Teilnehmer und Leiter bekamen eine Ahnung davon, wie unterschiedlich Kinder heranwachsen und wie sich ihre Persönlichkeit vor dem Hintergrund der je spezifischen Familiendynamik entwickelt. Die

---

[2] ausführlich bei Garlichs (2000)

Kleingruppe war der Ort, wo auf sehr lebendige Weise die Betreuungsgeschichten erzählt wurden; jeder Einzelne nahm teil am Auf und Ab von Kindern und Betreuern. Kinder verstehen zu lernen und sich selbst in dieser Interaktion neu kennenzulernen, war das Thema, das sich wie ein roter Faden durch alle Erzählungen hindurch zog. Klischees von unterschiedlichen Lebensmustern wurden mit Anschauung gefüllt, neben Ähnlichkeiten wurden Besonderheiten erkannt, Vorurteile abgebaut, Lebensverhältnisse differenzierter wahrgenommen.

Für Lehramtsstudierende war es eine weitere Besonderheit, dass sie in der Projekttätigkeit (das einzige Mal in ihrem Studium!) Schule „von unten her" – in Identifikation mit „ihren" Kindern – erlebten und immer wieder auch zur Parteinahme für ihre Schützlinge neigten. Am liebsten hätten manche von ihnen alle enttäuschenden Erfahrungen den Kindern erspart. Dass dies nicht unbedingt eine „Entwicklungshilfe" ist, sondern dass es besser ist, die Kinder zu stärken, damit diese selbst sich artikulieren, war wiederholtes Thema in den Kleingruppensitzungen.

Den dreimal im Semester stattfindenden *Foren* (zwei davon dreistündig; eines über ein ganzes Wochenende) kam die Aufgabe zu, die praktischen Erfahrungen mit Theorie zu verbinden und soweit wie möglich, auf den Begriff zu bringen. Die Foren waren so geplant, dass zunächst im Block ein theoretisches Referat von einem (auswärtigen) Experten gehalten und diskutiert wurde und in einem zweiten Teil die Einsichten auf die aktuell in der Begleitung befindlichen „Fälle" bezogen wurden. So entstand ein lebendiger Theorie-Praxis-Dialog, der eine kritische Sicht auf Theorie beförderte und gleichzeitig eine distanziert reflektierende Haltung gegenüber den eigenen Erfahrungen und Beobachtungen anbahnte. Auffällig war, wie aktiv und selbstbewusst, sich die Projektstudenten um Themen und Referenten bemühten, die ihnen bei der Aufarbeitung ihrer Erfahrungen und beim Konzipieren ihrer Handlungsentwürfe weiterhelfen konnten.

4 Die Verschiedenartigkeit von Kindern erfahren

Dass Kinder anders sind, als wir sie uns vorstellen, manchmal auch als wir sie haben wollen, erfährt man im Zusammensein mit ihnen. Um die Spannbreite der Projektkinder anzudeuten, nenne ich drei prägnante Beispiele: Andrej, Marcello und Anna[3].

---

[3] Die Namen der Kinder sind verändert.

Andrej, Kind einer russischen Aussiedlerfamilie, wirkte bei den ersten Beobachtungen in sich zurückgezogen, blass und grau, wie ein sehr altes Kind, kaum in der Lage, sich auf ein Gegenüber einzulassen. Er folgte bereitwillig allen Vorschlägen von Stefanie Podzun, seiner Studentin, die aber wenig eigenes Leben in ihm entdecken konnte und ihre Betreuungsaufgabe, zu der sie sich für ein ganzes Jahr verpflichtet hatte, wie ein Bleigewicht an sich hängen fühlte. Die Wende kam, als sich Stefanie P. mit Andrej und einem anderen „Projektpaar" im Schwimmbad zum Picknick verabredete und dort den ganzen Nachmittag verbrachte. Andrej nahm diese für ihn ganz und gar unbekannte Welt in Augenschein. Verwundert sah er einem Kind zu, das die Rutsche zum Schwimmbecken hinuntersauste und auf die Wasseroberfläche platschte, so dass es nach allen Seiten nur so spritzte. So etwas Komisches hatte er noch nicht gesehen. Er schüttete sich aus vor Lachen, immer wieder. Das Eis war gebrochen, Andrej taute auf, war wie verwandelt. Das Ereignis wirkte bis in die Kleingruppe hinein. Stefanie P. sagte zu Beginn des nächsten Treffens - noch im Türrahmen stehend: *Stellt euch vor, Andrej hat gelacht!* Das war für uns alle wie eine Vitalitätsspritze, verbreitete fröhliche Teilnahme und eine zuversichtliche Stimmung. Aus Andrej wurde gegen Ende der Betreuungszeit ein vitaler 8-Jähriger, der Sport liebte, gute Freunde fand und seiner Betreuerin sagte: *Ich habe nun nicht mehr so viel Zeit für dich.* Sie musste begreifen, dass dies ein Fortschritt war.

Marcello war im Unterschied zu Andrej von Beginn an lebendig und voller Vertrauen. Es stellte sich schnell ein offenes, warmherziges Verhältnis zu Christine Naas, seiner Betreuerin, her. Diese entdeckte in ihm einen liebenswerten, musikalischen, hilfsbereiten und nachdenklichen Jungen. In der Schule machte er es sich und den anderen schwer. Er stammte aus einer Sintifamilie und erlebte die Schule als feindliches Umfeld. Seine Kleidung war selten passend und sauber. Er wurde oft ausgelacht und hatte keinen Freund in der Klasse. Ständig war er in Prügeleien verwickelt und schlug um sich, wenn er sich angegriffen fühlte. Er war ein impulsives Kind, das spontan reagierte, ohne erst zu überprüfen, ob der Anlass wirklich ihm galt. Für Lehrerin und Mitschüler war sein anderes Wesen kaum erkennbar. Da half es, dass seine studentische Begleiterin manchmal neben ihm stand und ihn einfach festhielt. *Marcello, halt an, merkst du, was du da tun willst?* Die kleine Unterbrechung half ihm dabei, das Geschehen bewusster zu erleben und sich um ein anderes Verhalten zu bemühen. Das gelang zunehmend besser, aber nie perfekt.

Anna, das dritte Kind, das hier als Beispiel dienen soll, hatte – anders als Marcello - keinerlei Probleme mit dem Wohlverhalten gegenüber Mitschülern und Lehrerin. Sie war das einzige Kind von Akademikereltern, offensichtlich lernbereit und intelligent, aber überfordert. In der Schule war sie so still, dass sich ihre Klassenlehrerin Sorgen um sie machte. Die studentische Betreuerin fand es unangemessen, diesem Kind ihre Zeit zu widmen. Sie wollte einem benachteiligten Kind helfen. Es bedurfte innerhalb der ganzen Kleingruppe eines längeren Bewusstwerdungsprozesses um zu erkennen, dass auch ein Kind aus einem privilegierten Milieu mitunter nicht alles bekommt, was es braucht, um sich in seiner Welt wohl zu fühlen und gut entwickeln zu können. Der Leistungsdruck engte Anna ein und lastete auf ihr. Dieses Kind war sozusagen ein Glücksfall für unsere Gruppe, weil erst dadurch das Wahrnehmungsspektrum auf Kinderleben und Kindheit so erweitert wurde, dass darüber nachgedacht werden konnte, was Gunst und Ungunst eines Kinderlebens ausmachen kann. Gleichzeitig konnten unbewusste Helferwünsche reflektiert werden, mit denen wir Erwachsenen mitunter auf Kinder zugehen. Die Begegnung „auf gleicher Augenhöhe" verlangt eine Umorientierung, und die Projektkinder hatten ein feines Gespür dafür, wie sie angesehen wurden.

Immer wieder habe ich fasziniert und manchmal auch beunruhigt erlebt, wie sensibel sich die Beziehungen zwischen den Kindern und ihren Betreuerinnen gestalteten. Bei aller Fantasie auf Seiten der Studentinnen zu reizvollen Tätigkeiten im häuslichen Bereich oder im Freien wollte nicht die richtige Freude aufkommen, wenn die Kinder spürten, dass ihre Herkunftswelt gering geachtet wurde. Wenn sie sich bedrängt fühlten und nicht auch von sich aus die gemeinsame Zeit mitgestalten konnten, sperrten sie sich lieber und machten ihre studentischen Paten ratlos. Am Anfang standen auf beiden Seiten meist tastende Annäherungsversuche und irgendwann bildeten sich dann Rituale heraus, die den gemeinsamen Nachmittagen eine verlässliche Struktur gaben, in denen sich Kind und Studentin aufgehoben fühlten. Wenn das gelang, waren die Anfangsschwierigkeiten überwunden, aber bis es so weit war, gab es schmerzliche Erfahrungen. Manche Kinder waren in unerträglicher Weise unzuverlässig, andere reagierten auf Versagungen mit Gekränktsein, wieder andere waren misstrauisch und launisch. Für die Studentinnen, die voller Optimismus und guten Willens waren, war es manchmal zum Verzweifeln. Wenn sie gar nicht mehr aus noch ein wussten und aufgehört hatten, ihr Betreuungskind zu irgendetwas bringen zu wollen, ergab sich oft eine überraschende Wende. Manchmal konnte sich dann erst die Beziehung entwickeln, in der das Kind zum „mitgestaltenden Gegenüber" wurde.

5 Persönlichkeits- und Kompetenzentwicklung stehen in einem Wechselverhältnis zueinander

Hartmut v. Hentigs Diktum „Die Menschen stärken, die Sachen klären" ist gewiss nicht so zu verstehen, dass beides unabhängig voneinander geschehen sollte. Bei manchen Kindern überlagern Lebensprobleme die Lernprobleme. Dann muss den Lebensproblemen zunächst Beachtung geschenkt werden, um sie für das Lernen nach Plan frei zu machen. Im üblichen Unterricht wird darauf im Allgemeinen allerdings wenig Rücksicht genommen. Voraussetzung für ein ausgewogenes Verhältnis von allgemein bedeutsamen Problemen und individuell bedeutsamen Themen im schulischen Lernen ist, dass Lehrerinnen und Lehrer sich sowohl als Unterrichtende als auch als Entwicklungshelfer verstehen (vgl. Uhl 1985). Zudem ist ein ganzheitliches Verständnis von Leistung notwendig. Negt fordert im Zusammenhang mit der Einrichtung der Glockseeschule, dass alles als Leistung begriffen wird, was ein Kind dazu tut, um mit seinen Problemen voranzukommen (vgl. Negt 1975/76, 43ff.). Leistung hat hier einen Eigenwert, jenseits der instrumentellen Verwertbarkeit und objektiven Messbarkeit.

6 Persönlichkeits- und Kompetenzentwicklung müssen ausbalanciert werden

Die Projektstudierenden haben – im Rahmen klar geregelter Verbindlichkeiten – alle Freiheit, das Zusammensein mit ihren Schützlingen zu gestalten. Sie arbeiten in dem durch sie selbst definierten „Möglichkeitsraum" (Winnicott 1983), der ihre Stärken aber auch Schwächen sichtbar werden lässt. Die große Offenheit des Rahmens fördert zutage, was die einzelnen Projektstudierenden an kreativer Phantasie, Interessenschwerpunkten, Selbstbewusstsein und Sicherheit in die Arbeit einbringen können – aber auch, woran es ihnen ermangelt. Sie müssen über die Tätigkeiten und Unternehmungen selbst entscheiden und dabei Unsicherheiten und Risiken auf sich nehmen. Da ist z.B. die Frage nach den Vorlieben des einzelnen Kindes. Was von den Angeboten wird es aufgreifen und akzeptieren? Gelingt es, ihm bisher Unvertrautes nahe zu bringen und sein Interesse dafür zu erwecken? Der Wunsch nach immer neuen Anreizen seitens des Kindes kann ein Problem anzeigen. Sich nachhaltig auf eine Tätigkeit einzulassen, ist vielen Projektkindern in der Anfangszeit kaum möglich. Die Studenten fühlen sich einerseits gegenüber den Ansprüchen und andererseits gegenüber der Verweigerungshaltung mancher Kinder vielfach ohnmächtig.

Die strukturelle Überforderung in der Rolle des Paten durch den offen gehaltenen Arbeitsauftrag[4] ist beabsichtigt. Sie eröffnet Chancen der Selbsterfahrung in der angestrebten Pädagogenrolle. Im Zusammensein mit den Kindern, deren Begeisterungsfähigkeit oder auch Widerborstigkeit, nehmen die Studierenden Seiten an sich wahr, die sie bisher so deutlich nicht gesehen haben: Geduld oder Ungeduld, Humor und Kompromissbereitschaft, Ängstlichkeit und Unsicherheit, Beharrlichkeit und Konsequenz (und vieles andere mehr). In den Begleitveranstaltungen des Projekts – den Fallberatungen in der Kleingruppe, den Supervisionssitzungen und den Forumsveranstaltungen – haben ihre Erfahrungen, Vorstellungen und Wünsche einen Ort, an dem sie reflektiert und durchgearbeitet werden können.

In den ersten Treffen mit dem Betreuungskind kann herausgefunden werden, was an Tätigkeiten möglich und notwendig ist: an gemeinsamen Unternehmungen, freiem Spiel, Unterstützung schulischer Lernprozesse und anderen Aktivitäten. Nebenbei formen sich unbewusst die Rollen der beiden Partner aus. Verstehen sich die Studenten für das Kind als Freunde, als große Geschwister, als unabhängiges erwachsenes Gegenüber? Daraus entstehen jeweils unterschiedliche Verhaltensweisen und Erwartungen. Der Prozess, bis sich dieses im Bewusstsein klärt, dauert eine längere Zeit. Nicht nur gegenüber dem Kind, sondern auch gegenüber den Partnern im Hintergrund (der Lehrerin und den Eltern) ist die Rolle auszupendeln. Den Projektmitgliedern wird bei Aufnahme ihrer Tätigkeit gesagt, dass sie die Projektkonzeption gegenüber den Eltern und der Lehrerin zu vertreten haben, aber ansonsten frei in ihren Entscheidungen sind und diese auch mit Eltern und Lehrerin aushandeln können. Die Berufung auf die Projektkonzeption soll es ihnen erleichtern, sich einschränkenden Wünschen aus Elternhaus und Schule zu widersetzen und sich nicht als Weisungsempfänger zu verstehen. Dies setzt voraus, dass ihre eigene Erwachsenheit soweit entwickelt ist, dass sie bei auftretenden Spannungen und Konflikten ihr Vorgehen klar begründen und – wo immer möglich – die Interessen des Kindes vertreten. Kurzsichtige Erfolgserwartungen und Leistungsdruck sollten sie z.B. zurückweisen können. Dies ist keine einfache Anforderung, denn es gehört in der studentischen Position ein gut entwickeltes Selbstbewusstsein dazu, um sich ungerechtfertigten Wünschen von Eltern und Lehrern zu widersetzen.

---

[4] Dazu heißt es in einem Brief an die Eltern, dass den Kindern geholfen werden solle, *durch die Betreuung selbständiger zu werden und mehr Selbstvertrauen zu entwickeln*. Das würde auch dem schulischen Lernen zugute kommen, sollte sich jedoch nicht darauf beschränken.

7 Die Rekrutierung über die Schule präformiert die Erwartungen der Beteiligten

Der Zugang zu den auszuwählenden „Projektkindern" über die Schulen war für mich nahe liegend. Dennoch sehe ich es heute als einen „Webfehler" des Projekts an, dass wir uns die Kinder von ihren Klassenlehrerinnen nennen ließen. Es waren durchweg Kinder in schwierigen Lebenslagen, die eine begleitende Unterstützung für ihre Entwicklung gebrauchen konnten. Eine ganzheitliche Förderung war unser Ziel. Trotzdem fixierte sich der Blick von Eltern, Lehrern und Studenten oft unmerklich in spezifischer Weise auf die Schulsituation und den dortigen Erfolg. Dies, obwohl die meisten der Kinder von der Schule längst genug hatten. Die Lehrerinnen wünschten sich verständlicherweise oft, dass die im Projekt betreuten Kinder in ihrem Unterricht besser funktionierten (vielfach gelang das, aber nicht immer). Studentinnen und Studenten hatten mitunter ein schlechtes Gewissen, wenn sie zu viel Zeit mit von den Kindern gewünschten freien Aktivitäten zubrachten. In einzelnen Fällen entstand bei den Kindern und ihren Betreuern in einer fast symbiotischen Verschmelzung ein „Feindbild Schule", das für die Kinder ungünstige Nebenwirkungen hatte. Es verstärkte die Mentalitätssperren gegenüber schulischen Anforderungen. Die Kinder hätten dagegen Unterstützung sowohl im schulischen Bereich als auch in der Entwicklung ihrer Persönlichkeit gebraucht, um sich realistisch und mit Entschiedenheit den schulischen Anforderungen zu stellen.

Es gab vielfältige Gründe für das Vermeiden des Themas Schule: eigene negative Schulerinnerungen auf Seiten der Studenten, die Identifikation mit den Leiden des Kindes durch Misserfolge beim Lernen oder seiner Ausgrenzung in der Klasse, um einige Gründe zu nennen. Wie auch immer, in jedem Fall wurde zeitweilig oder über eine längere Phase die reflexive Distanz in der Arbeit mit dem Kind ausgeschaltet. Die Zweisamkeit ohne das Oszillieren zwischen Engagement und Distanzierung erzeugte ein Gefühl von Harmonie an der Oberfläche, das ein einträchtiges Miteinander versprach. Erst wenn nichts mehr weiterging, wurden die Schwierigkeiten in der Supervision oder in den Kleingruppensitzungen zum Thema. Die Projektkonzeption war – wie bereits erwähnt – dazu angetan, Schwierigkeiten im Betreuungsprozess sichtbar und bearbeitbar zu machen. Der ständige Dialog mit den „entsendenden" Lehrerinnen über das Kind konnte diese Funktion nur eingeschränkt übernehmen, da ihr Blick auf das Kind im Allgemeinen überwertig schulbezogen war. Allerdings erinnere ich mich auch an einen Fall, in dem die Klassenlehrerin sagte: *Die kleine Feven lassen wir jetzt erst einmal mit Schulaufgaben in Ruhe. Die braucht zunächst etwas anderes.* Das war für die Betreuerin ein sehr wichtiger Zuspruch, der ihr erlaubte, sensibel auf die aktuellen Bedürfnisse des Kindes einzugehen (Näheres bei Gusek 1997).

8 Betreuende Studierende in einer Übergangsposition

Studierende sind selber noch auf dem Weg, ihre Erwachsenheit zu entwickeln und erproben. Sie befinden sich in einer Übergangsposition. In der Hochschule erleben sie sich als Lernende, im Praktikum sind sie zugleich auch Lehrende, im Schülerhilfeprojekt müssen sie sich in einer Zwischenposition zwischen Kind, Eltern und Schule zurechtfinden, behaupten und bewähren. Sie müssen ihre Entscheidungen in der Arbeit mit dem Kind möglichst transparent und selbstbewusst vertreten. Das ist viel verlangt und nicht von heut auf morgen zu lernen. Schmerzliche Erfahrungen lösen oft nachhaltige Lernprozesse aus. Dazu ein Beispiel: Schon vor Eröffnung der Kleingruppensitzung ließ eine Studentin „Dampf ab". Sie hätte keine Lust mehr zu den Treffen mit dem Kind, würde am liebsten alles hinschmeißen. Die Eltern seien undankbar, das Kind ganz nett, aber in dieser Familie sei ihm nicht zu helfen. Damit war das Thema für die Sitzung vorgegeben. Die volle Aufmerksamkeit und das Mitgefühl waren der Studentin sicher; das tat ihr gut. Die Gruppenmitglieder wollten Einzelheiten hören. Die Geschichte, die aus der Gekränkten heraussprudelte, war einprägsam und erinnerte die anderen Teilnehmer möglicherweise an eigene Erfahrungen. Sie hatte sich dabei „erwischen" lassen, wie sie im Kinderzimmer des von ihr betreuten Mädchens auf dem Boden lag und mit ihm spielte. Als der Vater nach Hause kam und in das Zimmer trat, polterte er: *Was soll der ganze Unsinn? Ich habe mir das anders vorgestellt!* Noch einige Tage später, zum Zeitpunkt der Gruppensitzung, wirkte die Studentin verstört und wusste nicht, wie sie sich beim nächsten Treffen dem Vater gegenüber verhalten sollte. Sie wollte eigentlich gar nicht mehr zu der Familie gehen, obgleich das Kind sehnsüchtig auf die gemeinsamen Stunden wartete. Eine lange Diskussion schloss sich an. Die Gruppenmitglieder fanden heraus, dass die betreuende Studentin weiter auf dem Boden liegend ein paar Entschuldigungen stammelte und sich dann niedergeschlagen nach Hause begab. Durch das Gespräch in der Gruppe wurde ihr klar,

- dass sie sich auf dem Boden liegend unter Umständen kleiner gefühlt habe als sie sei,
- dass sie sich dem Vater hätte aufrecht gegenüberstellen können,
- dass der Ort des Treffens in der Familienwohnung des Kindes sie solchen Einsprüchen eher aussetzte als ein anderer Ort (z.B. die Grundschulwerkstatt oder ihr eigenes Zuhause),

- dass sie vor lauter Erschrecken offensichtlich nicht in der Lage war, ihr eigenes Tun zu rechtfertigen,
- dass sie, wenn sie argumentativ und überzeugend den Sinn ihres komplexen Vorgehens vor dem Vater vertreten hätte, von ihm überhaupt erst in ihrer Professionalität hätte wahrgenommen werden können.

Die unbewusst praktizierte, unterwürfige Haltung machte dieser Studentin noch lange zu schaffen, aber die Diskussion in der Kleingruppe führte immerhin dazu, dass sie sich für die zukünftigen Treffen günstigere Rahmenbedingungen suchte und die Eltern in groben Zügen fortlaufend über ihre Absichten informierte.

Unter dem Problemdruck entstand hier, wie auch in anderen Fällen, ein sehr emotionaler Bericht, der an Offenheit und Deutlichkeit nichts zu wünschen übrig ließ. Er berührte die Gruppenmitglieder unmittelbar, so dass alle an ihm lernen konnten und sich ausgesprochen oder unausgesprochen überlegten, wie sie sich zwischen Kind, Lehrerin und Eltern positionieren und wie weit es ihnen gelungen ist, in der Betreuungsarbeit ein professionelles Selbstbewusstsein zu entwickeln und zu erproben.

9 Erfahrungen in Ernstsituationen als Grundlage der Bewusstseinsbildung

Das oben beschriebene Beispiel markiert ein entscheidendes Thema für die Ausbildung, das sich rein theoretisch nur schwer erarbeiten lässt, weil es erst in praktischen Beziehungen bewusstseinsfähig wird. Zulliger, der Schweizer Lehrer und Kinderanalytiker, hat einmal gesagt: *Pädagogen müssen in der Lage sein, Kindern in IHREM Denken zu begegnen*[5]. Das klingt selbstverständlich und ist doch ein anspruchsvolles Ausbildungsziel. Unbewusst setzen wir alle unsere Normen und Wertvorstellungen voraus (sie sind unserem Handeln implizit) und erklären sie für allgemeingültig. Wenn ein Dialog gar nicht gelingen will, die Beziehung aber dennoch aufrechterhalten werden soll, beginnt die Suche nach den Gründen, die manchmal erst aus der Rückschau und nach wiederholtem Durchdenken erkennbar werden. Der Prozessverlauf wird ins Blickfeld gerückt und seismographisch auf seine Veränderungen und deren mutmaßliche Gründe abgeklopft. Ein Beispiel dafür hat Christina Vockeroth (1998) in ihrer Examensarbeit beschrieben. Im Nachhinein erkannte sie, dass die Ausgangsposition in den Erwartungen, Erfahrungen und Problemlösungsweisen von

---

[5] Mitschrift eines Vortrags an der Pädagogischen Hochschule Oldenburg im Sommersemester 1967

ihr selbst und ihrem zu betreuenden Kind so unterschiedlich waren, dass sie kaum zusammen kommen konnten. Sie machte dafür u.a. die primäre Sozialisation, die Bildungsbiographie und die Schulsozialisation auf beiden Seiten verantwortlich. Nach der mühsamen Anfangsphase entwickelten sich durch genaueres gegenseitiges Wahrnehmen ein besseres Verstehen und schließlich eine Beziehungsbasis, die immer mehr gelingende Kommunikation beinhaltete. Sie mündete in eine sehr bewusst erlebte Abschiedsphase, in der Kind und Betreuerin dankbar auf die gemeinsamen Erfahrungen mit dem Auf und Ab zurückblicken konnten und gleichzeitig wussten, dass sie für ihren weiteren Entwicklungsweg vieles gewonnen hatten, was bedeutsam bleiben würde.

10   Lernen in persönlichen Bedeutungszusammenhängen

Vielen unserer Betreuungskinder blieb die Schule fremd, so dass sie nur mühsam Zugang zum schulischen Lernen fanden und sich die Enttäuschungen und Misserfolgserlebnisse häuften. Ein Zweitklässler, der sich dem Lesen- und Schreibenlernen immer wieder verweigerte, konnte kaum begreifen, dass sich seine Studentin mit vielen Büchern umgab und gerne las. Er wollte ihre Schule, die Universität und mich als ihre Lehrerin kennen lernen. Die Studentin erfüllte ihm diesen Wunsch und lief mit ihm gemeinsam durch die Gänge des labyrinthischen Gebäudes, bis sie in einem Seminarraum ankam, wo ich bereits auf die Beiden wartete. Der 8-jährige Henry entdeckte schnell Tafel und Kreide und machte sich ans Kritzeln und Malen. Als ich ihn aufforderte, den Namen seiner Studentin aufzuschreiben, schrieb er ohne längeres Nachdenken „*Roßwita*" in lautgetreuer Schreibweise (für Roswitha). Er konnte also etwas Kompliziertes schreiben, weil es ihm wichtig war. An solchen und anderen Beispielen lernten Projektstudenten viel über Erleichterungen und Erschwernisse beim schulischen Lernen. Das zu Lernende muss Kindern wichtig und lohnend erscheinen. Es muss in ihren Bedeutungshorizont gesetzt werden. Einzelne Projektkinder legten für ihre eingeübten „Lesewörter" eine kleine Schatzkiste an, die sie vor jüngeren Geschwistern hüteten und verteidigten. Ein Junge nahm sie sogar mit ins Bett und legte sie unter sein Kopfkissen.

Die Auflösung von Lernblockaden verlangt eine fallspezifische Bearbeitung, die dem Kind in seiner aktuellen Situation gerecht wird. Die Metareflexion mit den Kindern über ihre Wünsche, Schwierigkeiten und Vorhaben schafft eine Basis für das bewusstere Bemühen um Lernstrategien und angemessenes Verhalten. Die Reflexion macht sie ein Stück unabhängig von der Präsenz der studentischen Betreuer. Das gelernte Verhalten kann – wenn es zur Gewohnheit geworden ist – auch eigenständig praktiziert werden.

Zurück zu dem vorhin erwähnten Marcello, einem Sinti-Kind, das sich in seiner Klasse in einsamer Position befand und impulsiv auf vermeintliche Angriffe reagierte – für seine Klassenlehrerin eine unerträgliche Situation. Wenn Marcello getadelt wurde, tat ihm sein Verhalten leid, aber er änderte sich kaum. So wurde er für die Betreuung vorgeschlagen. Er war sich im Klaren darüber, dass er sowohl für das Lernen als auch für das Verhalten Unterstützung brauchte und wusste beides wohl zu unterscheiden. Seinen Klassenkameraden erklärte er die wiederholte Präsenz seiner studentischen Betreuerin im Unterricht folgendermaßen: *Sie hilft mir, dass ich bald alles so gut kann wie ihr* (Naas 2000, 131). Bei einem der Treffen erzählte er ihr spontan von einem unschönen Erlebnis: *Ich wollte den Aldi schlagen, aber da habe ich an dich gedacht. Du hast mal gesagt, dass du das nicht so gut findest. Da habe ich ihn nicht geschlagen.* Nach einer Weile fügte er hinzu: *Manchmal kann ich nicht anders, das ist wie bei meinem Bruder, dann muss ich einfach schlagen. Außerdem war ich früher noch viel schlimmer.* Es wird deutlich: Marcello war in der Lage, seine Handlungen zu reflektieren und kritisch zu beurteilen. Er gab sich alle Mühe, sein Verhalten zu bessern, aber er schaffte es nicht allein. Umso wichtiger war für ihn die Begleitung durch seine Studentin, die für ihn eine Brücke zu der umgebenden Mehrheitskultur darstellte. Impulsiven Kindern, wie ihm, muss viel Geduld entgegen gebracht werden, damit sie überhaupt die Chance haben, sich zu ändern; sie ziehen die Kritik von Lehrern, Mitschülern und Eltern auf sich und brauchen doch auch deren Verständnis.

In der Betreuungsbeziehung entwickelte sich Marcello zu einem Kind, das sich weit öffnete, sozial sensibel, dankbar und hilfsbereit war und das gemeinsame Nachdenken schätzte. *Gott ist doch bei den Armen, oder?* sagte er eines Tages zu Christine N.. Bei dem häufigen Ausgelachtwerden, dem Nicht-Zugehörigsein zu der Gemeinschaft der Anderen spendete ihm dieser Gedanke offensichtlich Trost. *Dass* er ihn äußerte, zeigte das gewachsene Vertrauen zu seiner Studentin. Das nachgefügte „*Oder?*" verlangte nach Bestätigung und Anteilnahme. Er hatte in der Betreuungssituation einen geschützten, verlässlichen Raum gefunden, schätzte die gemeinsam entwickelten Rituale von Gespräch und Tätigkeit und fühlte sich angenommen. Er merkte, dass nun ein anderes Wesen von ihm zum Vorschein kam und äußerte: *Ich bin gar nicht mehr so ernstlich wie früher.* – ein Satz, der seiner Betreuerin Bestätigung und Lohn zugleich wurde.

11 Mit Kindern ihre Welt entdecken

In der Position des Lehrers ist es wichtig, Erfahrungen damit zu machen, dass man nicht alles vorab wissen und nicht alles unter feststehende Kategorien subsumieren kann. Kinderfragen führen Erwachsene oft an die Grenzen ihres eigenen Wissens und sollten Anstoß zum Nachdenken und gemeinsamen Erforschen sein. Der Sinn der Frage, die ein Kind stellt, muss aber als erstes begriffen werden. Er ist nicht immer gleich zu erkennen. Dazu ein Beispiel aus meiner Dorfschullehrerzeit. Margret war ein einsames 8-jähriges Mädchen, das weder in seiner Familie noch in seiner Klasse ausreichend Rückhalt hatte. Bei einem abendlichen Spaziergang beobachtete sie den Mond und kam am nächsten Morgen zu mir mit der Frage: *Warum geht abends der Mond immer mit mir?* War dies ein Zeichen ihrer Besonderheit, eine Verheißung von Schutz und Trost, oder was anderes könnte es bedeuten? Ich wusste nicht, wie ich reagieren sollte, besann mich aber und sagte schließlich: *Gefällt dir das?* Sie nickte unmerklich. Zwanzig Jahre später stellte ich ein Seminar vor die Frage, was mit dieser Kinderfrage gemeint sein könnte. Ein junger Lehrerstudent äußerte dazu mit frischer Unbefangenheit: *Ich hätte dem Mädchen gleich gesagt, dass es seine eigene Einbildung ist und sie nicht Recht hat. Das kann man doch leicht naturwissenschaftlich erklären!* Die meisten Seminarteilnehmer hatten an eine ähnliche Antwort gedacht. Darauf las ich mit ihnen einen Text von Johanna Harder (einer inzwischen verstorbenen Lehrerin aus den Anfangsjahren der Laborschule Bielefeld), die sich damit auseinandergesetzt hat, wie man mit Kinderfragen umgehen kann und zum Schluss kommt, dass richtige Antworten auf unverstandene Fragen in die Irre führen (vgl. Harder 1974, 24f.).

Das bedenkenlose Abspeisen von Kinderfragen mit Erwachsenen-Wissen (oder Halbwissen) lässt Kinder unterschwellig die Achtlosigkeit spüren, mit der sie abgefertigt werden. Irgendwann hören sie auf zu erwarten, dass man ihren Fragen nachgeht. Hier liegen für Lehrerstudenten besondere Chancen in den Betreuungssituationen. Eine fremde Kindheit verstehen zu wollen, regt dazu an, nach der Bedeutung einer Kinderäußerung zu fahnden. Meine Hoffnung im Zusammenhang mit dem Schülerhilfeprojekt war, dass zukünftige Lehrerinnen und Lehrer lernen, sich gemeinsam mit den Kindern auf den Weg zu machen, wenn sie vermeintliche Unrichtigkeiten auflösen und die Gründe dafür entdecken wollen, und dass „Scheinklarheiten", wie Horst Rumpf (1971) sie nennt, immer wieder neu befragt werden. In der Betreuungssituation lernen die Projektstudenten Kinder vor dem Hintergrund ihrer Lebenssituation und Geschichte aber auch in ihren Werdensmöglichkeiten zu verstehen. Achtung vor der kindlichen Persönlichkeit setzt eine genaue Wahrnehmung voraus.

Eine Kinderfrage ist selten vorab einzuordnen in ein disziplinäres System, in dem die Lehrerausbildung erfolgt und Unterricht abgehalten wird. Diese Systeme erzeugen handlungsleitende Vorstellungen und unmerklich „hermeneutische" Hindernisse, die erst bewusst gemacht werden müssen, wenn sie bearbeitet werden sollen, wie ich an anderer Stelle ausgeführt habe (vgl. Garlichs 1988). Ein respektvoller Dialog mit den Kindern ist dazu angetan, im Sinne des bereits erwähnten Diktums v. Hentigs beides zu leisten: Die Menschen zu stärken und die Sachen zu klären.

12 Die Bedeutung der Patenschaftserfahrungen für Studium und Beruf

Begleitend zu ihren Projekttätigkeiten fingen die meisten Studenten an, ihr Studium bewusster zu organisieren. Sie suchten nach Veranstaltungsthemen, von denen sie sich unterstützende Informationen und Erkenntnisse für ihre Fallarbeit erhofften. Die Theoriebestände, die ihnen in Lehrveranstaltungen angeboten wurden, setzten sie in Verbindung zu ihren Fallerfahrungen. In einem Seminar über Bindungstheorie von Bowlby fingen sie an, über die Bindungsmuster ihrer Schützlinge und über ihre eigenen Bindungsmuster zu diskutieren. Sie entdeckten, dass sich das Verhalten vieler Kinder mit einer inneren Logik vor dem Hintergrund ihrer Lebensgeschichte und Erfahrungswelt entfaltet und dadurch verständlicher wird. Die Auseinandersetzung mit Theorie wurde nun engagierter betrieben. Um ein Beispiel zu nennen: Büchners These, dass sich die Familien vom *Befehlshaushalt zum Verhandlungshaushalt* (vgl. Büchner 1988) wandelten, schien ihnen in dieser Allgemeinheit nicht stimmig, denn fast alle betreuten Kinder lebten in einer Mischung von mitunter sehr willkürlichen „Befehlsstrukturen" und Einsprengseln von „Verhandlungsangeboten". In keinem einzigen Fall war das Muster des Verhandlungshaushalts so prägnant vertreten, wie es der theoretischen Konstruktion entsprach. Die aktive Auseinandersetzung mit Theorie beinhaltete gleichzeitig die Auseinandersetzung mit den eigenen Wahrnehmungen und Erfahrungen und trug zu einer Intensivierung des Studiums bei. Mehrfach habe ich in fachdidaktischen Seminaren erlebt, dass Erfahrungen aus dem Projekt eingebracht wurden, so dass die Veranstaltungsleiter von der allgemeinen Darstellung eines Konzeptes auf den konkreten Fall übergingen.

Das Ziel, *Kinder verstehen zu lernen*, wurde von der Philosophie getragen, dass man sich gemeinsam mit den Kindern auf eine Entdeckungsreise begibt, ohne jemals an ein Ende kommen zu können. Zu sich selbst und den anderen unterwegs zu bleiben, vermeintliche Einsichten erneut zu überprüfen, sich nicht mit ersten Erkenntnissen zufrieden zu geben, war der Sinn. Eine frühere Projektstudentin schreibt aus ihrem Referendariat:

„Das Unterrichten macht mir sehr viel Spaß, auch wenn nicht immer alles so funktioniert, wie ich es geplant habe... reizvoll ist für mich an meinem Beruf sowieso die Tatsache, dass ich nie ganz fertig sein werde... Ein Thema, das jedoch sowohl am Ausbildungsseminar als auch in meiner Schule fast gänzlich ausgespart bleibt, ist die pädagogische Arbeit mit dem einzelnen Kind, für die ich glücklicherweise durch das Schülerhilfeprojekt sensibilisiert worden bin... Mir ist dadurch auch meine Verantwortung für das einzelne Kind bewusster geworden und es hilft mir in vielen Situationen durchzuhalten. Ich bin normalerweise kein besonders konfliktfreudiger Mensch. Aber ich glaube, dass ich sogar in dieser kurzen Zeit bereits einiges durch Elterngespräche erreichen konnte; während meines Studiums habe ich ja bereits kleine Erfolge zu schätzen gelernt" (Gudella in einem spontanen Brief 1995).

Für eine pädagogische Tätigkeit ist das *„Ideal des lernenden Lehrers"* angemessener als die Vorstellung eines „fertigen Lehrers". Man kann als Lehrer viel gelernt und erfahren haben; ganz fertig ist man nie. Wenn es zu Schwierigkeiten mit einem Kind kommt, ist eine *„diagnostische Suchhaltung"* gefordert, die sich nicht nur auf das Kind als „Objekt" der Diagnose bezieht, sondern auch auf die Beziehungsentwicklung und Beziehungsgestaltung zwischen Lehrerin und Kind. Hierüber haben die Projektstudierenden viel lernen können. Ich halte die Bereitschaft zur kritischen Selbstreflexion auf der inhaltlichen und Beziehungsebene für den wichtigsten und nachhaltigsten Ausbildungsertrag im Projekt. Der konventionelle Lehrbetrieb an Universitäten kann dazu wenig beitragen, denn: *„Der Mensch zeigt sich nur in Beziehung zum Mitmenschen als Mensch. Im Glaskasten lässt er sich nicht erkennen"* (Martin Rang)[6]. Was bei der Begegnung zwischen zwei Menschen zur Entfaltung kommt, hängt wesentlich davon ab, was wir in ihm sehen. Das schließt ein, dass auch das Gegenüber durch *seine* Wahrnehmung, Haltung, Erfahrungen, Hoffnungen und Befürchtungen der Entwicklung Grenzen setzt und an der Gestaltung der Beziehung Teil hat. Jedoch: Im *„Möglichkeitsraum"* (Winnicott) neuer Begegnungen tun sich Chancen auf, die voller Überraschungen sein können und sich dennoch ganz auf dem Boden der Realität befinden. Der eingangs erwähnte Sintijunge Marcello kann als Beleg dafür gelten. Solange er – ohne ein akzeptierendes und korrigierendes Gegenüber – der überwiegend negativen Fremdwahrnehmung von Mitschülern, Eltern und Lehrerin ausgesetzt war, konnten sich seine kreativen Potentiale kaum entfalten; erst als sich zu seiner studentischen Betreuerin Christine N. ein vertrauensvolles, warmherziges und offenes Verhältnis gebildet hatte, wurde offenbar, was alles in ihm steckte und darauf wartete, geweckt zu werden.

---

[6] In meinem 1. Semester an der PH Oldenburg in den 50er Jahren hörte ich in seiner Vorlesung den Satz: „Psychologen denken, sie können den Menschen im Glaskasten erkennen. Der Pädagoge aber weiß, dass der Mensch nur in Beziehung zum Mitmenschen Mensch ist". Dieser Satz hat mich durch die Jahre meiner Berufstätigkeit begleitet.

Nach langjährigen Erfahrungen mit dem Schülerhilfeprojekt bin ich zur Überzeugung gekommen, dass Studentinnen und Studenten durch diese Aufgabe mit Kernkonflikten ihrer späteren Berufsrolle in Berührung kommen:

- Sie setzen sich mit Allmachtswünschen und Ohnmachtserfahrungen auseinander;
- lernen Grenzen zu ziehen gegenüber dem Kind, seinen Geschwistern und den Eltern;
- müssen im Schnittpunkt unterschiedlicher Erwartungen (zwischen Familie, Schule und Hochschule) ihre Position klären und vertreten;
- setzen sich mit ihrem eigenen Normen- und Wertehorizont und seiner soziokulturellen Bedingtheit auseinander, wobei sie auch seine (bisher vorausgesetzte) Allgemeingültigkeit in Frage stellen und
- reflektieren vielleicht zum ersten Mal ihre eigene Erziehungs- und Bildungsbiografie im Hinblick auf unbewusste Erwartungen, die sie in ihr neues Tätigkeitsfeld hineintragen.

Auch heute noch, viele Jahre nach Ausscheiden aus dem Projekt sieht die Mehrzahl dieser Studentinnen und Studenten die Mitarbeit im Projekt als ihre intensivste Studienerfahrung.

Literatur

Büchner, P. (1988): Vom Befehlen und Gehorchen zum Verhandeln. Entwicklungstendenzen von Verhaltensstandards und Umgangsnormen seit 1945. In: Preuss-Lausitz, U. et al. (Hrsg.): Kriegskinder, Konsumkinder, Krisenkinder. Zur Sozialisationsgeschichte seit dem zweiten Weltkrieg. Weinheim: Beltz, 196-212.
Garlichs, A. (1988): Naturverstehen von Kindern und Jugendlichen – was fängt die Schule damit an? In: Evangelische Akademie Hofgeismar (Hrsg.): Hofgeismarer Protokolle, Nr. 247, 83-91.
Garlichs, A. (1995): An der Seite der Kinder. Das Kasseler Schülerhilfe-Projekt. In: Hänsel, D./Huber, L. (Hrsg.): Lehrerfortbildung neu denken und gestalten. Bd. 1 der Reihe Schulentwicklung und Lehrerfortbildung. Weinheim und Basel: Beltz, 153-164
Garlichs, A. (1996): Standing by the Children. The Schoolchildren's Assistence Project at Kassel. In: Education, Vol. 54, 85-98.
Garlichs, A. (1998): Lehrerausbildung vor neuen Aufgaben. In: Popp, S. (Hrsg.): Grundrisse einer humanen Schule. Innsbruck; Wien: Studienverlag, 200-211.
Garlichs, A. (2000): Schüler verstehen lernen. Das Kasseler Schülerhilfeprojekt im Rahmen einer reformorientierten Lehrerausbildung. Donauwörth: Auer-Verlag.
Garlichs, A. (2002): Lernen am Einzelfall. Bericht über ein Projekt in der Kasseler Lehrerausbildung. In: Bauer, A/Gröning, K./Grohs-Schulz, M. (Hrsg.): Psychoanalytische Perspektiven. Ein Lesebuch. Frankfurt a. M.: Peter Lang, 169-190.

Hagstedt, H. (1985): Wie Kinder Naturgeheimnisse definieren und zu ergründen versuchen. In: Spreckelsen, K. (Hrsg.): Schülervorstellungen im Sachunterricht der Grundschule. Kassel.
Harder, J. (1974): Rahmenüberlegungen. In: Schulprojekte der Universität Bielefeld. H. 4. Stuttgart: Klett, 16-30.
Negt, O. (1975/76): Schule als Erfahrungsprozess. Gesellschaftliche Aspekte des Glockseeprojekts. In: Ästhetik und Kommunikation. Heft 22/23, 36-53.
Rumpf, H. (1971): Scheinklarheiten. Sondierungen von Schule und Unterrichtsforschung. Braunschweig: Westermann.
Uhl, C. (1985): Emotionales Lernen im Gespräch. In: Grundschule, 17. Jg., H. 7/8, 24-27.
Winnicott, D. W. (1993): Vom Spiel zur Kreativität. 7. Aufl. Stuttgart: Klett.

Auswahl von studentischen Arbeiten

Aschenbrenner, U. (1998): Auf dem Weg zu mehr Selbständigkeit. Kassel. Wissenschaftliche Hausarbeit zur Ersten Staatsprüfung für das Lehramt an Grundschulen. Kassel.
Gusek, F. (1997): Feven – ein eritreisches Mädchen in Kassel. Wissenschaftliche Hausarbeit zur Ersten Staatsprüfung für das Lehramt an Grundschulen. Kassel.
Gudella, G. (1994): Ahmet – ein türkisches Kind in Deutschland. Wissenschaftliche Hausarbeit zur Ersten Staatsprüfung für das Lehramt an Grundschulen. Kassel.
Hove, C. v. (1997): Das Projekt „Schülerhilfe" – Ein Ausbildungselement im Lehramtsstudium für die Grundschule. Diplomarbeit im Supervisionsstudium. Kassel.
Müller, C. (1998): Moussas Schullaufbahn. Eine Analyse im Rahmen des Schülerhilfeprojekts. Wissenschaftliche Hausarbeit zur Ersten Staatsprüfung für das Lehramt an Grundschulen. Kassel.
Naas, C. (2000): Marcello: „Ich bin gar nicht mehr so ernstlich wie früher". In: Garlichs, A.: Schüler verstehen lernen. Das Kasseler Schülerhilfeprojekt im Rahmen einer reformorientierten Lehrerausbildung. Donauwörth: Auer-Verlag, 128-136
Podzun, S. (1996): Andrej – ein russisches Aussiedlerkind in Kassel. Eine Analyse im Rahmen des Schülerhilfeprojekts. Wissenschaftliche Hausarbeit zur Ersten Staatsprüfung für das Lehramt an Grundschulen. Kassel.
Rathgeber, M. (1996): Die psychosoziale Bedeutung der ersten Schuljahre in der Lernbiographie Jans. Wissenschaftliche Hausarbeit zur Ersten Staatsprüfung für das Lehramt an Grundschulen. Kassel.
Vockeroth, C. (1998): Meine Zeit mit Tanja. Wissenschaftliche Hausarbeit zur Ersten Staatsprüfung für das Lehramt an Grundschulen. Kassel.
Wachter, S. (1996): Ramonas Kindheit. Wissenschaftliche Hausarbeit zur Ersten Staatsprüfung für das Lehramt an Grundschulen. Kassel.
Weitere studentische Fallberichte in: Garlichs, A. (2000): Schüler verstehen lernen. Das Kasseler Schülerhilfeprojekt im Rahmen einer reformorientierten Lehrerausbildung. Donauwörth: Auer-Verlag.

Das Schülerhilfeprojekt Halle als Ort sozialen Lernens

Ute Geiling und Ada Sasse

„Anfangs ging's bei uns drunter und drüber – da wurden ganz schön Schläge ausgeteilt (...). Unsere Kinder kommen aus vier verschiedenen Klassen. Einige sind vermutlich nur aufgrund ihres Verhaltens zu uns geschickt worden, denn beim Lernen des schulischen Stoffs haben sie weniger Probleme. Katrin und ich sind nicht richtig gut im Disziplinieren von Kindern. Wir haben immer überlegt: Wie muss die Struktur sein? Wie machen wir den Anfang? Wo? Wie ordnen wir die Angebote an? Welche Angebote interessieren sie? Wir haben lange vieles ausprobiert, wir haben viele Nerven im Hort gelassen. Wann und wie der Umschwung kam, steht nicht fest. Es war ein Prozess. Jetzt arbeiten die Kinder in einem Raum an verschiedenen Dingen, lassen die anderen machen. Früher war das nicht möglich. Klar gibt es immer wieder Kampeleien – völlig normal nach meiner Meinung. (...) Alles kann ich hier nicht sagen. Was aber wichtig ist für Verhalten: Bewegungsmöglichkeit und Freiraum. Die Kinder lernen es dann fast von alleine. Anfangs prallen sie nur so krass aufeinander, weil sie sonst diese Reibepunkte gar nicht so kennen – wird ja immer gleich alles blockiert und unterdrückt" (Zitat aus einem Projektbericht 2004).

Das Schülerhilfeprojekt Halle reiht sich ein in die Tradition universitärer Schülerhilfeprojekte. Diese sind meist eher sozialpädagogisch ausgerichtet und orientieren sich in der Regel am Prinzip der Patenschaft (s. z. B. Garlichs 2000). Das Hallesche Schülerhilfeprojekt versteht sich im Gegensatz dazu schwerpunktmäßig als ein universitäres, Schule ergänzendes Bildungsangebot für benachteiligte Kinder. Konkrete Förderangebote zu den Lernbereichen Mathematik, Deutsch und zum Sozialverhalten stehen im Zentrum. Die Projektidee ist bereits im Frühjahr 2002 in Kommunikation mit Vertretern von „Humalios" (einer kleinen Stiftung der Arbeiterwohlfahrt Halle/Saale) entwickelt worden. Die genannte Stiftung war auf der Suche nach Projekten für sozial benachteiligte Kinder der Stadt, die auf mehr Chancengerechtigkeit im Bereich der Bildung gerichtet sind. Wir (die Autorinnen) waren an einem langfristig angelegten Projekt interessiert, das einen anspruchsvollen Praxisbezug für Lehramtsstudierende der Sonderpädagogik ermöglicht und gleichzeitig einem integrationspädagogischen Anspruch genügt. Studierende des Lehramtes an Sonderschule sollten sich, jenseits der obligatorischen Praktika, gemeinsam mit zukünftigen Grundschullehrerinnen und in kooperativer Verantwortung dem Praxisfeld der Grundschule annähern und dabei Erfahrungen mit Kindern aus benachteiligten Familien sammeln. Wir erarbeiteten das inhaltliche Konzept „Bildungsförderung im Grundschulalter", während die Stiftung für organisatorische Regelungen und finanzielle Unterstützungen die Verantwortung übernahm. Weitere Partner wurden in Grundschulen und in Horten der Arbeiterwohlfahrt Halle gefunden. Bereits mit dem Wintersemester 2002/2003 konnte das Projekt starten. Im Folgenden sollen Zielsetzungen, Strukturelemente, einige theoretische Bezugssetzungen und Entwicklungsperspektiven des Halleschen Schülerhilfeprojektes vorgestellt werden.

1   Ziele des Schülerhilfeprojekts Halle

Aus universitärer Perspektive liegt der große Vorzug des Projektes darin, dass die erste Ausbildungsphase von Lehrpersonen durch konkrete Begegnungen mit Kindern aus sozial benachteiligten Familien bereichert wird. Zugleich profitieren von diesem Projekt genau diese Kinder, weil ihnen fachkompetente, schulnahe und kostenlose Entwicklungsförderung angeboten wird.

Tab. 1: Ziele des Schülerhilfeprojekts Halle: Bildungsförderung im Grundschulalter

Ziele bezogen auf die Kinder	Ziele bezogen auf die Studierenden
<ul><li>Die von ihren Lehrerinnen in den ersten beiden Schuljahren als „Problemkinder" markierten Schülerinnen und Schüler kommen gern in die Spiel- und Lerngruppe,</li><li>haben Kontakt mit zuverlässigen und anerkennenden Erwachsenen,</li><li>entwickeln Vertrauen zu den Studierenden und den Kindern der Gruppe,</li><li>finden sich in der Kleingruppensituation zurecht; sie finden Kinder, mit denen sie zusammen spielen und lernen möchten,</li><li>sind an den Angeboten der Studierenden interessiert,</li><li>bringen ihre Interessen, ihre besonderen Fähigkeiten aber auch ihren Kummer und ihre Schwierigkeiten in die Kleingruppe ein,</li></ul>	<ul><li>Die Studierenden setzen sich als professionelle Erwachsene zu Kindern ins Verhältnis (ohne dabei während der pädagogischen Arbeit von anderen professionellen Erwachsenen kontrolliert und bewertet zu werden),</li><li>halten die Beziehung zu verschiedenen Kindern über die Dauer eines Schuljahres aufrecht und beobachten die Entwicklung jedes einzelnen Kindes sowie die Entwicklung der Beziehungen der Kinder untereinander genau,</li><li>lernen, im Pädagogenteam Verantwortung für die Gestaltung von Lernsituationen für eine Gruppe von bis zu acht Kindern zu übernehmen,</li></ul>

- machen die Erfahrung, dass sie gern tüchtig sind und bestimmte Dinge besonders gut können,
- entdecken, dass es Spaß macht zu lesen, zu schreiben und zu rechnen,
- zeigen Fortschritte beim Erwerb schriftsprachlicher und mathematischer Kompetenzen,
- zeigen Fortschritte beim Erwerb sozialer Kompetenzen im Kontakt zu den Peers und zu Erwachsenen,
- Ansätze ihres positiven Selbstwertgefühls und des aktiven Bewältigungsverhaltens von Schwierigkeiten und Konflikten werden gestärkt.

- entwickeln angemessene Angebote für die Kinder ihrer Kleingruppe; dabei sammeln sie Erfahrungen bei der Gestaltung von unterschiedlichen Lernsituationen wie Kleingruppen-, Einzel-, Projekt- und Freiarbeit, entwickeln und probieren verschiedene Materialien und Arbeitstechniken aus,
- sammeln Eindrücke und Informationen über die sozialen und psychischen Kind-Umfeld-Beziehungen sowie über die Vorlieben, Fähigkeiten, Bedürfnisse und Schwierigkeiten der einzelnen Kinder,
- erfahren, dass Nähe sowie Distanz in pädagogischen Beziehungen enthalten sind,
- reflektieren ihre Arbeit im Schülerhilfe-Projekt (Beziehungen zu den Kindern, Wirksamkeit der Angebote für die Entwicklung der Kinder, Zusammenarbeit im Team, eigenes Lern- und Erfahrungsinteresse im Schülerhilfe-Projekt)
- kommunizieren mit den verantwortlichen Lehrerinnen und Erzieherinnen, teilweise auch mit den Eltern der Kinder,
- dokumentieren ihre pädagogische Arbeit.

2 Struktur des Schülerhilfeprojekts

Studierende des Lehramts an Sonderschulen bzw. des Lehramts an Grundschulen, die bereits für problematische Zusammenhänge von sozialer Benachteiligung und Bildungschancen sensibilisiert sind, interessieren sich im besonderen Maße für das Schülerhilfeprojekt. Sie suchen nach anspruchsvollen Praxisbezügen im Studium, möchten sich als Lehr- oder als Bezugspersonen von Kindern ausprobieren, mit anderen Studierenden kooperieren und sich gleichzeitig sozial engagieren. Genau an diese Studierendengruppe richtet sich das Projekt. Im Idealfall gehören zu einem Team Studierende der unterschiedlichen Lehrämter. Da das Projekt institutionell im Institut für Rehabilitationspädagogik verankert ist, dominieren allerdings Studierende des Lehramts an Sonderschulen das Projekt. Da wir den Gemeinsamen Unterricht von Kindern mit und ohne Behinderungen als zukünftiges berufliches Feld präferieren, ist das Praxisfeld konträr zum gewählten Lehramt der meisten Projektteilnehmerinnen und -teilnehmer mit dem System der Allgemeinen Schule (Grundschule) verbunden. Auch die Prinzipien der Kleingruppenarbeit und der Teambildung sind dem integrationspädagogischen Anspruch unseres Projekts geschuldet. Indem zwei oder drei Studierende als PädagogInnenteam gemeinsam eine Kleingruppe betreuen, können sie sich in dieser – in integrativen schulischen Kontexten typischen Arbeitsform – erproben und zugleich Kompetenzen für kooperative Arbeitsformen erwerben, die in den sonst üblichen Praktika nicht ohne weiteres zu haben sind.

2.1 Lernspielstunden als Kernstück der Projektarbeit

Kernstück des Projektes sind die so genannten Spiel- und Lernstunden, die über den Zeitraum eines gesamten Schuljahres einmal wöchentlich in den Räumlichkeiten der Schulhorte stattfinden. Das Team arbeitet hier an einem Nachmittag der Woche mit einer festen Gruppe von maximal zehn Kindern. Die Auswahl der Kinder erfolgt durch die verantwortlichen Lehrerinnen. Aufgenommen werden Grundschulkinder, deren Schulkarriere in der Allgemeinen Schule von den Lehrerinnen als gefährdet prognostiziert wird. Das kostenlose Förderangebot ist unabhängig davon, ob ein Kind regulär im Hort angemeldet ist. Schwerpunktmäßig sollen die Kinder am Anfang ihrer Schulzeit beim Erwerb der Kulturtechniken unterstützt werden. Die spielerischen und handlungsbetonten Lernangebote sind aber gleichsam darauf angelegt, Selbstbewusstsein und Lernfreude der Kinder zu stärken, Lernfortschritte und Erfolgserlebnisse zu ermöglichen und sozial kompetentes Verhalten heraus zu fordern und zu bekräftigen. Dabei ist es uns besonders wichtig, dass die Studierenden Zugänge zur Lebenswirklichkeit der Kinder finden und auf dieser Basis eine verstehende Akzeptanz aufbauen. Die Studierenden werden angeregt, bevorzugt Lernsituationen zu arrangieren, die eigenaktives Handeln und Interaktionen zwischen den Kindern ermöglichen. Jedes Kind soll in einem derartigen Kontext immer wieder erleben können, dass es über Kompetenzen verfügt, gerne tüchtig ist und geachtet wird. Die Studierenden erfahren während des Projektes, wie wichtig und zugleich wie anspruchsvoll es ist, strukturierte und zugleich freudvolle Lernsituationen zu gestalten, die den Kindern ausreichend Raum für eigenaktive Lernprozesse lassen. Die Regeln eines gegenseitig akzeptierenden Umgangs müssen mit den Kindern oft erst mühsam ausgehandelt werden. Derartige Erfahrungen spielen in den auswertenden Reflexionen eine herausgehobene Rolle. Das aus dem Projektbericht entnommene Eingangszitat soll – die zum Teil schmerzlichen Lernprozesse zwischen Krisen und Handlungsroutinen verdeutlichen – die Kinder und Studierende gemeinsam durchlaufen. Die Studentin reflektiert über die Balance zwischen Freiheit und Zwang und stellt die Zufriedenheit dar, die sich eingestellt hat, als endlich soziale Strukturen existierten, in denen produktive Lern- und Arbeitssituationen möglich wurden. Gleichsam verdeutlicht das Eingangszitat, welch hohen Stellenwert die ProjektteilnehmerInnen den sozialen und emotionalen Kompetenzen der Kinder im Kontext förderpädagogischer Zielstellungen beimessen. Dieser Gedanke soll durch das folgende Zitat nochmals belegt werden:

„Ich habe vor allem durch dieses Projekt gelernt, wie wichtig es ist, den Nerv der Kinder zu treffen, sie zu begeistern und sich auf die individuellen Befindlichkeiten und Persönlichkeiten einzustellen. (…) Wir hatten Kinder aus drei verschiedenen Klassen (Jahrgangsstufe 1 und 2) in unserer Gruppe. Es bestanden feste Freund- aber auch kleine Feindschaften zwischen einigen Kindern. Während des Projekts sind die Kinder sich jedoch näher gekommen und zu einer Gruppe zusammen gewachsen. Die Zusammenarbeit mit den Kindern hat sich stetig gebessert. In der zweiten Hälfte des Projektjahres ist es uns mehr und mehr gelungen abwechslungsreiche und auf die Interessen des Kindes abgestimmte Angebote zu schaffen" (Zitat aus einem Projektbericht 2007).

Aus inhaltlichen Gründen (besondere Bedeutung des Erfolgs- bzw. Misserfolgserlebens in den ersten Schuljahren) beschränkten wir uns in den ersten Projektjahren auf die Klassenstufen 1 und 2. Kinder, die auch nach dem 2. Schuljahr weiter Unterstützung benötigten, konnten bei dieser Fokussierung von erfahrenen Studierenden in einer Einzelförderung weiter begleitet werden. Im Projektjahr 2006/07 haben wir allerdings für einen Teil der Projektkinder ein drittes Verweiljahr ermöglicht. Wir arbeiten nun bevorzugt nach dem Prinzip der Jahrgangsmischung. Diese Organisationsform ermöglicht einerseits die bessere pädagogische „Ausnutzung" einer großen Ressource für unser kompensatorisches Anliegen, die in den langsam gewachsenen, emotional positiven Beziehungen innerhalb der Kleingruppen (Freundschaften zwischen den Kindern und Vertrauen zwischen den Kindern und „ihren" Studentinnen bzw. Studenten) begründet ist. Andererseits eröffnen sich im Kontext altersgemischter Lerngruppen erweiterte Chancen für die Praxis kooperativen Lernens, wie sie 2006 in Kanada von Norm und Kathy Green (ref. in Boban/Hinz 2007, 117) als grundlegender Bestandteil von Schulreformen entwickelt wurde.

„Kooperatives Lernen ist eine besondere Form von Kleingruppenunterricht, der – anders als der traditionelle Gruppenunterricht – die sozialen Prozesse beim Lernen besonders thematisiert, akzentuiert und strukturiert. Der Entwicklung von der losen Gruppe zum ‚echten' Team mit erkennbarer Identität kommt hohe Bedeutung zu. Durch vielfältige Maßnahmen und Aktivitäten wird die Eigenverantwortlichkeit für die Gruppenlernprozesse angebahnt und ausgebaut. Durch sensibel geplante Prozesse wird eine positive gegenseitige Abhängigkeit der Gruppenmitglieder erzeugt, was sich sowohl auf die sozialen Interaktionsprozesse als auch auf die Arbeitsergebnisse oder -produkte günstig auswirkt" (Weidner 2005, 29).

Eine „positive gegenseitige Abhängigkeit der Gruppenmitglieder" wird begünstigt, wenn die vorhandene Heterogenität jeglicher Lerngruppe nicht negiert, sondern positiv anerkannt oder (besser noch) bewusst erweitert wird, so wie dies in altersgemischten Lerngruppen geschieht. Bezogen auf unsere Lern- und Spielgruppen ergeben sich für die Studierenden neue Herausforderungen. Sie müssen den selbst eruierten Förderauftrag für jedes einzelne Kind im Blick behalten und gleichsam lernen, Verantwortung an die Kinder abzugeben und deren Subjektposition zu stärken. Der folgende Erfahrungsbericht (2007) zeigt, dass sich produktive Lernprozesse im Interesse eines auf Kooperation gerichteten Professionsverständnisses anbahnen.

„Zu unserer Spiel-Lern-Gruppe gehören sieben Drittklässler (drei Mädchen und vier Jungen, die wir schon in den letzten beiden Jahren betreut haben), vier Erstklässler (ein Mädchen und drei Jungen) und natürlich wir: Katja, Nina und Anna. Die ersten Wochen waren wir damit beschäftigt herauszufinden, wo die Stärken und Schwächen der Kinder liegen. In diesem Zeitraum organisierten wir individuelle Lernsituationen, die dem bisherigen Wissen der einzelnen Kinder entsprachen. Eine Zusammenarbeit zwischen Erst- und Drittklässlern hatten wir noch nicht im Blick. (...) Als wir dann die Sympathien zwischen den Kindern erkannt haben, ließen wir vereinzelt Drittklässler mit Erstklässlern zusammen arbeiten. Zum Teil wurde die Zusammenarbeit so organisiert, dass bei Beendigung einer Aufgabe ein Drittklässlers diese/r einer/m Erstklässler/in helfen durfte. Das Helfen besteht im Moment leider noch überwiegend aus Vorsagen der Lösungen. Unser Ziel ist es nun, dass die Drittklässler merken, dass sie durch Vorsagen nicht helfen können, sondern durch Erklären und Tipps geben. Außerdem versuchen wir die Zusammenarbeit zu fördern, in dem wir Zweierteams (eine/n Erstklässler/in und eine/n Drittklässler/in) bilden und auch Wettkampfspiele durchführen, wo deren gleichberechtigte Kooperation gefragt ist. Im Moment müssen wir die Zusammenarbeit meist noch arrangieren und unterstützen. Damit sind wir aber nicht zufrieden. Wir streben bis zum Ende dieser Spiel- und Lerngruppe das selbstständige gegenseitige Helfen an. Wir loben die Interaktionen zwischen den Erst- und Drittklässlern und zeigen so, dass diese Zusammenarbeit gewünscht ist."

Das von uns ursprünglich konzipierte, wöchentliche Angebot der Lern-Spiel-Stunden wurde von den Projektteilnehmern in Eigeninitiative vielfach in den Freizeitbereich hinein ausgeweitet, nicht zuletzt auch als Reaktion auf Schwierigkeiten der Kinder im sozialen Miteinander. So organisierten die Studierenden Ausflüge innerhalb der Stadt, zum Beispiel in die „Kinderstadt Halle", in den Zoo, die Universität, in das Spaßbad. Besondere Höhepunkte im Projektjahr stellen die „Lese- und Drucknächte" in der Kinderdruckwerkstatt Halle und eine große gemeinsame Weihnachtsfeier für alle am Projekt beteiligten Kinder und Erwachsenen dar. Ursprünglich war geplant, die Gruppenarbeit in der vorlesungsfreien Zeit pausieren zu lassen. Diese Regelung wurde von den Studierenden allerdings nicht akzeptiert: „Wir können doch unsere Kinder nicht so lange alleine lassen!", wurde argumentiert und nun gehört es zur Struktur des Projektes, dass auch diese Zeiten für die Arbeit mit den Kindern, wenn auch in etwas aufgelockerter Form, genutzt werden.

2.2 Begleitseminare

Projektbegleitend findet einmal wöchentlich eine Seminarsitzung statt, die der theoretischen Reflexion, der Arbeit an Konzepten und der kollektiven Fallberatung dient. Klar strukturierte Seminare mit theoretischen Angeboten und eher offene Gesprächsangebote halten sich in etwa die Waage. Die Studierenden bringen Produkte der Kinder aus den Lernspielstunden mit in das Seminar. Förderdiagnostische Befunde, didaktische Materialien und Gestaltungsideen werden vorgestellt und kritisch diskutiert. Die Studierenden berichten von ihren Einblicken in die familiäre und schulische Lebenswelt der Kinder, sie reflektieren, ob und wie die Kinder ihre Angebote angenommen haben und mit welchen Problemen sie sich aktuell konfrontiert sehen. Sie beschreiben sowohl krisenhafte als auch beglückende Situationen in der Arbeit mit den Kindern und der Teamarbeit. Die gemeinsame Reflexion findet in einer stabilen Studiengruppe statt, die Vertrauen und Offenheit zulässt. Mittlerweile hat sich die Tradition heraus gebildet, dass die Studierenden sich in ihren Gruppen besuchen und die Arbeit einer anderen Gruppe aufmerksam beobachten. Sie können sich so gegenseitig als Berater sowie als aufmerksame, einfühlsame und kompetente Gesprächspartner erleben.

2.3 Projektrahmung und Evaluation

Projektvorbereitend, idealtypisch noch vor Beginn der einjährigen Kleingruppenarbeit, besuchen alle Studierenden zwei fachdidaktische Blockseminare zu Methoden und Formen der Lernstandsanalyse und Lernförderung. Die erste dieser Veranstaltungen widmet sich dem Schriftspracherwerb (Stufen des Schriftspracherwerbs, Modell der kognitiven Klarheit über Struktur und Funktion von Schrift, Hamburger Schreibprobe, Freies Schreiben u.ä.). Der zweite Block beinhaltet Wissensbestände zum Erwerb mathematischer Kompetenzen (strukturniveau-orientierter Mathematikunterricht nach Kutzer 1999 bzw. Zwack-Stier 1998).

Wie bereits erwähnt, ist unser Schülerhilfeprojekt durch Kooperationsbeziehungen mit verschiedenen Grundschulen und Horten vernetzt. Vor Projektbeginn, am Ende des ersten bzw. des zweiten Schulhalbjahres finden Beratungen der Projektgruppe mit Lehrerinnen, Horterzieherinnen, Schulleitungen und Vertretern der Stiftung statt. Thema dieser Beratungen sind neben organisatorischen Fragen zur Projektdurchführung vor allem die Entwicklung und der Lernfortschritt der Kinder sowie deren weitere Schullaufbahn.

In einer abschließenden Seminarsitzung wird gemeinsam Rückschau gehalten und über inhaltliche/organisatorische Weiterentwicklungen/Verbesserungen des Projekts nachgedacht. Zu diesem Zeitpunkt legen die Studierenden die Dokumentationen ihrer Kleingruppenarbeit vor (Arbeitsergebnisse der Kinder, Entwicklungsberichte und Selbstreflexionen sowie Portfolios), die wiederum die Grundlage für die Vergabe von Studiennachweisen sind.

Zum Projekt gehören schließlich projektbegleitende sowie projektabschließende Evaluationen. Die Ergebnisse von schriftlichen Befragungen der Studierenden zu mehreren Zeitpunkten, die Auswertung von Gesprächen mit den Kooperationspartnern sowie die Aufzeichnungen von Diskussionen im Seminar stehen dazu zur Verfügung. Am Rande sei erwähnt, dass die Stiftung „Humalios" den Studierenden eine Aufwandentschädigung zur Verfügung stellt. (50 € pro Monat für jeden Projektteilnehmer). Außerdem werden Materialkosten (50 € pro Gruppe und Halbjahr) im vereinbarten Umfang erstattet.

3 Verankerung des Projekts in theoretischen Diskursen

Die theoretische Ausrichtung dieses Projektes ist ökosystemisch (vgl. Sander 1999), d. h. Lern- und Verhaltensschwierigkeiten werden nicht als Merkmal des einzelnen Kindes interpretiert (zum Beispiel als Lernbehinderung, Verhaltensstörung, Wahrnehmungsstörung etc.) – sondern als Beeinträchtigung der Austauschprozesse zwischen Kind und Umweltausschnitten. Die pädagogische Unterstützung der Kinder mit Lern- oder Verhaltensschwierigkeiten ist dieser These folgend – auf eine günstigere Passung zwischen Lernvoraussetzungen und pädagogischen Erwartungen bzw. Anforderungen gerichtet. Das förderdiagnostische Interesse der Studierenden ist auf derartige Passungen ausgerichtet, geht aber über den engen schulischen Kontext weit hinaus und fokussiert auch weitere Bereiche der kindlichen Lebenswelt. Deshalb bemühen wir uns um die Kommunikation mit Eltern (manchmal auch Großeltern, Geschwistern, Spielkameraden), Lehrerinnen und Horterzieherinnen. Um die Lebenssituation der Kinder kennen und verstehen zu lernen, besuchen die Studierenden „ihre" Kinder im Unterricht, auf dem Pausenhof, auf dem Spielplatz und im Hort. Sie haben Zeit und ein offenes Ohr für die Freuden, Sorgen und Nöte der Kinder. Im Verlauf des Projektjahres gewinnen sie so mehr und mehr Verständnis für die individuellen Lebenssituationen und die unterschiedlichen Bedürfnisse der betreuten Kinder. Gleichzeitig werden ihnen Zugänge zu Kindheiten ermöglicht, die zunächst als „fremd" erlebt werden, weil diese von ihren eigenen – meist gut behüteten – Kindheiten so verschieden sind.

Dem didaktischen Ansatz der lernbereichsbezogenen Förderung in der Kleingruppe liegt die Annahme zu Grunde, dass sowohl der Erwerb der Schriftsprache (vgl. Naegele/Valtin 2001) als auch der Erwerb erster mathematischer Kompetenzen (vgl. Kutzer 1999) als Entwicklungsprozess zu verstehen ist, dessen Phasen von einzelnen Kindern zu unterschiedlichen Zeitpunkten mit unterschiedlichen Anstrengungen und einem differenzierten Maß an Eigenaktivität erreicht werden. Förderung muss deshalb individualisiert immer an denjenigen Kompetenzen ansetzen, über die das Kind bereits verfügt. Die Arbeit in den Lern-Spiel-Gruppen ist locker mit dem schulischen Angebot vernetzt, allerdings nicht direkt angekoppelt. Die Studierenden hospitieren zwar in den Schulklassen und bleiben im Gespräch mit den Lehrerinnen, entwickeln aber selbstständig individualisierte, kompensatorische Angebote. Diesem Modell entsprechend, kann im Ergebnis der Lernstandsanalysen zum Beispiel mit einzelnen Kindern intensiv an Mengenvorstellungen im Zahlenraum bis 6 gearbeitet werden, obwohl diese Kinder im schulischen Kontext bereits mit komplexen Aufgaben aus dem Zahlenraum bis 100 konfrontiert werden.

Die Gestaltung der Nachmittage im Hort wird von jedem Team eigenständig geplant, durchgeführt und nachbereitet. Die Arbeitsweise in den Spiel-Lern-Stunden soll am Beispiel einer Projektidee von Livia Makrinus und Nadja Skale illustriert werden: Die beiden Studentinnen betreuen eine Gruppe von Zweitklässlern. Die meisten Kinder dieser Gruppe haben große Schwierigkeiten beim Erwerb der Schriftsprache. Einige Kinder zeigen deutliche Aversionen gegenüber Schreib- und Lesehandlungen. Für die Studentinnen bedeutete es nun eine besondere Herausforderung, das Interesse der Kinder am Entdecken der Schriftsprache neu zu entfachen. Auf der Suche nach attraktiven Lernangeboten entwickelten sie Rituale, in denen die Maus Susi eine besondere Rolle spielt. Die Maus Susi ist das Maskottchen dieser Gruppe. Das Plüschtier begleitete die Gruppenarbeit von Anfang an und erfreut sich großer Beliebtheit. Maus Susi wird jeweils von einem Kind über die Woche „betreut". Diese Aufgabe gilt als Auszeichnung für das entsprechende Kind. Am Ende jeder Sitzung wird demokratisch entschieden, wer sich diese Auszeichnung verdient hat. Die Maus Susi erfüllt aber noch weitere Funktionen innerhalb des Förderkonzeptes. So schreiben die Studentinnen zu jeder Lern-Spiel-Stunde im Namen von Maus Susi einen persönlichen Brief an jedes Kind. Sie verwenden dazu Kinderbriefpapier, dessen Design dem Geschmack der Kinder entspricht. Beim Schreiben beachten sie den jeweils erreichten Stand der Lesekompetenz. In der Eingangsphase des Lern-Spiel-Nachmittages öffnet nun jedes Kind den Umschlag mit seinem Namen und liest den persönlich adressierten Brief. Die Kinder antworten der Maus Susi, selbstverständlich auch unter Verwendung von „gepflegtem" Briefpapier. Die lebensweltnahe Situation „Kommunikation per Brief" fordert also ganz selbstverständlich zu Lese- und Schreibhandlungen auf. Die Briefe der Kinder an die Maus kommen in einen Briefumschlag, werden adressiert und in den „Mausbriefkasten" geworfen. Mit der erneuten Beantwortung wird ein schriftsprachlicher Dialog inszeniert, der quasi „unendlich" ist. Die Bedeutung von Schriftsprache wird so in spielerischen, motivierenden, adaptierten Situationen für die Kinder auf eine besondere Art erlebbar. Die Produkte der Kinder stellen zugleich einen Fundus an Material dar, das qualitativ analysiert und förderdiagnostisch interpretiert wird. Entwicklungsfortschritte (auch Stagnationen) werden entdeckt. Diese „Entdeckungen" gehen jeweils in die Gestaltung weiterer Lernsituationen ein.

4 Aktueller Stand und Entwicklungsperspektiven des Projekts

Unser Schülerhilfeprojekt befindet sich nun schon im fünften Jahr. Es hat „das Laufen gelernt", sich verändert und auch vergrößert. Im ersten Projektjahr waren zehn Studierende der Sonderpädagogik und zwei Studentinnen des Lehramts an Grundschulen, 42 Erst- und Zweitklässler in das Projekt involviert. Gegenwärtig betreuen 15 Studierende 60 Kinder. Wir kooperieren mit drei Grundschulen und drei Schulhorten. Das Projekt hat eine kritische Größe erreicht, die gerade noch (aber nicht mehr optimal!) den notwendigen intensiven Austausch ermöglicht. Eine weitere quantitative Ausweitung des Projektes ist nicht erstrebenswert.

Trotz der sehr hohen zeitlichen Belastung fällt unseren Studierenden der Abschied vom Projekt schwer. Über die Hälfte der Studierenden bleiben dem Projekt zwei Jahre treu. Es gibt auch Studentinnen und Studenten, die drei oder vier Jahre im Projekt aktiv sind und als „alte Hasen" Betreuungs- und Beratungsfunktionen innerhalb der Projektgruppe wahrnehmen. Die sehr dichte Kommunikation im Projekt hat dazu geführt, dass soziale Netze zwischen den Studierenden und dauerhafte Freundschaften entstanden sind. Die relative „Stabilität" unserer Projektgruppe hat den positiven Effekt, dass die Studierenden von einander lernen können, ist aber mit dem Nachteil verbunden, dass immer nur wenige „Neue" in das Projekt aufgenommen werden können..

Wir beobachten mit Freude, dass unsere „Ehemaligen" mit etwas zeitlicher Distanz zu der praktischen Arbeit mit den Kindergruppen ein disziplinäres Interesse an „ihrem" Schülerhilfeprojekt entwickeln. Durch die vertiefte Reflexion der sehr intensiven Praxisbegegnung entdecken sie offenbar eigene Fragestellungen, die sie im Rahmen der wissenschaftlichen Abschlussarbeiten theoretisch bearbeiten wollen. Bislang sind zwölf anspruchsvolle Examenarbeiten aus dem Projekt heraus entstanden. Einige der Examensarbeiten beinhalten Einzelfallstudien, andere sind innerhalb der Debatten zur Pädagogischen Professionalität bzw. der Resilienzforschung verortet. Eine Studentin des ersten Projektdurchlaufs (Maren Thiel) untersuchte z. B. in ihrer wissenschaftlichen Hausarbeit, ob das Schülerhilfeprojekt Halle als Chance zur Professionalisierung im universitären Lehramtsstudium interpretiert werden kann. Die einleitenden Worte dieser Arbeit zeigen, wie prägend und bedeutsam, die durch das Projekt ermöglichte Praxisbegegnung erlebt werden kann.

„Über ein Jahr hatte ich Gelegenheit gemeinsam mit meiner Teampartnerin acht Grundschulkinder zu begleiten – eigenständig und eigenverantwortlich und doch nicht allein. Die Mitarbeit im „Schülerhilfeprojekt: Bildungsförderung im Grundschulalter" wurde für mich eine besondere Erfahrung in meinem Lehramtsstudium. Dieses Projekt eröffnete mir eine langfristige Praxiserfahrung in meinem zukünftigen Berufsfeld. Neben Klavierspielen und tausend anderen Kleinigkeiten wurde das Projekt zum Mittelpunkt meines Studienlebens. Das Projekt stellte sich als integrierender Rahmen bisheriger Studieninhalte heraus. Meine persönlichen Haltungen und Einstellungen konnten im pädagogischen Handeln sowie in der begleitenden reflexiven Bearbeitung zum Ausdruck kommen und erlebbar werden. Die Examensarbeit stellt für mich eine besondere Chance dar, diese Erfahrungen weiter zu reflektieren und für mein Lehrerhandeln aufzubereiten" (Thiel 2004, 2).

Das Projekt hat von den Unterstützersystemen und der Bedarfslage her eine langfristige Perspektive. Bei der Modularisierung des Studiengangs: Lehramt an Förderschulen konnte das Projekt konzeptionell verankert werden. Die Intensität der Begleitung kann allerdings nicht aufrechterhalten werden. Die neue Organisationsform des Studiums lässt es leider auch nicht mehr zu, Studierende des Lehramts an Grundschulen in das Projekt zu integrieren.

5 Zum Schluss

Die zentrale Zielstellung des Schülerhilfeprojekts Halle war ursprünglich auf die Unterstützung von benachteiligten Kindern beim Erwerb der Kulturtechniken gerichtet. Die Projektpraxis hat aber sehr schnell gezeigt, dass diese Fokussierung zu eng ist. Der Katalog der Zielstellungen des Projektes (s. Tab.) beinhaltet so selbstverständlich auch soziale und emotionale Kompetenzen der Kinder, die gezielt unterstützt werden sollen. Die Kinder bringen all ihre Freuden und Sorgen, ihre Erfolge und Enttäuschungen aus den unterschiedlichen Lebensbereichen mit in die Lern-Spiel-Gruppe. Förderdidaktische Programme sind nur dann Erfolg versprechend, wenn sie sorgsam diese emotionalen und sozialen Bedingungen gemeinsamen Lernens mit in den Blick nehmen. Die Lern-Spiel-Stunden sind deshalb sowohl als ein Ort des sozialen, emotionalen Lernens als auch des kognitiven Lernens der Kinder konzipiert. Gleichsam ist das Schülerhilfeprojekt Halle ein Ort der professionellen Erstsozialisation zukünftiger Lehrpersonen, der genau für derartige Zusammenhänge nachhaltig sensibilisiert (vgl. Geiling/Sasse 2006).

Literatur

Boban, I./Hinz, A. (2007): Orchestrating Learning!?! Der Index für Inklusion fragt – Kooperatives Lernen hat Antworten. In: Demmer-Dieckmann, I./Textor, A. (Hrsg.): Integrationsforschung und Bildungspolitik im Dialog. Bad Heilbrunn: Julius Klinkhardt Verlag, 117-127.

Garlichs, A. (2000): Schüler verstehen lernen. Das Kasseler Schülerhilfeprojekt im Rahmen einer reformierten Lehrerausbildung. Donauwörth: Auer-Verlag.

Geiling, U. (2006): Das Schülerhilfeprojekt Halle. In: Sasse, A./Valtin, R. (Hrsg.): Schriftspracherwerb und soziale Ungleichheit. Zwischen kompensatorischer Erziehung und Family Literacy. Berlin: Deutsche Gesellschaft für Lesen und Schreiben, 218-229.

Geiling, U./Sasse, A. (2004): Schülerhilfe für Kinder aus benachteiligten Familien als Feld der beruflichen Erstsozialisation für Studierende der Grund- und Sonderschulpädagogik. In: Carle, U./Unckel, A. (Hrsg.): Entwicklungszeiten – Forschungsperspektiven für die Grundschule. Wiesbaden: VS Verlag für Sozialwissenschaften, 96-101.

Geiling, U./Sasse, A. (2006): Das Hallenser Schülerhilfeprojekt als protektiver Faktor für Kinder aus sozial benachteiligten Milieus. In: Stechow, E. v./Hofmann, C. (Hrsg): Sonderpädagogik und PISA. Bad Heilbrunn: Julius Klinkhardt Verlag, 227-337.

Kutzer, R. (1999): Überlegungen zur Unterrichtsorganisation im Sinne strukturorientierten Lernens. In: Probst, H. (Hrsg.): Mit Behinderungen muß gerechnet werden – der Marburger Beitrag zur lernprozessorientierten Diagnostik, Beratung und Förderung. Solms-Oberbiel: Jarick Oberbiel Verlag, 15-69.

Naegele, I. M./ Valtin, R. (2001): LRS – Legasthenie in den Klassen 1-10. Band 2., 2. Aufl. Weinheim; Basel: Beltz.

Sander, A. (1999): Behinderungsbegriffe und ihre Konsequenzen für die Integration. In: Eberwein, H. (Hrsg.): Integrationspädagogik. Weinheim; Basel: Beltz, 99-107.

Skale, N./Makrinus, L. (2005): Schriftspracherwerb? – per Post! Wie weckt man Lese- und Schreibinteressen bei Kindern mit negativen Schulerfahrungen? In: Grundschulunterricht, H. 6, 25-30.

Thiel, M. (2004): Praxisprojekte im universitären Lehramtsstudium als Chance zur Professionalisierung. Wissenschaftliche Hausarbeit zur ersten Staatsprüfung für das Lehramt an Sonderschulen. Martin-Luther-Universität Halle Wittenberg. Halle/Saale (unveröffentlicht).

Weidner, M. (2005): Kooperatives Lernen im Unterricht. Das Arbeitsbuch. Seelze: Kallmeyer.

Werner, E. E. (2007): Entwicklung zwischen Risiko und Resilienz. In: Opp, G./Fingerle, M. (Hrsg.): Was Kinder stärkt. Erziehung zwischen Risiko und Resilienz. 2. Aufl. München: Ernst Reinhard Verlag, 20-31.

Zwack-Stier, C. (1998): Pränumerische Voraussetzungen für die Zahlbegriffsentwicklung und den verstehenden Umgang mit Zahlen. In: Hasemann, K./Podlesch, W. (Hrsg.): Gemeinsam leben, lernen und arbeiten. Hohengehren: Schneider, 80-86.

Zur Förderung sozialer Kompetenzen – eine bindungstheoretische Reflexion des Essener Schülerhilfeprojektes

Michael Maas und Gisela Steins

Gegenstand der folgenden Ausführungen ist ein Patenschaftsprojekt in Essen, in dem Studentinnen und Studenten der Universität Duisburg-Essen Kinder aus einkommensarmen und bildungsfernen Milieus ein Jahr lang in ihrer Entwicklung begleiten. Die Reflexion der Erfahrungen des Essener Schülerhilfeprojektes erfolgt in vier Schritten: Einleitend werden das pädagogische Konzept und die organisatorischen Rahmenbedingungen des Projektes skizziert. Im zweiten Schritt diskutieren wir unter Bezugnahme auf die Bindungstheorie Bowlbys, inwieweit das Schülerhilfeprojekt geeignet ist, soziale, emotionale und kommunikative Kompetenzen bei den Patenkindern zu fördern. Anschließend werden einschlägige Ergebnisse einer Evaluation des Projektes erörtert, in der die Klassenlehrer/-innen der geförderten Kinder deren Entwicklung am Ende des Patenschaftsjahres rückblickend beurteilen. Auf der Grundlage dieser theoretischen und empirischen Reflexionen werden im letzten Kapitel die Möglichkeiten und Grenzen des Projektes im Hinblick auf die Bildung sozialer Kompetenzen resümiert.

1   Konzeptionelle Grundlagen des Schülerhilfeprojektes

Das Essener Schülerhilfeprojekt ist ein Kooperationsprojekt des Deutschen Kinderschutzbundes, Ortsverband Essen e.V., der Universität Duisburg-Essen sowie drei Essener Grundschulen und wurde in Anlehnung an das Kasseler Schülerhilfeprojekt (vgl. Garlichs 2000) im Frühjahr 2003 gegründet. Ziel des Projektes ist es, pädagogisch interessierten Student/-innen frühzeitig reflektierte Praxiserfahrungen zu vermitteln und gleichzeitig sozial benachteiligte Kinder in ihrer Entwicklung zu fördern.

Viele Kinder in Deutschland sind von ihrer Lebenssituation her stark benachteiligt. Ihre Eltern sind oft selbst mit Problemen wie sozialer Isolation, Arbeitslosigkeit, Verschuldung, Bildungsarmut oder Alkoholismus belastet. Die nötige Energie für eine angemessene Förderung der eigenen Kinder bleibt da kaum noch übrig. Der hierdurch verursachte Mangel an emotionaler Zuwendung und kognitiver Anregung hat Folgen. Spätestens in der Grundschule fallen diese Kinder auf: Durch chronische Unruhe, aggressives Verhalten oder Hyperaktivität die einen, durch eine depressive Grundstimmung, Verschlossenheit oder Kontaktscheue die anderen, durch Konzentrationsschwächen und verminderte Schulleistung fast alle.

Im Schülerhilfeprojekt Essen begleiten Student/-innen der Universität Duisburg-Essen Kinder, die durch die Lehrer/-innen der Partnerschulen für das Projekt vorgeschlagen werden, über einen Zeitraum von mindestens einem Jahr und mit einem Stundenkontingent von mindestens zwei Stunden wöchentlich. Das wichtigste Ziel für die Student/-innen besteht darin, zu ihrem jeweiligen Patenkind eine vertrauensvolle Beziehung aufzubauen und auf dieser Grundlage entwicklungsförderliche Bedingungen herzustellen. Die Aufgabe, für ein Kind „entwicklungsförderliche Bedingungen herzustellen", ist bewusst sehr allgemein gehalten. Für die Gestaltung der praktischen Arbeit mit dem Kind gibt es außer der allgemeinen Zielperspektive keine Strukturvorgaben inhaltlicher Art, nach denen sich die Student/innen richten müssen.

„Die Aufgabe fordert ein waches Interesse an dem Kind, seinen Vorlieben und Abneigungen. Die Student/-innen begeben sich auf Entdeckungsreise zu einem fremden Kind, machen dabei oft überraschende Erfahrungen und müssen mitgebrachte Vorstellungen revidieren." (Garlichs 2000, 11).

In jedem Falle ist es wichtig, dem Kind durch sein Verhalten die Gewissheit zu verschaffen, dass für einen bestimmten Zeitraum in der Woche jemand wirklich präsent ist und als Ansprechpartner zur Verfügung steht; jemand, der nicht ständig absagt oder verschiebt, sondern mit der ganzen Aufmerksamkeit einfach da ist. Diese Verlässlichkeit ist das A und O für den Aufbau einer vertrauensvollen Beziehung.

Sechs Student/-innen bilden jeweils eine Kleingruppe und treffen sich unter der Moderation einer erfahrenen Fachkraft 14-tägig, um ihre Erfahrungen mit den Kindern zu reflektieren, ermutigende oder korrigierende Rückmeldungen zu erhalten oder um gemeinsame Aktivitäten zu planen. In der Regel unternehmen die Kleingruppen auch zwei- bis dreimal im Jahr mit den Kindern einen Gruppenausflug. Einmal monatlich findet ein Coaching statt, in dem die Student/innen die Gelegenheit haben, vertiefend den eigenen biographischen Anteil in auftauchenden Beziehungskonflikten mit dem Patenkind zu reflektieren und nach Lösungen zu suchen. Weitere Rahmenbedingungen des Projektes seien nur kurz erwähnt:

- Die Student/-innen sind verpflichtet, in einem einfachen Formular die Treffen mit ihrem Patenkind zu dokumentieren. Diese „Tagebuchnotizen" werden umgehend per E-Mail an die Projektverantwortlichen geschickt.
- Eltern, Student/-innen und die kooperierenden Lehrer/-innen unterschreiben vor Beginn der Patenschaft eine Einverständniserklärung.
- Die Kosten für die Verwaltung und Leitung des Schülerhilfeprojektes trägt der Essener Kinderschutzbund, die Kosten für die Evaluation tragen Universität und Kinderschutzbund gemeinsam. Ansonsten wird das Projekt seit dem Sommer 2003 zu 100% aus Mitteln der Alfred-Krupp- und Friedrich-Alfred-Krupp-Stiftung finanziert.

Die Auswahl der gemeinsamen Unternehmungen ist ein kontinuierlicher Aushandlungsprozess zwischen dem Studierenden und dem Kind. Leitidee für die Auswahl der Aktivitäten ist es, dem Kind neue Erfahrungen zu ermöglichen, es kognitiv anzuregen und die Beziehung zu dem Kind zu intensivieren. Hier einige Beispiele der vielfältigen Aktivitäten, die im Schülerhilfeprojekt Essen bereits durchgeführt wurden:

Basteln von Handpuppen oder Sandbildern, Ostereier bemalen und färben, Universität besichtigen, Hausaufgaben machen, Kuchen backen, mit einem Hund am See spazieren gehen, Tagebuch basteln, Daumenkino malen, Gesellschaftsspiele spielen, Tretboot fahren, einkaufen, fotografieren. Besonders beliebt sind auch gemeinsame Ausflüge, z.B. in öffentliche Parks, in einen Zoo, ins Schwimmbad, in die Stadtbücherei, in einen Indoorspielplatz oder in die Innenstadt.

Bis heute (Januar 2007) wurden im Schülerhilfeprojekt 46 Patenschaften in acht Kleingruppen abgeschlossen, drei davon mussten vorzeitig beendet werden. Aktuell laufen 14 neue Patenschaften. Bei den abgeschlossenen Patenschaften sind von den 46 Kindern 25 Mädchen und 21 Jungen; 26 (57%) haben einen Migrationshintergrund. Die häufigsten Herkunftsländer sind die Türkei und der Libanon (jeweils acht Kinder), gefolgt von Afghanistan (drei Kinder), Polen, Sri Lanka (jeweils zwei Kinder) und Russland (ein Kind). Unter den 60 Studierenden belegen 50 verschiedene Lehramtsstudiengänge, zehn haben den Studiengang Sozialpädagogik/Soziale Arbeit gewählt, nur fünf sind männlichen Geschlechts.

2 Das Schülerhilfeprojekt aus bindungstheoretischer Perspektive

Die Bindungstheorie und ihre Weiterentwicklungen beschäftigen sich mit den Auswirkungen menschlicher Bindungen auf das Selbstkonzept von Personen und den Implikationen, die daraus folgen. Zunächst sollen wichtige Aspekte der Bindungstheorie vorgestellt werden und dann deren Bedeutung für die Entwicklung sozialer, emotionaler und kommunikativer Kompetenzen beschrieben werden sowie deren Bezug zum Schülerhilfeprojekt.

2.1 Die Bindungstheorie

Bowlby als Begründer der Bindungstheorie (1969 und 1980) interessierte sich dafür, wie und warum Kinder eine emotionale Bindung an ihre hauptsächlichen Bezugspersonen entwickeln und warum sie häufig emotionalen Stress entwickeln, wenn sie physisch von ihnen getrennt werden. Insbesondere wird in bedrohlichen Situationen das sogenannte Bindungssystem aktiviert und die Bezugsperson als sichere Basis aufgesucht, um Unterstützung und Zuwendung zu erfahren. Ohne sichere Basis, also die Bindung an mindestens eine Bezugsperson, sollte die Exploration der Welt schwierig sein.

Eine sichere Bindung an mindestens eine Bezugsperson führt auch zu anderen psychologischen, also emotionalen, sozialen und verhaltensbezogenen Vorteilen. So konnten Ainsworth et al. (1978) zeigen, dass in dem Maß, in dem eine Bindung von Kindern als sicher erlebt wird, auch die Umwelt erkundet werden kann. Wenn wir uns geborgen und sicher aufgehoben fühlen, wissen wir, wohin wir uns wenden können, wenn Gefahr im Verzug ist. Haben wir eine solche sichere Bindung nicht, müssen wir weitaus vorsichtiger in unserer Exploration vorgehen. Im folgenden werden wir sehen, dass insbesondere der Unterschied zwischen sicheren und unsicheren (ängstlich-ambivalenten bzw. vermeidenden) Bindungen relevant ist.

Wie kommt es zu Sicherheit bzw. Unsicherheit bei Bindungen? Durch die Interaktionsmuster mit anderen relevanten Menschen formt sich das Bild von uns selbst und von anderen Menschen. Die hier gespeicherten Erfahrungen werden als internal repräsentierte Arbeitsmodelle bezeichnet. Nach Main, Kaplan und Cassidy (1985) organisieren diese Modelle nun die weitere Persönlichkeitsentwicklung und leiten das Sozialverhalten. Unzuverlässige, inkonsistente Verhaltenssignale relevanter Bezugspersonen vermindern den Lernerfolg auf der emotionalen und sozialen Ebene und führen zu Modellen unsicherer Bindung. So kommt es, dass sichere Personen, die verlässliche und feinfühlige Interaktionsmuster wahrgenommen haben, sich selbst für freundlich und sympathisch halten und auch andere Menschen als vertrauenswürdig und zuverlässig einschätzen. Unsicher gebundene Personen halten sich selbst für verkannt, unvertrauenswürdig, unterschätzt, andere Menschen nehmen sie als unzuverlässig, unwillig wahr und unfähig eine dauerhafte Beziehung einzugehen oder aber als zu klammerhaft. Wichtig hier ist die Erkenntnis, dass die Sicht von uns selbst und von anderen unser Verhalten uns selbst und anderen gegenüber leitet und dass diese Selbstsicht ein Produkt der erfahrenen Interaktionsmuster ist. Kinder, welche vornehmlich negative Interaktionsmuster gespeichert haben, werden mit höherer Wahrscheinlichkeit ein negativeres Selbst- und Fremdkonzept entwickeln und einen unsicheren Bindungsstil zeigen.

Konsequenzen unsicherer Bindung
Frühkindliche Bindungserfahrungen können sich über die gesamte Lebensspanne auswirken. Mit steigendem Alter korreliert der Bindungsstil mit emotionaler Reife, sozialer Kompetenz und Offenheit. Je sicherer ein Individuum gebunden ist, desto kompetenter kann es Emotionen bewältigen und in sozialen Situationen handeln, sich Unterstützung suchen und Freundschaften knüpfen und aufrechterhalten (vgl. Bowlby 1988; Zimmermann 1997). Bindungsstile stellen einen guten Prädiktor für die spätere psychologische Anpassung dar. Cooper, Shaver und Collins (1998) untersuchten 1.989 schwarze und weiße Jugendliche im Alter von 13-19 Jahren in Hinblick auf ihre internalisierten Arbeitsmodelle, ihre psychologische Symptomatologie, ihr Selbstkonzept und ihr Risikoverhalten. Die Ergebnisse sprechen für eine schützende Funktion eines Arbeitsmodells sicherer Bindung. Sicher gebundene Jugendliche waren psychologisch am besten angepasst. Die Gruppe der ängstlich-ambivalenten (ein unsicherer Bindungsstil) Jugendlichen stellte sich als die Gruppe mit der höchsten Vulnerabilität heraus: Sie wiesen die meisten kritischen psychologischen Symptome auf, zeigten das risikoreichste Verhalten und waren psychologisch am schlechtesten angepasst. Diese Befunde ergänzen die im Bereich der Genese von Essstörungen berichteten Ergebnisse in Hinblick auf den Bindungsstil, in denen essgestörte Frauen überproportional häufig in der Gruppe ambivalent-ängstlich gebundener Personen zu finden sind (vgl. Steins/Albrecht/Stolzenburg 2002). Auch ist Depression mit Arbeitsmodellen unsicherer Bindung assoziiert (vgl. Roberts/Gotlib/Kassel 1996).

Die Sicherheit einer frühkindlich erworbenen Bindung geht also mit einer Reihe erwünschter Kompetenzen und psychischer Gesundheit einher. Dabei darf allerdings nicht vernachlässigt werden, dass einmal erworbene Arbeitsmodelle zwar stabil, aber nicht notwendigerweise unveränderlich sind (vgl. Larose/Boivin 1998). Deshalb wäre es auch irreführend, insbesondere die Ergebnisse zum

Zusammenhang zwischen Bindungsstil und Psychopathologie als kausales Modell zu verstehen.

2.2 Bindungstheoretische Zusammenhänge mit dem Schülerhilfeprojekt

Die Entwicklung von Bindungsunsicherheit ist mit dem Vorliegen von Armut wahrscheinlich erhöht. Es ist anzunehmen, dass der mit Armut häufig korrelierende familiäre Stress die Fähigkeit elterlicher Bezugspersonen mindert, angemessen auf die Signale ihrer Kinder einzugehen (vgl. Brinkmann 2002). Im Schülerhilfeprojekt wird gerade die Fähigkeit, eine Beziehung verlässlich zu gestalten hervorgehoben, sie ist eine unerlässliche Voraussetzung für die Teilnahme an der Arbeit. Bindungstheoretisch betrachtet ist das Erleben von Verlässlichkeit aus der Perspektive des Kindes eine wichtige Voraussetzung für das Entstehen einer vertrauensvollen und sicheren Beziehung. Solche Beziehung ist eine wichtige Determinante des Entstehens von Selbstvertrauen. Hier setzt das Projekt an einem wirksamen psychologischen Prozess an, dem Erleben von Verlässlichkeit als Grundlage für die Herausbildung einer vertrauensvollen Beziehungsstruktur.

Die Studierenden sind nur eingeschränkt wichtige Bezugspersonen für die Kinder. Dies mag die positive Beziehungserfahrung in ihrer Bedeutung für die Summe der Erfahrungen schwächen. Allerdings ist davon auszugehen, dass in vielen Fällen die Summe der positiven gemachten Erfahrungen mit den Studierenden beträchtlich ist und zu einer Grundlage für eine positive Exploration der Welt beiträgt. Durch die Begleitung der Studierenden in Kleingruppen und Coaching wird sichergestellt, dass diese feinfühlig auf Schüler/-innen reagieren lernen. Die Schüler/-innen selber machen dies durch ihr bereits internalisiertes Selbstbild nicht immer einfach, doch hier liegt die Möglichkeit, die Summe negativ gespeicherter Interaktionserfahrungen zu schwächen und die der positiven zu erhöhen.

3 Kompetenzentwicklung aus schulischer Sicht

Die Evaluation des Essener Schülerhilfeprojektes erfasst sowohl die Wirkungen bei den betreuten Kindern wie die bei den betreuenden Studentinnen und Studenten. Die Wirkungen bei den Kindern werden unter anderem durch einen retrospektiven Fragebogen für die Klassenlehrer/-innen erfasst, wie er in dem Patenschaftsprojekt „Balu und Du" entwickelt wurde (vgl. Esch/Szczesny/Müller-Kohlenberg 2006). In diesem Fragebogen beurteilen die Lehrer/-innen rückblickend am Ende des Förderjahres die Entwicklung des Kindes in Bezug auf 23 verschiedene Kompetenzen. Dabei werden sowohl sozial-emotionale Kompetenzen (z.B. „Er/sie kann gut Kritik annehmen."), als auch kognitiv-leistungsbezogene Kompetenzen (z.b. „Seine/Ihre Leistungen in Deutsch sind gut.") abgefragt. Von den zum Erhebungszeitraum abgeschlossenen 43 Patenschaften konnten 39 (also 90%) auf diese Weise evaluiert werden. Zur Bildung einer Kontrollgruppe wurde mithilfe des Fragebogens auch die Entwicklung von 15 nach dem Zufallsprinzip ausgewählten Grundschüler/-innen erfasst, die nicht am Projekt teilgenommen hatten.

Im Fragebogen haben die Lehrer/innen die Wahl zwischen den folgenden fünf Antwortkategorien: „trifft völlig zu" (Wert 1,0), „trifft ziemlich zu" (Wert 2,0), „teils-teils" (Wert 3,0), „trifft weniger zu" (Wert 4,0), „trifft überhaupt nicht zu" (Wert 5,0). Auf dieser Grundlage wurden Mittelwerte errechnet, die Auskunft darüber geben, wie sich die Gruppe der 39 Projektkinder und die 15 Kinder aus der Kontrollgruppe durchschnittlich aus der Sicht ihrer Klassenlehrer/-innen entwickelt haben. Im folgenden werden die Ergebnisse jener neun Items präsentiert, die sich unmittelbar auf emotionale, soziale und kommunikative Kompetenzen beziehen:

Tab. 1: *Entwicklung sozialer Kompetenzen; ausgewählte Ergebnisse der retrospektiven Lehrerfragebögen*

	Projektkinder n=39			Kontrollgruppe n=15		
	vorher	jetzt	Diff.	vorher	jetzt	Diff.
Er/Sie hat eine fröhliche Grundstimmung	2,67	2,05	0,62	2,27	2,00	0,27
Er/Sie ist bei Spielen in der Pause gut integriert	2,55	1,97	0,58	2,47	2,00	0,47
Er/Sie ist unternehmungslustig	2,89	2,28	0,61	2,36	1,86	0,50
Er/Sie ist hilfsbereit gegenüber anderen Schüler/innen	2,62	2,08	0,54	2,47	2,13	0,33
Er/Sie kann Konflikte zwischen Schüler/innen gut und kompetent bewältigen	3,30	2,72	0,58	2,93	2,60	0,33
Er/Sie hat ein positives Selbstbild	3,21	2,58	0,63	2,53	2,00	0,53
Er/Sie zeigt Kommunikationsfreude verbaler Art	2,97	2,46	0,51	2,40	2,20	0,20
Er/Sie kann Kritik annehmen	2,95	2,46	0,49	2,40	2,33	0,07
Seine/Ihre Neigung zu Gewaltanwendung ist gering	2,18	1,67	0,51	2,07	2,00	0,07
Gesamtentwicklung der Kompetenzen	2,82	2,25	0,57	2,43	2,12	0,31

Bemerkenswert ist zunächst der um 0,39 höhere (d.h. ungünstigere) Ausgangswert der Projektkinder. In allen aufgeführten Kompetenzbereichen erreichen die Kinder der Kontrollgruppe im Mittelwert bessere Ausgangswerte als die Projektkinder (vgl. die Werte in den Spalten „vorher"). Soziale Kompetenzen wie z.B. Kommunikationsfreude, Hilfsbereitschaft oder Kritikfähigkeit sind also bei Kindern, wie sie im Schülerhilfeprojekt Essen gefördert werden, tendenziell unterentwickelt. Wie oben bereits erwähnt, ist die Entwicklung von Bindungsunsicherheit mit dem Vorliegen von Armut wahrscheinlich erhöht. Vor diesem Hintergrund ist die Vermutung naheliegend, dass die ungünstigeren Ausgangswerte der Projektkinder auf deren (materiell und sozial meist unterprivilegiertes) Herkunftsmilieu zurückzuführen ist.

Betrachtet man nun die Entwicklung der Sozialkompetenzen während des Projektjahres, wie sie in den retrospektiven Fragebögen von den Lehrerinnen und Lehrern beurteilt werden, so zeigt sich bei den Projektkindern eine generelle Tendenz hin zu erwünschten Verhaltensänderungen. Dies allein kann aber noch nicht als positive Wirkung des Schülerhilfeprojektes interpretiert werden, da von einem allgemeinen Zuwachs sozialer, emotionaler und kommunikativer Kompetenzen bei Kindern im Laufe eines Jahres auszugehen ist, wie dies auch die Ergebnisse der Kontrollgruppe unterstreichen.

Vielsagender ist deshalb der Vergleich mit der Kontrollgruppe. Bildet man hier Durchschnittswerte aus den Mittelwerten der neun ausgewählten Kompetenzen, so ergibt sich folgendes Bild:

- Das Kompetenzprofil der Projektkinder verbessert sich im Laufe des Projektjahres um 0,57 vom Ausgangswert 2,82 auf 2,25.
- Das Kompetenzprofil der Kontrollgruppe verbessert sich demgegenüber im gleichen Zeitraum um nur 0,31 von 2,43 auf 2,12.

Dies bedeutet, dass die befragten Lehrer/innen den durchschnittlichen Kompetenzzuwachs bei den Projektkindern annähernd doppelt so stark einschätzen wie bei den Kindern der Kontrollgruppe. Auch wenn die Ergebnisse dieser Erhebung angesichts der geringen Fallzahlen nur eine begrenzte Aussagekraft beanspruchen dürfen, kann dies dennoch als ein deutliches Indiz für die Sozialkompetenz fördernde Wirkung des Schülerhilfeprojektes aufgefasst werden.

4 Reflexionen zur Intensität der emotionalen Bindung

Beachtlich ist dieses Ergebnis auch vor dem Hintergrund unserer Erfahrung, dass sich in den Patenschaften eine starke emotionale Bindung zwischen Kind und Studierendem keineswegs durchgängig und quasi „automatisch" entwickelt. Der Entwicklung einer vertrauensvollen Beziehung stehen oftmals viele Hemmnisse im Wege, die teilweise nicht oder nur mit großer Anstrengung und Ausdauer aus dem Wege geräumt werden können.

In einem weiteren Evaluationsstrang des Projektes werden die studentischen Teilnehmer/-innen – ebenfalls retrospektiv – zu ihren Erfahrungen und Einschätzungen befragt. Wie Tab. 2 offen legt, entwickelt sich fast in jeder vierten Patenschaft keine starke emotionale Bindung.

Die möglichen Ursachen für das Nicht-Zustandekommen einer wechselseitig starken emotionalen Bindung sind, wie an anderer Stelle ausführlich dargelegt (vgl. Maas 2007), vielfältig. Ein wesentlicher Faktor sind hierbei zweifellos charakterliche Eigenarten der Kinder, mit denen die Studierenden nur schwer umgehen können, wie z.B.

- große Schüchternheit und/oder emotionale Zurückhaltung
- extreme Stimmungsschwankungen und eine damit verbundene Unberechenbarkeit
- materielle Anspruchs- und Konsumhaltung („Ich will aber noch eine Eiskugel!")
- Unfähigkeit oder mangelnde Bereitschaft, gesetzte Grenzen zu akzeptieren.

Tab. 2: Stärke der emotionalen Bindung; ausgewählte Ergebnisse der Fragebögen für die Studierenden

n = 33	trifft völlig zu	trifft ziemlich zu	trifft weniger zu	Trifft überhaupt nicht zu
Ich hatte eine starke emotionale Bindung zu meinem Patenkind.	27%	49%	24%	0%
Das Kind hatte meinem Eindruck nach eine starke emotionale Bindung zu mir.	22%	56%	13%	9%

Nicht nur die charakterlichen Eigenarten des Kindes, auch seine – in der Regel ganz andersartige – Lebenswelt können die studentischen Pat/-innen verunsichern, erwecken unter Umständen kontraproduktive Formen der Gegenübertragung und Projektion (vgl. Laplanche/Pontalis 1992) und erschweren somit den Aufbau einer emotionalen Bindung. In einzelnen Fällen scheint auch die vorausahnende Angst vor vermeintlich übergroßem Trennungsschmerz am Ende des Patenschaftsjahres dazu zu führen, dass entweder Kind oder Studierender oder beide gleichzeitig in unterschiedlicher Intensität Distanz wahren.

Auch die Erwartungen, Wünsche und Angebote des sozialen Umfeldes sind zu bedenken: Herausfordernd für manche Studierende ist insbesondere eine nicht selten vorkommende Unzuverlässigkeit und ein Misstrauen auf Seiten der Eltern ihrer Patenkinder, seltener auch übersteigerte Zuwendungsbedürfnisse oder Kontrollängste.

Angesichts solcher Herausforderungen darf es nicht verwundern, wenn sich eine wechselseitige emotionale Bindung in einzelnen Patenschaften nur in beschränktem Ausmaß herausbildet. Im Übrigen lässt sich der entwicklungsfördernde Wert dieser Patenschaften nicht allein an der Intensität der emotionalen Bindung des Kindes an den Studierenden messen. Wie oben dargelegt, liegt die Chance des Schülerhilfeprojektes aus bindungstheoretischer Sicht darin, die Wirkungsmacht negativ gespeicherter Interaktionserfahrungen zu schwächen und die der positiven zu erhöhen. Es ließe sich zwar die Hypothese aufstellen, dass eine höhere Bindungsintensität die „korrigierende" und ausgleichende Funktion positiver Beziehungserfahrungen im Projektrahmen tendenziell erhöht. Von grundlegenderer Bedeutung ist aber wahrscheinlich die Frage, inwieweit das Kind die Beziehung zu seinem Paten bzw. seiner Patin als zuverlässig und sicher erlebt: Verlässlichkeit oder deren Mangel ist auch für Kinder spürbar, die nur eine schwache Bindung zu ihrem erwachsenen Gegenüber entwickelt haben.

Literatur

Ainsworth, M. D. S./Blehar, M. S./Waters, S./Wall, S. (1978): Patterns of attachment: A psychological study of the strange situation. Hillsdale, NJ: Erlbaum.
Brinkmann, W. (2002): Arme Kinder. Armes Deutschland. Wie Kinder durch Armut zu Schaden kommen. In: Zenz, W. M./Bächer, K./Blum-Maurice, R. (Hrsg.): Die vergessenen Kinder. Vernachlässigung, Armut und Unterversorgung in Deutschland. Köln: PapyRossa, 54-68.
Bowlby, J. (1969): Attachment and loss: Vol. 1. Attachment. New York: Basic Books.
Bowlby, J. (1980): Attachment and loss: Vol. 3. Loss. New York: Basic Books.
Bowlby, J. (1988): A secure base. Clinical applications of attachment theory. London: Routledge.
Cooper, M. L./Shaver, P. R./Collins, N. L. (1998): Attachment styles, emotion regulation, and adjustment in adolescence. In: Journal of Personality and Social Psychology, 74, 1380-1397.
Esch, D./Szczesny, M./Müller-Kohlenberg, H. (2006): Balu und Du. Ein Präventionsprogramm zur Vermeidung von Devianz, Aggression und Gewalt im Jugendalter. [online] URL: www.balu-und-du.de.

Garlichs, A. (2000): Schüler verstehen lernen. Das Kasseler Schülerhilfeprojekt im Rahmen einer reformorientierten Lehrerausbildung. Donauwörth.
Kuck, E./Maas, M./Monte, M. del/Parker, B./Steins, G. (Hrsg.) (2007): Pädagogische Arbeit als Beziehungsarbeit. Entwicklungsförderung benachteiligter Grundschulkinder in einem Essener Patenschaftsprojekt. Lengerich; Rockledge: Dustri; Pabst Science Publishers.
Laplanche, J./Pontalis, J.-B. (1992): Das Vokabular der Psychoanalyse. Frankfurt.
Larose, S./Boivin, M. (1988): Lovestyles and attachment styles compared: Their relations to each other and to various relationship characteristics. In: Journal of Social and Personal Relationships, 5, 383-395.
Maas, M. (2007): Beziehungsarbeit im Schülerhilfeprojekt – neuralgische Punkte und Spannungsfelder. In: Kuck, E./Maas, M./Monte, M. del/Parker, B./Steins, G. (Hrsg.): Pädagogische Arbeit als Beziehungsarbeit. Entwicklungsförderung benachteiligter Grundschulkinder in einem Essener Patenschaftsprojekt. Lengerich; Rockledge: Dustri; Pabst Science Publishers.
Main, M./Kaplan, N./Cassidy, J. (1985): Security in infancy, childhood and adulthood: A move to the level of representation. In: Bretherton, I./Waters, E. (Eds.): Growing points of attachment theory and research. Monographs of the Society for Research in Child Development, 50, 66-104.
Roberts, J. E./Gotlib, I. H./Kassel, J. D. (1996): Adult attachment security and symptoms of depression: The mediating roles of dysfunctional attitudes and low self-esteem. In: Journal of Personality and Social Psychology, 70, 310-320.
Steins, G./Albrecht, M./Stolzenburg, M. (2002): Bindung und Essstörungen: Die Bedeutung interner Arbeitsmodelle von Bindung für ein Verständnis von Anorexie und Bulimie. In: Zeitschrift für Klinische Psychologie und Psychotherapie, 31, 266-271.
Zimmermann, P. (1997). Bindungsentwicklung von der frühen Kindheit bis zum Jugendalter und ihre Bedeutung für den Umgang mit Freundschaftsbeziehungen. In: Spangler, G./Zimmermann, P. (Hrsg.). Die Bindungstheorie: Grundlagen, Forschung und Anwendung. Stuttgart: Klett-Cotta, 311-332.

„Schule für alle" – ein Projekt zur Förderung fachlicher und überfachlicher Kompetenzen

Brigitte Kottmann

Mittlerweile ist bekannt, dass in der Bundesrepublik Deutschland immer mehr Kinder arm oder von Armut bedroht sind und dass ein signifikanter Zusammenhang von Bildungs- und sozialer Benachteiligung besteht, der beispielsweise durch die Veröffentlichung internationaler Vergleichsstudien wie PISA oder IGLU verstärkt in das Zentrum des Interesses gerückt wurde. Schule hat dabei eine Schlüsselfunktion, denn hier können Kinder Kompetenzen und Bildung erwerben, um den Kreislauf der Benachteiligung zu durchbrechen. Kinder aus bildungsfernen Schichten haben ausschließlich in der Schule die Gelegenheit, „den gesellschaftlichen Kernbestand an Wissen kennenzulernen, der nötig ist für eine kritisch-kompetente Teilnahme am gesellschaftlichen Leben und ihnen die Chance gibt, ihrem sozialen Schicksal zu entkommen" (Böttcher/Klemm 2000, 37).

Insbesondere der Grundschule, die sich als Schule für alle Kinder definiert, in der aber gleichzeitig die wesentlichen Stufen von Selektion stattfinden, nämlich in Form von Zurückstellung, Klassenwiederholung, Feststellung von sonderpädagogischem Förderbedarf und den Übergangsempfehlungen für die weiterführenden Schulen kommt hier eine große Verantwortung zu. Gerade die Überweisung zu einer Sonderschule für Lernbehinderte bzw. Förderschule mit dem Schwerpunkt Lernen stellt eine Sackgassenlaufbahn dar, die im späteren Verlauf kaum revidierbar ist. Diese Schule wird überproportional von Kindern in Armut, Kindern aus kinderreichen Familien, Migranten und Jungen besucht (vgl. Kottmann 2006). Je länger Schülerinnen und Schüler eine Förderschule mit dem Schwerpunkt Lernen besuchen, umso schlechter sind ihre Leistungen und 80% verlassen sie ohne Hauptschulabschluss (vgl. Wocken 2007). De facto ist unser gesamtes Schulsystem höchst selektiv, was kürzlich auch vom Menschenrechtsbeauftragten der Vereinigten Nationen, Vernor Muñoz, kritisiert wurde, der zudem betonte, dass die geringe Integrationsquote von etwa 13% und das deutsche Sonderschulsystem in seiner Ausdifferenzierung international eine Ausnahmeposition einnehmen (vgl. Demmer-Dieckmann 2007).

Viele der Kinder könnten deutlich bessere Bildungserfolge aufweisen, wenn sie präventive Hilfe und Unterstützung bekommen und durch ihre Leistungen und ein positives Selbstkonzept den Teufelskreis von sozialer Benachteiligung und schulischer Selektion durchbrechen könnten. Wichtig für alle Lehrerinnen und Lehrer ist es dabei, neben zufrieden stellenden Rahmenbedingungen, wie genügend Lernzeit und der Möglichkeit von Differenzierung und Individualisierung, zu wissen, wie verschieden Kinder aufwachsen, wie ihre Freizeitgestaltung und ihr Lebensalltag aussehen, welche Sorgen und Nöte sie haben, um individuell jedes Kind möglichst optimal fördern und sein Handeln verstehen zu können. Gleichzeitig wird häufig moniert, die Lehrerausbildung beinhalte zu wenig Vorbereitung auf den Umgang mit Heterogenität und insbesondere die erste Phase an der Universität sei zu theorielastig und den zukünftigen Lehrkräften drohe ein „Praxisschock", wenn sie in den Schulalltag kämen.

In diesem Beitrag wird ein Projekt beschrieben, das seit 1994 an den oben beschriebenen Missständen ansetzt und mithilfe von Synergieeffekten mehrere Ressourcen bündelt:

1 Das Projekt

Das Projekt „Schule für alle" wurde 1994 von Dagmar Hänsel an der Fakultät für Pädagogik der Universität Bielefeld ins Leben gerufen. Die Idee liegt darin, dass Studierende, die einen Lehramtsabschluss anstreben, sich bereit erklären über zwei Semester mit einem Kind zu arbeiten – in einem zeitlichen Umfang von etwa 3 Stunden pro Woche. Diese Tätigkeit wird als Praxisphase im Studium angerechnet (vgl. Hänsel 1996). Bundesweit gibt es mittlerweile mehr als 10 vergleichbare Projekte, mehrere Modelle werden in diesem Band vorgestellt (vgl. hierzu auch Heinzel u.a. 2007).

An der Universität Bielefeld findet seit dem Wintersemester 2002/03 der Modellversuch zur konsekutiven Lehrerbildung statt. Studierende, die einen Lehramtsabschluss anstreben, wählen während der sechssemestrigen Bachelorphase ihr Kernfach (d.h. ein Unterrichtsfach) und in der Regel das Nebenfach Erziehungswissenschaft (oder das zweite Unterrichtsfach). In der daran anschließenden zwei bis viersemestrigen Masterphase wird das zweite Unterrichtsfach (oder das Nebenfach Erziehungswissenschaft) studiert, diejenigen, die das kombinierte Lehramt für Grund-, Haupt- und Realschulen und für Sonderpädagogik anstreben, vertiefen hier zudem insbesondere sonderpädagogische Fragestellungen und Inhalte (vgl. Hänsel 2004).

Die Studierenden, die am Projekt teilnehmen, befinden sich in der Regel im vierten bis sechsten Bachelorsemester. Sie haben Einführungs- und Grundlagenveranstaltungen besucht, ein mehrwöchiges Orientierungspraktikum absolviert und sich im dritten Semester für das Profil „Umgang mit Heterogenität" entschieden, in dem insbesondere die Differenzkategorien Soziale Benachteiligung und Behinderung, Geschlecht und Migration thematisiert werden. Alle Studierenden des Nebenfachs Erziehungswissenschaft absolvieren ein Fallstudienmodul und verfassen als Fallstudie eine umfangreiche schriftliche Arbeit. Das Fallstudienmodul umfasst eine Praxisphase von etwa 100 Stunden, die in unterschiedlichen Institutionen, vor allem aber in der Schule oder im „Praxiskontakt" mit Schülerinnen und Schülern verbracht werden. Diese Praxisphase und das forschende Lernen der Studierenden während dieser Phase sind Gegenstand der schriftlichen Fallstudie, in der ein individuell gewähltes Thema theoretisch bearbeitet und durch die konkrete Fallanalyse vertieft wird.

Die am Projekt teilnehmenden Kinder besuchen Bielefelder Grundschulen, die Schulleitungen wählen in Absprache mit den Kollegien einzelne Kinder aus. Dabei handelt es sich um sozial benachteiligte Kinder, deren Eltern den Kindern wenig Unterstützung beim Erwerb von Sozialkompetenzen und/oder bei schulischen Anforderungen geben können, beispielsweise aufgrund eines Migrationshintergrundes und der Tatsache, dass zu Hause niemand deutsch spricht. Häufig sind dies Kinder, die von einem Verfahren zur Feststellung von sonderpädagogischem Förderbedarf bedroht sind. Die Schulleitungen genehmigen die Projektarbeit als Schulveranstaltung, dadurch ist Versicherungsschutz für die Kinder gewährleistet. Im Folgenden wird ein aktuelles Fallbeispiel geschildert:

2 Johannes und Wisham

Der Student Johannes beginnt im fünften Semester mit der Teilnahme am Projekt. Er betreut den Jungen Wisham, der eine Bielefelder Grundschule im Bereich der Innenstadt besucht, die als Brennpunktschule bezeichnet werden kann. Der Anteil der Hartz-IV-Empfänger an der Schule ist überproportional hoch, etwa 80% der Kinder haben einen Migrationshintergrund. Wisham besucht die zweite Klasse, er ist ein Kind einer kurdischen Flüchtlingsfamilie aus dem Irak mit vier weiteren Geschwistern. Johannes beginnt nach den Osterferien mit mehreren Hospitationstagen in der Klasse, Wisham weiß zu diesem Zeitpunkt noch nicht, dass er für eine Förderung im Rahmen des Projekts ausgewählt wurde. Johannes beginnt, sich im Unterricht verstärkt um Wisham zu kümmern und knüpft erste Kontakte zu dem Jungen. Beim Erstgespräch, an dem Johannes, die Klassenlehrerin und die Projektleiterin teilnehmen, schildert die Klassenlehrerin ihre Eindrücke von Wisham: In ihren Augen benötigt er dringend zusätzliche

Unterstützung bei der Bewältigung der schulischen Anforderungen in fachlicher und überfachlicher Hinsicht, zum einen wegen seiner schwachen Leistungen in der Schule, aber auch wegen seines geringen Wortschatzes in der Unterrichtssprache deutsch und der Tatsache, dass von zu Hause aus wenig Unterstützung geleistet wird bzw. werden kann. Sein familiäres Leben kann als sozial randständig und isoliert bezeichnet werden. Im Unterricht ist er sehr still, orientiert sich an seinen Sitznachbarn und berichtet im „Montag-Morgen-Kreisgespräch" stets von seinen Fußballspielen auf dem Parkplatz eines Lebensmittelgeschäfts in unmittelbarer Nachbarschaft. Arbeitsanweisungen und Aufgabenstellungen versteht er häufig nicht und Hausaufgaben erledigt er selten. Der Versuch, den Jungen in das Ganztagsangebot der Schule aufzunehmen, ist an den Kosten für das Mittagsessen gescheitert.

Bei dem Gespräch wird verabredet, dass fürs Erste ein Kennenlernen und ein positiver Kontakt im Mittelpunkt stehen soll. Nach etwa vier Wochen, die ausdrücklich in der Schule bzw. dem Schulgelände verbracht werden sollen, wird Johannes Wisham das erste Mal nach Hause begleiten und sich seinen Eltern vorstellen. Ab dann soll die Förderung außerhalb des Unterrichts stattfinden, entweder bei Wisham zu Hause oder im Schulgebäude. Der Schwerpunkt soll dann auf der Förderung seiner sprachlichen Kompetenzen in der Zweitsprache Deutsch liegen sowie auf der Bearbeitung der Hausaufgaben.

Johannes und Wisham freunden sich relativ schnell an und der Student berichtet im wöchentlich stattfindenden Begleitseminar an der Universität davon, dass Wisham ihm mit einem großen Mitteilungsbedürfnis begegnet, sehr gerne Gesellschaftsspiele und mit großer Begeisterung Fußball spielt. Nach einigen Wochen gehen die beiden gemeinsam zu Wisham nach Hause. Die Eltern mussten der Teilnahme am Projekt schriftlich zustimmen und wurden von der Klassenlehrerin über die wesentlichen Aspekte informiert, trotzdem ist es für alle Beteiligten unbekanntes Terrain. Johannes wird freundlich aufgenommen, der Vater erkundigt sich nach den gemeinsamen Aktivitäten und gibt Johannes zu verstehen, dass ihm vertraut wird und dass er mit Wisham auch etwas außerhalb von Wohnung und Schule unternehmen darf. Johannes berichtet in der kommenden Seminarsitzung seinen Mitstudierenden von der Kargheit der spärlich möblierten Wohnung, dem Fehlen von Büchern und Spielzeug, den eingeschränkten Bewegungsmöglichkeiten, die sich scheinbar auf einen nahe gelegenen Parkplatz reduzieren. Alle Studierenden des Seminars können Johannes' Eindrücke nachempfinden, ist es doch bei allen ähnlich, dass das Zuhause der Kinder sich so sehr unterscheidet sowohl vom eigenen als auch von dem bekannter Kinder. An dem wöchentlich stattfindenden Begleitseminar nehmen ausschließlich die aktuell 24 Studierenden des Projekts teil, es setzt sich immer aus „alten und neuen" zusammen, d.h. aus Studierenden, die bereits im zweiten Semester der Förderung sind und Studierenden, die im aktuellen Semester mit der Förderung begonnen haben. Dadurch ist ein fruchtbarer Austausch möglich, der auch ganz pragmatische Aspekte der Förderung betreffen kann. Gleichzeitig ist hier Raum, um über aktuelle Probleme, die Situationen der einzelnen Teams und sinnvolle Fördermaterialien zu sprechen, aber auch Themen wie „Veränderte Kindheit", Lernschwierigkeiten, Armut und soziale Benachteiligung etc. theoretisch zu vertiefen. Im Seminar wird deutlich, dass jedes Team „Durststrecken" überwinden muss, bei mehreren sind die Eltern wenig kooperativ oder es ist schwer, einen geeigneten Raum für die Förderung zu finden, einige Kinder besuchen die Schule sehr unregelmäßig, was wiederum eine kontinuierliche Zusammenarbeit erschwert. Gleichzeitig berichten alle Studierenden übereinstimmend, dass sie beeindruckt sind, mit welcher Motivation und Lernfreude die Kinder häufig arbeiten, trotz der schwierigen Ausgangsbedingungen. Somit berichten die Studierenden regelmäßig von Misserfolgen und Erfolgen, was alle Beteiligten zum einen beruhigen, zum anderen aber auch bestärken und motivieren kann.

Johannes und Wisham intensivieren ihre Arbeit. Sie treffen sich in der Regel an ein bis zwei Nachmittagen pro Woche und bearbeiten die Ziele des Förderplans. Die gemeinsamen Nachmittage werden zu einer festen Größe, auf die Wisham sich – wie er seiner Klassenlehrerin berichtet – sehr freut und an den Folgetagen stets gut vorbereitet in der Schule erscheint. In der nächsten Phase des Projekts, etwa drei Monate nach dem Start, weiten sich die Unternehmungen der beiden aus. Durch die Unterstützung des Bielefelder Schwimmbades und des Naturkundemuseums können alle Studierenden mit ihren Kindern diese Institutionen einmal kostenlos besuchen. Daneben bieten der Tierpark und vor allem die Stadtbücherei lohnende Ausflugsziele. Wisham ist von der Universität sehr beeindruckt und möchte später auch einmal „die selbe Schule" wie Johannes besuchen. Beide nehmen nach den Sommerferien am gemeinsamen Projektnachmittag an der Universität teil, an dem alle Studierenden mit ihren Kindern in die Lernwerkstatt der Fakultät für Pädagogik kommen. Hier können alle Teams sich gegenseitig kennen lernen, die Universität erkunden, in der Lernwerkstatt Spiele spielen oder Materialien wie Geobretter oder Regenstäbe herstellen. Für Wisham ist dieser Nachmittag ein Höhepunkt und er versichert Johannes auf der Rückfahrt in der Straßenbahn, dass er später, wenn er Student ist, auch ein Kind betreuen möchte.

Die gemeinsame Arbeit von Johannes und Wisham ist jedoch nicht immer einfach. Wisham schließt die zentrale Lernstandserhebung im dritten Schuljahr als schlechtester Schüler der Klasse ab und seine gravierenden Sprach- und Verständnisschwierigkeiten werden bei der Auswertung der Aufgaben sehr deutlich. Gleichzeitig sind seine Leistungen – wenn man den individuellen Bewertungsmaßstab zugrunde legt – bereits deutlich besser geworden, er kann schriftliche Aufgabenstellungen besser formulieren, antwortet mit komplexeren Satzstrukturen und sein Wortschatz wird umfangreicher. Trotzdem sind die manchmal geringen Fortschritte und auch gelegentlichen Rückschritte für Johannes nicht immer gut auszuhalten. Dann erfährt der Student von der Klassenlehrerin, dass Wisham sehr häufig in der Schule fehlt, auf Nachfrage berichtet der Junge, dass er zu Hause auf seinen kleinen Bruder aufpassen müsse, weil die Mutter im Krankenhaus liege. Für Johannes ist es schwierig, mit dieser Information umzugehen, weil er Wisham nicht bei seiner Lehrerin anschwärzen möchte und sich auch nicht in der Rolle und Position sieht, den Vater auf die Einhaltung der Schulpflicht hinzuweisen, diese Information jedoch als bedeutsam für die Lehrerin ansieht, und sie schließlich doch anruft. Ebenso ist es für den Studenten unangenehm die Bitten von Wisham abzulehnen, ob er nicht jeden Nachmittag kommen könne.

Gleichzeitig sind dieses Situationen, die Johannes auf seinen späteren Beruf und die vielen Widersprüche des Lehrerdaseins vorbereiten. Wesentlich dabei ist, dass Johannes bei diesen Praxiserfahrungen begleitet wird, er kann sich in seinem Seminar mit Kommilitonen austauschen und erfährt, dass viele ähnliche Situationen erleben. Durch die theoretische Auseinandersetzung können viele Aspekte hinterfragt und reflektiert werden. Die Fallstudie schreibt Johannes über den Erwerb von Deutsch als Zweitsprache. Dafür hat er neben seinen wöchentlich verfassten Beobachtungsprotokollen im Laufe der Zeit mehrere Gespräche transkribiert und ein diagnostisches Verfahren zum Sprachverhalten von Migrantenkindern im Laufe des Förderjahres insgesamt dreimal durchgeführt. Zudem dienen ihm ein Interview mit der Klassenlehrerin und Wishams Zeugnisse als Informationsquelle.

Etwa mit den Osterferien endet die gemeinsame Arbeit von Johannes und Wisham. Beim abschließenden Gespräch mit der Klassenlehrerin berichtet diese, dass der Schüler seine Leistungen in mehreren Fächern deutlich verbessern konnte, auch wenn natürlich noch Defizite bleiben. Aber vor allem sein Wortschatz und seine Sprachkompetenz haben sich positiv verändert und durch die regelmäßige Bearbeitung der Hausaufgaben beteiligt er sich häufiger am Unterricht. Die Klassenlehrerin stellt besonders heraus, dass es für die Mitschülerinnen und Mitschüler wichtig war, Wisham bei Erzählungen von seinen Unternehmungen mit Johannes in einer anderen Rolle und Position zu erleben: Wisham war im Rahmen einer Sachunterrichtswerkstatt der kompetente und interessante Experte für das Windrad und den Regenmesser, die er mit Johannes gebaut hatte. Und diese Expertenrolle hat Wishams Selbstbewusstsein gestärkt und ihm Könnenserfahrungen vermittelt, die sein schulisches Selbstkonzept nachhaltig beeinflussen. Die Klassenlehrerin hat durch Johannes viele Hintergrundinformationen bekommen, die für sie wichtig waren und die ihr auch dabei geholfen haben, die Leistungen des Jungen aus einem anderen Blickwinkel zu betrachten. Trotzdem ist der Abschied für beide Seiten schwer. Für Wisham, weil er Johannes und die regelmäßigen Treffen vermissen wird, und für Johannes, weil er sich zwar über die großen Erfolge freuen kann, nun die Förderung aber abschließen soll, ohne ein schlechtes Gewissen zu haben. Gleichwohl ist das Kind bestärkt, nun seinen eigenen Weg selbstbewusster weiterzugehen, in der Stadtbücherei und in der Schulbücherei Räume zu wissen, in denen er arbeiten und sich informieren kann, und in dem Wissen, dass das regelmäßige Erledigen der Hausaufgaben den Schulalltag vereinfacht. Die gemeinsam erlebten Anregungen für die Freizeitgestaltung lassen sich häufig auch mit einfachen Mitteln umsetzen und bieten doch eine Alternative zum Fernseher. Für Johannes ist es wichtig, diesen Abschied auch professionell zu betrachten, denn ungeachtet der Intensität und der persönlichen Freundschaft, die die beiden aufgebaut haben, gehört es zur Professionalität von Lehrerinnen und Lehrern auch dazu, Grenzen zu akzeptieren und sich nach einer gemeinsamen Zeit von Kindern wieder zu verabschieden. Die beiden einigen sich darauf, die Treffen langsam zu verringern und sich vorerst noch einmal pro Woche, dann einmal alle zwei Wochen zu sehen, das letzte Treffen wird mit einem Besuch im Tierpark entsprechend feierlich begangen.

3 Chancen

Zusammengefasst ergeben sich für die einzelnen Beteiligten unterschiedliche Ziele und Schwerpunkte der gemeinsamen pädagogischen Arbeit: Die Kinder erhalten regelmäßige und intensive Unterstützung. Die Erfahrung, dass eine erwachsene Person sich verlässlich und kontinuierlich für sie und ihre schulischen Belange interessiert, kann sie in ihren Leistungen und fachlichen und überfachlichen Kompetenzen, aber auch in ihrem Selbstkonzept positiv beeinflussen und ihre generelle Lernmotivation aber auch ihre Selbständigkeit und Lernorganisation verbessern.

Die Erziehungsberechtigten müssen der Projektteilnahme schriftlich zustimmen. Sie können unter Umständen sehen, dass die regelmäßige Förderung ihrer Kinder Erfolg bringt und sie möglicherweise im regelmäßigen Üben bestärken. Gleichzeitig bekommt das Thema Bildung einen anderen Stellenwert und die Studierenden können evtl. auch als „Mittler" zwischen Schule und Elternhaus angesehen werden.

Die Klassenlehrerinnen und Klassenlehrer stehen den Studierenden regelmäßig als Ansprechpartner zur Verfügung und öffnen ihren Unterricht für Hospitationen. Sie bekommen konkrete Unterstützung in der Förderung eines Kindes und erhalten durch die Studierenden oft bedeutsame Hintergrundinformationen oder durch die andere Perspektive auf das Kind die Möglichkeit, (Lern-)Schwierigkeiten aber auch (Lern-)Erfolge aus einer anderen Sichtweise zu betrachten.

Die Studierenden erhalten Einblicke in den Lebens- und Lernalltag von benachteiligten Kindern, die sie privat vermutlich nicht kennen gelernt hätten. Sie können in ihrem Studium Schule noch einmal aus einem anderen Blickwinkel sehen und die Perspektive eines einzelnen Kindes intensiv wahrnehmen. Dadurch werden sie für Themen wie Benachteiligung und Lernschwierigkeiten, aber auch für Heterogenität und die Anforderungen, die an Schule und den Lehrerberuf gestellt werden, sensibilisiert.

Die Projektleiterin bietet mit dem wöchentlich stattfindenden Seminar ein Austauschforum für die Studierenden an und führt kontinuierlich Einzelfallgespräche über die einzelnen Kinder. Das Seminar dient zudem der theoretischen Auseinandersetzung und Reflexion. Bei den regelmäßigen Gesprächen mit der Lehrkraft, der Studentin bzw. dem Studenten und der Projektleiterin werden die aktuellen Entwicklungen und Sichtweisen ausgetauscht und die Schwerpunkte für die kommenden Monate festgelegt. Hier kann die Projektleiterin als nicht unmittelbar Beteiligte eventuell eine andere Perspektive einbringen.

4 Fazit

In diesem Beitrag hätte jedes Team mit seinen Fortschritten, gelegentlichen Rückschritten und Stagnationen beschrieben werden können. Alle Projektteams waren sich jedoch am Ende des Jahres einig, dass die gemeinsame Zeit eine Zeit der fruchtbaren Zusammenarbeit war, in der beide Seiten viel gelernt haben. Die

Tatsache, dass das Projekt grundsätzlich über zwei Semester angelegt ist, ist wichtig, um Veränderungen und Entwicklungen beobachten und um ein wirklich intensives Verhältnis aufbauen zu können. Das Projekt „Schule für alle" leistet somit einen aktiven Beitrag zur Chancengleichheit, indem jedes Semester 10-15 Kinder neu aufgenommen und für ein Jahr lang konkret unterstützt und in ihren schulischen Leistungen, aber auch in ihren sozialen, emotionalen und kommunikativen Kompetenzen gefördert werden. Die Studierenden haben intensive Einblicke in den Lebens- und Schulalltag von benachteiligten Kindern erhalten, der sich von ihrem eigenen Alltag und ihren eigenen Kindheitserinnerungen in der Regel maßgeblich unterscheidet. Gleichzeitig bereitet es die teilnehmenden Studierenden und späteren Lehrerinnen und Lehrer auf die Themen Chancengleichheit bzw. -ungleichheit und auf den Umgang mit Heterogenität und die Verschiedenheit von Kindern vor. Die vielfältigen Erfahrungen und die theoretische Begleitung und Reflexion der Projektarbeit, beispielsweise in Form der Fallstudien, beeinflussen die Studierenden nachhaltig und sorgen häufig dafür, dass das bestehende Schulsystem kritisch hinterfragt wird. Somit bestärkt das Projekt Grundschulen darin, Schulen für alle Kinder zu sein und setzt gleichzeitig an der Reform von Lehrerbildung an, indem Studierende als zukünftige Lehrerinnen und Lehrer durch begleitete und reflektierte Praxiserfahrungen für den Umgang mit Heterogenität und Benachteiligung sensibilisiert werden.

Literatur

Böttcher, W./Klemm, K. (2000): Das Bildungswesen und die Reproduktion von herkunftsbedingter Benachteiligung. In: Frommelt, B./Klemm, K./Rösner, E./ Tillmann, K.-J. (Hrsg.): Schule am Ausgang des 20. Jahrhunderts. Gesellschaftliche Ungleichheit, Modernisierung und Steuerungsprobleme im Prozeß der Schulentwicklung. Weinheim; München: Juventa, 11-43.
Demmer-Dieckmann, I. (2007): Bildungsarmut durch Selektion – Bildungsreichtum durch Integration. In: Overwien, B./Prengel, A. (Hrsg.): Recht auf Bildung – Zum Besuch des Sonderberichterstatters der Vereinten Nationen in Deutschland. Opladen: Barbara Budrich, 191-202.
Hänsel, D. (1996): Lehrerbildungsreform durch Projekte. In: Hänsel, D./Huber, L. (Hrsg.): Lehrerbildung neu denken und gestalten. Weinheim und Basel: Beltz, 165-175.
Hänsel, D. (2004): Integriertes sonderpädagogisches Bachelor- und Masterstudium an der Universität Bielefeld. Strukturverschlechterung statt Qualitätsverbesserung? In: Carle, U./Unckel, A. (Hrsg.): Entwicklungszeiten – Forschungsperspektiven für die Grundschule. Wiesbaden: VS Verlag für Sozialwissenschaften, 81-90.
Heinzel, F./Garlichs, A./Pietsch, S. (Hrsg.) (2007): Lernbegleitung und Patenschaften als Basiserfahrung in der Lehrerbildung. Bad Heilbrunn: Klinkhardt.

Kottmann, B. (2006): Selektion in die Sonderschule. Das Verfahren zur Feststellung von sonderpädagogischem Förderbedarf als Gegenstand empirischer Forschung. Bad Heilbrunn: Klinkhardt.

Kottmann, B. (2007): Für den Umgang mit Heterogenität im Studium sensibilisieren: Das Bielefelder Projekt „Schule für alle". In: Pädagogik, H. 12, 30-33.

Wocken, H. (2007): Fördert Förderschule? Eine empirische Rundreise durch Schulen für „optimale Förderung". In: Demmer-Dieckmann, I./Textor, A. (Hrsg.): Integrationsforschung und Bildungspolitik im Dialog. Bad Heilbrunn: Klinkhardt, 35-59.

Autorinnen und Autoren

Brake, Anna, Jg. 1964, Dr. phil., Vertretungsprofessorin für das Gebiet „Sozialstruktur des Lebensverlaufs mit besonderer Berücksichtigung von Familien- und Generationenbeziehungen" am Institut für Soziologie der Westfälischen Wilhelms-Universität Münster; Arbeitsschwerpunkte: Soziologie der Mehrgenerationenfamilie, Bildungssoziologie, qualitative und quantitative Methoden der empirischen Sozialforschung.

Carle, Ursula, Jg. 1951, Prof. Dr. päd. habil., Dipl.-Päd., Professorin für Grundschulpädagogik am Fachbereich Erziehungs- und Bildungswissenschaften der Universität Bremen; Arbeitsschwerpunkte: Schulentwicklungsforschung, Forschung zum Übergang Kindergarten – Grundschule.

de Boer, Heike; Jg. 1963, Dr. phil., Akademische Rätin an der Pädagogischen Hochschule Freiburg, Institut für Erziehungswissenschaft I im Arbeitsgebiet Schulentwicklung, Didaktik und internationale Bildungsforschung; Arbeitsschwerpunkte: empirische Schul- und Unterrichtsforschung, Kindheitsforschung, Schule und Demokratie.

Fischer, Natalie, Jg. 1971, Dr. phil., Dipl.-Psych., Wissenschaftliche Mitarbeiterin in der Arbeitseinheit Bildungsqualität und Evaluation am Deutschen Institut für Internationale Pädagogische Forschung in Frankfurt am Main; Arbeitsschwerpunkte: Lehr-Lernforschung, Evaluationsforschung.

Franke, Annette, Jg. 1978, Dipl.-Soz.-Wiss., Wissenschaftliche Mitarbeiterin am Lehrstuhl für Soziale Gerontologie an der Fakultät für Erziehungswissenschaft und Soziologie der Universität Dortmund; Arbeitsschwerpunkte: Demographischer und sozialer Wandel, Gerontologie, Arbeits- und Wirtschaftssoziologie sowie Geschlechterforschung.

Garlichs, Ariane, Jg. 1936, Dr. rer. soc., von 1972 bis 1999 Professorin für Erziehungswissenschaft an der Universität Kassel, vorher Lehrertätigkeit an verschiedenen Schulen in Deutschland und der Schweiz; Arbeitsschwerpunkte u.a.: Grundschulforschung und -didaktik, Psychoanalytische Pädagogik und Entwicklungstheorie.

Geiling, Ute, Jg. 1952, Prof. Dr. päd. habil., Professorin am Institut für Rehabilitationspädagogik der Philosophischen Fakultät III der Martin-Luther-Universität Halle-Wittenberg; Arbeitsschwerpunkte: Pädagogik und Didaktik Lernbehindertenpädagogik, institutionelle Bildungsbenachteiligung im Schuleingangsbereich.

Harring, Marius, Jg. 1977, Dipl.-Päd., Wissenschaftlicher Mitarbeiter im Arbeitsgebiet Bildung und Sozialisation am Fachbereich Erziehungs- und Bildungswissenschaften der Universität Bremen; Arbeitsschwerpunkte: Sozialisations- und Bildungsforschung (Jugend-, Migrations-, Gewaltforschung).

Höblich, Davina, Jg. 1977, Dipl.-Päd., Wissenschaftliche Mitarbeiterin am Institut für Sozialpädagogik und Soziologie der Lebensalter (ISSL) am Fachbereich Sozialwesen der Universität Kassel; Arbeitsschwerpunkte: Sozialisations-, Geschlechter- und Jugendforschung, Kinder- und Jugendhilfepraxis.

Hurrelmann, Klaus, Jg. 1944, Prof. Dr. rer. soc. habil., Dipl.-Soz., Professor für Sozial- und Gesundheitswissenschaften an der Fakultät für Gesundheitswissenschaften der Universität Bielefeld;

Arbeitsgebiete: Gesundheitsforschung mit den Schwerpunkten Gesundheitsförderung, Gesundheitskommunikation und Sucht- und Gewaltprävention und die Bildungsforschung mit den Schwerpunkten Sozialisation, Schule, Familie, Kindheit und Jugend.

Klieme, Eckhard, Jg. 1954, Prof. Dr. phil. habil., Dipl.-Math. und Dipl.-Psych., Professor für Erziehungswissenschaft an der Goethe Universität Frankfurt a.M., Direktor des Deutschen Instituts für Internationale Pädagogische Forschung und Leiter der Arbeitseinheit Bildungsqualität und Evaluation; Arbeitsschwerpunkte: Schul- und Unterrichtsqualität, Kompetenzdiagnostik, Evaluation im Bildungswesen.

Kottmann, Brigitte, Jg. 1971, Dr. phil., Grundschullehrerin, Akademische Rätin in der Arbeitsgemeinschaft Erziehungs- und Schultheorie an der Fakultät für Pädagogik der Universität Bielefeld; Leitung der Lernwerkstatt und des Schülerhilfeprojektes „Schule für alle"; Arbeitsschwerpunkte: Bildungs- und soziale Benachteiligung in Grund- und Förderschulen, Umgang mit Heterogenität.

Lüdtke, Oliver, Jg. 1973, Dr. phil. habil., Wissenschaftlicher Mitarbeiter am Max-Planck-Institut für Bildungsforschung, Forschungsbereich Erziehungswissenschaft und Bildungssysteme; Arbeitsschwerpunkte: National vergleichende Schulleistungsstudien, Persönlichkeitsentwicklung im Jugendalter und jungen Erwachsenenalter, konzeptuelle und methodische Weiterentwicklung mehrebenenanalytischer Verfahren in der Pädagogischen Psychologie.

Maas, Michael, Jg. 1969, Dr. phil., Leiter des Projektes „Lernen wie man lernt" und des „Schülerhilfeprojektes" im Essener Kinderschutzbund; Arbeitsschwerpunkte: Alternativschulpädagogik, psychoanalytische Jugendtheorie, außerschulische Lernförderung.

Miller, Susanne, Jg. 1964, Prof. Dr. phil., Professorin für Elementar- und Grundschulpädagogik an der Fakultät Bildungs- und Sozialwissenschaften der Universität Oldenburg; Arbeitsschwerpunkte: Umgang mit Heterogenität, Bildungsungleichheit, Sachunterrichtsdidaktik, frühkindliche Bildung.

Palentien, Christian, Jg. 1969, Prof. Dr. phil. habil., Dipl.-Päd., Professor für das Arbeitsgebiet Bildung und Sozialisation am Fachbereich Erziehungs- und Bildungswissenschaften der Universität Bremen; Arbeitsschwerpunkte: Sozialisations- und Bildungsforschung (Kindheits-, Jugend-, Armutsforschung).

Peschel, Falko, Jg. 1965, Dr. phil., Grundschullehrer im Rhein-Sieg-Kreis, Dozent an den Universitäten Köln, Siegen, Bremen und Koblenz, Gründer der Bildungsschule Harzberg; Arbeitsschwerpunkte: Schul- und Unterrichtsentwicklung, Kritik und Weiterentwicklung offener Unterrichtsformen.

Radisch, Falk, Jg. 1977, Dipl.-Päd., Wissenschaftlicher Mitarbeiter in der Arbeitseinheit Bildungsqualität und Evaluation am Deutschen Institut für Internationale Pädagogische Forschung in Frankfurt am Main; Arbeitsschwerpunkte: Institutionelle Aspekte der Bildungsqualität, Ganztagsschule, Effektivität und Effizienz im Bildungswesen, Evaluationsforschung.

Reichenbach, Roland, Jg. 1962, Prof. Dr. phil. habil., Professor für Pädagogik an der Universität Basel und der Pädagogischen Hochschule Nordwestschweiz; Arbeitsschwerpunkte: Bildungs- und Erziehungsphilosophie, Pädagogische Ethik, Politische Bildung, Verhandlungs- und Einigungsprozesse.

Rohlfs, Carsten, Jg. 1974, Dr. phil., Wissenschaftlicher Mitarbeiter und Lektor im Arbeitsgebiet Bildung und Sozialisation am Fachbereich Erziehungs- und Bildungswissenschaften der Universität Bremen; Arbeitsschwerpunkte: empirische Bildungs- und Sozialisationsforschung (Kindheits-, Jugend- und Schulforschung).

Rolff, Hans-Günter, Jg. 1939, Prof. Dr. rer. pol., Dipl.-Soz., emeritierter Professor am Institut für Schulentwicklungsforschung der Universität Dortmund; Arbeitsschwerpunkte u.a.: Bildungs- und Sozialisationsforschung, Schul- und Schulentwicklungsforschung.

Sasse, Ada, Jg. 1966, Prof. Dr. phil., Professorin für Grundschulpädagogik an der Humboldt-Universität zu Berlin; Arbeitsschwerpunkte: Bildung und soziale Ungleichheit, Gemeinsamer Unterricht von Schülern mit und ohne Behinderung, frühkindliche Bildungsprozesse, Schriftspracherwerb.

Stecher, Ludwig, Jg. 1961, Dr. phil. habil., Dipl.-Soz.-Wiss., Projektkoordinator der Studie zur Entwicklung von Ganztagsschulen (StEG), Deutsches Institut für Internationale Pädagogische Forschung in Frankfurt am Main; Arbeitsschwerpunkte: Empirische Bildungsforschung, Ganztagsschulforschung, Kindheits- und Jugendforschung, quantitative Forschungsmethoden.

Steins, Gisela, Jg. 1963, Prof. Dr. phil. habil., Professorin für Allgemeine Psychologie und Sozialpsychologie im Fachbereich Bildungswissenschaften, Institut für Psychologie, an der Universität Duisburg-Essen; Arbeitsschwerpunkte: Zwischenmenschliche Beziehungen, Maßnahmen zur Integration psychisch und physisch benachteiligter Kinder und Jugendlicher.

Thole, Werner, Jg. 1955, Prof. Dr. phil. habil., Dipl.-Päd. und Dipl.-Soz.-Päd., Professor für Jugend- und Erwachsenenbildung am Institut für Sozialpädagogik und Soziologie der Lebensalter (ISSL) am Fachbereich Sozialwesen der Universität Kassel; Arbeitsschwerpunkte: Theoretische, professionsbezogene und disziplinäre Fragen der Sozialpädagogik, Theorie und Praxis der Kinder- und Jugendhilfe, insbesondere der außerschulischen Kinder- und Jugendarbeit, Kindheits- und Jugendforschung.

Thurn, Susanne, Jg. 1947, Prof. Dr. phil., Leiterin der Laborschule an der Universität Bielefeld; Honorarprofessorin der Martin-Luther-Universität Halle-Wittenberg; Herausgeberinnentätigkeiten für verschiedene Zeitschriften und Veröffentlichungen in den Bereichen Pädagogik und Didaktik.

Trautwein, Ulrich, Jg. 1972, Dr. phil. habil., Forschungsgruppenleiter am Max-Planck-Institut für Bildungsforschung (Forschungsbereich Erziehungswissenschaft und Bildungssysteme) und Privatdozent an der Freien Universität Berlin; Arbeitsschwerpunkte: empirische Bildungsforschung, Entwicklung von Schulleistung und Selbstkonzept, Effekte der Hausaufgabenvergabe und -erledigung.

Wenzel, Diana, Jg. 1978, Dipl.-Päd., staatlich anerkannte Erzieherin, Wissenschaftliche Mitarbeiterin im Arbeitsgebiet Elementar- und Grundschulpädagogik an der Universität Bremen; Arbeitsschwerpunkte: Bildungsprozesse in der Elementarpädagogik, Beobachtungs- und Dokumentationsverfahren, Bildungs- und Erziehungspartnerschaften in Kindertageseinrichtungen.

Neu im Programm Bildungswissenschaft

Bernd Dollinger
Klassiker der Pädagogik
Die Bildung der modernen Gesellschaft
2006. 376 S. Br. EUR 29,90
ISBN 978-3-531-14873-1

Von Rousseau bis Herbart, über Diesterweg, Natorp, Nohl und Mollenhauer bis Luhmann werden in diesem Band die Grundlegungen der Pädagogik der modernen Gesellschaft dargestellt.

Marius Harring / Christian Palentin / Carsten Rohlfs (Hrsg.)
Perspektiven der Bildung
Kinder und Jugendliche in formellen, nicht-formellen und informellen Bildungsprozessen
2007. 310 S. Br. EUR 29,90
ISBN 978-3-531-15335-3

Hans-Rüdiger Müller / Wassilios Stravoravdis (Hrsg.)
Bildung im Horizont der Wissensgesellschaft
2007. 256 S. Br. EUR 29,90
ISBN 978-3-531-15561-6

Christian Palentien / Carsten Rohlfs / Marius Harring (Hrsg.)
Kompetenz-Bildung
Soziale, emotionale und kommunikative Kompetenzen von Kindern und Jugendlichen
2008. ca. 280 S. Br. ca. EUR 29,90
ISBN 978-3-531-15404-6

Norbert Ricken
Die Ordnung der Bildung
Beiträge zu einer Genealogie der Bildung
2006. 383 S. Br. EUR 39,90
ISBN 978-3-531-15235-6

Dass Bildung und Macht miteinander zusammenhängen und einander bedingen, ist offensichtlich; wie aber das Verhältnis beider genauer justiert werden muss, ist weithin umstritten und oszilliert meist zwischen Widerspruch und Funktionsbedingung. Vor diesem Hintergrund unternehmen die Studien zur Ordnung der Bildung eine machttheoretische Lektüre der Idee der Bildung und eröffnen einen irritierenden Blick in die Macht der Bildung.

Erhältlich im Buchhandel oder beim Verlag.
Änderungen vorbehalten. Stand: Januar 2008.

www.vs-verlag.de

VS VERLAG FÜR SOZIALWISSENSCHAFTEN

Abraham-Lincoln-Straße 46
65189 Wiesbaden
Tel. 0611.7878-722
Fax 0611.7878-400

Grundlagen Erziehungswissenschaft

Helmut Fend
Entwicklungspsychologie des Jugendalters
Ein Lehrbuch für pädagogische und psychologische Berufe
3., durchges. Aufl. 2003. 520 S. Br. EUR 24,90
ISBN 978-3-8100-3904-0

Detlef Garz
Sozialpsychologische Entwicklungstheorien
Von Mead, Piaget und Kohlberg bis zur Gegenwart
3., erw. Aufl. 2006. 189 S. Br. EUR 22,90
ISBN 978-3-531-23158-7

Heinz Moser
Einführung in die Medienpädagogik
Aufwachsen im Medienzeitalter
4., überarb. und akt. Aufl. 2006.
313 S. Br. EUR 22,90
ISBN 978-3-531-32724-2

Jürgen Raithel / Bernd Dollinger / Georg Hörmann
Einführung Pädagogik
Begriffe – Strömungen – Klassiker – Fachrichtungen
2., durchges. und erw. Aufl. 2005.
330 S. Br. EUR 16,90
ISBN 978-3-531-34702-8

Christiane Schiersmann
Berufliche Weiterbildung
2007. 272 S. Br. EUR 19,90
ISBN 978-3-8100-3891-3

Bernhard Schlag
Lern- und Leistungsmotivation
2., überarb. Aufl. 2006. 191 S. Br. EUR 16,90
ISBN 978-3-8100-3608-7

Agi Schründer-Lenzen
Schriftspracherwerb und Unterricht
Bausteine professionellen Handlungswissens
2., erw. Aufl. 2007. 252 S. Br. EUR 19,90
ISBN 978-3-531-15368-1

Peter Zimmermann
Grundwissen Sozialisation
Einführung zur Sozialisation im Kindes- und Jugendalter
3., überarb. und erw. Aufl. 2006.
232 S. Br. EUR 18,90
ISBN 978-3-531-15151-9

Erhältlich im Buchhandel oder beim Verlag.
Änderungen vorbehalten. Stand: Januar 2008.

www.vs-verlag.de

Abraham-Lincoln-Straße 46
65189 Wiesbaden
Tel. 0611.7878-722
Fax 0611.7878-400